新时代
中国大学地理教育

贺灿飞　彭建　苏筠　等著

图书在版编目（CIP）数据

新时代中国大学地理教育/贺灿飞等著. —北京：商务印书馆，2023
ISBN 978-7-100-22250-1

Ⅰ.①新… Ⅱ.①贺… Ⅲ.①高等学校—地理学—教学研究—中国 Ⅳ.①K92-4

中国国家版本馆 CIP 数据核字（2023）第 059371 号

权利保留，侵权必究。

新时代中国大学地理教育

贺灿飞 彭建 苏筠 等 著

商 务 印 书 馆 出 版
（北京王府井大街 36 号 邮政编码 100710）
商 务 印 书 馆 发 行
北京虎彩文化传播有限公司印刷
ISBN 978-7-100-22250-1

2023 年 10 月第 1 版　　开本 710×1000　1/16
2023 年 10 月北京第 1 次印刷　印张 25½
定价：128.00 元

序

自大约 250 万年前人类在非洲形成以来，人类社会的生存与发展直接仰赖于地理环境和自然资源，人类也一直渴求获得生存发展所需要的更丰富的地理知识。西方文献中讲的地理实际上是关于我们人类居住的地球的景观、人、区域和环境的知识，以及人与自然环境相互作用的知识。汉语中"地理"一词最早出现于春秋战国时期。《周易》所云"仰以观于天文，俯以察于地理"，即初步形成了天、地、人系统观念；后东汉王充著《论衡》谈到"地有山川陵谷谓之理"，东晋王羲之感叹"仰观宇宙之大，俯察品类之盛"，中国古人已经超越了对星球地理本身的认识，将地理知识上升到了哲学层面的世界观与价值观。

地理知识源于人类生产生活实践，朴素的地理知识是人们日常生活用语的一部分。地理知识起初服务于人类生存、繁衍，而后则涉及社会之长久发展。实际上早在夏代大禹治理洪水以及《尚书·禹贡》记载的大禹将天下划分成九州，就必须要对夏朝统治范围内的地理知识和地理环境有深入了解才行。《淮南子》中记载的"俯视地理，以制度量"是中国古人对"因地制宜""可持续发展"的初探；而周公迁都洛阳时考量"此天下之中"，诸葛亮《隆中对》提及荆益之霸业，则体现了地理知识在政治活动中的关键性地位。随着地理知识不断丰富，地理科学逐步形成。在西方社会，地理学家亚历山大·冯·洪堡（Alexander von Humboldt）1807 年发表的《植物地理学知识》标志着现代地理学诞生。他提出地带性规律，即从赤道向南北分别出现不同的纬度地带性，最终到达北极和南极。实际上，后续深入研究发现，陆表地带性规律包括了经度地带性、垂直地带性与非地带性规律等。总之，从日常生活中的地理知识走向地理科学中的格局、过程、机制研究,不仅体现了库恩强调的"范式转化",还展现出地理学从实践中获取知识,将知识凝结成规律,再用科学思想服务生产生活实践这一拉卡托斯式"进步性"研究方法论。

钱学森先生多次强调,地球表层系统是一个复杂的开放巨系统,地球表层学是一门复杂科学、系统科学。历经两个多世纪的发展,地理科学成为一门研究地球表层人类生存环境的空间分异、时间演变及人—环境相互作用的学科。正如生物学发展到生命科学,气象学扩展到大气科学,现代意义上的地理学已经成为少数能够横断在自然科学、社会科学、人文科学和技术科学之间的综合交叉学科,并形成综合地理学、自然地理学、人文地理学与信息地理学四大分支。其中,综合地理学是地理科学其他分支学科的支点,也直观体现了地理科学之复杂性。其主要包括理论地理学、应用地理学、区域地理学和历史地理学等,以地理科学的方法和理论为指引,解决各类自然与人类社会经济发展息息相关的实际应用问题。自然地理学是地理科学的基础学科,也是地理科学与地球科学其他学科联系的纽带,其研究不仅包括如景观、土地、沙漠、湖泊等自然地理综合体,还包括气候、地貌、植被等单一地理要素。人文地理学研究地球表层人类活动的空间格局、时间演变及人与环境的相互作用,聚焦人地关系协调和可持续发展研究,具有自然科学和社会科学的交叉学科属性,具有较强的政策实用性,形成了综合人文地理学、经济地理学、城市地理学、乡村地理学、社会文化与政治地理学等主要分支。最后,信息地理学主要包括地理遥感科学、地理信息科学和地理数据科学,已成为地理科学中独特和不可或缺的组成部分。近年来信息地理学的快速发展促进地理数据—信息—知识—决策的贯通,从而解决"地理数据爆炸,但地理知识贫乏"这一重要问题。

从朴素的地理知识走向地理学,再实现从地理学到地理科学的转化。当今地理科学学科体系终究还是要为人才培养、科学研究、国家发展、文化传承和社会进步服务的。在此过程中,高等院校的地理学科教育发挥着举足轻重的作用。从发展历程看，高等教育中的地理教育是具有时代烙印的。回顾中国高等教育发展历程，从清末洋务运动中悄然传入中国的现代教育制度，到京师大学堂设立，到新中国成立初推行苏联式"专门化"教育改革与20世纪50年代院系调整，再到改革开放后尤其是近十年来高等教育的通识化转向，中国高等教育体系已然不是最初的"中学为体，西学为用"，而是在发扬中国特色中走向世界。中国高等教育中的官方地理教育始于清朝末年，《奏定学堂章程》即要求开设地理学课程，1912年《大学令》将地理研究法、地理教授法、中国地理、世界地理等课程纳入培养体系。民国时期，竺可桢先生撰写的《地理教学法》一文为高等教育中的地理教育注入了新活力，而胡焕庸先生著《改进大学地理教育建议》则深刻批判了当时社会对地理教育不重视、忽视地理学人才培养等问题。新中国成立以来，高等教育中的地理教育为国家社会主义建设培养了一大批人才。近年来，新时代高等地理教育立足中国，厚植家国情怀，拓展国际视野，致力于回应地区、国家、全球之关切，为构建人类命运共同体做出巨大贡献。

　　蔡元培先生从威廉·冯·洪堡（Wilhelm von Humboldt）有关大学教育思想中接受了大学"研究高深学问"的定位理念与教育职能，并且与洪堡本人一样认为大学教育目的是"由学科达至修养"，因而提出培养"完全人格"的教育理念。当前新时代要求高等教育从知识传输走向科学精神与人文精神塑造，地理教育对培养当代大学生科学精神、人文精神和"完全人格"有得天独厚的优势。一方面，地理学具有复杂科学属性，涉及多学科科学研究方法论，其学习过程必然凝结了基础科学、应用科学知识、技能与思维方式；另一方面，地理学具有极强的时代特征，关注社会公平、环境保护、可持续发展等现实问题，体现对人类社会尊重、关切、维护以及对全面发展理想人格的肯定与塑造。尤其是近年来在中国大学大力推行的通识教育，进一步发扬了地理学科知识方法体系丰富、科学人文属性并存的优势。我们欣喜地看到，越来越多的大学开设种类繁多的地理学通识教育课程，不仅覆盖了综合地理学、自然地理学、人文地理学与信息地理学核心知识点，还立足于从社会实践中教授学生科学研究之方法，人文素养之情怀，为学生拓展了视野，训练了思维，完善了人格。我们也欣喜地看到，这些地理学通识课程越来越受到大学本科生的青睐。他们怀着对人类社会重大问题的关切，抱着对复杂知识体系求索的渴望，真切希望通过学习领悟地理科学，做一个大写的人，成为一个"走遍天下都不怕"的人。

回望新中国成立70多年来，中国地理科学各领域科学研究取得了辉煌的成就，在国家发展建设中发挥了重要的科技支撑作用。在新时代，中国高等教育全面迈向高质量发展。习近平总书记在中共二十大报告中指出，我们要"坚持为党育人、为国育才，全面提高人才自主培养质量，着力造就拔尖创新人才，聚天下英才而用之"。大学地理学教育作为服务国家高质量人才培养的重要一环，正处于开拓进取、创新思想、革新方法的阶段。以地理科学学科体系为核心支撑，以地理学通识课程为重要渠道，以科学精神与人文精神为培养目标，新时代中国大学地理教育必将肩负国家重大使命，继往开来为国家建设发展、中华民族复兴与人类社会发展做出应有的贡献。新时代中国大学地理教育办学力量强大，师资力量雄厚，学生规模庞大。300多所大学承担着高质量大学地理教育的重担，守正创新，开展多元化的人才培养探索和实践，展现新时代的活力、魅力和动力。基于中国大学地理教育在人才培养、专业建设和课程建设方面的丰富实践，贺灿飞等组织大学地理同仁编著《新时代中国大学地理教育》，这适逢其时，能够推动全国地理教育机构共享人才培养理念、理论、知识和实践，培育大学地理人才培养共同体意识。

总结起来，新时代中国大学地理教育具有如下鲜明特点：

第一，上下联动。新时代大学地理教育主动顺应国家战略部署，在"双一流"学科建设、国家级重点专业、拔尖人才计划2.0、国家级一流课程建设中培养高质量人才；为适应新时代高等教育"自上而下"战略行动，各地方各高校发挥能动性，主动求变，积极创新，广纳资源，形成"上下联动"的大学地理教育新局面。

第二，立德树人。名家名师引领，紧扣国家需求和学科发展，强化使命驱动和理想引领，以强烈的使命感激发学生求知欲，使其做到敏于求知、勤于学习、敢于创新、勇于实践；充分挖掘和发挥地理学课程天然具有的爱国因素，实现全员、全程、全方位育人。

第三，守正创新。遵循"宽口径、厚基础、强能力、善创新"的人才培养目标，发挥地理学科综合性优势，引入新思想、新视角、新技术和新方法，培养学生厚实的专业基础和基本技能、专业思维，提升学生创新创造性精神。科学处理"博"与"专"的关系，满足学生全面而个性化发展需求，适应国家对多元化人才的需求。

第四，科教融合。重视课程教学与科研训练相结合，着力提升学生专业能力和素养。依托国家理科基础科学研究与教学人才培养基地、基础学科拔尖学生培养计划、卓越教师培养计划等人才培养项目，专门设置研究型课程、大学生科研项目等，培养学生的地理要素观察、地理数据采集、地理信息处理和地理区域分析等能力，促进学科思维、知识、能力"三融合"。

第五，协同育人。通过国际交流与国际合作，协同国际化人才培养。通过开设双语专业课程、国际实习课程以及联合培养项目，培养学生的国际化意识和胸怀以及国际一流的知识结构，在树立文化自信的同时，能够欣赏和汲取其他国家的文化传统。

第六，知行合一。突出理论与实践并重的学科特色，完善实习实践教学体系，构建"课程实习实践+专业综合实习+专业社会实践实习"体系，建设具有区域特色的实习路线和实习基地，开展区域性、全国性的联合实习。随着信息技术发展，通过虚拟实习等网络建设保障野外实践教学体系的建设。

第七，通识教育。积极主动拓展专业课程教学对象，扩大地理教育覆盖面。广泛开设地理类通识课，开设地理专业双学位和辅修专业教学，为培养复合型人才贡献地理学科力量。

今日之中国，正站在实现"两个一百年"奋斗目标的历史交汇点上。新时代地理教育应该为实现人地和谐的中国式现代化贡献力量。新时代的中国地理人将大有可为，望同仁们勠力同心，努力奋斗！

中国科学院院士
中国地理学会理事长
2022 年 12 月 7 日于北京

目　录

绪　论 ·· 1
 一、新时代中国大学教育和地理学科 ······································ 1
 二、当前中国大学地理教育概况 ·· 3
 三、新时代中国大学地理教育：目标、机遇和挑战 ··················· 10

人 才 培 养

第一章　新时代中国大学地理教育人才培养体系 ····················· 17
 一、新时代高等教育人才培养改革总体方针 ····························· 18
 二、新时代中国大学地理教育人才培养体系 ····························· 20
 三、新时代思政课程和课程思政建设 ······································ 36
 四、新时代劳动教育建设 ·· 38
 五、结语 ·· 40

第二章　北京大学地理学本科教育教学探索和实践 ················· 43
 一、沿革和概况 ··· 43
 二、着力强化综合基础和提升专业能力，完善人才培养体系 ········ 45
 三、坚持改革探索，优化专业方向和扩大地理教育成效 ·············· 48
 四、结语 ·· 51

第三章　北京师范大学地理学本科专业人才培养模式探索和实践 ······· 53
 一、北京师范大学地理学本科专业人才培养的历史演进 ·············· 53
 二、"双一流"建设背景下地理学本科专业人才培养理念、定位
  和核心任务 ··· 57

三、分类培养的地理学本科专业人才培养模式探索和实践 …………… 58
　　四、地理学本科专业人才培养改革 …………………………………… 63
　　五、地理学本科专业人才培养模式构建 ………………………………… 67
第四章　南京大学地理学人才培养探索和实践 …………………………… 71
　　一、新时代地理学的理解 ………………………………………………… 71
　　二、地理学和科技前沿及社会发展 ……………………………………… 73
　　三、南京大学地理学人才培养的探索和实践 …………………………… 79
　　四、结语 …………………………………………………………………… 83
第五章　华东师范大学卓越地理学人才培养探索和实践 ………………… 85
　　一、卓越地理学人才培养目标 …………………………………………… 85
　　二、卓越地理学人才培养路径 …………………………………………… 87
　　三、卓越地理学人才培养成效 …………………………………………… 90
　　四、卓越地理学人才培养特色 …………………………………………… 91
　　五、问题和挑战 …………………………………………………………… 93
第六章　中山大学人文地理与城乡规划本科专业人才培养探索
　　　　和实践 …………………………………………………………… 94
　　一、中山大学地理学的学科特色 ………………………………………… 95
　　二、学科和专业贯通的人才培养体系 …………………………………… 97
　　三、"四位一体"的野外实习教学体系 ………………………………… 100
　　四、立足服务社会的科研创新能力培养 ………………………………… 103
　　五、结语 …………………………………………………………………… 104
第七章　南京师范大学地理学综合人才培养探索和实践 ………………… 106
　　一、"一体两翼、多元协同"模式的系统构建 ………………………… 107
　　二、"一体两翼、多元协同"模式的育人成效 ………………………… 113
　　三、结语 …………………………………………………………………… 116
第八章　西南大学卓越地理教师培养模式改革和实践 …………………… 118
　　一、2007年前后人才培养模式的变化 ………………………………… 119

二、2007 年以来人才培养模式的特色实践 ………………………………… 120
　　三、人才培养成效 …………………………………………………………… 130
　　四、结语 ……………………………………………………………………… 131

第九章　首都师范大学地理科学类专业人才培养探索和实践 ……………… 133
　　一、专业发展基础 …………………………………………………………… 134
　　二、专业发展定位和特色 …………………………………………………… 135
　　三、专业综合改革的主要举措 ……………………………………………… 136
　　四、专业综合改革取得的成效 ……………………………………………… 143
　　五、未来专业改革深化的思路和举措 ……………………………………… 146

第十章　福建师范大学自然地理与资源环境拔尖创新人才培养探索
　　　　和实践 ……………………………………………………………… 151
　　一、专业定位和特色优势 …………………………………………………… 151
　　二、专业建设的主要举措 …………………………………………………… 154
　　三、加强师资队伍和基层教学组织建设的主要举措 ……………………… 157
　　四、加强专业教学质量保障体系建设的主要举措 ………………………… 158
　　五、下一步推进专业建设和改革的主要思路 ……………………………… 159

第十一章　广州大学本科地理核心素养培育：困惑、反思和实践 ………… 162
　　一、地理核心素养：概念和内涵 …………………………………………… 163
　　二、本科地理核心素养培育的困惑 ………………………………………… 165
　　三、广州大学地理核心素养培育的实践和创新 …………………………… 170
　　四、结语 ……………………………………………………………………… 173

专 业 建 设

第十二章　兰州大学自然地理与资源环境国家级一流专业建设
　　　　和人才培养 ………………………………………………………… 177
　　一、谱系溯源 ………………………………………………………………… 177
　　二、艰辛创业 ………………………………………………………………… 180

三、改革振兴 ·· 181
　　四、人才培养 ·· 183
　　五、学科发展面临的挑战和机遇 ································ 184
　　六、人才培养的提升计划 ······································ 186
　　七、结语 ·· 190

第十三章　武汉大学地理信息科学国家级一流专业建设探索和实践 ·· 193
　　一、地理信息科学专业的学科依托 ······························ 194
　　二、地理信息的行业特征 ······································ 195
　　三、智能时代的新要求 ·· 196
　　四、武汉大学专业建设思路和创新举措 ·························· 197
　　五、结语 ·· 203

第十四章　西北大学人文地理与城乡规划国家级一流专业建设
　　　　　思考和实践 ·· 205
　　一、新背景和新要求 ·· 206
　　二、西北大学人文地理与城乡规划专业建设思路 ················ 208
　　三、西北大学人文地理与城乡规划专业建设实践 ················ 211
　　四、结语 ·· 219

第十五章　华南师范大学地理科学国家级一流专业建设实践和探索 ·· 221
　　一、地理科学专业的历史经纬 ·································· 221
　　二、华南师范大学的实践经验 ·································· 222
　　三、培养目标和方案制定 ······································ 225
　　四、对国家级一流专业建设的思考 ······························ 231

第十六章　全国高校地理信息科学专业教学共同体构建和实践 ········ 236
　　一、背景和问题 ·· 236
　　二、举措和实践 ·· 237
　　三、成效和应用 ·· 243
　　四、展望 ·· 244

课程建设

第十七章　北京大学"中国历史地理"课程建设 ⋯⋯⋯⋯⋯⋯ 249
　　一、课程指导思想和定位 ⋯⋯⋯⋯⋯⋯⋯⋯⋯⋯⋯⋯⋯⋯⋯⋯⋯⋯⋯ 251
　　二、教学内容和教材 ⋯⋯⋯⋯⋯⋯⋯⋯⋯⋯⋯⋯⋯⋯⋯⋯⋯⋯⋯⋯⋯ 252
　　三、课程特色 ⋯⋯⋯⋯⋯⋯⋯⋯⋯⋯⋯⋯⋯⋯⋯⋯⋯⋯⋯⋯⋯⋯⋯⋯ 258

第十八章　北京师范大学"中国地理"课程建设 ⋯⋯⋯⋯⋯⋯⋯⋯ 261
　　一、课程沿革和基础 ⋯⋯⋯⋯⋯⋯⋯⋯⋯⋯⋯⋯⋯⋯⋯⋯⋯⋯⋯⋯⋯ 261
　　二、同课异构，优化课程目标和教学内容 ⋯⋯⋯⋯⋯⋯⋯⋯⋯⋯⋯⋯ 262
　　三、学习任务贯彻全程，促进深度学习 ⋯⋯⋯⋯⋯⋯⋯⋯⋯⋯⋯⋯⋯ 266
　　四、未来课程建设展望 ⋯⋯⋯⋯⋯⋯⋯⋯⋯⋯⋯⋯⋯⋯⋯⋯⋯⋯⋯⋯ 271

第十九章　华东师范大学"世界经济地理"课程建设 ⋯⋯⋯⋯⋯⋯ 273
　　一、课程历史沿革 ⋯⋯⋯⋯⋯⋯⋯⋯⋯⋯⋯⋯⋯⋯⋯⋯⋯⋯⋯⋯⋯⋯ 274
　　二、国家一流本科课程建设实践 ⋯⋯⋯⋯⋯⋯⋯⋯⋯⋯⋯⋯⋯⋯⋯⋯ 276
　　三、创新教学，培养具有世界眼光和战略思维的地理专业人才 ⋯ 282
　　四、结语 ⋯⋯⋯⋯⋯⋯⋯⋯⋯⋯⋯⋯⋯⋯⋯⋯⋯⋯⋯⋯⋯⋯⋯⋯⋯⋯⋯ 286

第二十章　武汉大学"土地信息系统"课程建设 ⋯⋯⋯⋯⋯⋯⋯⋯ 288
　　一、课程概况 ⋯⋯⋯⋯⋯⋯⋯⋯⋯⋯⋯⋯⋯⋯⋯⋯⋯⋯⋯⋯⋯⋯⋯⋯ 288
　　二、课程改革和建设主要内容 ⋯⋯⋯⋯⋯⋯⋯⋯⋯⋯⋯⋯⋯⋯⋯⋯⋯ 290
　　三、课程特色和创新 ⋯⋯⋯⋯⋯⋯⋯⋯⋯⋯⋯⋯⋯⋯⋯⋯⋯⋯⋯⋯⋯ 298
　　四、课程改革方向和措施 ⋯⋯⋯⋯⋯⋯⋯⋯⋯⋯⋯⋯⋯⋯⋯⋯⋯⋯⋯ 300

第二十一章　南京师范大学"地理信息系统原理"课程建设 ⋯⋯⋯ 304
　　一、课程建设的主要举措 ⋯⋯⋯⋯⋯⋯⋯⋯⋯⋯⋯⋯⋯⋯⋯⋯⋯⋯⋯ 304
　　二、课程思政的教学实践 ⋯⋯⋯⋯⋯⋯⋯⋯⋯⋯⋯⋯⋯⋯⋯⋯⋯⋯⋯ 311
　　三、结语 ⋯⋯⋯⋯⋯⋯⋯⋯⋯⋯⋯⋯⋯⋯⋯⋯⋯⋯⋯⋯⋯⋯⋯⋯⋯⋯⋯ 313

第二十二章　东北师范大学"综合自然地理学"课程建设 ⋯⋯⋯⋯ 315
　　一、课程概况 ⋯⋯⋯⋯⋯⋯⋯⋯⋯⋯⋯⋯⋯⋯⋯⋯⋯⋯⋯⋯⋯⋯⋯⋯ 315
　　二、课程建设 ⋯⋯⋯⋯⋯⋯⋯⋯⋯⋯⋯⋯⋯⋯⋯⋯⋯⋯⋯⋯⋯⋯⋯⋯ 317

第二十三章　山东师范大学"GIS 空间分析"课程建设 ……………… 324
 一、课程概况 ……………………………………………………… 324
 二、课程建设 ……………………………………………………… 327
 三、课程特色和创新 ……………………………………………… 335
 四、建设展望 ……………………………………………………… 335

第二十四章　全国高校自然地理学野外实习建设和思考 …………… 338
 一、教学背景 ……………………………………………………… 338
 二、人才培养体系中的野外实践教学 …………………………… 340
 三、教学体系构建 ………………………………………………… 342
 四、教学改革成效 ………………………………………………… 349

第二十五章　北京师范大学人文地理学野外实习建设和特色 ……… 351
 一、教师队伍建设 ………………………………………………… 352
 二、线路和基地建设 ……………………………………………… 354
 三、教材建设 ……………………………………………………… 365
 四、课程建设 ……………………………………………………… 367

第二十六章　湖北省多校地理联合实习实践和探索 ………………… 372
 一、课程概况 ……………………………………………………… 372
 二、课程建设 ……………………………………………………… 374
 三、教学特色 ……………………………………………………… 381
 四、建设展望 ……………………………………………………… 382

第二十七章　中山大学地理学国际实习体系探索和实践 …………… 384
 一、国际实习是发达国家高校高水平地理教育的重要内容 …… 385
 二、课程建设和发展 ……………………………………………… 386
 三、未来计划 ……………………………………………………… 391

绪　　论

党的十八大以来，我国开启了加快推进教育现代化、建设教育强国、办好人民满意的教育的历史新征程。在国家发展战略和重大社会需求的驱动下，我国高等教育实现了跨越式发展，大踏步走向高质量发展，显著推动经济和社会的可持续发展。中国已成为高等教育大国，高等教育从精英教育转入大众化教育发展阶段。

地理学作为一门跨自然科学与社会科学的学科，老而弥新，经世致用，在人类知识体系中有重要地位。地理学关注人地关系，探索自然规律，揭示社会、经济和政治对空间组织与结构的影响和反馈，昭示人文精华，是具有人文关怀的交叉学科。面对日益复杂的人地关系及其产生的重大社会需求，地理学亟须开展改革创新，扩大学科受众面，解决社会关切的资源、环境和可持续发展面临的众多复杂问题。在新时代，我国地理学面临良好的发展机遇，需"立足中国、放眼世界"，以学科特质为特色，以知识创新为基础，以社会需求为动力，以能力培养为核心，构建地理学人才培养体系，为世界贡献中国的地理学智慧，为人类社会可持续发展、构建人类命运共同体做出更大贡献。

一、新时代中国大学教育和地理学科

培养什么人、怎样培养人以及为谁培养人，是我国高等教育需要回答的根本性问题。全员育人、全过程育人、全方位育人，全面推进高校学科建设是落实立德树人根本任务的战略举措。为因应时代发展，我国实施了"双一流"建设，推动一批高水平大学和学科进入世界一流行列或前列。迄今，教育部公布了147所"双一流"建设高校，若干"双一流"建设学科。将地理科学列入17个基础拔尖学科计划，开展拔尖人才培养；推动了三批次的国家级和省级层次的一流本科专业建设点，在世界"一流"地理学科建设上进行了深入的改革和探索。中国地理学知识体系在服务国家可持续发展战略中发挥至关重要的作用，特别是前沿领域，如新型城镇化、乡村振兴、生态文明建设、城乡一体化、国土空间规划等，以及国际化战略中全球可持续发展、地缘政治、"一带一路"倡议等重大问题的探索和认识上，独具特色。

为推动地理学科迈向世界一流学科，亟待把握地理学科发展状态和理解学科发展趋势。随着时代的发展，地理学从知识描述、格局与过程耦合，向复杂人地系统的模拟和预测转变。从知识、科学到决策，地理学已深深植根于现代科学技术体系。从"多元"走向"系统"，强调以地球表层系统研究为重点，运用地理科学的系统视角与科学工具，分析和理解当今人类社会面临的重大问题，地理学正在不断完善面向新时代的知识体系。地理学在人才培养方面具有得天独厚的交叉学科优势，是培养学生全球视野、家国情怀的关键学科，也是立德树人的重要学科，将学科先进的知识体系贯彻在教学实践过程中是学科人才培养的关键。

地理学是支撑国家经济社会发展的重要基础学科。中国当代地理学是在继承古代传统地理学的基础上，学习与借鉴西方地理学和苏联地理学，与中国地理国情相结合，不断探索实践而发展壮大起来的。中国地理学家组织和参与完成了一系列关于我国自然资源、农业发展、工业布局方面的重大调查研究任务，包括大规模地区综合考察、综合自然区划、农业区划、区域生态环境综合治理、国土规划和发展战略研究等。中国地理学面对新时代的国家需求，又在"区域可持续发展"尤其是协调人与自然关系、国土整治、国土空间规划、主体功能区划、环境保护和资源可持续利用等方面做出重要贡献。将地理学科的知识体系及时向公众、大中小学生宣传和教育，努力提高公众的地理素养，提高公众对地理学的理解是当前地理学科发展的重要任务之一。

二、当前中国大学地理教育概况

大学地理教育是地理学知识体系传承与创新的主要阵地，随着社会对地理学人才的需求多样化，高等院校的地理教育也呈现多样化的趋势。根据2021年教育部发布的《普通高等学校本科专业目录》（2021年版），我国普通高校地理科学类专业设置共分为四类，分别为地理科学（070501）、自然地理与资源环境（070502）、人文地理与城乡规划（070503）以及地理信息科学（070504）。基于此，以全国普通高等院校招生信息所提供的资料为基础，结合各个高校的招生网站，统计目前拥有地理科学类专业的高校数量。截至2022年底，中国内地（不含港澳台）开设地理科学类本科专业的高校有309所，所有省份均拥有地理学专业高校布局（表0–1）。其中，江苏、河南、山东开设地理科学类专业的高校数最多，均在20所院校左右；其次为四川、河北、湖南、广东、安徽等15个省份，分别拥有10~17所开设地理科学类专业的高校；最少的是山西、福建、上海、新疆等13个省份，仅拥有1~9所地理科学类专业高校。从开设地理科学类本科专业高校的空间分布来看，可以发现我国地理学本科培养机构空间分布不均衡显著，地理学人才培养机构主要集中在东部发达省份。这可能是由于东部与西部地区在高等教育资源、人力、财力方面的差距较大。

表0–1　开设地理科学类本科专业的高校数量　　　　单位：所

省份	地理科学类专业高校数量	省份	地理科学类专业高校数量
安徽	15	辽宁	5
北京	10	内蒙古	6
福建	8	宁夏	2
甘肃	10	青海	1
广东	15	山东	19

续表

省份	地理科学类专业高校数量	省份	地理科学类专业高校数量
广西	10	山西	9
贵州	13	陕西	14
海南	2	上海	2
河北	17	四川	17
河南	19	天津	4
黑龙江	10	西藏	2
湖北	14	新疆	6
湖南	15	云南	12
吉林	10	浙江	7
江苏	21	重庆	4
江西	10		

从高校层次来看，开设地理科学类本科专业的309所高校中以地方高校为主（图0–1a）。其中，985/211高校有49所，双一流高校有60所，部属高校有33所，地方高校有275所。从高校类型来看，综合类与师范类高校数量最多，分别有108所和93所，其次为理工类高校（64所），而农林类、财经类、民族类和语言类高校的占比较少（图0–1b）。

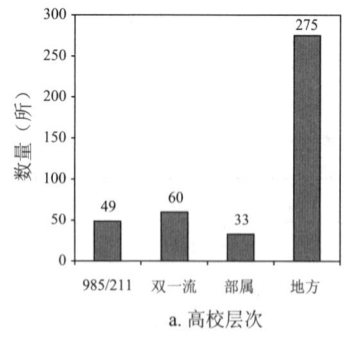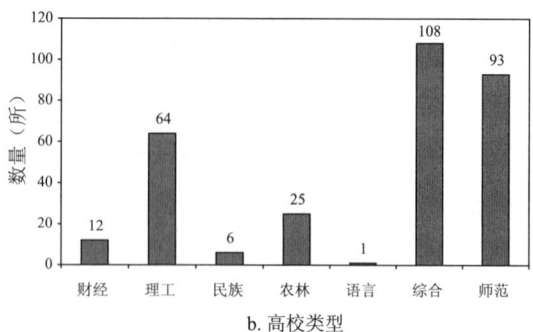

图0–1 开设地理科学类本科专业的高校层次与类型

统计开设地理科学、自然地理与资源环境、人文地理与城乡规划以及地理信息科学四类专业的高校数量（图0–2），可以发现开设地理信息科学专业的高校数量最多，达到了183所；其次为开设地理科学专业、人文地理与城乡规划专业的高校，分别有166所和131所；最少院校开设的专业是自然地理与资源环境专业，仅为71所。另外，部分高校开设多个地理学专业，例如北京师范大学、华南师范大学、兰州大学、中山大学等23所高校开设了全部四类地理学本科专业；开设三类和两类地理学本科专业的高校分别有44所和85所；其余的157所高校仅开设了一类地理学本科专业。值得注意的是，在开设四类地理学本科专业的高校中，985/211/双一流层次的高校占比接近1/3，且以师范类高校为主（73.91%）。相反，985/211/双一流层次的高校在仅开设一类地理学本科专业的院校中仅占19.25%，且各高校类型占比相差不大。

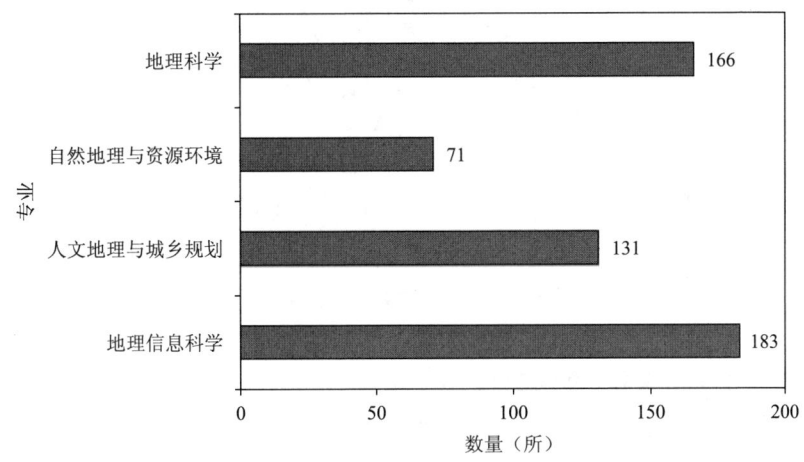

图0–2　开设四类地理学专业的高校数量

通过查询这309所开设地理科学类本科专业高校的招生计划，得出2022年全国地理科学类本科专业招生总数是30 153人，各省的招生规模如图0–3所示。从招生人数的空间分布来看，各省的招生人数基本与其地理科学类专业高校的数量一致，东部与中部地区的地理学招生人数明显高于西部地区。其中，河南省的招生人数高达2 210人，是唯一一个招生人数超过2 000人的省份。江苏、山东、广东招生人数均超过1 800人，远远多于其他省份；其后依次是安徽、广西、湖南3省区，招生人数都在1 400人以上；招生数在1 000~1 400人的有湖北、河北、四川、吉林、山西等10省份；招生数在500~1 000人的有北京、新疆、陕西、福建等6省份；辽宁、重庆、上海、海南、宁夏等8省份招生数都在400人以下，西藏招生数最少，只有90人。

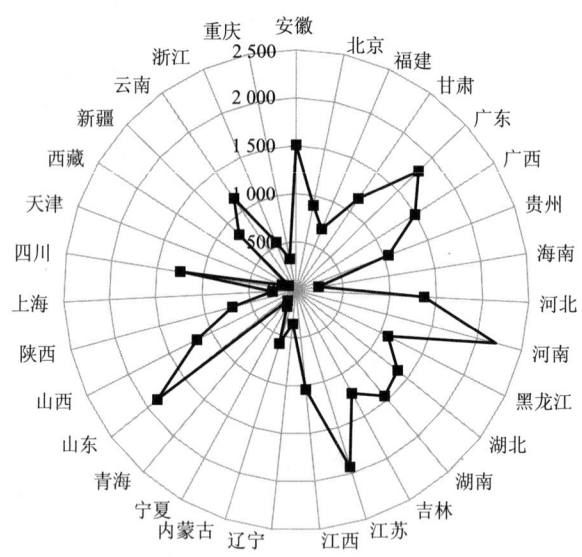

图0-3　地理科学类专业招生人数

从高校层次来看，985/211、双一流及教育部直属高校招生人数分别有4 493人、5 596人及2 918人，地方院校的招生人数为17 146人（图0-4a）。虽然985/211、双一流及部属高校的招生人数相对较少，但985/211、双一流及部属高校的平均招生人数大约在90人/所，远高于地方高校的60人/所。这可能是由于大部分的985/211及双一流高校均开设多个地理学专业且教育部直属高校一般大范围面向全国招生。从高校类型来看，师范类与综合类高校的招生人数最多，分别有12 584人和10 983人，其次为理工类高校（3 814人），其余的财经类、农林类、民族类和语言类高校的招生人数较少（图0-4b）。

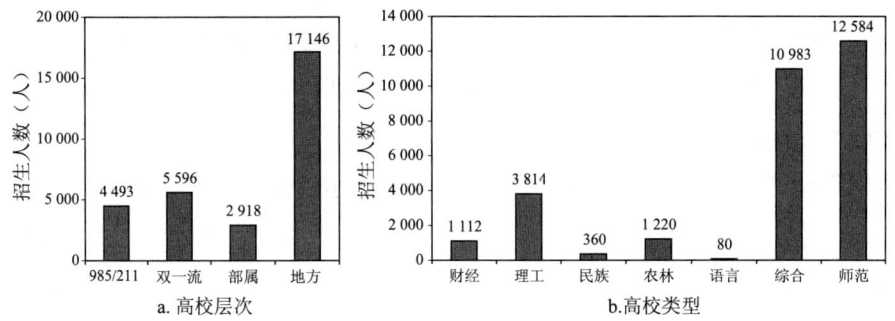

图 0-4 不同高校层次与类型的招生人数

为了更进一步分析四个地理科学类专业的招生情况，统计地理科学、自然地理与资源环境、人文地理与城乡规划以及地理信息科学四类专业的招生数量（图 0-5），可以发现，四个地理科学类专业的招生人数与开设专业的高校数量基本一致。其中，地理科学专业的招生人数最多，达到 12 113 人。这可能是由于地理科学专业可具体分为师范和非师范方向，两个方向的分别招生导致招生人数明显多于其他专业。其次为地理信息科学专业，招生人数有 10 299 人。人文地理与城乡规划专业以及自然地理与资源环境专业的招生人数相对较少，仅有 5 397 人与 2 344 人。

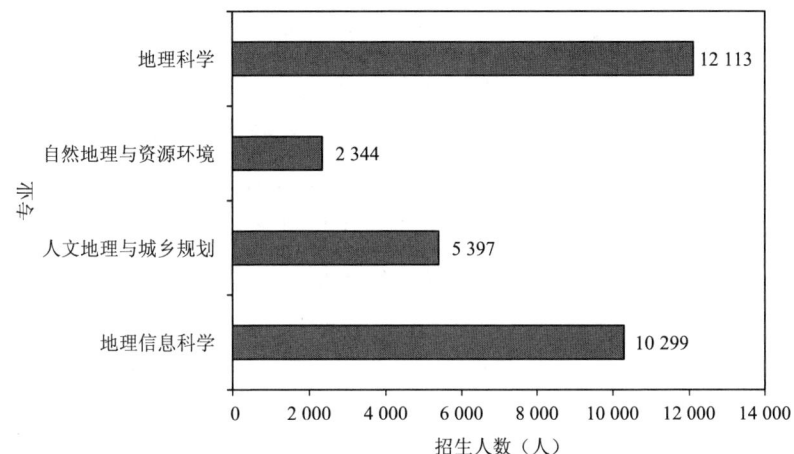

图 0-5 不同地理学专业的招生人数

从硕士学位高校授予权分布状况看，在全国 85 所高校中，地域不均衡性更为显著。北京硕士点授权高校最多，共有 8 所；湖北、江苏、陕西各有 6 所硕士点授权高校，山东、吉林、广东、河南等 12 省份各有 3～5 所硕士点授权高校，安徽、上海、海南、黑龙江等 14 省份各有 1～2 所硕士点授权高校，西藏暂无硕士点授权高校。北京、上海的硕士点占高校开设本科专业的 67%，重庆、天津、陕西、江西、吉林、甘肃、浙江等 13 省份为 30%～60%，江苏、辽宁、山东、四川、广东、河南、湖南、河北等 14 省份为 6%～27%。

在 33 所博士点授权高校中，北京博士点授权高校最多，达到 4 所；江苏、湖北、广东、陕西、云南、甘肃 6 省各有 2 所；湖南、山东等 17 省份各有 1 所；四川、浙江、广西、山西、海南、宁夏、西藏 7 省份暂未有博士点授权高校。从空间布局看，博士点的分布中北京、上海占比接近 33%；天津、重庆、云南、江西、广东、黑龙江等 13 省份比例为 10%～25%；江苏、吉林、贵州、安徽、河北等 8 省份为 5%～9%。

地理学在双一流学科建设中也起着非常重要的作用。教育部公布的地理学入选双一流建设学科建设高校为北京大学、北京师范大学和南京师范大学，三所高校在"一流"地理学科建设的改革和探索方面起到了重要的示范作用。其中，北京大学地理学立足学科前沿，服务国家需求，国际影响力不断提升，有自然地理学和人文地理学两个国家二级重点学科，国际排名稳步提升。北京师范大学地理学科在 2017 年全国学科评比过程中被评为 A+类学科，在学科建设中不断扩大国内领先优势与国际学术影响。南京师范大学的地理学科是南京师范大学唯一的"双一流"学科，在 2017 年全国学科评比过程中被评为 A 类学科，地理学科在国内和国际上均具备领先优势，地理信息系统专业是其最为知名的专业之一，入选了国家特色专业和国家人才培养模式试验区。此外，部分高校发挥学科优势，积极将地理学纳入学校"双一流"建设学科，如华东师范大学、南京大学、兰州大学等。还有一些高校将地理学纳入了省级"双一流"建设学科。

教育部通过"六卓越一拔尖"计划，将地理科学列入 17 个基础拔尖学科计划，开展拔尖人才 2.0 计划深化人才培养，先后有北京师范大学、北京大学、南京大学、华东师范大学和武汉大学五所高校的地理科学入选。"双一流"与"拔尖计划"的深化和推动，为地理学在优化人才供需格局、塑造基础科学吸引力等方面充分发挥了指挥棒的作用。但地理学科也是一门极易被误解的基础科学，在人才选拔方面面临"社会需求扩大、人才储备收缩"的窘境。例如，全国约有 200 个拔尖人才培养基地，相较于数学、物理和化学这些基础学科而言，地理学科占比仅 2.5%，这在一定程度上也反映了地理学拔尖人才培养基地建设的迫切性。

自 2019 年以来，教育部实施推动了三批次的国家级、省级一流本科专业建设点，在"一流"地理学科建设上进行了深入的改革和探索，先后有 123 个地理学本科专业获批为国家级一流本科专业建设点。其中，地理科学有 55 所高校入选，占比 45%；自然地理与资源环境专业有 11 所高校入选，占比 9%；人文地理与城乡规划专业有 17 所高校入选，占比 14%；地理信息科学专业有 40 所高校入选，占比 33%。地理科学专业入选的高校集中于师范类高校，传统培养中学教师的职能体现学科教育的重要性。自然地理学是地理学的基石，而自然地理与资源环境专业作为地理学的基础地位受到较为严重的影响，亟待引起关注。从空间分布看，人文地理与城乡规划专业主要在我国经济较发达地区受到较高的关注，如广东有 3 所高校入选，北京也有 3 所高校入选。地理信息科学专业则集中分布于北京和华东地区，仅北京就有 7 所高校入选。此外，地理学的一流课程建设也是地理学教育的重要组成部分，然而目前地理科学类的"金课"尚缺乏系统性的建设，仅有 27 门被认定为"金课"，其中华东师范大学 5 门、北京师范大学 3 门、武汉大学 3 门，另有 12 所高校分别有 1~2 门。一流本科专业"双万计划"建设为地理学科全面振兴本科教育，提高人才培养质量，实现高等教育内涵式发展奠定了坚实基础。

三、新时代中国大学地理教育：目标、机遇和挑战

地理学学科体系的发展，大大改变了地理学认识世界的方式，以至于需要从总体上重构大学地理教育的内容结构和教学方法。要将地理学的前沿研究与新时代地理教育结合起来，高等教育应把当代全人类面临的紧迫现实问题和学科热点议题列入教学内容，培养符合时代需要的人才，为社会输送合格的公民。因此，新时代中国大学地理教育的核心要义是结合国情实际，加快中国高校地理教育内容结构、教学方法的改革和重构步伐。

大学地理教育的核心目标是秉持"全球视野、家国情怀"的理念，培养适应新时代、新发展、新变革的领军型与复合型地理学创新人才，应对未来全球变化与人类发展问题的践行者、探索者与引领者；依托学科优势，培养人格健全、志向远大、潜心学术、探索世界，富有想象力、创造力、批判性思维能力，整合本土认知与国际视野，兼具科学素养和人文情怀的地理学领军人才。经过多年的不懈努力，中国地理学在创世界一流学科的道路上，围绕专业和平台建设，培育优势学科，建设新的交叉学科，建设国家一流课程、编写教材、培养教学名师和教学成果获奖等方面不断发轫，涌现了不少优秀成果。随着我国高等教育综合改革的深入，大学学科建设环境发生了显著改变。"双一流"战略的实施使得大学学科建设面临新的机遇和挑战。我国高等地理教育在最近 70 多年发生了翻天覆地的变化，但地理学的人才培养方面却少有大师出现，原因复杂，值得深思。尤其在探索人才培养规律方面还有诸多可做之事，如优化专业设置、巩固学科根基、加强特色人才培养、革新课程体系、改进教学内容、加强地理学实践教学等。

在专业设置方面，现行教育部本科生专业目录的二级学科设置促进和规范了地理学各专业的发展，但随着新时代的发展，社会对地理学科的需求形式也发生了显著变化。目前学科体系泛化后，地理科学专业的目的性和应用性欠鲜明，与硕士专业衔接不够，且缺乏明确的应用能力和过硬的技术支撑，

难以匹配社会对地理学人才的需求，特别是师范类高校的地理科学专业，实际定位为地理教育。就学科根基而言，目前很多高校地理类专业的发展目标过分重视短平快，学术基础不够清晰，发展方向不清晰，地理学的根基有所削弱，实践应用型人才和基础科学创新人才培养往往存在矛盾，定位不清。地理学的人才培养也存在结构体系单一、课程结构趋同、培养目标基本一致、不能满足社会的多样化需求等不足。课程体系也存在迎合需求，削弱了学科的基础理论培养学时，特别是基础课程、野外调查和实验能力等方面不断削弱。在大学地理学教材方面也存在新内容不足、教材更新慢等普遍性问题。特别是在野外实践教学方面，虽然有部分高校开展了全国高校大学生的联合实习培养、国际联合实习等，但受众面还是太小，多数高校削弱了实习实践这一地理学特色教学环节。

地理学的特殊性也决定了其人才培养具有特殊性，地理学的人才培养尚需要在视野上瞄准国际前沿，围绕学科发展与社会变革带来的知识和能力需求，增强地理学子的批判性思维、综合思维、科学思维和空间思维能力，培养未来知识的发现者、创造者和思想者。值得注意的是，入选国家级地理学科"双一流"建设名单的高校仅有三所。这在一定程度上表明，虽然我国的地理学科具有较长的发展历史，但在适应新时代变化过程中仍存在较多的挑战，如专业发展不平衡、解决"卡脖子"问题的关键技术及成果显现不足、服务国家战略的能力不足等问题。

今后，地理教育尚需在课程思政建设、国家级一流课程建设方面不断努力，积极进取。地理学涵盖了自然科学与人文社会科学，具有复杂性、交叉性、综合性，本身蕴含着丰富的思政元素。地理教育的思政课程建设将大有可为，在家国情怀中厚植领土观念、国家安全、区域战略等地理学思维，培养学生的爱国主义精神。在资源环境和可持续发展领域，拓展新时代"绿水青山就是金山银山"理论、新型城镇化战略、乡村振兴战略，培养学生人地和谐发展的理念。地理教育让学生了解国家自然资源禀赋，理解新中国建设的伟大成就。各高校可深入挖掘地理学思政因素，有序开展彰显学科特色的课程思政工作。

就学科发展而言，需要不断加强与相关学科的融合，广泛拓展应用领域，形成新的交叉研究方向，从而顺应时代发展。就课程体系而言，高校普遍遵循"一级学科为基础、二级特色方向为延伸"的教学课程体系，增加了地理学的区域特色，课程体系完善，层级较为分明，能较好地体现地理学科的基础性、交叉性与前沿性；但多数高校开设的地理学课程，在拓展学生视野、培养科研思维等方面尚需要继续完善。在一流课程建设方面，开放共享更多的地理教育一流课程，惠益全国大学生，缩小区域差异。推动地理学的全国联合实习、国际联合实习等，增进学生交流，拓展学生视野。

新时代以来，地理学教育始终以立德树人为根本任务，坚持以培养拔尖人才和通识教育人才为目标，致力于培养具有家国情怀、时代意识、全球视野和责任担当的地理学人才。为了加强地理学学科建设，提高人才培养质量，2017年以来，教育部高等学校地理科学类专业教学指导委员会与中国地理学会先后组织多次"地理学学科发展与高校地理学院院长论坛"，交流学科建设信息，共襄中国高等学校地理教育和地理学科发展。教育部高等学校地理科学类专业教学指导委员会因应新时代高等教育的变革，组织了全国高校地理学的专家学者，通过梳理人才培养、学科专业建设和课程体系建设三个方面的先进经验与教研成果，编撰了本书，旨在面向新时代中国大学地理教育核心目标，结合地理学面向国家战略重大需求，阐述新时代地理学前沿综合的人才培养体系，分析其发展趋势，应对我国大学地理教育面临的机遇与挑战。本书首先从新时代地理学人才培养体系出发，总结拔尖人才培养、师范生培养、卓越人才培养、产学研协同育人等人才培养方面的先进经验；其次，从地理学学科体系与专业建设、二级学科建设等方面介绍高校地理学科建设实践和探索；最后，围绕面向人才培养和学科建设的课程体系设置、发挥区域特色等方面阐释地理学金课课程、联合实习和国际实习等实践与探讨。全书紧扣当前中国大学地理教育的核心与社会发展的迫切需求，力图从学科教育发展态势层面展现当代中国大学地理教育风貌，以期服务于为党育人、为国育才的重大战略任务。

中国大学地理教育，立足中国特色的地理环境与经济社会发展背景，教学与科研双轮驱动，学科与专业建设持续不断深入。本书仅仅展现了当前中国大学地理教育若干侧面，难免挂一漏万，敬请批评指正。

让我们携起手来，畅行日月山川之间，感悟天地人和之道，迎接中国地理学与大学地理教育更辉煌的明天！

贺灿飞　彭建　苏筠

人才培养

第一章　新时代中国大学地理教育人才培养体系

2010年,《国家中长期教育改革和发展规划纲要（2010～2020年）》（以下简称《纲要》）颁布实施。《纲要》提出,全面提高教育质量是高等教育发展的核心任务,是建设高等教育强国的基本要求;提高人才培养质量,提高科学研究水平,增强社会服务能力,优化结构办出特色;到2020年,高等教育结构更加合理,特色更加鲜明,人才培养、科学研究和社会服务整体水平全面提升,建成一批国际知名、有特色高水平高等学校,若干所大学达到或接近世界一流大学水平,高等教育国际竞争力显著增强。

随着《纲要》的颁布实施,中国高等教育进行了深刻变革,也取得了前所未有的发展成就。在数量方面,2020年中国高等教育在学人数4 183万,居世界第一;1978～2020年中国在学总人数年均增长率7.2%,居世界第一;2020年,中国毛入学率54.4%,标志着中国高等教育进入了普及化发展新时期。质量方面,高校科研能力和学科建设水平提高,近600个学科进入基本科学指标数据库（ESI）前1%,位列全球第六,50多个学科进入世界同类学科前1‰。中国高等教育整体发展实力进入世界先进水平,一些学科领域进入世界一流水平（瞿振元,2021）。

中国高等教育跨越式发展,推动经济和社会可持续发展,中国已经成为高等教育大国,高等教育从精英教育转入大众化教育发展阶段。中国高等教育大众化,不仅有量的标准,还要有质的要求,面临前所未有的变革需求。中国共产党十九大报告提出,中国特色社会主义进入新时代,当前社会主要矛盾已经转化为人民日益增长的美好生活需要和不平衡不充分的发展之间的矛盾。对于高等教育来说，随着中国特色社会主义伟大事业的不断发展，随着高等教育的大众化转型，学生和家长"对高质量教育的追求"将愈加强烈，将促进高等教育内涵式发展、深化人才培养的供给侧改革及高等教育的综合改革（瞿振元，2021）。

一、新时代高等教育人才培养改革总体方针

（一）坚持"以本为本"，推进"四个回归"

2018年，教育部组织召开新时代全国高等学校本科教育工作会议，提出以习近平新时代中国特色社会主义思想为指导，准确把握高等教育基本规律和发展实际，全面落实高等学校人才培养的根本任务和根本标准，高扬起人才培养的主旋律，全面提升人才培养能力，造就堪当民族复兴大任的时代新人。会议在深化人才培养改革方面提出要坚持"以本为本"，推进"四个回归"，建设中国特色、世界水平的一流本科教育。

深化人才培养改革，需坚持"以本为本"。人才培养是大学的本质职能，本科教育是大学的根和本，是高等教育中具有战略地位的教育。高校要坚持"以本为本"，把本科教育放在人才培养的核心地位、教育教学的基础地位、新时代教育发展的前沿地位。高校领导要聚焦本科教育，教师精力要首先在本科集中，学校资源要首先在本科配置，教学条件要首先在本科使用，教学方法和激励机制要首先在本科创新，核心竞争力和教学质量要首先在本科显现，发展战略和办学理念要首先在本科实践，核心价值体系要首先在本科确立。

深化人才培养改革，要推进"四个回归"，把人才培养的质量和效果作

为检验一切工作的根本标准。一是回归"常识"。要围绕学生刻苦读书来办教育，引导学生求真学问、练真本领。二是回归"本分"。要引导教师热爱教学、倾心教学、研究教学，潜心教书育人。三是回归"初心"。要坚持正确政治方向，促进专业知识教育与思想政治教育相结合，用知识体系教、价值体系育、创新体系做，倾心培养建设者和接班人。四是回归"梦想"。要推动办学理念创新、组织创新、管理创新和制度创新，倾力实现教育报国、教育强国梦（陈宝生，2018）。

（二）新时代高等教育 40 条

2018 年教育部制定了《关于加快建设高水平本科教育 全面提高人才培养能力的意见》（简称"新时代高等教育 40 条"），要求高校从做好"八个一"着手：落实一个根本任务，培养德智体美劳全面发展的社会主义建设者和接班人；坚持一个根本标准，把立德树人的成效作为检验学校一切工作的根本标准；突出一个基础地位，要把本科教育放在人才培养体系的核心地位，放在教育教学的基础地位，放在新时代教育发展的前沿地位；强化一个基本抓手，专业是人才培养的基本单元和基础平台，是建设一流本科、培养一流人才的"四梁八柱"；打造一支育人队伍，政治素质过硬、业务能力精湛、育人水平高超、方法技术娴熟；完善一套协同机制，加强理论教学与实践教学相结合，完善协同育人机制，加强实践平台建设，强化科教协同，深化国际交流合作；下好一步"先手棋"，教育改变人生，网络改变教育，持续推进现代信息技术与教育教学深度融合；培育一流质量文化，把人才培养水平和质量作为一流大学建设的首要指标，使之成为大学精神的核心。

"新时代高等教育 40 条"，是教育部制定的提升高等教育人才培养质量的纲领性文件，为新时代构建高水平人才培养体系，培养德智体美劳全面发展的社会主义建设者和接班人，搭建了制度框架（吴岩，2018）。

二、新时代中国大学地理教育人才培养体系

(一)"双一流"建设

1. "双一流"计划

党的十八大以来,教育改革全面深入,发展水平进入世界中上行列。新形势和新任务对高等教育实施内涵发展、提高国际竞争力提出了更高要求。2014年5月4日,习近平总书记在北京大学师生座谈会上明确指出,要坚定不移地建设世界一流大学。2015年10月,国务院印发《统筹推进世界一流大学和一流学科建设总体方案》(以下简称《总体方案》)。2017年1月,教育部、财政部、国家发展和改革委员会印发《统筹推进世界一流大学和一流学科建设实施办法(暂行)》(以下简称《实施办法》),正式启动"双一流"建设。

"双一流"将"985工程""211工程""优势学科创新平台""特色重点学科建设"等重点建设项目,统一纳入世界一流大学和一流学科建设,要求贯彻全面深化改革要求,创新重点建设机制,以中国特色、世界一流为核心,以一流为目标、以学科为基础、以绩效为杠杆、以改革为动力,推动一批高水平大学和学科进入世界一流行列或前列,为实现"两个一百年"奋斗目标、实现中华民族伟大复兴的中国梦提供有力支撑。

统筹推进"双一流"建设分三步走:第一步,到2020年,若干所大学和一批学科进入世界一流行列,若干学科进入世界一流学科前列;第二步,到2030年,更多大学和学科进入世界一流行列,若干所大学进入世界一流前列,一批学科进入世界一流学科前列,高等教育整体实力显著提升;第三步,到21世纪中叶,一流大学和一流学科的数量及实力进入世界前列,基本建成高等教育强国。

2017年9月，教育部、财政部、国家发展和改革委员会联合发布《关于公布世界一流大学和一流学科建设高校及建设学科名单的通知》，正式公布世界一流大学和一流学科建设高校及建设学科名单，首轮"双一流"建设高校共计137所，其中世界一流大学建设高校42所（A类36所，B类6所），世界一流学科建设高校95所，双一流建设学科465个（其中自定学科44个）。2022年，教育部公布的第二轮"双一流"建设高校147所，"双一流"建设学科中数学、物理、化学、生物学等基础学科59个，工程类学科180个，哲学社会科学学科92个，北京大学和清华大学自主建设的学科自行公布。

2. 地理学"双一流"建设

地理学是研究地理要素和地理综合体空间分布规律、时间演变过程及区域特征的一门学科，是自然科学与人文科学的交叉，具有综合性、交叉性和区域性的特点（傅伯杰等，2015）。20世纪80年代，钱学森先生就提出"地理科学是自然科学和社会科学的汇合"，"地理科学对社会主义建设来说，是一门迫切需要的科学"（钱学森，1989）。近几十年，地理学的理论、技术、方法得到不断创新发展，研究范式发生根本性改变，从地理学知识描述、格局与过程耦合，向复杂人地系统的模拟和预测转变，从知识、科学到决策，地理学已经进入现代科学技术体系（傅伯杰，2017）。地理学研究主题从"多元"走向"系统"，运用地理学综合视角和科学监测手段，分析地球表层系统特别是陆地表层系统的重大问题。城市化、气候变化、环境变化、生态系统、人地关系、水土可持续利用、全球经济一体化、地缘政治等研究主题，以及遥感、地理信息系统、空间分析、数字模拟等研究方法和手段，是地理学研究的热点和前沿领域（冷疏影，2016）。人类社会进入21世纪，地理学进入地球系统科学研究阶段，随着研究主题的多元化、复杂化、系统化，地理科学的研究越来越注重多学科交叉。

地理学是国家"双一流"建设学科。推动地理学科向世界一流学科发展，需要围绕科学研究有水平、人才培养有提升和社会服务能落地的三大任务目标，明确地理学核心建设理念。一是把握学科特征、契合科学前沿，创造和完善新时代学科知识体系；二是把握专业和行业需求、明确人才培养目标，造就社会发展的建设者；三是把握国家重大需求、结合学科专长，提高社会服务能力（宋长青，2022）。北京大学、北京师范大学和南京师范大学三所高校的地理学入选教育部一流学科建设名单。三所高校在"一流"地理学科建设中进行了深入系统的改革和探索，取得了较好的成果。

北京大学地理学始于1952年，立足学科前沿，服务国家需求，国际影响力不断提升。教育部公布的第四轮学科评估中，北京大学地理学被评为A+，代表了国内领先地位。国际排名稳步提升，在Quacquarelli Symonds发布的"2022年QS世界大学学科排名"中，北京大学地理学排名全球第13位，居于国内首位。北京大学地理学科主要聚焦自然地理、环境地理、人文地理与城乡规划、地理信息技术四个重点领域，始终以立德树人为根本，以世界一流为目标，以学科交叉融合为抓手，世界一流总体目标基本达成，建设成效显著。北京大学地理学"双一流"建设成就包括：①以本科生拔尖人才计划2.0、国家级重点专业建设、研究生培养改革为契机，对标国际一流专业，强化过程管理，积极提升本科、硕士和博士人才培养质量；②围绕新学科增长点推进人才队伍建设，优化人才引进机制和资源配置，凝聚学科方向，补齐学科短板，促进多学科协调发展；③科研成果形成拳头，数量、质量和国际影响力稳步提升，尤其在全球气候变化中国贡献厘定、大气污染物排放清单、城市化生态效应、土壤碳氮循环机理、区域产业布局与重构、毒品监测新技术等方面取得了一批重大科研成果；④构筑高水平产学研合作平台，打造新型智库，提升服务社会的贡献度；⑤开展多方位多层次国际交流与合作，提升学科的国际影响（唐琳、刘鸿雁，2021）。随着"双一流"学科建设的持续推进，北京大学地理学将积极建设自然地理学、人文地理学以及地图学与地理信息系统三个国家二级重点学科，引领陆地表层系统模拟、区域环境过程多尺度效应、城市与区域可持续发展、地理大数据挖掘与应用、国土空间规划与开发保护等领域学科前沿。

北京师范大学地理学始于京师大学堂史地类，于1928年成立地理系，发展历史悠久。北京师范大学地理学科在教育部第四轮学科评估中被评为A+。

北京师范大学地理学在首期一流学科建设中，本着强调中国特色、对标国际一流、高起点设计的建设思路，系统考虑人才培养、科学研究、社会服务、文化传承创新的学科建设任务，全面统筹人才队伍建设、国际交流合作、建设资源配置等学科建设条件，取得的建设成效有：①优化以能力提升为核心的人才培养体系，遵循"通识教育—拔尖培养—多元选择"的培养理念，完善"平台—学科—能力"三维多元本科人才培养模式；②搭建集野外观测、室内分析、计算模拟为一体的高水平科研条件支撑体系，产出灾害风险评估、土壤侵蚀分异、青海湖流域生态研究等一批高质量科研成果，服务国家重大需求；③建设高水平国际合作平台，提高了国际学术期刊的数量与质量，总体提升了学科的国际地位和影响力。未来，北京师范大学地理学一流学科建设在理念上将强化系统思维；在人才培养方面强化"政治站位—系统思维—关键技术—实习实践"一体化培养；在科学研究上强化陆地表层系统变化监测与效应评估的方法体系，发展陆地表层系统研究的理论和方法，揭示陆地表层系统时、空分异规律及演化机制；在社会服务方面强化"科学研究—人才培养—社会服务"有效联动。通过人才引进与培养、平台建设、国际合作等保障措施，快速提升地理学综合研究水平与国际化水平，推动一流学科的建设和发展。

  南京师范大学地理学科在教育部第四轮学科评估中被评为 A 类学科，以"扎根地理学、服务地理学、发展地理学"为宗旨，面向未来地球与智慧地球、全球变化与可持续发展、地理大数据与空间智能、生态文明与区域协调发展等学科前沿和国家重大需求，以基于地理信息机理的地理学综合研究为特色，致力于打造在国内外具有重要影响力的地理科学创新研究、拔尖人才培养、地理工程和社会服务基地，为应对全球变化与可持续发展等重大挑战提供科学支撑。首轮一流学科建设取得的成效如下：①思政建设引领学科发展，紧密围绕"强化内涵、立德树人"，统筹学科育人力量，强化人才培养的核心地位，人才培养水平和教学质量稳步提升；②秉承"爱国、精进、笃行、开创"的学术精神，打造虚拟地理环境实验室，拓展国际合作与国际联合培养等；③面向学科前沿和国家重大需求，学科在地貌过程与人地系统演化、气候演化过程与机制、碳氮循环过程与机理、地理信息虚拟/全息表达等方面取得重要突破；④依托学科优势推动科技成果就地转化，成立了地理信息产业技术研究院、乡村振兴研究院等社会服务平台，在 JMRH 和产业发展、精准扶贫与生态文明、大数据社会服务等方面取得了突出成绩。未来，南京师范大学地理学科将在汇聚学校其他优势学科力量的基础上，积极培育以时空大数据与空间智能、空间综合人文社会科学、智慧教育与虚拟实验等面向科技创新和未来发展的学科群，推动地理学创新发展，并带动相关支撑学科水平提升。

（二）"六卓越一拔尖"计划 2.0

实施"六卓越一拔尖"计划 2.0 是进一步提高高校人才培养质量和服务经济社会发展能力的一次战略行动，是中国高等教育的"一次质量革命"，意义深远。启动实施"六卓越一拔尖"计划 2.0，将原先的单个计划变成系列计划的组合，标志着高等教育改革发展走向成型成熟，标志着中国高等教育从跟随跟跑转到并跑领跑。2019~2021 年，教育部分三年全面实施"六卓越一拔尖"计划 2.0，这个计划可以概括为"一个总体部署、三项核心任务、一次质量革命"。"一个总体部署"是通过实施"六卓越一拔尖"计划 2.0，全面推进新工科、新医科、新农科、新文科建设，提高高校服务经济社会发展能力。"三项核心任务"是面向所有高校、所有专业，全面实施一流专业建设"双万计划"、一流课程建设"双万计划"、建设基础学科拔尖学生培养一流基地，也就是建"金专"、建"金课"、建"高地"。"一次质量革命"是通过实施"六卓越一拔尖"计划 2.0，在全国高校掀起一场"质量革命"，形成覆盖高等教育全领域的"质量中国"品牌，全面实现高等教育内涵式发展（中华人民共和国教育部，2019）。

1. 一流专业建设"双万计划"

实施一流本科专业建设"双万计划"，也就是"金专"建设计划。建设

10 000个左右国家级一流本科专业点和10 000个左右省级一流本科专业点。面向全体高校、全部专业，鼓励分类发展、特色发展，在不同类型高校建设一流本科专业。高校报送的专业第一步确定为国家级一流本科专业建设点，教育部组织进行专业认证，通过后确定为国家级一流本科专业。中央和地方分"赛道"建设，给地方高校留足发展空间。

国家级一流专业建设点遴选要求：①专业定位明确。服务面向清晰，适应国家和区域经济社会发展需要，符合学校发展定位和办学方向。②专业管理规范。切实落实本科专业国家标准要求，人才培养方案科学合理，教育教学管理规范有序。近三年未出现重大安全责任事故。③改革成效突出。持续深化教育教学改革，教育理念先进，教学内容更新及时，方法手段不断创新，以新理念、新形态、新方法引领带动新工科、新医科、新农科、新文科建设。④师资力量雄厚。不断加强师资队伍和基层教学组织建设，教育教学研究活动广泛开展，专业教学团队结构合理、整体素质水平高。⑤培养质量一流。坚持以学生为中心，促进学生全面发展，有效激发学生学习兴趣和潜能，增强创新精神、实践能力和社会责任感，毕业生行业认可度高、社会整体评价好。

基于以上精神，教育部高等学校地理科学类专业教学指导委员会在2019~2021年开展了三次国家级一流专业遴选工作。2019年，基于优选原则遴选了中央赛道11个专业和地方赛道22个专业，共计33个国家级一流本科专业建设点（表1–1）。第一批中央赛道国家级一流专业建设点来自全国最重要的高校，地理学专业有深厚的底蕴和长期的发展历史，第四轮学科评估成绩表现突出。地理学四个专业都覆盖了，但以地理科学为主。地方赛道也是在各个区域具有代表性的地理学专业建设点，办学实力较强，地方特色显著。值得一提的是，师范大学是地理学专业建设点重镇，建设专业以地理科学居多。2020年，基于适当拓展建设单位原则，遴选出中央赛道15个专业和地方赛道30个专业，共计45个国家级一流本科专业建设点（表1–2）。中央赛道拓展了5个高校，尤其包括了省部共建的云南大学和新疆大学，遴选的专业相对均衡；地方赛道显著拓展了省区范围，将第一年没有遴选的省区代表性师范大学考虑进来，专业主要是地理科学，其次是地理信息科学。2021年，基于调整优化原则，考虑到一些行业性高校的地理学专业发展势头，遴选出中央赛道22个专业和地方赛道23个专业，共计45个国家级一流本科专业建设点（表1–3）。中央赛道以地理信息科学为主，其次是自然地理与资源环境；地方赛道也是以地理信息科学为主，其次是人文地理与城乡规划。三年间，共遴选出123个国家级一流本科专业建设点，其中中央赛道48个，地方赛道

表1–1 2019年入选的33个（11+22）国家级一流本科专业建设点

中央赛道		地方赛道	
学校	专业	学校	专业
北京大学	人文地理与城乡规划	安徽师范大学	地理科学
北京师范大学	地理科学	北京联合大学	人文地理与城乡规划
东北师范大学	地理科学	福建师范大学	地理科学
华东师范大学	地理科学	广州大学	人文地理与城乡规划
兰州大学	自然地理与资源环境	贵州师范大学	地理科学
南京大学	地理信息科学	哈尔滨师范大学	地理科学
宁夏大学	地理科学	河南大学	地理科学
陕西师范大学	地理科学	湖南师范大学	地理科学
武汉大学	地理信息科学	华南师范大学	地理科学
中国地质大学（北京）	地理信息科学	江西师范大学	地理科学
中山大学	人文地理与城乡规划	辽宁师范大学	地理科学
		鲁东大学	地理科学
		南京师范大学	地理信息科学
		青海师范大学	地理科学
		山东师范大学	地理科学
		首都师范大学	地理信息科学
		四川师范大学	地理科学
		太原师范学院	地理科学
		天津师范大学	地理科学
		西北大学	人文地理与城乡规划
		云南师范大学	地理科学
		浙江师范大学	地理科学

表 1-2 2020 年入选的 45 个（15+30）国家级一流本科专业建设点

中央赛道		地方赛道	
学校	专业	学校	专业
北京大学	自然地理与资源环境	成都理工大学	地理信息科学
北京师范大学	自然地理与资源环境	滁州学院	地理信息科学
东北师范大学	人文地理与城乡规划	哈尔滨师范大学	地理信息科学
河海大学	地理信息科学	海南师范大学	地理科学
华东师范大学	人文地理与城乡规划	河北师范大学	地理科学
华中师范大学	地理科学	衡阳师范学院	地理科学
兰州大学	人文地理与城乡规划	湖北大学	地理科学
南京大学	地理科学	湖南文理学院	地理科学
武汉大学	地理科学	华南师范大学	人文地理与城乡规划
西南大学	地理科学	吉林师范大学	地理科学
新疆大学	地理信息科学	江苏第二师范学院	地理科学
云南大学	地理科学	江苏师范大学	地理科学
浙江大学	地理信息科学	江西理工大学	地理信息科学
中国地质大学（武汉）	地理信息科学	兰州交通大学	地理信息科学
中山大学	地理信息科学	临沂大学	地理科学
		南京师范大学	自然地理与资源环境
		南京信息工程大学	地理信息科学
		南宁师范大学	地理科学
		内蒙古师范大学	地理科学
		曲阜师范大学	地理科学
		泉州师范学院	人文地理与城乡规划
		山东科技大学	地理信息科学
		山西师范大学	地理科学
		上海师范大学	地理科学
		首都师范大学	地理科学
		西北师范大学	地理科学
		新疆师范大学	地理科学
		信阳师范学院	地理科学
		长春师范大学	地理科学
		重庆师范大学	地理科学

75 个。此外，除了上述国家级一流本科专业建设点，据不完全统计，还有 68 个专业入选省级一流本科专业建设点，基本覆盖了全部省份，包括了地理科学、自然地理与自然资源、人文地理与城乡规划以及地理信息科学（表 1–4）。地理学各专业将在国家级和省级一流专业建设过程中进行系统深入探索，改革创新，推动形成新时代中国大学地理人才培养新模式。

表 1–3 2021 年入选的 45 个（22+23）国家级一流本科专业建设点

中央赛道		地方赛道	
学校	专业	学校	专业
北京大学	地理信息科学	宝鸡文理学院	地理科学
北京林业大学	地理信息科学	安徽师范大学	地理信息科学
北京师范大学	地理信息科学	福建师范大学	自然地理与资源环境
北京师范大学	人文地理与城乡规划	广州大学	地理信息科学
大连海事大学	地理信息科学	贵州师范大学	人文地理与城乡规划
东北师范大学	地理信息科学	河南财经政法大学	人文地理与城乡规划
河海大学	自然地理与资源环境	河南大学	人文地理与城乡规划
华东师范大学	地理信息科学	湖南师范大学	人文地理与城乡规划
华中农业大学	地理信息科学	江西师范大学	地理信息科学
华中师范大学	地理信息科学	鲁东大学	地理信息科学
兰州大学	地理信息科学	南京师范大学	地理科学
南京大学	自然地理与资源环境	南京信息工程大学	自然地理与资源环境
山西大学	自然地理与资源环境	宁波大学	地理科学
陕西师范大学	地理信息科学	山东师范大学	地理信息科学
西藏大学	地理科学	太原师范学院	人文地理与城乡规划
西南大学	人文地理与城乡规划	天津师范大学	地理信息科学
长安大学	地理信息科学	西安科技大学	地理信息科学
中国地质大学（武汉）	地理科学	西北大学	自然地理与资源环境
中国矿业大学	地理信息科学	西北师范大学	地理信息科学
中国农业大学	地理信息科学	西华师范大学	地理科学
中南大学	地理信息科学	延边大学	地理科学
中山大学	自然地理与资源环境	盐城师范学院	地理科学
		云南师范大学	地理信息科学

表1-4 省级一流本科专业建设点（不完全统计）

学校	专业	学校	专业
湖北科技学院	地理科学	南京大学	人文地理与城乡规划
河南大学	地理信息科学	重庆师范大学	地理科学
贵州师范学院	地理科学	西南大学	地理信息科学
江西师范大学	地理科学	华南师范大学	自然地理与资源环境
江西师范大学	地理信息科学	华南师范大学	地理信息科学
上海师范大学	地理信息科学	信阳师范学院	地理信息科学
长春师范大学	地理科学	南宁师范大学	地理信息科学
长春师范大学	地理信息科学	南宁师范大学	人文地理与城乡规划
石家庄学院	人文地理与城乡规划	宁夏大学	地理信息科学
泰山学院	地理科学	西北师范大学	人文地理与城乡规划
福建师范大学	人文地理与城乡规划	贵州大学	地理信息科学
福建师范大学	地理信息科学	贵州大学	自然地理与资源环境
福州大学	人文地理与城乡规划	新疆师范大学	地理信息科学
宁波大学	人文地理与城乡规划	云南师范大学	人文地理与城乡规划
湖北文理学院	地理科学	云南师范大学	空间信息与数字技术
聊城大学	地理科学	湖南师范大学	地理信息科学
西南石油大学	地理信息科学	湖北大学	地理科学
云南大学	地理信息科学	西安外国语大学	人文地理与城乡规划
商洛学院	地理科学	哈尔滨师范大学	自然地理与资源环境
成都理工大学	人文地理与城乡规划	玉溪师范学院	地理科学
河北师范大学	人文地理与城乡规划	楚雄师范学院	地理科学
河北师范大学	地理信息科学	楚雄师范学院	自然地理与资源环境
东华理工大学	地理信息科学	江西理工大学	地理信息科学
山东建筑大学	地理信息科学	天津师范大学	地理信息科学
内蒙古师范大学	自然地理与资源环境	西南林业大学	地理科学
赣南师范大学	地理科学	沈阳大学	地理科学
衡阳师范学院	地理信息科学	曲阜师范大学	土地资源管理
忻州师范学院	地理科学	广州大学	地理科学
山西师范大学	地理科学	广州大学	地理信息科学
山西师范大学	自然地理与资源环境	山西财经大学	自然地理与资源环境

续表

学校	专业	学校	专业
山西师范大学	人文地理与城乡规划	山西财经大学	人文地理与城乡规划
广东财经大学	自然地理与资源环境	华中师范大学	自然地理与资源环境
安阳师范学院	地理科学	华中师范大学	人文地理与城乡规划
太原师范学院	自然地理与资源环境	广东财经大学	自然地理与资源环境

2. 一流课程建设"双万计划"

2019年10月31日，教育部发布《教育部关于一流本科课程建设的实施意见》，正式启动实施一流课程建设"双万计划"，即"金课"建设计划。建设10 000门左右国家级一流课程和10 000门左右省级一流课程，包括具有高阶性、创新性、挑战度的线下、线上、线上线下混合式、虚拟仿真和社会实践各类型课程。具体任务是，建设3 000门左右线上"金课"（国家精品在线开放课程）、7 000门左右线上线下混合式"金课"和线下"金课"、1 000门左右虚拟仿真"金课"（国家虚拟仿真实验教学项目）、1 000门左右社会实践"金课"。各类课程的要求如表1–5所示。

表1–5 五类一流课程界定

序号	课程类别	课程要求
1	线上一流课程	突出优质、开放、共享，打造中国慕课品牌
2	虚拟仿真实验教学一流课程	通过信息技术、智能技术与实验教学的深度融合，实现"网上做实验"和"虚拟做真实验"
3	线下一流课程	改革传统线下课堂教学。在内容和教学方式方法上与时俱进，以提升学生综合能力为重点，重塑课程内容，打破课堂沉默状态，有效运用智慧教室以及线上优质资源开展教学改革
4	线上线下混合式一流课程	基于慕课、专属在线课程（SPOC）或其他在线课程，运用适当的数字化教学工具，结合本校实际对校内课程进行改造，安排20%~50%的教学时间实施学生线上自主学习，与线下面授有机结合，具有可追溯的学生在线学习记录
5	社会实践一流课程	纳入人才培养方案的非实习、非实训课程，学生70%以上学时深入基层。培养学生运用所学理论知识认识社会、研究社会、理解社会、服务社会的能力

2019 年开展第一批一流本科课程认定,已经认定线上一流课程 717 门,线下一流课程 1 463 门,线上线下混合式一流课程 868 门,社会实践一流课程 184 门,虚拟仿真实验教学一流课程 327 门。第二批一流本科课程认定已于 2021 年启动,计划认定线上一流课程 1 000 门,线下一流课程、线上线下混合式一流课程、社会实践一流课程三类共计 3 800 门,虚拟仿真实验教学一流课程 360 门(表 1–6)。

表 1-6 各批次一流本科课程认定

	线上一流课程	线下一流课程	线上线下混合式一流课程	社会实践一流课程	虚拟仿真实验教学一流课程
2017 年	468				105
2018 年	690				296
2019 年	717	1 463	868	184	327
第一批已认定比例	46.9%	36.6%	14.5%	18.4%	48.5%
第二批计划认定	1 000		3 800		360
第二批结束认定比例	71.9%		57.4%		72.5%
剩余数量	1 125		4 685		412

第一批地理科学类一流本科课程共计 24 门(表 1–7),其中华东师范大学 5 门,北京师范大学和武汉大学各 3 门,北京大学 2 门。课程涵盖地理学的主要专业领域及其相关应用,包括自然地理学、人文地理学、经济地理学、地理信息原理、土壤地理学、中国地理、世界经济地理、遥感与应用、3S 综合实习、自然地理野外实习等,充分体现了地理学人才培养的课程特色,理论、方法与技术并重,课堂与课外实习并重。

表 1-7 第一批地理科学类一流本科课程

课程名称	课程负责人	主要建设单位
中国历史地理	韩茂莉	北京大学
社会综合实践调查	汪芳	北京大学
中国地理	苏筠	北京师范大学

续表

课程名称	课程负责人	主要建设单位
环境地学原理	赵烨	北京师范大学
城市生态规划	徐琳瑜	北京师范大学
经济地理学	曾刚	华东师范大学
人文地理学	孔翔	华东师范大学
自然地理野外实习	周立旻	华东师范大学
世界经济地理	杜德斌	华东师范大学
计量地理学	徐建华	华东师范大学
GIS 设计	李满春	南京大学
地理信息系统原理	汤国安	南京师范大学
遥感原理与应用	方圣辉	武汉大学
土地信息系统	刘耀林	武汉大学
空间信息工程技术	孟小亮	武汉大学
3S 综合实习	艾刚	中国地质大学（北京）
文化遗产与自然遗产	李江敏	中国地质大学（武汉）
地理信息系统原理与方法	宫辉力	首都师范大学
综合自然地理学	许嘉巍	东北师范大学
地理空间信息工程概论	郭仁忠	深圳大学
土壤学及土壤地理学	李航	西南大学
自然地理学	周忠发	贵州师范大学
自然地理学	黄晓霞	云南大学
自然地理学	严宝文	西北农林科技大学

3. 基础学科拔尖学生培养计划 2.0

开展基础学科拔尖学生培养计划，就是"建高地"。面对世界新一轮科技革命和产业变革的深入推进，必须依靠科技创新转换发展动力，要抓住时机，瞄准世界科技前沿，全面提升自主创新能力，力争在基础科技领域做出大的创新、在关键核心技术领域取得大的突破。培养拔尖创新人才，是应对未来挑战、实现创新发展的关键之一。2009 年，教育部、中组部、财政部共同启动"基础学科拔尖学生培养实验计划"（简称"拔尖计划"）。2011年，北京大学、清华大学等17所高校率先试点，即为拔尖计划1.0，力求在创新人才培养方面有所突破。

2018年，总结拔尖计划十周年之际，教育部等六部门发布《关于实施基础学科拔尖学生培养计划2.0的意见》，计划建设260个左右基础学科拔尖学生培养一流基地，显著拓展了学科范围，包括数学、物理学、化学、生物科学、计算机科学、天文学、地理科学、大气科学、海洋科学、地球物理学、地质学、心理学、基础医学、哲学、经济学、中国语言文学、历史学等17个学科建设，地理科学被纳入拔尖学生培养计划2.0。具体任务是2019～2021年建设60个左右文科基地、200个左右理科和医学基地。

根据教育部基础学科拔尖学生培养计划2.0的工作部署，分三批遴选了拔尖人才2.0基地。地理学科高校申报积极，最终有5所高校入选地理学科拔尖学生培养计划2.0，包括北京大学、北京师范大学、华东师范大学、南京大学、武汉大学，各入选基地开展了各具特色、卓有成效的拔尖学生培养工作。

北京大学自2011年基于"环境地学"开展拔尖学生培养计划1.0，经过十年的探索与实践，形成了一套较为成熟的拔尖学生培养模式，明显提高了人才培养质量。2021年，"地理科学"入选基础学科拔尖计划2.0，以地理科学体系为基础，扩展覆盖自然地理、人文地理与城乡规划、环境科学等专业。北京大学地理科学拔尖计划按照启发兴趣、加强基础、注重能力、强调素质、开拓视野的拔尖学生培养的基本思路，进行了一系列的教育教学改革：①建立"以学生成长为主体"的学习模式，结合学生的兴趣和特点，探索个性化培养；②引进国内外知名学者和校内外优秀教师，优化课程体系建设，开设前沿课程；③实施学业导师制，师生互动是拔尖训练的关键，学生直接参与基础性科学研究；④通过推动国际交流访学、国际会议、学科竞赛、国际暑期学校等多种形式，鼓励学生"走出去"，积极参加国际交流；⑤学院所有的实验室、中心和基地全部面向拔尖学生开放，为学生开展相关的实验与实践提供保障。通过以上教学改革措施，培养掌握地理科学学科基础和专业理论，对全球和区域生态环境问题具有高度学术敏感性，对人类社会可持续发展具有高度责任感,对探索地理科学前沿问题具有浓厚科研兴趣和科研能力,并在未来成为引领地理科学不断进步的卓越科学家。

北京师范大学地理学拔尖学生培养基地依托励耘实验班,致力于培养具有"四有"素养(有理想信念、有道德情操、有扎实学识、有仁爱之心)及全球视野,掌握数理基础及地理科学核心理论、技术方法及实践技能,能够潜心研究、自主钻研、终生学习,具备创造性、批判性、综合性思维和团队协作精神的拔尖创新人才,未来成为地理科学基础研究及应用技术研发的领军人物。在具体实施上,北京师范大学地理学拔尖学生培养注重:①建立文理通识教育、跨院系校际合作的跨学科交叉的培养机制;②建立以能力为核心的培养体系和培养方案,着重培养认知、实践、创新三种能力,强调知识宽度与深度、基础与前沿、理论性与实践力并重,注重模块化、个性化和弹性化;③探索使命驱动与志趣激发相结合的拔尖人才培养模式,注重"浸润""熏陶""养成""感染""培育";④落实励耘实验班全员导师制,为学生制定个性化、高起点的学业和科研训练方案。

华东师范大学拔尖学生培养计划 2.0 基地依托焕庸班,构建以"使命驱动、科创助推、交叉融合、实践强化、大师引领、国际化提升"的拔尖人才培养体系和培养模式。根据人才培养目标,确立"筑基—提升—融通"三个培养阶段,强化科创的核心助推。①筑基:实现专业知识整合。依托精品课程群、优质指导教师与实践教学资源,以地球系统理念建构学科基础知识与实践能力;依托书院制第二课堂,与专业导师制相结合,促进科学精神、理想信念养成与多学科交叉融合。②提升:实现科学研究能力的养成。依托学科优势的科研平台与师资,全面实行中外双导师制,设计两阶段的科研训练方案与自主选修课程,以科研训练为核心提升学生科研能力与科学素养。③融通:实现科研理想的塑造。依托华东师范大学广泛的国际合作人才培养基础,组织学生赴海外进行科研训练。通过以上措施,培养面向国家战略需求,德智体美劳全面发展,具有坚定的爱国情怀、远大的科学理想,具备地理学自然与人文综合融通的素养和思维,人地系统耦合的地理计算与模拟能力,扎实的地理学科理论基础,扎实的地理综合实践能力,独立科研创新能力、国际化领导能力的创新拔尖人才。

南京大学地理科学学科始建于1921年，素有"中国地理学家摇篮"的美誉。南京大学拔尖人才培养基地围绕"立德树人"和"培养科技领军人才"这一根本任务，融合南京大学文理科资源和地学集群优势，强化地理学"探索自然规律、昭示人文精华"的学科特色，以应对全球变化、可持续发展等地球表层系统科学重大挑战为指向，培养具有科学理想和爱国情怀、适应当下科技变革与社会需求、勇攀地理科学高峰、引领人类文明进步的未来地理科学领军人才。基于"全人"育人的培养理念，响应南京大学"三元四维"人才培养体系改革，地理科学拔尖学生培养基地提出三阶段四层次的"GEO-S"培养模式，对入门阶段、成长阶段和专业化阶段进行针对性设计，指向素质养成、能力养成、思维养成和价值塑造四个层次的发展目标。具体措施有：①以安邦书院为载体，营建"沉浸式"创新学习空间；②根据引领、提升、开放的培养理念，基地设置底宽顶尖的"楔形模块化"课程体系；③为学生提供"国内野外实习+国际科考项目""线下实地观测+线上虚拟仿真"等多元开放的实践；④组建大师级的导师团队，为学生提供系统化的、深入前沿的学术科研训练等。

武汉大学依托地理学国家理科人才培养基地、国家理科野外实践教育基地、国家级实践教育示范中心、"双万计划"国家级一流专业建设点等优质教学资源，长期坚持基地班人才培养模式，形成了国内一流、国际知名的地理学人才培养教育基地，具备地理科学拔尖学生培养的深厚基础，2021年入选基础学科拔尖学生培养计划2.0基地。武汉大学地理学拔尖学生培养基地以培养"厚基础、宽口径、强能力"的高素质拔尖人才为中心，紧跟国家高等教育改革与社会发展需求，充分发挥多学科综合交叉的优势，不断优化人才培养目标和课程体系，适应国家对地理学人才的要求。具体的措施有：①建立小班建制、学分制与导师制协同的教育管理模式；②创新人才发现、选拔和培养的多途径发展通道；③构建通识教育与专才教育结合的理论学习培养体系；④形成课程实践与科研参与并举的科研实践育人机制；⑤创建能力提升和使命驱动结合的素质拓展培养体系，畅通了创新人才发现、选拔和培养的多途径发展通道，形成全员育人、全过程育人、全方位育人的地理科学拔尖人才创新育人模式。

三、新时代思政课程和课程思政建设

（一）新时代思政课程和课程思政改革

2016年5月，习近平总书记在全国高校思想政治工作会议上强调，高校思想政治工作关系高校培养什么人、怎样培养人以及为谁培养人这个根本问题。要坚持把立德树人作为中心环节，把思想政治工作贯穿教育教学全过程，实现全员育人、全过程育人、全方位育人，努力开创我国高等教育事业发展新局面。

为深入贯彻落实习近平新时代中国特色社会主义思想和党的十九大精神，贯彻落实习近平总书记关于教育的重要论述，2019年8月，中共中央办公厅、国务院办公厅印发《关于深化新时代学校思想政治理论课改革创新的若干意见》指出，办好思政课，要放在世界百年未有之大变局、党和国家事业发展全局中来看待，要从坚持和发展中国特色社会主义、建设社会主义现代化强国、实现中华民族伟大复兴的高度来对待。思政课建设只能加强、不能削弱，必须切实增强办好思政课的信心，全面提高思政课质量和水平。2020年4月，教育部等八部门《关于加快构建高校思想政治工作体系的意见》提出健全立德树人体制机制，把立德树人融入思想道德、文化知识、社会实践教育各环节，贯通学科体系、教学体系、教材体系、管理体系，加快构建目标明确、内容完善、标准健全、运行科学、保障有力、成效显著的高校思想政治工作体系（中华人民共和国教育部，2020a）。2020年5月28日，教育部印发《高等学校课程思政建设指导纲要》，提出全面推进高校课程思政建设。高校要深化教育教学改革，充分挖掘各类课程思想政治资源，发挥好每门课程的育人作用，全面提高人才培养质量。课程思政建设要在所有高校、所有学科专业全面推进，围绕全面提高人才培养能力这一核心点，围绕政治认同、家国情怀、文化素养、宪法法治意识、道德修养等重点优化课程思政内容供给，提升教师开展课程思政建设的意识和能力，系统进行中国特色社会主义和中国梦教育、社会主义核心价值观教育、法治教育、劳动教育、心理健康教育、中华优秀传统文化教育，坚定学生理想信念，切实提升立德树人的成效（中华人民共和国教育部，2020b）。2022年党的二十大胜利召开，大会强调深入实施科教兴国战略，全面贯彻党的教育方针，落实立德树人根本任务，培养德智体美劳全面发展的社会主义建设者和接班人。课程思政可以作为贯彻和落实党的二十大精神的有效途径，教育引导大学生践行社会主义核心价值观，坚定不移听党话、跟党走，成为担当民族复兴大任的时代新人。

（二）地理学课程思政

地理学关注人地关系，涵盖自然环境和人文经济环境，研究对象具有复杂性、交叉性、全面性，研究方法具有多样性和综合性，蕴含丰富的思政元素。地理学科核心素养中的人地协调、综合思维、区域认知和实践力与家国情怀、生态文明、国家战略均密切相关（彭俊芳等，2022）。将思政元素融入地理学专业课程建设，可以实现"价值引领—能力培养—知识传授"的协调统一，达到全员、全程、全方位育人格局。

地理学具有强烈的国家意识。领土观念、国土完整、国家安全、国情国力、家国情怀、国家战略均可以培养学生的爱国主义精神。地理学的人地协调观，资源、环境、生态可持续发展，对接新时代"绿水青山就是金山银山"理论、乡村振兴战略等国家生态文明战略，培养学生尊崇自然、保护环境、和谐发展的理念。"经国、济世"是地理学的历史使命。地理学注重家国情怀的感悟，让学生了解国家自然资源条件优越、新中国建设的伟大成就，培养学生参与到国家和家乡的建设当中，发挥"经国"的作用。地理学重视世界眼光的培养，顺应新时代我国深化改革、扩大开放的新态势，借助"一带一路"倡议，倡导人类命运共同体、全球可持续发展、全球经济一体化，是以达到"济世"的目标（苏筠、王静爱，2022）。

各高校积极深入挖掘地理学课程思政因素，有序开展具有学科特色的课程思政工作，取得了良好的人才培养效果。2021 年，教育部公布了课程思政示范课程、教学名师和团队名单，华东师范大学周立旻等的"自然地理野外实习"、南京师范大学汤国安等的"地理信息系统原理"、贵州师范大学周旭等的"遥感原理与应用"、云南师范大学李灿松等的"人文地理学"、西北大学王宁练等的"自然地理学方法"、青海师范大学刘峰贵等的"地理中国——青藏高原"入选。

四、新时代劳动教育建设

（一）全面加强劳动教育

针对近年来劳动教育一定程度上被忽视、弱化和淡化，中共中央、国务院于 2020 年 3 月发布了《关于全面加强新时代大中小学劳动教育的意见》。文件明确指出，劳动教育是中国特色社会主义教育制度的重要内容，直接影响社会主义建设者和接班人的劳动精神面貌、劳动价值取向和劳动技能水平。文件要求以习近平新时代中国特色社会主义思想为指导，全面贯彻党的教育方针，落实全国教育大会精神，坚持立德树人，坚持培育和践行社会主义核心价值观，把劳动教育纳入人才培养全过程，贯通大中小学各学段，贯穿家庭、学校、社会各方面，与德育、智育、体育、美育相融合，紧密结合经济社会发展变化和学生生活实际，积极探索具有中国特色的劳动教育模式，创新体制机制，注重教育实效，实现知行合一，促进学生形成正确的世界观、人生观、价值观。文件明确了劳动教育内容，高等学校要注重围绕创新创业，结合学科和专业积极开展实习实训、专业服务、社会实践、勤工助学等，重视新知识、新技术、新工艺、新方法应用，创造性地解决实际问题，使学生增强诚实劳动意识，积累职业经验，提升就业创业能力，树立正确择业观，具有到艰苦地区和行业工作的奋斗精神，懂得空谈误国、实干兴邦的深刻道理；注重培育公共服务意识，使学生具有面对重大疫情、灾害等危机主动作为的奉献精神。

（二）地理学与劳动教育

地理学核心素养之一是地理实践力，实践实习是地理学人才培养重要特点之一。劳动教育的核心是实践。从两者的共同点出发，在地理教学中融入劳动实践，不仅能够发挥课程的劳动育人的作用，同时还可以促进学生地理学核心素养的养成，进一步推动地理学立德树人根本育人任务的完成（莫小丽等，2021）。

千里之行始于足下，地理学子们走遍大江南北，深入城镇乡野。从自然地理的气候变化、环境变化、水土可持续利用、植被监测与保护、自然资源开发与利用、生态多样性，到城市乡镇交通、工业、农业、服务业等人文地理的经济活动，在广阔的地理空间，蕴含着丰富的劳动教育素材。地理学子们采用野外考察与测量、社会调查，运用地理信息技术等监测与研究方法开展地理学研究，同时可以加入劳动理念、劳动实践的教学，深入各行各业体会艰苦奋斗的精神，运用所学创造性地解决实际问题，积累职业经验，提升就业创业能力，实干笃行，不负韶华。将劳动教育融入地理学教育当中，非但不生硬，而且会自然融入。学生在专业学习的同时，近距离感知劳动，养成良好的劳动习惯，培养出色的劳动能力。

劳动存在多种形式，包括家务劳动、服务性劳动、公益性劳动、生产劳动、探索性劳动、艺术性劳动、管理劳动等，传统生产劳动只是劳动中的一种。在高等教育阶段，真实劳动、探索性/创造性劳动成为劳动教育的主要特征。高校开展劳动教育从开展劳动教育理论课程着力，引导学生形成正确的劳动认知，培养学生的劳动情怀。地理学以实习实践为抓手，推动和落实劳动教育实践活动，深化学生对劳动的认知，运用地理学知识体系，创造性地开展劳动，创造劳动价值，内化于心，外化于行。在推进劳动教育的同时，可以依托地理学实习实践基地、校友企业建立地理学劳动教育基地，深入挖掘劳动教育因素，持续开展劳动教育活动。研究建立劳动教育学习评价机制，激励学生积极参与劳动实践，增强学生对劳动的热爱。教师在实践中亲身示范，建立学生对劳动的直观印象，潜移默化地影响学生的劳动理念、劳动态度，训练和提升学生的劳动能力。

北京大学制定了《北京大学关于全面加强新时代劳动教育的实施方案（试行）》。自 2021 级本科生起，劳动教育纳入各专业培养方案必修要求，且在本科阶段劳动教育学时累计不少于 32 学时。学校将建立《北京大学劳动教育课程目录》。劳动教育课程包括劳动教育理论课程、专业劳动教育课程和专业劳动教育模块课程（北京大学，2021）。北京大学地理学充分结合学科特点，采用地理学野外实习实践与劳动教育相结合的模式，在自然地理、人文地理、生态学、环境科学、城乡规划等专业的暑期实习实践中加入劳动教育因素，带队老师亲身示范，带领学生参加劳动，提高学生创造性劳动的能力。

五、结语

中国高等教育正在经历深刻变革，提高人才培养质量是新时代的核心要求。为推动高等教育大国走向高等教育强国，中国近年来在高等教育领域开展了系统性的改革，形成了新时代的高等教育人才培养体系，包含"双一流"建设、"六卓越一拔尖" 计划、一流专业建设、一流课程建设、课程思政建设、劳动教育等。地理学研究人地关系，为解决不同尺度可持续发展问题提供知识、科学和决策支撑，具有综合性、系统性、交叉性和区域性的特点，蕴含大量思政元素和劳动教育理念，能够为培养德智体美劳全面发展的社会主义建设者和接班人做出独特的贡献。

"双一流"建设将推动中国地理学进入世界一流学科行列，增强学科国际影响力，显著推高中国地理学人才培养的平台，有利于培养创新性和创造性人才，培养具有家国情怀、国际视野的领导型、管理型和学术性人才。地理科学拔尖学生培养计划、国家级一流专业和省级一流专业建设将在地理学人才培养中贯彻"以本为本",夯实本科教育的基础地位,是建设一流本科、培养一流人才的"四梁八柱"。一流课程建设、课程思政建设和劳动教育建设的推进等进一步发挥地理学科优势,践行理论与实践相结合,贯彻"知行合一"理念,让地理学人才成为国家建设和管理的中流砥柱。

"育人者必先育己",高校地理教育工作者要深刻体会新时代高等教育质量变革,深刻理解新时代人才素质要求,深刻认识新时代地理学科使命;要勇立时代潮头,敢于革新,甘于奉献,成为政治素质过硬、业务能力精湛、育人水平高超的高素质教育者。让我们勠力同心,为中华民族屹立于世界民族之林,做出地理学者的杰出贡献吧!

参 考 文 献

[1] 北京大学:《北京大学关于全面加强新时代劳动教育的实施方案(试行)》,2021年。

[2] 陈宝生:"坚持以本为本 推进四个回归 建设中国特色、世界水平的一流本科教育",新时代全国高等学校本科教育工作会议报告,2018 年,http://www.moe.gov.cn/jyb_xwfb/gzdt_gzdt/moe_1485/201806/t20180621_340586.html。

[3] 傅伯杰:"地理学:从知识、科学到决策",《地理学报》,2017 年第 11 期。

[4] 傅伯杰、冷疏影、宋长青:"新时期地理学的特征与任务",《地理科学》,2015 年第 8 期。

[5] 冷疏影:《地理科学三十年:从经典到前沿》,商务印书馆,2016 年。

[6] 莫小丽、孟丽红、陈福玲:"高中地理教学渗透劳动教育的探索",《地理教育》,2021 年第 6 期。

[7] 彭俊芳、李春莹、袁书琪:"地理课程思政任务要求与存在问题分析",《天津师范大学学报(基础教育版)》,2022 年第 1 期。

[8] 钱学森:"关于地学的发展问题",《地理学报》,1989 年第 3 期。

[9] 瞿振元:《当代中国高等教育:以变化适应未来人才需求》,中国人民大学出版社,2021 年。

[10] 宋长青:"新时代高等学校地理学科建设理念与实施策略",《北京师范大学学报(自然科学版)》,2022 年第 3 期。

[11] 苏筠、王静爱:"北京师范大学中国地理课程思政发展历程与实践探索",《北京师范大学学报(自然科学版)》,2022 年第 3 期。

[12] 唐琳、刘鸿雁:"北京大学地理学'双一流'建设的改革与发展",《高等理科教育》,

2021 年第 5 期。

[13] 吴岩："人才培养为本 本科教育是根"，全国教育大会精神解读主题报告，2018 年。

[14] 中华人民共和国教育部："介绍'六卓越一拔尖'计划 2.0 有关情况"，2019 年，http://www.moe.gov.cn/fbh/live/2019/50601/sfcl/201904/t20190429_379943.html。

[15] 中华人民共和国教育部："教育部等八部门关于加快构建高校思想政治工作体系的意见"，2020a 年，http://www.moe.gov.cn/srcsite/A12/moe_1407/s253/202005/t20200511_452697.html。

[16] 中华人民共和国教育部："教育部全面推荐课程思政建设"，2020b 年，http://www.moe.gov.cn/jyb_xwfb/gzdt_gzdt/s5987/202006/t20200604_462550.html。

本章作者：贺灿飞、宫彦萍

工作单位：北京大学城市与环境学院

第二章　北京大学地理学本科教育教学探索和实践

北京大学地理学科是国内设立较早的传统学科，也是在我国地理学科发展中发挥了重要作用、在国内外地理学领域具有重要地位的学科。地理学本科生教育教学一直是北京大学地理学科发展中的基础性工作。经过长期的教学和科研探索，在地理学本科专业教育教学方面取得了较大成就，也形成了一些自身特色。

一、沿革和概况

北京大学地理教育历史最早可追溯到1904年京师大学堂章程在"文学科大学"中计划设立的"中外地理学门"。当时虽然没有正式成立，但章程中确定的地理学大纲和地理学课程在其他院系得到了部分实现（阙维民，1998）。现在的北京大学地理学科主要源自1929年成立的清华大学地理学系（后更名为地学系）（刘超，2017）。1952年全国高校院系调整，原燕京大学历史系部分教员与原清华大学地学系地理组合并，成立北京大学地质地理系，设自然地理专业（李春芬等，1980；林超、王恩涌，1984），1955年正式设立经济地理专业（刘超，2017），1956年设立地貌学专业（莫多闻等，2017），20世纪60年代开创城市与区域历史地理研究方向（王恩涌，1995；胡兆量，2016；董黎明，2018）。20世纪60年代以前，在侯仁之等老一辈地理学家的带领下，北京大学建立了完整的地理学学科体系（贺灿飞等，2017）。20世纪70年代，立足地理学学科基础，面向国家发展需求，进行了开创性的学科方向探索：自然地理与环境保护相结合，经济地理与城乡规划相结合，地貌与遥感技术相结合（王恩涌，1995；王学军等，2017），对学科发展产生了深远的影响，直接推动了环境地理、遥感与地理信息系统、人文地理与城乡规划专业方向的科研和教育教学的发展（图2-1）。

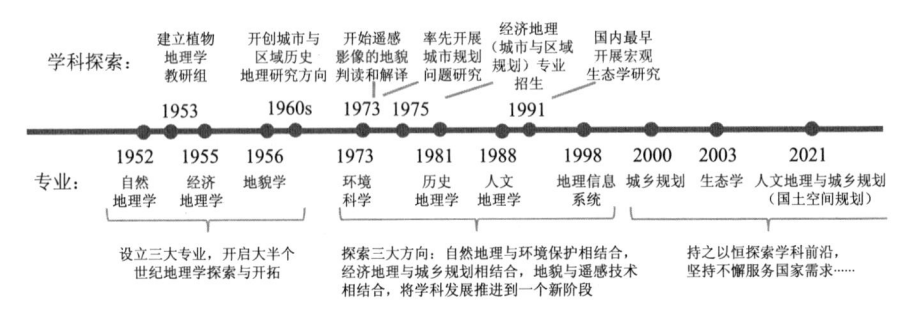

图2-1 北京大学地理学学科探索与发展

1978年地理学科独立组建为地理系，1989年地理系改名为城市与环境学系，2002年原城市与环境学系和环境科学中心合并成立环境学院，2007年5月依托原城市与环境学系的学科基础成立城市与环境学院。此外，依托地理学科，1983年经原国家教委批准成立北京大学遥感技术应用研究所（1994年更名为遥感与地理信息系统研究所），2001年遥感与地理信息系统研究所和城市与环境学系的地理信息系统专业合并，调整到北京大学地球与空间科学学院。

北京大学地理学本科教育设在城市与环境学院，学院每年招收本科生80～100人。地理学科共设有人文地理与城乡规划、自然地理与资源环境、地理信息科学（在地球与空间科学学院招生）、人文地理与城乡规划（国土空间规划）四个专业方向。同时，以地理学为主体，还设有城乡规划（五年制工科）、生态学、环境科学三个地理学相关本科专业。地理学下属的北京大学人文地理与城乡规划、自然地理与资源环境、地理信息科学三个本科专业先后入选国家级一流专业建设名单。

　　北京大学城市与环境学院拥有地理学国家一级重点学科，人文地理与自然地理同为国家二级重点学科。在全国第四轮学科评估中，北京大学地理学被评为 A+类学科。学院拥有环境与生态国家级实验教学示范中心、河北塞罕坝人工林生态系统国家野外科学观测研究站、地球科学国家级实验教学示范中心、中法地球系统模拟国际联合研究中心等国家级教学科研平台，以及地表过程分析与模拟教育部重点实验室、自然资源部国土空间规划与开发保护重点实验室等部级教学科研平台。

二、着力强化综合基础和提升专业能力，完善人才培养体系

（一）发挥学科综合优势，优化宽口径厚基础育人环境

　　北京大学学科齐全，为学科交叉特点突出、综合性强的地理学教育教学提供了良好的条件。为了让学生能够充分了解学科方向并结合自己的兴趣选择专业，地理学按照北京大学的总体安排，坚持按大类招生、二年级选择专业。同时，地理学各专业在不断优化教学计划和课程设置的过程中，一方面注重通过预留任选课学分给学生提供较大的自由选课空间，另一方面努力扩展学生的课程选择范围。除学校规定的通识教育课和大类平台课程之外，各专业压减专业课学分，增大学生选课空间。在专业课设置中保留少量的专业必修课、增加专业限选课学分比重和增加备选课程数量，将跨院系的相关课程纳入限选课清单，扩大面向全校的任选课数量。此外，近年来进一步增大本科生课程开放度，除校内的学科大类通识课外，北京大学城市与环境学院和清华大学建筑学院携手推动课程相互开放工作，将北京大学地理类若干课程和清华大学规划类若干课程增补进入两校相互开放课程清单。

在学院层面，一方面充分尊重学生的专业兴趣，另一方面在本科教学中打通专业间的限制，为学生提供各种专业课程教学。除大学一年级部分专业和按大类组织教学外，学生在二年级和三年级可以在院内各专业间自由流动。在教学组织方面，充分发挥院内拥有人文地理与城乡规划、自然地理与资源环境、城乡规划、生态学、环境科学、人文地理与城乡规划（国土空间规划）六个本科生专业方向的多专业优势，坚持从全院层面协调安排各专业教学计划、全院统一开展课程建设的做法，为学生提供宽口径厚基础的学习条件。

（二）适应学科理论实践并重特色，完善实习实践教学体系

地理学研究地表现象和过程，学科内容具有理论与实践相结合的典型特点。因此，地理学学科教育和专业人才培养一方面要有系统的学科知识与学科理论的传授，另一方面也必须将实习实践作为促进学生深化理论知识把握和提高专业技能的必要环节纳入教学内容。经过长期的探索和课程建设，北京大学地理学形成了课程—专业—学科多层级实习课程互动的实习实践教学体系，建立了相对固定的一系列本科教学实习基地。

经过不断建设和完善，北京大学地理学形成了较完整的实习实践教学体系（表2–1）。首先，在课程设置上，分层设立实习课程学分。专业基础课和专业课明确有见习实习课时要求；作为地理学学科基础性课程，设立面向各专业的地貌实习课；各专业设置专门的专业综合实习课；在高年级设置综合社会实践实习课。其次，理顺实习课程间的关系，形成系统的实习实践教学框架。各专业实习内容和方式有所不同，但都形成了"课程见习—专业综合实习—专业社会实践实习—基于专业领域调查研究的毕业论文"的由简单到复杂、由方向性到综合性的实习实践教育体系。最后，各课程和专业建立了相对固定的专业实习基地。如"中国自然地理"北京南海子湿地和北宫国家森林公园课程见习地、"产业地理"首钢和中关村科技园课程见习地、"植物地理"和"生态学"塞罕坝课程见习地、"环境地理"无锡课程见习地，作为各专业基础课的大同地貌实习基地、自然地理与资源环境专业黄河流域

综合实习基地、人文地理与城乡规划专业潍坊和安阳综合实习基地等。

表 2-1 实习实践教学体系及近年开展的实习实践教学活动

实习类型	课程开设年级	实习教学目的	近年实习地点举例
社会实践实习	三年级暑期和四年级上学期	专业理论基础巩固和专业能力锻炼	山东省国土空间规划、全国重点镇案例调查研究等
专业综合实习（国际）	三年级暑期	专业综合及跨专业知识综合学习	日本东京都市圈、俄罗斯贝加尔湖
专业综合实习	二年级暑期	专业理论知识综合学习和技能学习	大同地貌实习、黄河流域自然地理实习、潍坊和安阳人文地理、无锡环境地理实习等
课程见习	一、二年级	课程内容拓展和巩固	北京及周边地区

近年来围绕地理学实习实践，学院坚持不懈地开展了系列改革探索工作。2017 年暑期开始，学院启动了国际实习课程。课程面向高年级本科生，分自然方向和人文方向两个大组，选择在自然地理和人文地理方面具有典型意义的国家区域，开展专业综合实习。在日本东京都市圈的人文地理学国际实习和俄罗斯贝加尔湖的自然地理国际实习富有成效，今后还将进一步拓展实习的空间范围。此外，鉴于人文地理与城乡规划专业的学科交叉属性，学院推动"人文地理与城乡规划专业实习实践教学改革和课程体系建设"，2021 年被纳入教育部首批新文科研究与改革实践项目。[①]

（三）课程教学和科研指导相结合，着力提升学生专业能力

北京大学本科生具有良好的主动学习的传统和氛围，尤其是在进入高年级后，同学们结合自己的兴趣在专业领域内进行主动探索和深入学习的现象比较普遍。学院结合学科特点，从以下方面采取措施促进学研互动，提升学生专业能力。

---

① 《教育部办公厅关于公布首批新文科研究与教改实践项目的通知》（教高厅〔2021〕31 号）。

（1）支持本科生开展研究型课程学习。北京大学专门设立了面向本科生的"校长基金"研究型课程，学生可以独立申请，也可以与院内或与校内其他学院本科生组队，与指导教师商定题目，申请校长基金科研项目，作为 4 学分的选修课程开展研究型学习。城市与环境学院在发现学生对研究型课程学习的诉求大于校长基金支持力度的情况下，从学院层面筹集经费并动员教师加入，扩大对学生研究型学习课程的支持范围。

（2）完善"拔尖计划"项目指导机制。城市与环境学院于 2009 年加入教育部首批基础学科拔尖学生培养试验计划（"拔尖计划"）项目，开始支持自然地理方向的本科生参加拔尖学生培养计划。2019 年起，"拔尖计划 2.0"项目拓展到地理学所有本科专业，同学可以自由申请加入培养计划。按照"拔尖计划"培养要求，学院制定了拔尖学生培养办法，明确导师责任，采取规范的过程管理措施。

（3）鼓励高年级学生参与科研工作。同学们往往在课程学习或专业实习中逐步对某个学科领域或专业方向产生兴趣。学院教师的研究组和实验室向本科生开放，高年级同学可以结合专业兴趣和时间安排不同程度地参与到科研工作中来。同学们在参与科研活动的过程中有效巩固了专业理论知识，提高了科研能力。

上述措施受到了学生的欢迎。大部分同学在高年级学习过程中有参与不同类型研究型学习锻炼的经历，这些经历在激发专业兴趣、锻炼专业能力、提高专业素养方面产生了积极作用。

三、坚持改革探索，优化专业方向和扩大地理教育成效

（一）面向学科前沿和国家战略需求，探索开拓学科专业方向

北京大学地理学在坚守地理学基础研究的同时，面向学科前沿和国家战

略需求，坚持探索和创新，在地理教育和科学研究方面取得了令人瞩目的成绩。

20世纪70年代，北京大学地理学首先开拓出环境保护、城市规划和遥感等面向国家需求的专业方向，使传统地理学获得了新生。作为自然地理学的学科分支，北京大学的植物地理学也取得长足发展，成为生态学一级学科；在基于自然地理学的环境方向和基于经济地理学的城乡规划方向基础上，环境科学专业和五年制工科城乡规划专业也都成为北京大学城市与环境学院的本科专业。进入21世纪，在全面把握全球地理学发展前沿的基础上，北京大学地理学发挥综合性研究的优势，强化了全球和区域研究，凝聚了全球变化及区域生态环境响应、区域环境过程及其健康效应、城市与区域可持续发展三个综合性研究方向，在全球环境变化、土地科学、可持续发展等领域引领中国地理学的发展，涌现出了一大批具有国内外影响的成果（冯长春等，2017；贺灿飞等，2017）。

近年来，随着全球资源环境问题日益紧迫和生态文明建设理念逐步成为共识，地理学科研和教学面临新的任务与契机。北京大学城市与环境学院立足学科综合优势，在专业方向设置方面进行了新的探索并得到了学校的大力支持。依托学院各学科专业科研和教学力量，在人文地理与城乡规划专业下设立国土空间规划方向，已于2021年开始招收本科生；在地理学一级学科下设立国土空间规划硕士生专业和博士生专业，已于2022年开始招生，形成了国土空间规划专业方向本科—硕士—博士人才培养体系。此外，学院还依托地理与环境专业方向的专业力量，与其他学院合作，设立了本科环境健康专业方向。

（二）拓展专业课程教学对象，扩大地理教育覆盖范围

地理学的学科方向和内容一方面有较强的专业性，另一方面也有一定的学科交叉特点。围绕专业人才培养的地理教育是学科的首要内容，同时，面向其他学科专业的地理学知识和理论方法的推广，也应是地理学科教育教学

的重要内容。以全校教育教学改革和教学计划修订为契机，北京大学地理学采取多种方式将多门课程面向理学部和全校乃至校外开设，有效提高了地理教育教学在其他领域人才成长中的作用。

如学院开设的经济地理学被学校设定为通识教育课，地球系统科学、中国历史地理、世界文化地理、自然保护学、海洋科学导论等作为全校公选课，面向全校开设；遥感基础与图像解译原理、地貌学、自然资源学原理等被设定为基础平台课，面向理学部相关院系开设；自然地理学、城市地理学等全校主干基础课，选课学生以城市与环境学院各专业本科生为主，还有来自北大理学部其他院系、文学部、经济与管理学部、社会科学部、信息工程学部等十多个院系的同学。

此外，在北京大学和清华大学建立的课程互选及学分互认教学体制框架下，北京大学城市与环境学院开设的上述通识教育课及全校通选课面向清华大学学生开放选课。近年来，北京大学城市与环境学院和清华大学建筑学院携手，推动了北京大学若干地理类课程与清华大学若干规划类课程的相互开放，双方已选定近 10 门课程纳入了两校相互开放的专业性课程清单，并将根据专业教学需要进一步扩大课程开放范围。

（三）开设双学位和辅修专业教学，建立多元的地理学人才培养形式

除设立新的专业方向和扩大专业课选课范围外，北京大学地理学还通过执行双学位和辅修专业教学计划的方式，有效拓展了地理学专业人才培养方式。

设立双学位和辅修专业是在很多大学的本科生培养中常见的办学模式，北京大学也有多年的双学位教育和辅修专业教育历史。但通常情况下各高校的双学位和辅修专业以经济学、计算机、应用数学等"热门"专业为主，鲜见有地理学科或地理学专业开设的双学位和辅修专业教学计划。近年来，北京大学地理学抓住学校推动多元化本科专业教学工作改革的契机，在人文地理与城乡规划、自然地理与资源环境本科专业教学计划的基础上，编制形成了人文地理与城乡规划专业双学位教学计划和辅修专业教学计划、自然地理

与资源环境专业双学位教学计划和辅修专业教学计划，并于 2021 年正式向全校开放实施，2022 年已招收近 20 位同学选修地理学类双学位，有效扩大了地理学科教育教学覆盖面和地理学人才培养规模。

四、结语

北京大学地理学科建立 70 年来，依托北京大学理、文、工、经、管等多学科综合优势，坚持面向学科前沿，坚持服务国家战略需求，在地理学科学研究和学科建设方面取得了丰硕成果，为国家和社会培养了大量综合性、高层次专业人才，在地理学领域具有重要的学科地位和广泛的国内外影响。在地理学科教育教学方面，北京大学地理学坚守地理学学科主体，积极应对学科交叉，主动面向国家发展战略需求，在开拓专业方向、创新教学方式、提升育人成效方面，坚持不懈地开展了一系列探索性工作，逐步形成了多专业方向相互支撑、理论教学与实习实践教学相互促进、主修辅修同步开展的多元化的富有成效的地理学人才培养形式和机制。希冀北京大学地理学本科教育教学经验能够为我国地理学人才培养提供些许借鉴，能够对地理学科教育教学发展有所裨益。

参 考 文 献

[1] 董黎明：《北京大学经济地理专业 60 年回眸》，北京大学出版社，2018 年。
[2] 冯长春、贺灿飞、邓辉等："北京大学人文地理学发展与创新"，《地理学报》，2017 年第 11 期。
[3] 贺灿飞、刘鸿雁、李双成："立足地理学学科前沿，服务国家战略需求——北京大学地理学科 65 周年"，《地理学报》，2017 年第 11 期。
[4] 胡兆量："帅者为之，善者为之"，载北京大学城市与环境学院编：《帅者为之 善者为之——仇为之先生百岁诞辰纪念文集》，北京大学出版社，2016 年。
[5] 李春芬、王恩涌、张同铸等："我国地理教育三十年（1949—1979）"，《地理学报》，1980 年第 2 期。
[6] 林超、王恩涌："竺可桢先生对北大地理系的关怀"，《地理学报》，1984 年第 1 期。

[7] 刘超："以苏联为蓝本：建国初期北京大学地理专业之设置"，《自然科学史研究》，2017 年第 4 期。
[8] 莫多闻、周力平、刘耕年等："北京大学地貌第四纪学科的创建与发展"，《地理学报》，2017 年第 11 期。
[9] 阙维民："中国高校建立地理学系的第一个方案——京师大学堂文学科大学中外地理学门的课程设置"，《中国科技史料》，1998 年第 4 期。
[10] 王恩涌："北京大学的人文地理教学与研究"，《人文地理》，1995 年第 1 期。
[11] 王学军、李本纲、李金玲："北京大学环境地理研究的回顾与展望"，《地理学报》，2017 年第 11 期。

本章作者：贺灿飞、彭建、曹广忠、李本纲

工作单位：北京大学城市与环境学院

第三章 北京师范大学地理学本科专业人才培养模式探索和实践①

从 1902 年京师大学堂师范馆成立至今，北京师范大学地理学已有 120 年的发展历程。在这 120 年的学科发展史中，北京师范大学地理学本科人才培养经历了史地一体、独立设系、强调师范性、多元化人才培养、创新型人才培养以及拔尖人才与"四有"好老师并重的不同发展阶段。回顾历史，北京师范大学地理学本科专业人才培养模式的转变受到时代的驱动，但同时也是北京师范大学地理学人不断适应国家社会需求、主动求变的结果。

一、北京师范大学地理学本科专业人才培养的历史演进

根据赵济等关于北京师范大学发展历史的梳理（赵济、朱良，2014），北京师范大学是中国最早承担地理人才培养的学校之一。早在京师大学堂师范馆时期就开设地理科目学习，1928 年起独立设系，开始地理学专门人才培养。回望 120 年的发展历程，北京师范大学地理学人才培养与国家兴亡、社会发展息息相关，经历不平凡，但始终以培养社会需要的爱国之才为己任，不断优化课程体系，探索提升人才培养质量。

---

① 该文发表于《地理研究》2022 年第 12 期。

（一）史地一体化的人才培养阶段（1902～1927年）

京师大学堂师范馆最初设四类分科学习科目，其中第二类为历史地理类，后来分化出的历史系和地理系均源于此；第四类为博物类，其中有关地矿部分后来也归入地理系。北京师范大学独立建校后于1913年设立史地部，1922年设立史地系，地理教育与历史教育一体化的人才培养是这一阶段的特点。这是中国从古代地理学向近现代地理学转变过程中出现的普遍现象，也是受当时的学科发展水平所限，尚未形成学科意识的具体表现。"史地一体化"和"培养爱国志气"是这个阶段课程体系最重要的特色。在"史地一体化"的26年间，北京师范大学地理课程的设置逐步从古代地理学向近现代地理学转变，以区域地理居多，课程内容侧重地理事物、城市山川、风土人情的描述，逐渐融入现代地理学内容。

（二）学科意识渐趋明晰的人才培养阶段（1928～1948年）

北京师范大学地理系于1928年独立设系，开始培养地理学专门人才。课程分设地理历史组和地理博物组，前者侧重人文地理学，后者侧重自然地理学。1931年地理系划归理学院，学科建构从"文"转向"理"，反映了对西方近代地理学的借鉴和吸收。后因局势动乱，迁徙奔波途中"史地"短暂再次合并，1945年抗战胜利后，地理重新独立设系。从整体上看，这一阶段地理学科意识逐渐明晰，课程体系设计逐步完善，地理类课程数量明显增加，课程门类涉及自然地理学、人文地理学、区域地理等，其中自然地理学与人文地理学课程的学分接近课程总学分的50%。此外，明确规定以地理为主科，开设的地理课程分设了必修课与选修课。随着针对中学地理教学技能的教授法课程正式开设，标志着北京师范大学形成了初步完整的师范类地理学专业课程结构体系。

（三）奠定现代地理教育基本框架的地理学专业人才培养阶段（1949～1992年）

中华人民共和国成立后，1952年全国院系调整，北京师范大学本科专业建设强调师范性。1960年提出建立四个新专业：古地理、化学地理、生物地理和气象专业。1977年全国恢复高考后，着力恢复自然地理学，大力发展环境、遥感、自然灾害并带动了经济地理学和人文地理学。课程设置上，参照20世纪50年代的教学计划，将数理化课程、教师教育课程纳入必修，恢复开设中国经济地理、外国经济地理，逐步开设经济地理原理、人文地理学、文化地理学、城市地理学等课程。除此之外，还增加了代表第二次世界大战之后欧美地理学科学技术新进展的相关课程与教学内容，同时开始了有关古地理与环境演变、环境保护等体现国际科学前沿及北京师范大学地理学研究特色的选修课程。

（四）打破单一师范培养的多元化人才培养阶段（1993～2002年）

20世纪80、90年代，全球性资源与环境问题凸显，给地理学发展带来了新的机遇和挑战。为满足社会对资源环境方面人才的迫切需要，1993～1998年，在原有地理科学这一师范专业基础上，新设立资源环境区划与管理专业。1999年国家教育部颁布实施新的专业目录，北京师范大学地理学也相应地对专业设置进行了调整——2000年将资源环境区划与管理专业更名为资源环境与城乡规划管理专业，2001年新设立地理信息系统专业。随着新的非师范专业设立，课程设置也打通了师范专业和非师范专业课程体系，体现出综合性研究型人才培养的办学思想，既具有专业基本规格的统一性，又具备适应个体需求的灵活性，适应了不同人才培养目标的教学要求。地理类新兴课程增多，体系结构细化，从自然地理、人文地理两类传统课程，发展成为集资源环境、自然灾害等多专业门类于一体的课程体系，反映出地理学专业深化与交叉综合并行的发展趋势，也提升了社会服务能力。同时，增设技术类课程，如遥感图像处理、地理信息系统软件应用；分门别类开展实习类课程，注重培养学生的动手实践能力。

（五）"三维多元"地理学创新型人才培养阶段（2003~2019年）

2003年资源与环境学系更名为地理学与遥感科学学院，主建地理学一级学科和遥感科学，标志着北京师范大学地理学向综合性研究型转型的成功。2007年，教育部开始实施国家免费师范生（后改为"公费师范生"）教育政策，北京师范大学地理学招生专业变更为地理科学类理科基地班（宽口径招生）和地理科学免费师范生。北京师范大学地理学依托1996年获批的国家理科基地，经过不断改革与探索，提出了"三维多元"的本科人才培养模式。在培养师范人才的同时，提出要面向社会需求，探索专业化培养的道路，注重学生研究实践能力训练，培养地理学专门高级人才。在课程设置上，注重创新型人才的能力培养，整合优质的学科、科研、教学资源，形成"课程教学—野外实习—科研实践"立体多元的训练体系。除了关注学生的专业素养、基础理论、方法与基本技能之外，还注重提升其地理要素观察能力、地理数据采集能力、地理信息处理能力和地理区域分析能力，以及国际视野和批判思维。

（六）面向"四有"好老师和"拔尖人才"的地理学人才培养阶段（2020年至今）

2016年，地理科学学部成立。2020年，北京师范大学地理学入选教育部"基础学科拔尖学生培养计划2.0基地"。自2020年开始，北京师范大学地理学人才培养分在两个校区：北京校区招收四个地理学本科专业学生，分别是：自然地理与资源环境、人文地理与城乡规划、地理信息科学和地理科学（励耘实验班）；珠海校区招收两个地理学本科专业学生，分别是：地理科学和地理科学（师范），此外还承担着地理信息科学第二学士学位专业的招生和培养。在人才培养上，形成了"一体两翼，各有侧重；师范非师，分类培养"的两校区多专业协调发展的人才培养体系，致力于培养具有时代意识、家国情怀、国际视野、面向未来和责任担当的"四有"老师及地理学拔尖人才。课程设置侧重三个方面：针对"四有"好老师，强调教师教育的培养；针对学术拔尖人才，强调科学素质的培养；针对应用型人才，强调基本实践技能的培养。这也是现阶段北京师范大学地理学本科人才培养的基本指导思想。

二、"双一流"建设背景下地理学本科专业人才培养理念、定位和核心任务

2017年，国家做出"双一流"建设重大战略决策。北京师范大学地理学作为"双一流"学科，在学校"十三五"发展规划纲要及"双一流"建设方案的指导下，紧紧围绕全面提高教育质量和促进一流学科建设这两个主题，以全面提升育人水平和推动学科进入世界一流行列为首要任务，明晰办学定位，强化人才培养的中心地位，强化质量保障体系建设，以学生发展为中心，推进教育教学改革，培养面向未来的地理学本科专业人才。

（一）北京师范大学地理学学科发展定位

学科建设是保障专业教育教学、科学研究和社会服务的基础（宋长青，2022）。北京师范大学地理学学科发展围绕培养社会主义建设者和接班人的长远目标，围绕国家重大战略需求的战略目标，围绕学科发展的整体趋势和前沿方向，充分利用国内国际两类资源，重构地理学科学研究方向，有计划、分步骤地整合、重组国家级科研平台，拓展建设科研观测平台、分析平台、数据平台、计算模拟平台，提升科学研究创新能力，为高质量人才培养和社

会服务提供充足的知识供应。通过完善地理学科相关专业培养方案和课程体系，建设以质量驱动的教学全过程监督机制，扎实推进教学质量的稳步提升。发展基于科研创新的社会服务能力，形成规模适当、形式合理的服务结构，扎实推进社会服务的水平提升，形成社会服务与学科发展互促的新局面。通过全面深化改革，快速提升学科建设水平，实现学科面向新时代、新形势和新任务的转型升级。

（二）面向未来的地理学本科专业人才培养理念、定位和核心任务

北京师范大学地理学本科专业人才培养，面向当前国家重大需求和未来社会发展的总体趋势，构建了以学科/专业属性为特色、以先进知识为基础、以社会需求为导向、以能力培养为目标，面向未来的具有持续发展和自我成长能力的人才培养理念（宋长青等，2020b）。以培养社会主义的建设者和接班人为基本宗旨，牢牢把握时代特点、学科发展规律以及"综合性、研究型和教师教育领先"的北京师范大学总体办学定位，培养具有时代意识、家国情怀、责任担当和面向未来的地理学拔尖人才及卓越教师的本科专业人才。通过打造科学合理的课程体系，构建内部监控与外部评价相结合的质量保障体系，抓住课程思政、科研训练、实习实践、国际交流等关键环节，形成导师引路、因材施教、分类培养的措施体系，进而实现培养地理学本科专业拔尖人才和卓越教师的核心任务。

三、分类培养的地理学本科专业
人才培养模式探索和实践

由于地理学的复杂性和地理学本科专业的多样性（宋长青等，2020a），北京师范大学地理学部积极推进本科人才的分类培养：基于传统优势的地理

师范教育，即地理科学卓越教师培养；基于地理学国家理科基地的"宽口径、厚基础"创新人才培养；基于"基础学科拔尖学生培养计划 2.0 基地"的拔尖人才培养。

（一）地理科学卓越教师培养

地理科学（师范）专业基于现代地理科学发展和未来国家社会经济发展形势，面向国家基础教育改革和教师队伍建设的需求，培养具有家国情怀和高尚师德，掌握教育规律与先进教学理念，具备扎实的地理学知识和专业实践技能，具有创新思维、国际视野和专业发展能力，能胜任地理教育、教学研究与教育管理等工作的专业人才，能够成长为地理教学与教研骨干，并在地理基础教育领域发挥引领作用的卓越教师。本专业 2019 年入选首批国家级一流本科专业建设点，是截至目前全国唯一一个通过教育部三级认证的地理师范专业（2021 年）。北京师范大学在地理科学（师范）专业人才培养模式的探索和实践包括四个方面（图 3–1）。

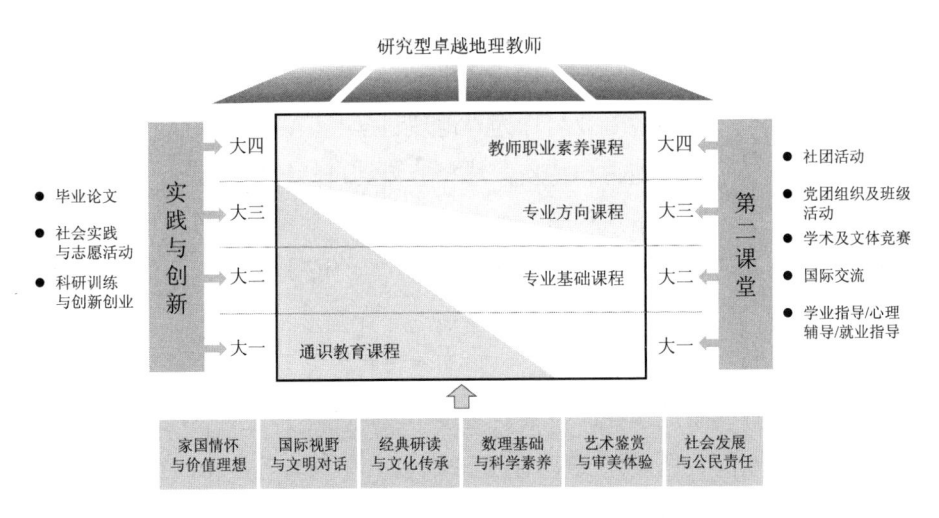

图 3–1　北京师范大学地理科学卓越教师培养体系

第一，地理科学（师范）专业构建了多维协同的人才培养体系，持续优化课程结构与内涵。通识教育、专业教育和教师职业教育的理论课程相结合，理论课程与专业实习、教育实践课程相结合，第一课堂理论—实践课程与第二课堂的实践—竞赛活动相结合。先后制定 2007 年、2015 年、2020 年三版培养方案，主要的调整方向是优化专业核心课程、增设数理学分，顺应学科发展调整专业方向课。

第二，教学内容和方式突出前沿性、创新性。编著教材及教辅，跟随科研前沿并及时更新教学案例，优选教学内容；采用项目式学习、混合式教学等方式，重视学生自主学习能力、创新意识培养。

第三，完善"专业实践+教育实践+社会实践"体系及平台。丰富实践形式，加强探究实习、竞赛实践，磨砺学生心智。

第四，激发自我赋能意识，通过辅修、公派出国、早期科研、研习实习等环节，满足学生个性发展需求。

（二）地理学国家理科基地创新人才培养

北京师范大学地理学 1996 年获批国家理科基地，2002 年开始推行宽口径招生，延续至今。招生专业名称为"地理科学类"，入校完成一年的通识培养后，根据学生自身能力和特点，选择分流到自然地理与资源环境、人文地理与城乡规划、地理信息科学三个本科专业。自然地理与资源环境专业侧重陆地表层自然要素，如气候、水文、土壤、生物的形成格局与演变过程以及对资源环境的影响；人文地理与城乡规划专业侧重人文要素，如人口、文化、政治、经济、城市等的形成格局与演变过程以及对区域发展的影响；地理信息科学专业侧重地理空间技术，通过学习地图学、遥感和地理信息系统专业知识等对空间数据进行整理、挖掘和分析（宋长青等，2018）。三个本科专业均为国家级一流本科专业建设点。

地理学国家理科基地的建设目标是培养创新型地理学人才。除一般素质外，创新型人才还必须具备地理学特色的地理要素观察能力、地理数据采集能力、地理信息处理能力和地理区域分析能力。以培养这些能力为目标，以高水平教育教学平台为支撑，积极开展多样化、个性化人才培养模式和课程教学建设与改革，构建了"三维多元"的人才培养模式（图3–2）。

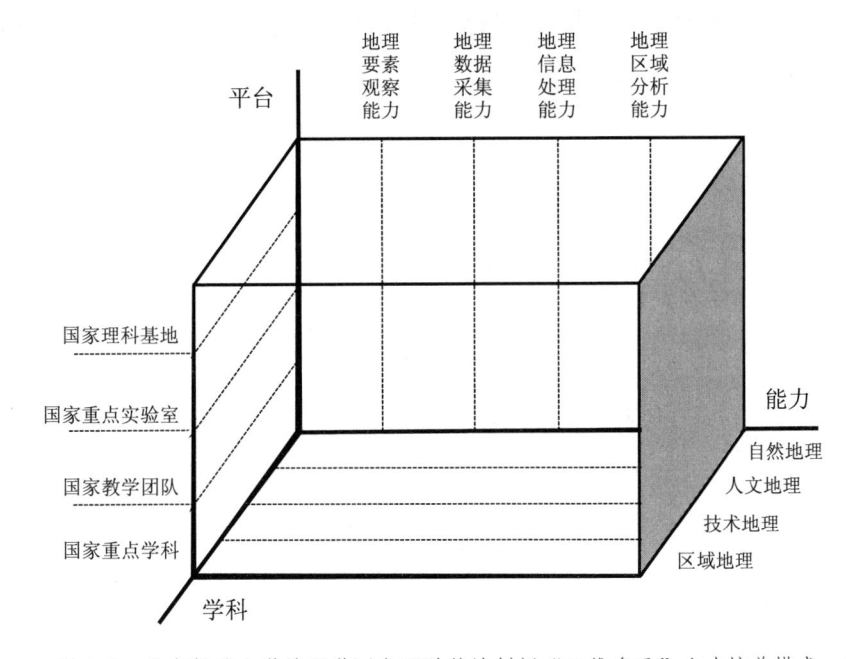

图3–2 北京师范大学地理学国家理科基地创新"三维多元"人才培养模式

第一，人才培养制度建设、广义课程建设、开源多元平台建设三位一体，以理论指导实践，建立了"平台—学科—能力"三维人才培养架构，完善了教学体系，制订了教学计划。

第二，通过地理学一级重点学科建设，围绕"985"地表过程与综合减灾学科平台，结合国家区域地理教学团队建设，凝练出以"区域地理过程"为核心的地理学理科基地教学特色；构建了地理空间认知—地理过程分析—地理区域分析的课程体系，打破学科壁垒，耦合地理学骨干课程，统筹教学内容；建立"课程教学—野外实习—科研实践"立体化课程体系，确保理科基地创新人才培养体系的课程单元训练有效实施。

第三，发挥国家重点实验室等平台的辐射作用，利用对地观测新手段，将传统地理学思想与地理过程现代研究理论相衔接，传统地理学方法与现代信息观测技术相结合，通过野外实习课程，培养学生的实践能力。

第四，针对学生发现、提出、分析和解决问题的科研训练过程，确立思维训练与实践结合、实验技能与数据获取、地表过程和空间分析、地理区域综合分析的科研训练目标，建立了符合认知规律、具有不同难度等级的训练单元，保证学生在科研活动中的全员参与，激发教师对学生指导的积极性，保障地理学理科基地人才培养机制的实施。

（三）地理科学拔尖创新人才培养

2020年，教育部公布了首批"基础学科拔尖学生培养计划2.0基地"名单，北京师范大学成功入选地理学基地，是全国首个进入2.0基地的地理学单位。2021年，以"地理科学（励耘实验班）"为专业名称，开始招生培养地理学拔尖人才。地理科学（励耘实验班）致力于培养具有"四有"素养（有理想信念、有道德情操、有扎实学识、有仁爱之心）和全球视野，掌握数理基础及地理科学核心理论、技术方法及实践技能，能够潜心研究、自主钻研、终生学习，具备创造性、批判性、综合性思维和团队协作精神，未来能够成为地理科学基础研究及应用技术研发领军人物的拔尖人才。

拔尖创新人才培养的理念是：

（1）一基多能。夯实学生的学科基础，培养学生对地理事象的辨识能力，实验实习与实践能力，长期发展的自主学习能力，提升其创新创造能力。

（2）综合集成。立足地理学具有综合性与多交叉的特点，夯实数理基础，强化人文精神、社会认知和家国情怀，提升综合素质。

（3）尊重个性。发掘学生的思维特点、知识特长和学习兴趣，培养创造力。

（4）面向未来。培养学生适应未来发展、具有全球竞争力。

基于此，北京师范大学地理学推出了一系列改革措施进行拔尖创新培养模式的探索和实践。第一，通过大师引领，树立家国情怀，坚定拔尖信念。

注重"浸润""熏陶""养成""感染""培育",聘请著名学者为首席导师,通过专家报告、学术沙龙等活动,探索使命驱动与志趣激发相结合的培养方式。落实"一对一"学术导师制,导师根据学生的认知能力特点和需求,制定个性化、高起点的学业和科研训练方案,全程参与学生成长与发展。

第二,因材施教,建立融合学科特色和个性发展的课程教学体系。为地理科学(励耘实验班)制订专门的教学计划,秉承学校"拓宽基础、加强融合、尊重个性、追求卓越"的本科教学指导思想,充分考虑地理学的多学科交叉特征,着重培养认知、实践、创新三种能力,强调知识宽度与深度、基础与前沿、理论性与实践力并重,注重模块化、个性化和弹性化。

第三,以学科特点为根本,研讨有益于拔尖人才的教学方式。明确了"小班、优师、研讨、实践"的教学改革方向,并计划在新一轮本科生培养方案修订中,结合学科特点和发展趋势,进一步完善现行的培养方案,通过优化课程体系,增强实践教学环节和研讨类课程,培养学生发现问题和解决问题的素养,提升理论联系实际的能力。同时,遴选优秀教师为本专业学生开课,力求提高课堂教学质量。

第四,多管齐下,增强学科认知,培养科研素养。课堂之外,要求学生完成导师指定学术论文的学习以及专业著作的学习,进一步加深对于地理学科的认知,以及对于具体研究主题的理解。通过参加学术报告会和参与具体科研工作,进一步拓宽学术视野,增强科研素养,为后续的发展奠定基础。

四、地理学本科专业人才培养改革

高质量的人才培养,是在遵循人才成长规律和教育教学规律的基础上,把知识传授、素质提升、能力培养和价值塑造融为一体(冯向东,2002)。通过多年的探索与实践,北京师范大学地理学已经建立相对成熟的人才培养模式,并且通过一系列教学改革措施,探索提升人才培养质量的有效途径。

（一）面向"立德"的课程思政建设

立德树人是人才培养的根本要求，地理学研究面向广阔的自然世界和身边的人文社会，是培养学生家国情怀的优良学科素材，科学、恰当、自然地融入立德教育内涵是地理学专业人才培养的重要内容。北京师范大学地理学重视课程思政建设，自 2020 年起，每年立项教改项目十余项、组织教学研讨 2~3 次，调动任课老师充分挖掘专业课程的德育功能，构建一流人才培养的课程思政体系，不断加强思政课程与课程思政协同育人机制建设。学部对课程思政有明确的要求和导向性，强调地理人才培养要与世界科技前沿、国家重大战略、社会发展需求密切相关，激活专业课程、实习实践、志愿服务等环节的育人效能。

（二）面向"树人"的课程体系建设

地理学是面向复杂系统对象研究的科学分支，明确地理学的时代特征和不可替代作用，并将学科先进的知识体系贯彻在教学实践过程中是"树人"的关键。这个关键环节的实现，就在于课程体系的建设。北京师范大学地理学部成立之初就着手改革课程体系，基于透析、判断地理学未来发展对人才核心能力与素养的时代需求，通过对国内外大学地理学本科课程体系变革的综合分析，结合北京师范大学地理学建成世界一流学科的目标，进行优化、完善本科课程体系。相比以往课程体系，主要做了三个方面的改革：

（1）增加对数理基础课程的标准与要求。要求修读较高学分的数学、概率统计、物理和化学课程，在全校理科院系中仅次于数学、物理专业对数理课程的要求。

（2）重视地理学学科基础课程设计，专业方向课程设置突出分类培养，以弥补过去培养方案各专业弱化地理学学科基础的缺憾，并满足学生个性化发展的需求。

（3）突出学科特色和前瞻引领，形成结构优化的专业课程模块。面向地理要素对象设置"水土气生人"课程，面向空间分析方法开设遥感、GIS、编程类课程，面向地理系统对象设置区域地理课程，面向新时代地理复杂性设置时空大数据、系统科学、统计分析、人工智能等课程，面向当今社会需求开设专业选修课程（如景观生态学、国土空间规划与管理、政治地理学、健康地理学等）。专业课程以知识获取与能力培养为核心，重视培养学生对理论的理解能力、对科学问题的辨识能力、解决问题的实践能力以及自我提升的学习能力，课程教学上强调问题导入、理论与实践相结合、数据与方法模型相结合。

（三）面向教学和科研的实践平台建设

北京师范大学地理学部平台资源丰富，直接参与地表过程与资源生态国家重点实验室和遥感科学国家重点实验室的建设与管理，保障教育部和北京市七个省部级实验室/工程技术中心高效运行，拥有一个北京市实验教学示范中心，先后建设完成风沙过程、土壤过程以及气候变化过程研究的大型模拟装置，围绕土壤侵蚀、生态水文过程、海冰资源利用等研究方向，参与建设国家级/省部级野外观测台站四个。这些平台面向教学开放，为本科生实践教学提供切实资源保障。

开拓建设专门的本科实习教学资源，建立了门类齐全、功能配套和孵化能力很强的多元化地理学野外实践教学基地网络。几十年来，相继建立了河北小五台地质地貌实习基地、河北丰宁坝上植物土壤实习基地、江苏苏州东山人文地理综合实习基地、北京延庆综合地理实习基地、山西太原GIS实习基地等十余个教学实习基地，以及河南嵩山、浙江湖州等生产实习基地，涵盖印证性实习、探究性实习和自主研究性实习的全部类型。同时，开拓国际交流渠道，与加拿大女王大学、美国马里兰大学、日本横滨国立大学开展了国际联合实习项目。

（四）面向综合素养提升的实践课程建设

野外实践教学是地理学人才培养体系中的重要环节。北京师范大学地理学经过长期探索与实践，形成了一套特色鲜明、类型多样、方法先进、系统完整的野外创新实践能力培养体系。针对本科生不同学习阶段，采用点、线、面相结合，印证性、探究性、自主性相结合，天空、地面、虚拟、现实相结合，院校联合、校所结合、院校与主管部门协同等多种模式开展地理实践教学。强化学生多维度认知自然环境，研究地理规律的能力。同时，将生产实习内容和地方实际需求相结合，在完成野外实践教学过程中也可以让学生拥有很强的获得感和成就感，有利于更进一步强化本科生的专业自我认同感，促进综合素养的提升。

（五）面向创新能力提升的科研能力训练

重视本科生科研训练，通过导师引领、大学生创新创业项目、本研一体培养等多种途径，鼓励本科生开展科研，并且向毕业论文、研究生阶段做铺垫和渗透。充分发挥导师的引领作用，对全体地理学本科生推行全程导师制。本科生第一至第二学期配备新生导师，对新生学业、思想、品德等方面进行引导；第四至第七学期配备科研导师，重视对学生以科研为导向的个性化培养，采用"点对点"因材施教的模式。此外，导师可以根据需求对学生的实践能力和创新能力进行针对性的训练和强化，提高本科生培养的质量和"含金量"。例如，通过组织学生参加创新创业大赛，培养学生的创新创业能力；通过参与专业科研训练，培养学生的创新意识等。本科生导师通过早期、灵活、精准的参与培养过程，对学生的创新能力提升起着重要的作用。

（六）面向教学质量提升的监督保障体系建设

建设落实教学质量提升的监督保障体系，在地理科学学部成立之后施行了一系列改革措施。

（1）机构健全，有完整的质量保障组织体系。以学部党政联席会、教学指导委员会为本科教学的决策机构，主要开展培养目标、教学计划、学部层面教学管理相关规定的制定与督办，促进教学质量提升。同时设立专业负责人，对各专业培养方案执行改进、教学质量监督监控负责。

（2）建章立制，各主要教学环节都有清晰明确、科学合理的质量要求。学部成立以来，出台本科教学各项管理规定十余项；通过制度鼓励教学投入，制定各项奖励与资助办法4项。奖惩分明，责任到人，能够有效支持人才培养目标达成。

（3）抓关键环节，尤其重视课程质量和学生反馈。坚持严把教学质量关，营造重视教学的文化。全面实行竞聘授课制度和新教师新课程试讲制度，认真执行教学督导和学部领导听课制度，多渠道搜集在校学生、校友等对课程的反馈意见，对存在明显问题的课程要求整改甚至暂停开设。

（4）开展教学研讨，着力提升教师教学能力和水平。组织各类校内外教学研讨活动，促进教学"传帮带"。鼓励并组织学部教师申报各类教材、课程、名师、教学成果等奖项，通过组织内部评审等方式，提高申报质量。

（5）推进教学团队建设，全方位拓展教学资源。积极打造教学团队，依托教学团队推动教学改革创新，建设一流课程和教材，促进教学合作和传承，培育优秀教学成果，提高人才培养质量。

五、地理学本科专业人才培养模式构建

历经长期的探索和实践，通过顺应时代的发展和对未来社会人才需求的预判，北京师范大学逐渐形成了别具特色的地理学本科专业人才培养模式。

（一）把握中国教育特色，确立以培养"三观"正确的社会主义建设者和接班人为总目标

培养正确的人生观、价值观、世界观是专业人才培养的核心内容，造就社会主义建设者和接班人是专业人才培养的总目标。将思政内容进行深入理解、消化，有机融入专业课程体系，充分结合地理课程的专业知识，形成课程思政内容有序，专业融合自然，传授过程有趣，达到思政教育入脑入心的效果，为培养中国地理学优秀人才打下良好的思想政治基础。

（二）面向未来科技发展趋势，强化学科交叉能力培养

人类社会进入工业化以来，科技创新成果不断涌现，以系统思维模式和物联网、大数据、云计算和人工智能引导的科技升级极大地改变了社会发展进程，地理学需要和新兴技术以及其他学科交叉融合才能充分发挥学科的潜力。北京师范大学地理学专业人才培养特别强调学生需要有深厚的数理基础，这是开展深度学科交叉的重要前提；同时，组织开设大数据分析、系统科学等侧重前沿技术和思想的相关课程，拓展学生视野，为未来开展交叉研究做好准备。总之，提倡学科交叉能力的培养，是希望北京师范大学培养的地理学人才能在中国生态文明建设、高质量发展、可持续发展等综合性领域发挥重要作用。

（三）面向师范专业人才培养，构建宽基础、强技术、厚素养的师范专业人才培养模式

师范专业人才培养一直面临着课程讲授宽与深选择的矛盾。如何权衡教

育教学素养、宽阔的理论知识、先进的时代技术和深入的实践能力等内容的科学设计，一直是师范专业人才培养体系构建的难点。北京师范大学地理学师范专业人才从社会需求和地理学科属性特征出发，为适应中学地理教学与教育研究的需求，课程体系设计突出宽阔的地理学理论基础；为适应中学地理教学中的解析与展示能力培养，强调提升学生的数据分析技术与可视化技术；为更好理解新时代中学生学习的特点和规律，进一步强化教育教学素养培养，从而提升教学效果。

（四）面向学科拔尖专业人才培养，构建深基础、强技术、学生个性化选择和导师研究方向匹配的拔尖专业人才培养模式

拔尖专业人才是未来科技创新的核心力量。北京师范大学地理学特别强调深化基础，力求在本科学习中完成地理学专门领域的理论积累和方法体系构建，培养学生科学研究的系统逻辑思维；重视技术实践能力，培养学生利用先进技术进行数据采集、数据分析和解决科学问题的能力；在发挥导师专门研究领域的思维和知识整合优势的同时，发挥学生数理基础扎实与应用新技术的优势，形成导师和学生的优势互补，提高拔尖人才培养效果。

人才培养具有鲜明的时代特征和特有的社会价值属性。面对新时代社会发展的全方位需求，北京师范大学地理学本科专业人才培养，充分考虑中国社会的切实需求和未来科技的发展趋势，探索新模式，勇于新实践，并力求在实践中不断完善，争取为国家培养更好、更多的地理学优秀人才。

参 考 文 献

[1] 冯向东：“学科、专业建设与人才培养”，《高等教育研究》，2002 年第 3 期。
[2] 宋长青：“新时代高等学校地理学科建设理念与实施策略”，《北京师范大学学报（自然科学版）》，2022 年第 3 期。
[3] 宋长青、程昌秀、史培军：“新时代地理复杂性的内涵”，《地理学报》，2018 年第 7 期。
[4] 宋长青、程昌秀、杨晓帆等：“理解地理'耦合'实现地理'集成'”，《地理学报》，2020a 年第 1 期。

[5] 宋长青、张国友、程昌秀等："论地理学的特性与基本问题"，《地理科学》，2020b年第 1 期。
[6] 赵济、朱良：《北京师范大学地理学与遥感科学学院史》，北京师范大学出版社，2014 年。

本章作者：宋长青、刘静、潘峰华
工作单位：北京师范大学地理科学学部

第四章　南京大学地理学人才培养探索和实践[①]

南京大学地理学人才培养始于1921年竺可桢先生创建的地学系，此前，地理学教育设在史地系或者图文系。1928年建立地理学系，胡焕庸先生任系主任。一百多年来，南京大学地理学为祖国和科学发展培养了上万名专业人才。在新时代，国家建设、社会发展和科学创新对地理学人才培养提出了新要求。面向新需求，南京大学地理学人才培养迎难而上，不断优化教师队伍，提高教师教学水平，完善课程体系，加强实践教学、扩展国际化教学，全力推进"地理学国家理科基础科学研究与教学人才培养基地"和"地理学基础学科拔尖学生培养试验计划"建设，取得了培养地理学专业人才的良好效果。本章总结了南京大学对新时代地理学学科建设和人才教育的理解、地理学的科学意义和南京大学地理学人才培养的实践。

一、新时代地理学的理解

地理学的核心概念是格局、过程、环境和人地关系。格局是各种地理要

[①] 本研究得到国家自然科学基金委员会创新研究群体项目（42021001）和江苏省优势学科地理学建设经费（2018）的资助。感谢傅伯杰、刘丛强、陈发虎、陈骏、史培军、宋长青、王仰麟、贺灿飞、张国友等院士和教授的指导与建议。感谢董小义和林鹏雨同学在教学管理与课程记录上的帮助。本文主要内容取自《地理科学基础》课程内部讲稿。

素在空间的展布，具有不同时间尺度的变化。环境是人和自然相互作用的一个整体，包括资源，是地理学关注的人地关系问题的基础。地理学包含多样的学科和知识体系。地理学认识地球表层的环境、格局、过程和人地关系，需要多种技术和方法的支撑，包括室外观测技术、实验室测试技术、空间表达技术、数值模拟技术和物理模拟技术等。地图可以直观准确地展示空间信息，是地理学家对人类最大的贡献。解决地理学的问题需要融合自然、人文和技术等各方面的知识。比如，要了解一个流域的环境变化，需要综合水文、土壤、植被、地形、气候、地质构造甚至人类用水情况等多个要素进行分析。这是地理学相对于水文学、地图学、地球化学、环境科学等的重要区别。综合性是地理学的很大特点。

地理学具有科学发现、知识传播、服务国家和社会发展等功能，在解决国家社会的资源、环境、能源、灾害、治理和发展的重大问题中发挥着巨大的作用。地理学还有综合性、交叉性、区域性和系统性的特征，能够揭示地球表层系统的过程和机理，为资源环境发展服务。地理学是一个古老的学科，新时代又赋予了地理学新的内涵。地理学经历了从知识到科学再到决策的发展历程。最早，我们从知识的角度认识地理、理解地理、观察地理。在科学的层面，我们通过数据、模型、规律的表达和预测进行地理学研究。现在，我们基于地理学的知识与实践在资源环境和社会的规划治理等方面提供科学决策建议。地理学是认识地球系统过程和人地关系的支柱学科，是支撑国家重大战略需求的基础学科。地理知识和能力已经渗透到当今社会的方方面面。比如，认识地球表层系统的演化过程、亚洲季风气候和干旱环境耦合过程与机制，流行病学传播路径解析与控制，以及区域规划、重大项目与设施的选址布局等，都与地理学的理论方法密切相关。

二、地理学和科技前沿及社会发展

(一) 地理学和科技前沿——以气候变化为例

1. 全球气候变化的背景

由于温度、降水等在不同纬度和海拔高度的差异分布形成了地球多样的气候,多样的气候又决定了地球表层景观的多样性和复杂性,形成了土壤、植被、水系和景观等各种地理要素,共同构成了宜居地球。根据科学观测,在过去140年,地球表层的温度上升了约1.5℃(图4–1)。这说明,100年来地球表层的能量系统发生了巨大变化。地表温度的上升可能导致两极冰盖融化和海平面上升,进而威胁到人类的生存。目前,人类已经确认百年以来地表温度确实在不断上升,但是未来温度是否会继续上升、温度上升会持续多长

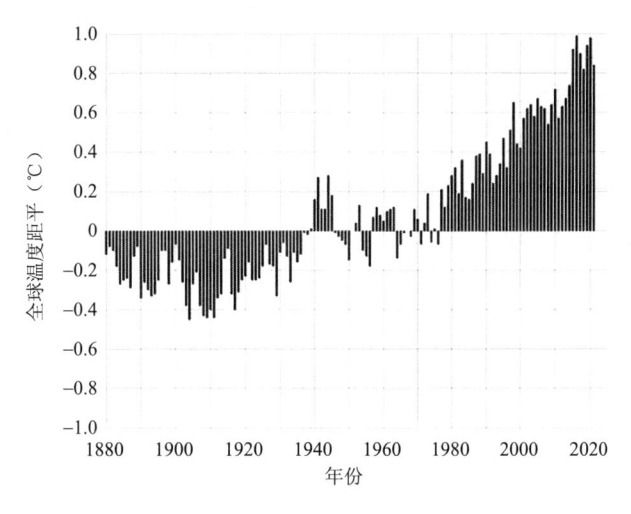

图4–1 过去140年全球地表温度变化

资料来源:NOAA (2022)。

时间、温度最高还能上升多少摄氏度、温度的上升会对地球系统产生什么影响等问题，仍然有很大的不确定性。

地表温度上升是全球的平均趋势，在不同区域会有差异。持续升温会深刻地改变地球的大气环流，导致某些区域产生热浪和干旱、某些地方产生寒冻或洪涝灾害。还有学者认为，气候变化会导致流行疫病发生和台风暴雨等灾害事件增多。这可能是人类活动（包括大量排放 CO_2 和改变地表状况）所产生的后果，但其量化分析研究结果匮乏。

气候变化问题已经受到联合国、世界气象组织以及世界各国等国际社会的广泛关注，成为前沿的科学问题。比如，联合国政府间气候变化专门委员会（IPCC）发布了多版气候变化评估报告，中国政府也发布了应对气候变化的政策与行动报告。IPCC 的报告认为，地球正在变暖，地球的变暖是人类活动造成的。中国明确提出了碳达峰、碳中和的目标（丁仲礼，2022）。实现"双碳"目标是一个联系自然和社会、科学和决策的重要问题，这个问题与地理学的知识、科学和决策是密切相关的。2021 年诺贝尔物理学奖授予了对气候变化研究做出贡献的学者。这些科学家对我们认识地球表层复杂的物理过程做出了重要贡献。物理学将物质世界抽象化、精准化，但是，诸如地球表层的现实世界是开放的复杂系统，地理学从综合与系统的角度认识世界，是对地表更客观和更科学的认识。因此，气候变化与物理学诺贝尔奖结了缘，这是科学认识的一个进步。2007 年，诺贝尔和平奖授予了美国前副总统戈尔与 IPCC 专家组，以表彰他们在气候变化研究中的贡献，表明地理学和全球变化科学的重要性。

气候变化除了涉及环境，还有关资源和能源的问题，需要地球科学家、太空学家、海洋学家、气候学家、计算机科学家、物理学家、化学家、能源技术专家和工程师等多方面参与。地理学有自然科学、人文科学和技术科学特性。地理学工作者在相关科学前沿研究中发挥着重要作用。2022 年 2 月，中国科技部发布了"地球系统与全球变化"重点研发专项项目申报指南，其中，与地理学相关的内容有不少，比如"全球变化基础数据采集、集成、挖掘、同化研究与综合数据平台研发""全球变化特征、机理与关键过程研究""全球变化影响评估和风险评估""全球变化适应理论与技术研究"等。中国社会已经在大力推广清洁能源，围绕全球变化背景下的资源环境问题采取广泛行动。这些都可能成为未来地理学学科的重要内容，也是现今地理学本科人才培养需要考虑的内容。

2. 全球气候变化、大气 CO_2 和碳循环

地表的绝大部分能量来自太阳辐射，但是太阳辐射入射的能量很多部分被地表反射出地球之外。地球大气中的 CO_2 等温室气体可以吸收地球向外的长波辐射，起到给地球增温保暖的作用。温室效应是现在全球变暖的主要原因。现在气候变化问题的关键点就是大气 CO_2 含量的变化，其敏感性和阈值何在，不清楚。

目前，时间最长的大气 CO_2 浓度连续观测记录来自夏威夷 Mauna Loa 观测站。1957 年查里斯·D. 基林（Charles D. Keeling）教授建立了该观测站。他们最早开始对大气 CO_2 浓度进行直接观测，为全球变暖提供了关键数据（Keeling，1998）。相关数据被写进了教科书、正式报告和学术论文，是研究现代气候变化的重要基础。根据夏威夷 Mauna Loa 观测站的数据，目前大气 CO_2 含量为 420 ppm 左右，而 1957 年观测站开始运行的时候大气 CO_2 浓度只有大约 310 ppm，65 年上涨了约 110 ppm，而且目前的上升速度还很快（图 4–2）。根据冰芯、树轮等古气候记录研究的结果，地球冰期气候向间冰期气候转换的过程中，至少需要数千年，大气 CO_2 浓度才会上升 100 ppm。因此，大气 CO_2 含量的快速增加可能带来意想不到的结果，现在难以预测。地球从冰期到间冰期的温度变化可以达到 10℃ 以上、海平面上升 100 米左右、生态系统和生物量发生剧变，这些变化与大气中 CO_2 100 ppm 的变化有联系，但是，具体过程和机理现在依然不清楚。因此，最近 65 年来大气 CO_2 浓度的显著上升引起了广泛的担忧。

大气 CO_2 浓度上升除了会影响地球温度，还会直接影响地表植物的光合作用，从而影响整个生态系统。大气 CO_2 与海洋、土壤、植被等碳库/汇发生着密切的交换，因此，全球气候变化是一个涉及多要素相互作用的复杂过程。

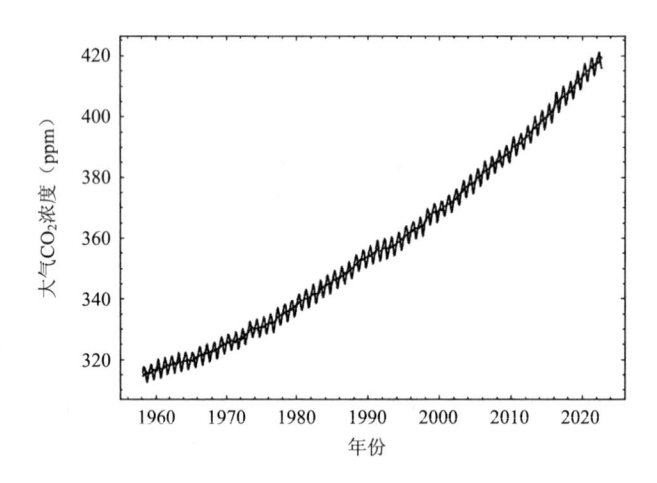

图 4–2　夏威夷观测站实测大气 CO_2 浓度变化

资料来源：NOAA（2022）。

CO_2 浓度总体在上升，也随着季节产生波动。在历史时期 CO_2 浓度的上升与温度上升的定量关系并不固定，二者上升的先后关系也不确定。由于技术方法限制，目前世界上各地区的碳排放、碳储存数据有很大的不确定性。

近百年大气 CO_2 浓度的上升主要是由于人类大量燃烧化石燃料造成的，而非自然变化的结果。因此，很多人认为，人类活动产生的 CO_2 排放值得引起重视，但也有人认为这无关紧要。大气 CO_2 浓度的剧烈上升能否由自然界自我调控达到平衡仍有争议。学界对于全球变暖的态度产生过很多变化，相关的争论从未停止。气候变化及大气 CO_2 效应、循环的问题，成为地理学前沿热点内容，涉及自然地理学、人文地理学和地理信息科学等。

既然全球变暖是与大气 CO_2 浓度上升密切相关，控制人类活动碳排放就成为应对气候变化的关键。但是，碳排放权基本等同于发展权，各国减排份额和碳排放权的计算需要充分考虑科学、历史、公平、正义和现实情况，是一个很复杂的问题。根据丁仲礼院士等人（丁仲礼等，2009）的计算，发达国家在 20 世纪 60 年代人均累计 CO_2 排放量已经是中国在 21 世纪初期的数倍。虽然目前中国总的碳排放量很大，但是要考虑历史时期的排放情况，世界各国减排的任务需要科学评估。其中，涉及的经济、社会、人权和公平正义等问题，都是当今地理学家需要解决的重要专业问题。

地球的气候变化除了受大气 CO_2 浓度的影响，太阳辐射变化的影响也不能忽略。在轨道尺度的气候变化受太阳辐射变化影响很大，这就是著名的米兰科维奇古气候理论。地球绕太阳旋转的轨道是椭圆，其偏心率有约 40 万年和 10 万年的变化周期。地轴的倾角有约 4 万年的变化周期。地球在旋转过程中会产生进动，即地轴也在绕着垂直于黄道面的轴旋转，转一圈需要约 2.3 万年，这就是岁差周期。地球轨道的周期性变化会影响地球与太阳的距离以及太阳光到地球的直射点位置，因此，太阳辐射的强度及其在地球表面的纬度分布也随之变化，地球的气候进而会产生周期性变化（鹿化煜、王珧，2016）。米兰科维奇理论部分解释了轨道尺度的气候变化，但是，无法解释气候变化周期中极小的太阳辐射变化会导致温度的剧烈变化。这是需要地理学者回答的前沿科学问题。

气候变化相关的理论还有马丁（Martin）提出的铁假说（Martin，1990）。海洋中有大量可以进行光合作用的浮游生物，它们可以轻易地获取水和阳光，但是较难获得矿物质营养元素，因此，营养元素限制成了它们生长受限的重要原因。河流可以将大陆的营养物质带入海洋中，但由于海洋环流轨迹限制，很多大洋深处海域仍然缺乏足够的营养成分。大陆地表产生的粉尘中含有铁等营养元素，粉尘通过季风或者西风环流携带营养物质，输送落入海洋中，就可以为这些浮游生物提供养料。这些生物通过增强的光合作用，吸收和降低了大气中的 CO_2 浓度，从而使全球气温降低。铁假说已经提出了 30 年，但是仍未完全得到证实。粉尘排放的铁的质量以及生物的利用效率仍然未知。2021 年，南京大学地理学科获得了国家自然科学基金委员会创新研究群体项目的资助，研究青藏高原的抬升和生长是否导致了亚洲干旱环境的形成、增加了大气粉尘排放量、提高了海洋生产力，进而导致了冰期气候的起源。这个假说结合了地貌学、沉积学、气候学、生态学、海洋科学等多学科的知识，是典型的地理学前沿科学问题。

也有假说认为，青藏高原的隆升导致岩石硅酸盐风化加强，进而引起大气 CO_2 减少，地球变冷。目前，有很多研究在试图验证这个假说。另外，全球气候变化受到全球碳循环、植被变化、大气环流、大洋环流甚至板块运动等的影响，需要用地理学综合分析的思维方法，深入研究，才有可能认识这些现象和过程。综上所述，在研究全球气候变化的科学问题及人类适应策略时，自然地理学、人文地理学和地理信息学都可以发挥很大的作用，解决前沿科学问题。这个例子说明，地理学家和地理教育都可以融入前沿的科学问题之中，为解决人类面临的重大科学问题做出贡献。

（二）地理学和社会发展

地理学不仅是对知识、规律和现象的认识，还为推动社会发展服务。国际上有很多组织发起的大型科学计划，有很多与地理学密切相关。20世纪80年代的世界气候计划不仅仅是气象和气候的科学问题，还涉及太阳、陆地、海洋和人类活动等的变化，是典型的地理学研究内容。还有后来的国际地圈—生物圈计划、国际全球环境变化人文因素计划、地球系统科学联盟以及现在正在执行的未来地球计划等。21世纪10年代，联合国提出了17个可持续发展目标，地理学在很多目标中都可以发挥重要作用。地理学在社会可持续发展中大有可为。

2021年，中国地理科学十大研究进展首次发布（表4–1），从中可以看出，地理学从疫情防控到城市群生态、从地貌学到古人类，在自然地理、人文地理、地理信息科学三个方向上都有交叉融合与科学发现，与社会可持续发展密切相关。

表 4–1　2020 年度"中国地理科学十大研究进展"

序号	项目名称	主要完成人及所在单位
1	白石崖溶洞晚更新世沉积物中发现丹尼索瓦人 DNA	张东菊等（兰州大学等）
2	特大城市群地区城镇化与生态环境耦合圈理论及耦合器调控应用	方创琳等（中国科学院地理科学与资源研究所等）
3	首获青藏高原腹地新生代地层高精度年代序列——修正青藏高原隆升和生态环境历史	方小敏等（中国科学院青藏高原研究所等）

续表

序号	项目名称	主要完成人及所在单位
4	重大呼吸道传染病疫情防控大数据方法与技术	周成虎等（中国科学院地理科学与资源研究所等）
5	全球高精度城市用地变化及其对环境生态关键因子影响的模拟研究	黎夏等（华东师范大学等）
6	北半球春季植被物候提前加剧夏季干旱和热浪	朴世龙等（北京大学）
7	近千年来黄土高原社会—生态系统演变过程及效应	武旭同等（北京大学等）
8	西南喀斯特石漠化治理与生态恢复研究及其对扶贫工程的科技支撑	王克林等（中国科学院亚热带农业生态研究所）
9	全球尺度植被 CO_2 施肥效应变化趋势	张永光等（南京大学）
10	沙丘双稳态的发现及其形成机制	徐志伟等（南京大学等）

三、南京大学地理学人才培养的探索和实践

（一）30年来南京大学地理学本科教育专业建设

1992年南京大学地理学入选国家基础学科人才培养基地；2021年地理科学专业入选基础学科拔尖学生培养计划2.0基地（图4–3）。地理科学专业（2020）、地理信息科学专业（2019）、自然地理与资源环境专业（2021）和海洋科学专业（2021）相继入选国家级一流本科专业建设点；人文地理与城乡规划专业（2021）入选江苏省一流本科专业建设点（图4–3）。这些专业建设的成绩，为南京大学成为"最好的本科教育"基地做出了注解。现在，南京大学地理学拥有宁镇地区普通地质学实践基地、庐山地理学实习基地、地球系统科学国家级虚拟仿真实验教学中心等教学平台。南京大学地理学学生实习考察的足迹到达了南极和北极、五大洲和三大洋，到达了青藏高原、阿尔卑斯山、落基山、贝加尔湖、爱琴海，深入到新西兰、摩洛哥、赫尔辛基等众多地区。丰富的课堂内容、前沿的科学知识、系统的科研训练，为培养优秀的地理学

人才奠定了基础。

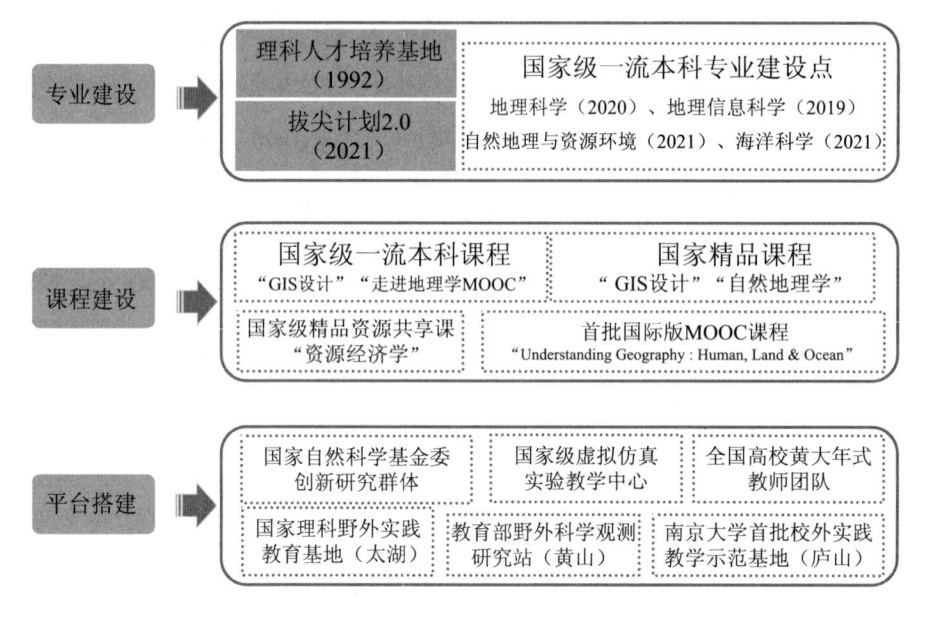

专业建设
- 理科人才培养基地（1992）
- 拔尖计划2.0（2021）
- 国家级一流本科专业建设点：地理科学（2020）、地理信息科学（2019）、自然地理与资源环境（2021）、海洋科学（2021）

课程建设
- 国家级一流本科课程："GIS设计""走进地理学MOOC"
- 国家精品课程："GIS设计""自然地理学"
- 国家级精品资源共享课："资源经济学"
- 首批国际版MOOC课程："Understanding Geography: Human, Land & Ocean"

平台搭建
- 国家自然科学基金委创新研究群体
- 国家级虚拟仿真实验教学中心
- 全国高校黄大年式教师团队
- 国家理科野外实践教育基地（太湖）
- 教育部野外科学观测研究站（黄山）
- 南京大学首批校外实践教学示范基地（庐山）

图4-3　南京大学地理与海洋科学学院本科专业建设

新时代，人类社会面临气候变化、碳循环变异、可持续发展、资源环境利用、自然灾害、城市化与环境污染、地缘政治、贫困与饥饿等问题和挑战，都在地理学科的知识范畴内（图4-4）。系统解决这些问题和应对挑战，需要地理学家的介入，也是地理学家义不容辞的责任。南京大学地理学人才培养正面向国际前沿的重大科学理论问题、围绕国家重大战略和重大需求展开，在气候变化、地球表层系统、卫星遥感、海洋探测、行星地理、全球环境和社会可持续发展等领域，努力培养人才；在国家安全、疆域争端、山川秀美、双碳目标、区域协调发展、可持续性和脱贫减贫等领域，为国家储备人才力量。围绕立德树人的根本任务，南京大学地理学的"老师要成为大先生，做学生为学、为事、为人的示范"；对学生进行地理科学专业理想、基本知识、关键技能和前沿领域的系统深入地传授，为培养他们成为科学创新大才、服务国家栋梁之才，打下坚实的基础。

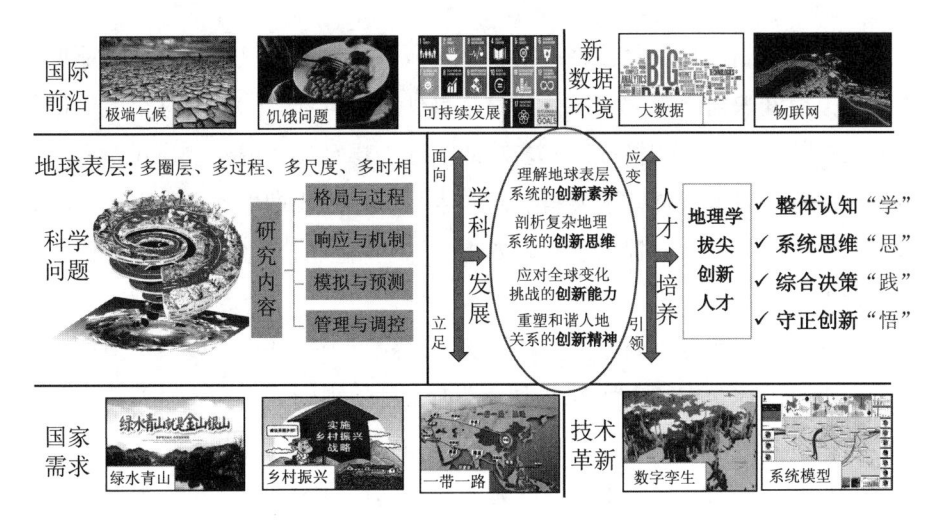

图 4-4 新时代地理学教学问题和改革需求

（二）南京大学地理学本科教育和未来人才培养

1928 年，竺可桢先生在其文章"中央大学地理学之前途"中写道："地理学之性质，介于自然科学与社会科学之间，即以自然科学为立足点，以社会科学为观察点。""凡地理学之事实，皆可用地图以表示其分布情形。此实最显明之旗帜也。"所以说，地图学是地理学很重要的一个部分，现在已经发展成了地理信息科学。他还说："地学者，乃研究地之一种科学，惟当特别注重地与人之关系耳。"现在一些人文地理学的研究已经远离了"地"，已经不属于地理学的范畴了。竺可桢先生在文末写道："中国青年，有志于人生地理学之研究者，知必有闻风兴起者矣。"他很看好地理学的发展前途。

2021 年，北京师范大学地学部宋长青教授等人组织全国地理学同仁提出剧变时代地理学面临的 10 个科学问题。他们认为地理科学正面临：①多尺度陆地表层系统复杂性解析与模拟；②人—地系统动力过程模拟与优化；③典型地理单元生物地球化学循环与生态和社会健康效应；④表层地球系统碳转化速率与影响；⑤国土空间利用诊断、优化与调控；⑥世界政治经济格局重塑的资源环境制衡与风险预警；⑦典型区域巨灾预警与风险防范；⑧地理实体与虚拟空间映射下重大突发公共安全事件过程推演；⑨地理时空大数据分析方法与陆地表层过程模拟；⑩多功能陆地表层系统集成模型构建等重要前沿科学问题，以解决这些重要科学问题为目标，为我们培养未来高水平的地理学人才指明了方向，提出了基本要求。这些科学问题也体现了新时代地理学的特点。

地理学人才培养需要更全面、更深入地融入未来学科发展以及国家和社会对高水平地理学家的人才需求中，进而带动地理学拔尖人才培养的实践。在新时代，宜居地球、气候变化、碳循环和可持续发展与美丽中国建设；国土空间开发、区域协同、城乡统筹发展；空间信息的分析、空间数据产品的开发；人地关系变迁规律的发现、预测和应对、适应都是地理学需要解决的前沿科学问题，也为大学地理学教育指明了方向。

新时代地理学的人才需要拥有宽厚的数学、物理、化学、生物、计算机、天文学和马克思主义哲学知识，坚实的地理学和相关地球科学理论基础，丰富的野外工作/社会调查经验，以及使用新技术、新方法的能力，精准的定量分析和表达能力，地域系统变化综合分析能力。地理学的独特性影响着地理学人才培养的特殊性。培养地理学人才的特点有：横跨自然科学、社会科学和技术科学；问题导向、与其他学科交叉融合；复合型人才、学生成长路径多元；人才培养周期较长；理论与实践并重等。最近，美国科学基金会（NSF）出版了地理学人才培养模式的专门报告（The National Academies of Sciences, Engineering and Medicine，2022），他们提出，地理学人才培养以大学教育为主体，其他培训教育为辅，强调学科融合及加大研究生科研项目的支撑等。这些内容为我们的地理学教育和人才培养提供了参考。

地理学是重要的基础学科，国家非常重视地理学拔尖人才的培养，开辟多元渠道，创新培养模式，优化学科布局，为培养地理学拔尖人才奠定了基础。没有强大的基础研究队伍和强大的基础研究，很难做出原创性、变革性、颠覆性的关键核心技术，也难以解决国家社会发展中的难题。在这一过程中，培养人才是关键。地理学是培养人才的重要基础科学。做好地理学的本科教育工作，对未来国家社会发展意义重大。围绕这个目标，南京大学的地理学教育设计了新的创新人才培养体系（图4-5），加强了科学前沿、实践教学和国际化教学，新增了面向全校新生的"科学之光——自然地理学新发现"等系列通识课和"全球变化科学""智慧城市科学""时空大数据"等专业核心课程。同时，努力提高教师队伍的水平，布局前沿科学基础理论研究和科研训练，强化教学实验平台建设，拓展学生知识范围和视野，为培养未来拔尖地理学人才不断创造条件。

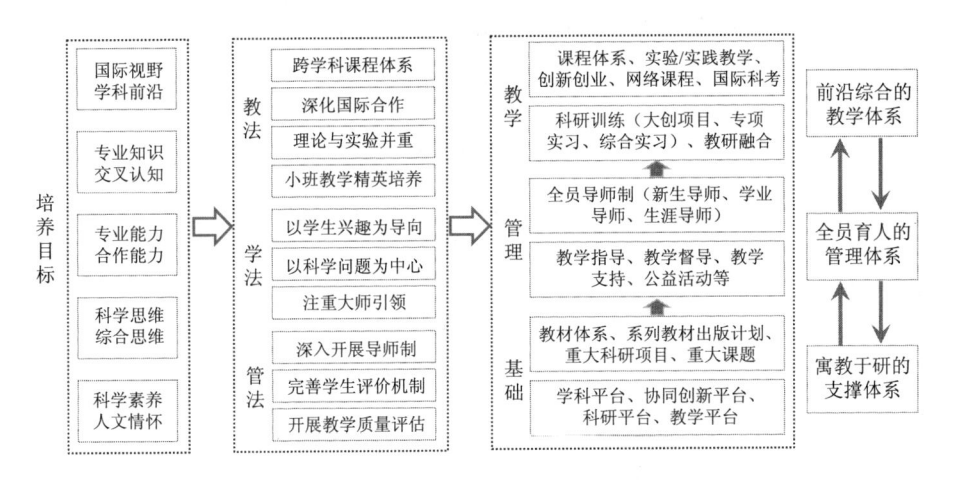

图 4-5　南京大学地理学"拔尖计划 2.0"创新人才培养体系

四、结语

地理学具有自然科学、社会科学和科学技术的属性，是博大精深的学科（傅伯杰院士语）。新时代地理学应面向科学前沿和国家需求，将传统的地理学教学的"知识传授"型转变为探究性教学的"知识发现"型，构建师生学术共同体，吸收学生参与科研项目，向学生开放相关科研平台，使之成为培养学生创新精神与实践能力的舞台，通过科教融合实现学术育人。

南京大学地理学人才培养以立德树人为核心，围绕"培养什么人、怎样培养人、为谁培养人"这一根本性问题，聚焦学生"德智体美劳"全面发展，贯彻培养学生家国情怀与社会责任感，着力知识技能、专业素养、批判思维、问题解决、探究精神、创新能力、合作能力以及国际视野的塑造与提升，牢记培养肩负时代使命、具备全球视野、推动科技创新、引领社会发展的拔尖领军人才和优秀创新创业人才的初心使命，体现了地理学学科发展前沿和新时期学科发展特点。在这一过程中，我们深深体会到，只有不断提高教师队伍的理论、实践和创新能力，加强理论和实践教学的融合，推进综合交叉的专业教育，才能培养出新时代优秀的地理学人才。

参 考 文 献

[1] 丁仲礼："深入理解碳中和的基本逻辑和技术需求"，党委中心组学习时事报告，2022 年。

[2] 丁仲礼、段晓男、葛全胜："2050 年大气 CO_2 浓度控制：各国排放权计算"，《中国科学（D 辑：地球科学）》，2009 年第 8 期。

[3] 鹿化煜、王珧："触发和驱动第四纪冰期的机制是什么？"《科学通报》，2016 年第 11 期。

[4] 竺可桢："中央大学地理学之前途"，《地理杂志》，1928 年第 1 期。

[5] Keeling, C. D. 1998. Rewards and penalties of monitoring the earth. *Annual Review of Energy and the Environment*, Vol. 23.

[6] Martin, J. H. 1990. Glacial-interglacial CO_2 change: the iron hypothesis. *Paleoceanography and Paleoclimatology*, Vol. 5.

[7] NOAA. 2022. *Global Monitoring Laboratory, Earth System Research Laboratories*.

[8] The National Academies of Sciences, Engineering and Medicine. 2022. *Next Generation Earth Systems Science at the National Science Foundation*. Washington, D. C.: The National Academies Press.

本章作者：鹿化煜、王晓勇、徐志伟、毛熙彦、王先彦、金晓斌

工作单位：南京大学地理与海洋科学学院

第五章　华东师范大学卓越地理学人才培养探索和实践

面向"钱学森之问",华东师范大学地理科学学院牢记人类可持续发展赋予高等教育的使命,肩负起大学为国家和世界发展的未来培育新人才的历史责任,面向全面建设社会主义现代化国家对高等教育和卓越人才的需求,对接国家需求与立德树人根本目标,对标学校提出的大学人才培养目标与专业人才培养标准,反思探究我们应如何培养担当民族复兴大任、心系人类文明进步的卓越地理学人才。基于此,华东师范大学地理科学学院以"思维导向的通识教育、前沿导向的专业教育、研究导向的教师教育、英才导向的智能教育"四个教育模式为方向,以"第一课堂+第二课堂"的培养方式,完善并形成"培根—筑基—融通"三段式的人才培养模式,实施全面育人培养方案,致力于培养担当民族复兴大任、心系人类文明进步、全面而个性发展的卓越地理学人才。

一、卓越地理学人才培养目标

为实现学生全面而个性的发展,适应通才与专才多元化的需求,地理科学学院以五个"统一目标"引领人才培养方案修订。五个"统一目标"即实现中华民族伟大复兴的理想信念与科学探索和创新能力的统一、实现科学发现的创造思维与落地实践的工程思维的统一、强调地理学科专业知识与实践技能的贯通（优先强化现代人工智能数据分析技术与地理综合模拟的能力）、强化学科批判与反思的能力、强化个性发展与团队协调的能力。为对接培养方案规划，以"五元协同"指导专业培养方案设计，例如，"地理科学"专业培养方案立足"一个核心"（正确"理想信念"的核心引领）、"两个特色"（"多元实践+思维模式"支撑专业培养目标的达成）、"三个途径"（"通识教育+专业教育+第二课堂"三个途径的协同融合）、"四个维度"（"科学—工程—人文—艺术"四个维度的专业素养）、"五大出口"（卓越"教育家—科学家—工程师—规划师—管理者"）的五大要求展开专业培养方案设计。最终以三大方向体现差异化人才培养目标，即师范方向的学生能够成为相关学校的学科教研骨干，所有学生能达到中教一级水平，少数学生晋升中教高级；拔尖方向的学生能够完成国际一流高校博士学位的学习，进入国际一流高校从事博士后或助理教授工作；综合方向的学生中，从事社会管理的学生能成为所在单位的中层骨干，能独立领导小型管理团队，从事专业领域创业的学生，部分能完成首轮融资。

基于人才培养目标顶层设计，对于师范生与非师范生制定了不同的培养目标。针对师范生，培养目标立足国家教育方针与新时代国家教师教育发展需求，以立德树人为根本任务，培养适应我国地理基础教育发展需求，实现德智体美劳全面发展，具有良好的教师职业道德修养，具备扎实的教育学、心理学理论与专业地理学科知识，培养具备正确的人地观念、地理综合能力、实践能力与国际视野的综合素养，深刻认识国家基础教育教学改革发展状况和中学地理教育发展前沿，能够胜任中学地理教学、教研、管理，引领我国地理教育发展与改革的卓越中学地理教师。

对于非师范生，培养目标立足党的教育方针与新时代国家发展要求，面向国家战略需求和全球变化背景下城市的资源开发、生态重塑、智慧管理、可持续发展等前沿挑战，培养适应我国基础地理科学创新研究、教学、管理人才，德智体美劳全面发展，具有远大的科学理想和爱国情怀，具备运用地理计算构建自然—社会综合模拟的能力，具备综合运用自然地理学—人文地理学—地理信息系统学科技术解决人—地综合管理、决策问题的专业知识与技能，具备独立设计和开展学科前沿研究、高水平教学和社会管理创新能力，具备参与国际学术交流的国际化能力，适应社会多元需求的复合学者型人才。

在此基础上实现地理科学学院发展规划，即 2020 年形成国际一流的师资队伍，构建具有国际视野的创新人才培养模式；2030 年形成在国际地理学知名智库中心，成为国际师资和学生向往的中心之一；2050 年在河口海岸、城市自然—人文耦合领域引领世界地理学发展，成为国际地理学研究和人才培养中心。

二、卓越地理学人才培养路径

（一）重构课程体系结构和课程教学内容

根据培养目标和毕业要求，地理科学学院重构课程体系和课程教学内容，以通识导论课程为引领，形成"三层次"协同的专业课程体系。一是建设系统综合性课程，实践训练四年不间断，将其中一年半至两年时间用于科创训练；二是建设暑期课程，开设全英语专业课程，并设立学院主导的专业类第二课堂课程，作为专业必修课程；三是开展以专业认知积淀支撑的人类经典通识课程学习。同时，地理科学学院建设了一批精品课程体系，包括 6 门国家级精品课程、4 门国家级一流课程、3 门国际级资源共享课程、1 门国家MOOC 课程、1 门国家级双语教学示范课程、1 门国家级视频公开课以及 8 门上海市精品课程等系列课程。此外，还建设了系列化地理学专业教材与地理教育教材体系，保障了卓越地理学人才培养的核心。

（二）积极开展第一、二课堂深度融合

第一、二课堂深度融合以立德树人根本目标、培养未来卓越教师为指导思想，以训练学生形象、逻辑、格局思维和养成人文、科学、信仰精神为核

心，以明德乐群、身心健康、国际视野、反思探究、持续发展的共同核心素养为基础，结合专业特色与学生毕业要求展开。第二课堂以课程形式进行设计，包括课程大纲、课程内容和评估方式；培养目标与毕业要求达成度评价表是指引第二课堂建设的"航标"。第二课程以交叉学科知识、人文综合素养、团队协作能力、多元职业素养和国际化能力的培养为设计需求，其中，围绕第一课堂、具有地理学科特色的专业性第二课堂在学院开展，例如社会工作与志愿者服务、专业性科创能力提升课程等；具有通识性、学科交叉性的第二课堂在书院展开，例如培养人文综合素养和全球胜任力的课程、科创文创活动、创新创业活动和生涯发展规划等。由双院携手共建德育，由书院搭台、学院主导开展智育，以书院引导、学院配合、学生自主实现体美劳三育；书院与学院协同作用做学生价值引领的驱动者，做"三全育人"的主力军。

（三）践行家国情怀，强化课程思政的引领作用

通过课程思政建设，强化学生的公民使命担当，激发专业学习热情，提升卓越人才培养质量。地理科学学院以符合国家重大战略、多学科交叉融合、课堂与野外实践结合、强有力的师大贡献元素为基本原则构建地理思政课程。课程思政呼唤立足国家急需的一流科学研究，因此，地理科学学院以"学科前沿—中国智慧—师大贡献"为方向，以一流的成果促进专业知识学习，以一流的中国成果强化对中国智慧的认同，以一流的师大成果激发学生学习兴趣。其中，案例教学作为实现思政与专业双向耦合强化的重要途径，通过教研团队内部集体备课与多团队交叉备课相结合、室内研讨与野外考察相结合的方式建设地理课程思政案例库，从而保障地理课程思政有效开展。

（四）制定拔尖创新人才培养模式

拔尖创新人才培养模式以"三个一流"教学支撑系统为基础，创设"三个一体化"的人才路径。"三个一流"教学支撑系统包括：一流师资队伍（国

家名师或省市名师、学科专家、人才计划教师）、一流课程体系（精品通识课程群、专业模块化课程群、国际化教学课程群）与一流教材体系（基础通识系列教材、专业系列教材、专业应用实践系列教材、研究生系列教材）。"三个一体化"人才路径包括：大类一体化，即发展地理学本科大类培养模式目标，通过学部一级学科平台招录与选拔，强化学生数理化基础与地学"双基"，从专业方向拓展学生个性发展；教研一体化，即推进一流的科学研究"反哺"基础教学，由资深教授团组或教研团队担当课程教师，以多元化科研基地服务实践教学，强调学科竞赛在人才培养中的重要地位；国际化培养一体化，即与国际顶尖高校合作培养"2+2"与"1.5+1.5"人才培养方案，开展国际课程模块+系列化双语与全英语荣誉课程，开展双向联合实习实践交流生项目。

（五）强化野外实践教学体系建设

地理科学学院坚持野外实践教育在地理学人才培养中的核心地位，通过线路建设、基地建设、课程建设与网络建设保障野外实践教学体系的建设。同时，以虚拟仿真技术支撑"大数据+模拟技术"与传统野外实习的融合，在单站点实习基础上实现时空信息与过程信息的延展。建设有"一带一路"新疆北天山实习基地、"大都市—大生态—大民生"长江三角洲实践教学基地、"精准扶贫"工程贵州普定实习基地等野外实践教学基地。

（六）开展具有专业特色的美育训练和科创训练

美育训练方面，地理科学学院通过打造非艺术院系唯一的设计类课程"科技信息图示设计"，开设专业必修课程"专题地图与空间信息设计"来提升专业美育，并获得英国制图学会年度大奖。科创训练方面，地理科学学院积极支持与指导学生参与各类科创活动，例如参加各类国际会议、参加团队科研活动等，学生成果在连续五届"挑战杯"大赛中获奖。此外还有校企合作共建大学生科创实训基地，牵头中—俄—印高校与地理信息公司建设国际联合实践基地，与航天宏图共建大学生创新创业基地等。

（七）开展国际交流和国际化培养

为培养学生国际视野，地理科学学院积极开展国际交流项目，例如与辛辛那提大学、得克萨斯大学达拉斯分校等学校签订"2+2"联合培养项目，支持学生出国交流学习。多次邀请国际知名地学专家开设国际化课程、系列讲座，累计邀请来自11个国家的24名专家到校访问与合作；吸引诸多国际地理学专家学者来校寻求合作、接受不同国籍的学者和学生的求职求学；每年输送20余位优秀博士生赴国外著名研究机构进行联合培养或攻读博士学位；邀请国际知名专家开设7门国际化课程。成立国际咨询委员会，在学科规划、人才引进、职称评审、联合人才培养项目、国际课程、科研合作等工作中发挥重要作用，并以此为基础实施由国际咨询评议到全面国际学科评估的转变。

三、卓越地理学人才培养成效

1951年全国高校院系调整时在原浙江大学地理系的基础上组建华东师范大学地理系。在老一辈地理学家的带领与指导下，通过几代人的艰苦创业，地理学科不断发展壮大，汇聚了各个时期我国优秀的地理学家群体。20世纪60年代建设了人口地理学与河口海岸学两个教育部研究室，并在90年代初建成河口海岸学国家重点实验室。以研究基地为依托，80年代初设立了我国第一批自然地理、人文地理、区域地理博士点和地理学博士后流动站，2000年地理学被批准为一级学科博士学位授权点；1987年自然地理学被批准为国家重点学科，随后被列为上海首批重中之重建设学科；1996年地理科学学院被首批评定为国家理科人才培养基地；2007年人文地理学被新增为国家二级重点学科，地理学被评定为第一批国家一级重点学科。2012年第三轮学科评估排名第三；2015 年入选上海市高峰高原学科计划高峰学科；2016 年 Geosciences 进入全球 ESI 排名前 1%行列。

地理科学学院是国内第一个设立水文气象学和地貌与第四纪专业本科专业的地理学科单位，发展了我国的世界地理学、人口地理学、比较沉积学、城市气候学、计量地理学、遥感考古学、城市自然地理学、城市地理学、行政区划学等多门分支学科。地理科学学院专家、教师先后主编出版教材 23 部，主编实验教材 23 部，举办多期地理学青年教师培训班与研修班，为我国的地理学发展提供了最强有力的支撑。同时，牵头国内理科基地单位建设国家理科基地跨区域实习体系，建立了 6 条我国典型自然地理区域实习线路，统筹了沿途的实习资源与优质教师资源，吸引了海内外 40 多所地理学院校参与实习，出版了跨区域实习指导丛书，在国内外形成了良好的示范、共享、辐射效应，获得了 2001 年、2005 年和 2014 年国家级教学成果二等奖。

随着卓越人才培养方案的实施与不断改进，地理科学学院已成为全国 5 个地理拔尖基地之一，全校"10+3+8"（拔尖基地+一流学科+重点研究基地）拔尖人才培养基地。在此期间，地理科学学院以首批教育部"全国地理学野外实习虚拟教研室"引领全国地理学野外实践教学改革，建设了一批多层级"金课"，例如计量地理学（线上/混合式）、自然地理野外实习（线下/课程思政示范课）等国家一流课程，还有普通地质学（线下）、工程地质学（混合式）、全球变化（虚拟仿真）等省级一流课程；2016 年成功申报华东师范大学首个且唯一的国家虚拟仿真实验教学中心。

四、卓越地理学人才培养特色

（一）学科源远流长、底蕴深厚，学科创新平台体系完备

从 1951 年华东师范大学地理系建系，到 1989 年河口海岸学国家重点实验室筹建，再到 2014 年地球科学学部成立至今，地理科学学院已走过 70 多

年，学科源远流长、底蕴深厚。地理科学学院已成为国家理科基础科学研究与教学人才培养基地（地理学）、地理信息科学教育部重点实验室、上海高校"立德树人"人文社会科学重点研究基地——上海市地理教育教学研究基地、国家级地理学虚拟仿真实验教学中心。地理科学学院地理学科地位牢固，在全国名列前茅，是国内第一批地理学一级学科博士点授予单位，国内第一批自然地理学、人文地理学、区域地理学博士学位授予权单位，国内第一批设立地理学博士后流动站的单位，国内高校第一个设立地理类国家重点实验室的单位，国内第一批设立"长江学者"岗位的单位，国内师范类高校第一批设立"国家基础研究与教学人才培养基地"的单位，国内第一批设立国家重点学科的单位，国内第一批设立国家一级重点学科的单位，上海市十个列入重中之重建设学科（自然地理学）的单位，上海高校 19 个一流学科（A 类）建设学科之一，国内地理学近三轮学科评估排名前三，入选首批国家级一流本科专业建设点，学科创新平台体系完备。

（二）学科名家聚集、大师辈出，具有高水准师资队伍

自华东师范大学地理系创建以来，地理学名家聚集、大师辈出，有中国现代人文地理学创始人胡焕庸先生、中国城市气候学奠基人周淑贞先生、中国城市地理学开拓者和奠基人严重敏先生、中国地理教育学专家褚绍唐先生、中国农业地理学专家程潞先生、中国河口海岸理论工程实践开拓者陈吉余先生等众多地理学大家，积淀了卓越地理学人才培养方式的浓厚底蕴。除此之外，地理科学学院拥有高水准师资队伍，并且享誉海外，包括 1 名中国科学院院士、1 名亚欧科学院院士、1 名南非皇家科学院院士、4 名国家千人计划入选者、8 名长江学者奖励计划（含青年学者）教授、7 名国家杰出青年科学基金获得者、2 名国家青年千人计划入选者、3 名国家优秀青年科学基金获得者、2 名国家万人计划（教学名师、青年拔尖）以及十余名教育部跨/新世纪人才，从而形成 1 个国家级教学团队、1 个教育部创新团队、1 个"111 引智团队"、1 个基金委创新群体等，保障了卓越地理学人才培养的师资力量。

(三) 学科方向特色鲜明，科研成果丰硕

地理学科人才培养方向聚焦鲜明，学科研究包括四大重点研究方向：一是"城市群自然地理要素演变过程、机理与模拟"；二是"三角洲城市群自然—人文地理过程耦合机理与调控"；三是"陆海相互作用及其动力沉积地貌过程"；四是"河口海岸及邻近海域生物地球化学过程"。除此之外，还有例如"三角洲城市群地理过程机理、模拟与调控的理论和方法"以及"河口海岸过程及其对全球变化的响应"等主要研究方向，保障了卓越地理学人才培养目标的达成。地理学科研究成果服务国家战略与地方重大需求，例如浦东机场选址与九段沙生态工程、九段沙种青促淤引鸟工程、长江口亚三角洲横沙新港选址、青草沙水源地选址与原水工程建设、崇明世界级生态岛建设、长三角城市群一体化发展等重大项目。

五、问题和挑战

地理科学学院从专业基础、实践技能、创新能力与国际化视野等角度进行卓越地理学人才的培养，在培养过程中也同时面临一些问题：一是课程固定，较为注重专业教学的凝练，学生自由度小，应对学生个性化需求相对不足；二是科创训练不足，局限于地理学科，与其他学科交叉不足；三是专业培养的本科生"标准人"画像尚待完成，急需树立专业培养标杆；四是缺乏让学生在国际顶级实验室进行科研体验的经历；五是学科专业教师队伍与教师教育教师队伍协同育人的融合度不够高；六是毕业生跟踪反馈和社会评价机制有待完善。这些问题都有待在今后的教学工作中逐步克服。

本章作者：段玉山、周立旻

工作单位：华东师范大学地理科学学院

第六章　中山大学人文地理与城乡规划本科专业人才培养探索和实践

中山大学人文地理学的前身是 1929 年设立的地理学专业和 1956 年设立的经济地理专业。1977 年恢复高考后，经济地理学与城乡区域规划专业被国家教委列入城市规划专门人才培养基地。2000 年人文地理学获批广东省重点学科。2002 年获批国家首批重点学科，与北京大学一起成为当时两个人文地理学国家重点学科。2007 年通过国家重点学科评估，同年获批教育部"高等学校特色专业建设点"。2011 年和 2013 年教育部先后将本科专业名称统一修改为"资源环境与城乡规划管理"和"人文地理与城乡规划"。2019 年中山大学人文地理与城乡规划专业被列入首批国家级一流本科专业建设点。

中山大学地理系由德国地理学者威廉·克雷德纳（Wilhelm Credner）和沃尔夫冈·潘泽（Wolfgang Panzer）创建，他们带来了德国地理学的传统和特色，对中山大学地理学的学科发展和人才培养产生了深刻的影响。在之后九十余年的发展过程中，中山大学人文地理与城乡规划本科专业逐步形成了以"立德树人"为宗旨，以"宽厚基础、综合能力、强化实践、全球视野"为目标，以"五个融合"为理念，强调学科和专业贯通的课程教学，重视实践能力训练的野外实习，以及突出服务社会的科研创新能力培育的人才培养体系。未来希望加强与国内同仁的探讨和交流，为不断完善中国地理学人才培养体系做出贡献。

一、中山大学地理学的学科特色

（一）国际化和全球视野

受德国近代地理学传统的影响，同时由于地处经济文化开放包容的岭南地区，国际化一直是中山大学地理学的一个重要传统。成立伊始，地理系采用国外教材，讲授当时国际上最新的地理学理论知识；使用外语上课，客观上培养了学生国际交流的能力。20 世纪 30～40 年代，林超、周廷儒、罗开富、楼桐茂、吴尚时、梅甸初等师生翻译和引进德、法、英、美不同流派的地理著作，对我国近代地理学的建立和知识传播起到了积极的作用（司徒尚纪、许桂灵，2010）。改革开放后，中大地理学者积极引进西方地理学最新成果，不断加强与世界地理学界的交流。目前已与英国伦敦大学学院、卡迪夫大学、布里斯托大学，美国加州大学洛杉矶分校、伯克利分校、马里兰大学、斯坦福大学，加拿大不列颠哥伦比亚大学、多伦多大学，澳大利亚悉尼大学，德国科隆大学，瑞士巴塞尔大学、洛桑大学，荷兰乌特勒支大学，比利时鲁汶大学、根特大学，奥地利萨尔茨堡大学，南非开普敦大学，中国香港大学、香港中文大学等建立了学术交流和学生培养的合作。地理科学与规划学院举办了中国—德国地理学高等教育研讨会、第四届亚洲地理大会、地理学科学研究与人才培养全球网络研讨会等高水平国际会议。从 2004 年开始，在西欧、北美和亚洲组织了 20 余次学生国际实习。2015 年获批国家（外国专家局和教育部联合审批）"高校国际化示范学院推进计划"单位，成为全国唯一的地理学科国际化示范学院。2021 年在国际地理联合会（IGU）发起成立了主要面向全球发展中国家的"非正规、社会变化与发展"委员会，在国际地理学中的学科影响力不断提升。

（二）野外考察和实践

受德国地理学注重野外考察的影响，野外考察和实践是中山大学地理学的第二个重要传统。1930 年，克雷德纳带领地理系师生进行了云南边疆的探险式考察，这一民国时期我国地理学界第一次有组织的野外考察被载入《世界地理学史》（杨文衡，1994），对全国地理界开启野外考察起到了重要的推动作用。中山大学地理系第一届本科生周廷儒院士在 1937 年第 3 期《地理教学》发表了"野外考察与地理教育"一文，认为野外考察是地理教育的必要基础（周廷儒，1937）。新中国成立后，中山大学地理系根据国家建设需要，组织师生参加过多次重大建设项目实地考察，形成了《关于华南热带生物资源综合考察报告》《云南综合考察报告》《广东地貌区划》等多项成果。改革开放后，中山大学地理学坚持野外考察的传统，将野外实习和实践融入人才培养体系。

（三）服务社会经济发展

应用性是地理学的重要学科特征，为国家和地方的社会经济发展服务是中山大学地理学的第三个重要传统。20 世纪 30~40 年代孙宕越、徐俊鸣等关于军事地理的研究，1947 年王光玮等对西沙群岛的收复考察，均体现了当时的国家需求。新中国成立后，中山大学地理系在野外考察基础上编写了一批调研报告，编绘了多种地图，为国家和地方经济发展提供了决策参考。改革开放以后，地理系各专业开展了大量的实践应用研究，包括资源调查、土地利用规划、城市规划、旅游规划、产业布局、区域规划等，进一步发扬和拓展了服务社会经济发展的学科传统。这些在服务实践中形成的新知识也被及时地引入不同时期的课程教学（司徒尚纪、许桂灵，2009）。

国际化、野外能力和实践应用一直是中山大学人文地理教育和人才培养的优良传统。随着现代高等教育发展和国家对高校人才培养提出新要求，中山大学不断探索和改进人文地理学的学生培养体系，努力培养符合时代要求的人才。

二、学科和专业贯通的人才培养体系

（一）培养目标

中山大学人文地理学以落实立德树人根本任务为宗旨，致力于培养德智体美劳全面发展的具有宽厚基础、综合能力、强化实践、全球视野的高素质复合型创新人才。①宽厚基础是指完整的知识体系，需要具备地理学、地质学、大气科学、环境科学、海洋科学、生态学等理科，以及经济学、社会学、历史学等人文社会科学的知识基础，进而向人文地理学专业化知识基础延伸，具备人文地理学及其各分支学科的知识以及城乡规划学的基本知识。②综合能力包括思维分析能力和技术运用能力，是指具备综合思维、整体思维、系统思维、联系思维的综合分析能力，以及遥感、地理信息系统、网络信息收集、野外调查等多种技术方法的运用能力。③强化实践是指将人文地理学相关知识应用于服务经济社会发展的能力，擅长宏观和中观层次的城乡规划、区域规划和国土空间规划实践的专业能力。④全球视野是指具备用全球眼光思考和理解地理现象，具备开展国际前沿研究和进行国际交流与合作的能力。

（二）培养理念

中山大学人文地理学人才培养遵循学校"五个融合"的理念，同时体现本学科和专业的特点。①德育与智育融合。培养具有家国情怀、远大理想、专业能力相融合的人才，要求每一门专业课融入思政要素。②学科与专业融合。打通地理学科的基础课程，实行大学一年级统一大类培养、二到四年级按照专业培养。③本科生培养与研究生培养融合。建立荣誉课程体系，设置

10门专业提升课程,本科生最后一年可提前选修研究生阶段的专业提升课程。④科研与教学融合。依托本科生导师制,通过大学生创新创业计划项目等,引导本科生培养科研兴趣和基本能力,鼓励学生进入教师科研团队参加科研训练,熟悉科研工作。⑤第一课堂与第二课堂融合。把国家战略和学科特点相结合,组织"国家战略与地理学""云南省凤庆县乡村振兴'五育'课堂"两个第二课堂,通过野外考察与实践、室内研讨与分析等多种方式,在实践中不断深化和拓展学生在第一课堂所学的理论与方法。

(三) 课程设置

根据人才培养的新要求、学术前沿动态和社会发展需求,人文地理与城乡规划专业课程体系不断完善和优化。最新执行的2022级课程体系具有以下特点(表6-1):

(1) 课程体系包含通识教育、专业教育、本研贯通、荣誉课程四个板块。通识教育注重思想政治和人的全面发展;专业教育注重学科与专业的联系;本研贯通课程为升学深造的学生提供提前选课的机会;荣誉课程为学有余力的学生自主选择修读提供机会。学生修读完成不少于18个学分的荣誉课程,本科期间主修课程、荣誉课程平均成绩均达到优秀(绩点≥3.5),满足学校授予学士学位条件,且符合本学院规定的要求,可获得荣誉学位证书。

(2) 专业教育板块包括学科(大类)基础课、专业基础课、专业核心课、专业实践课、专业选修课五个板块,实现学科与专业联通,体现宽厚基础和综合能力的培养目标。①学科基础课包括数理基础课和地理科学基础课,强调理科思维对地理学人才培养的重要性,强调人文地理学的地理属性。②专业基础课包含地理学三个二级学科的理论课:数量地理、遥感和GIS的方法课以及城乡规划学的理论课,强调从地理知识和方法的学习到规划应用的关系。③专业核心课主要包括城市地理学、经济地理学、社会文化地理学、旅游地理学、人口地理学、交通地理学、城乡规划原理、城市发展战略与经济社会分析等,强调人文地理与城乡规划专业知识和原理的整体性及完备性。

④专业实践课包含地理学研究方法、规划应用技能和野外实习三类课程,均设有野外调研和实践环节,注重理论学习与实践应用相结合,突显对野外能力培养的重视,体现强化实践的人才培养目标。⑤专业选修课包含跨学科、跨专业和本专业三类课程,提供了包含理论、方法、实习、社会调查、写作、研究实践等各类课程,使学生在掌握最基本的学科和专业知识基础上,具有更多自主学习的机会,满足了学生个性化的发展需求。

为了培养学生的全球视野,特别开设了"世界地理"和"全球化中的世界"两门课程,其中"世界地理"由英籍教授进行全英语教学,"全球化中的世界"由具有海外留学经历的教师教学,体现了注重全球视野的人才培养目标。

表6-1 中山大学2022级人文地理与城乡规划专业课程设置

课程板块	课程类别	课程模块	课程名称
通识教育课程	公共必修课	思想政治	思想道德与法治、中国近现代史纲要、习近平新时代中国特色社会主义思想概论、四史(改革开放史)、毛泽东思想和中国特色社会主义理论体系概论、马克思主义基本原理、形势与政策、国家安全教育等
		劳育体育	劳动教育、体育、心理健康教育
		外语能力	大学英语
	公共选修课	人文与社会	任选
		科技与未来	任选
		生命与健康	任选
		艺术与审美	任选(至少2学分)
专业教育课程	专业必修课	学科基础课	高等数学、线性代数、概率统计、大学物理、程序设计、地球系统科学概论、地理科学导论、环境学导论
		专业基础课	人文地理学、自然地理学、城乡规划概论、遥感与地理信息系统概论、测量与地图学、数量地理学、实验室安全
		专业核心课	城市地理学、经济地理学、社会文化地理学、旅游地理学、人口地理学、交通地理学、城乡规划原理、城市发展战略与经济社会分析
		专业实践课	地理学认知实习、城市空间分析、城市开发控制规划、土地资源与利用、区域分析与规划、城乡发展与总体规划、专业综合实习、毕业论文与综合训练

续表

课程板块	课程类别	课程模块	课程名称
专业教育课程	专业选修课	跨学科选修课	海洋科学导论
		跨专业选修课（自然地理类）	地貌学、生物地理学、土壤地理学、气象与气候学、普通水文学、基础生态学、自然资源学原理、地貌学野外实习、综合自然地理学（至少2学分）
		跨专业选修课（地理信息类）	地理信息系统导论（含实验）、遥感图像处理（含实验）、数据结构（含实验）、空间分析原理与方法（含实验）、GIS 软件工程与 Web 应用开发实验、地理信息系统数据库（含实验）、全球卫星定位原理及应用（含实验）（至少2学分）
		本专业选修课	政治地理学、人文地理学思想史、区域地理学、世界地理、中国地理、全球化中的世界、城市经济学、乡村发展与规划、城乡规划管理与法规、遥感原理与应用、大数据在地理学中的应用、社会调查研究方法、人文地理研究实践、文献检索与论文写作
本研贯通课程			人文地理问题研究、地理学思想史、地理研究方法
荣誉课程			城乡规划理论与实践、城乡问题研究、社区规划理论与实践、西方发展理论与地理学、现代遥感与 GIS 的技术与应用、高等自然地理学、水文与气候遥感

通过上述课程的学习，使学生能够在掌握人文地理学专业相关知识、方法、素养的同时，实现"德智体美劳"全面发展。

三、"四位一体"的野外实习教学体系

系统的野外实习教学要求学生认识地区各种人文地理要素、现象和问题，思考其背后的形成机制和发展规律，深入理解课堂所学的相关理论知识并应用于解决实际问题，帮助学生开拓专业视野、培养专业思维、提升专业自豪感。经过长期探索和实践，中山大学人文地理与城乡规划专业构建了认知实习—课程实习—国际实习—综合实习"四位一体"的实习教学体系。各实习

环节的目标和课程内容既相互独立又相互联系，实习内容由浅入深，循序渐进，涵盖了地理学知识图谱的各个分支学科，形成了较系统的野外实习课程群。

（一）认知实习

认知实习是基础。面向一年级学生，一般设于大一暑假，主要目的是促进一年级学生在完成地理学科基础课之后、准备选专业之前，形成对地理学基础知识的直观认识，增强对课堂所学基本理论的理解。目前的实习课程为对云南开展为期 10 天的实地考察，线路覆盖昆明—大理—腾冲等地，内容涵盖城市、古城、古镇、乡村、各种地形地貌、植被变化区等人文地理和自然地理现象，每个考察点均有专业任课教师和当地专家进行详细讲解并安排实地访谈和小组讨论等环节，考察结束后学生需提交实习报告并进行总结分享。认知实习促进学生对本专业形成基本的了解和认识。

（二）课程实习

课程实习是积累。结合实践性较强的专业课程，增加课程的实践学分，开展野外实习教学，将课堂知识和野外实践结合起来，加深学生对课程知识的理解，培养专业知识应用能力。目前设置实习环节的专业课程包括：经济地理学、交通地理学、乡村发展与规划、城市空间分析、土地资源与利用、社会调查研究方法、区域分析与规划、城乡发展与总体规划、人文地理研究实践等。以城乡发展与总体规划课程实习为例，要求学生首先综合考察和分析规划区的社会经济、土地利用、道路交通、公共设施等要素，之后进行方案设计。实习过程中，学生需要开展对政府部门、居民的访谈和调查，培养野外工作能力。实习完成后，绘制现状图和完成现状调研报告，并在此基础上编制城乡发展总体规划。

（三）国际实习

国际实习是提升。主要面向二年级本科生，在二年级暑假开展，以发达国家为实习区域，促进学生从全球—地方的多尺度视角理解与分析地理学理论和现象，拓展学生的全球视野。自 2005 年首次带领组织中国学生赴德国野外实习开始，先后开辟了德国（薛德升、刘晔等，2020）、荷兰—比利时（薛德升等，2020a）、瑞士—法国（薛德升、刘晨等，2020）、加拿大、日本的野外实习，迄今已经开展 20 余次，覆盖学生 700 余名。国际实习课程组织分为室内理论课程、国外实地实习和实习总结三个部分。理论课程由实习地的外方教授承担，时间约 1 周，讲解相关理论知识和区域背景，介绍实习计划与组织等。国外实地实习由中外双方教师全程带领学生经历完整实习线路。实习总结部分分为实习期间每天的总结和学生完成实习报告的团队总结，并在学院举办展览，向学院师生介绍和汇报实习成果。国际实习培养了学生的全球视野以及多要素综合分析地理现象的能力，也提升了学生的家国情怀，加强了国际交流与合作。[①]

（四）综合实习

综合实习是检验。在大学第三年暑假开设，面向已完成大部分专业课程学习的三年级学生，检验学生对理论知识的掌握和综合应用的能力，加强学生运用人文地理学和城乡规划理论知识解决城乡发展问题的能力。课程先后以韶关、梅州、潮（州）汕（头）揭（阳）地区等区域为对象，内容包括区域发展、城市与空间、经济与产业、旅游与生态、交通与规划、乡村与社会、文化与建筑等板块，对区域开展全面考察和认识（表 6-2）。课程组织包括前期区域资料收集和分析、中期野外实习考察以及后期区域规划编制三个阶段，

[①] 受新冠疫情影响，国际实习课程没有纳入 2022 版课程体系。

学生按主题板块分小组开展实习工作，完成实习日志和区域规划。

表6–2　中山大学人文地理与城乡规划专业综合实习内容和知识体系

主题板块	考察内容	知识体系
区域发展	邀请当地专家介绍区域和城市的发展	区域分析与规划
城市与空间	中心城市、城市展览馆、城市中心区、历史街区、重点发展区、景观风貌区等实地考察和访谈	城市地理、城市规划原理、城市发展战略规划、城市总体规划
经济与产业	产业园区、产业集群、专业市场、特色小镇、创意园区以及重点企业和人员的访谈	经济地理、产业规划、区域发展战略等
旅游与生态	旅游景点、旅游区、生态修复区、生态保护区、森林公园等的考察和访谈	旅游地理、城市生态与环境等
交通与规划	高铁站、机场、火车站等交通枢纽地区的考察	交通地理、交通规划、城市规划原理等
乡村与社会	特色乡村、特色社区、新农村、美丽乡村、精品村等的考察和访谈	乡村地理、乡村规划、人文地理等
文化与建筑	文化博物馆、古镇、古村落、古建筑等的考察和访谈	社会文化地理、历史地理、建筑学、城市发展史等

四、立足服务社会的科研创新能力培养

科研能力培养主要通过本科生导师制、大学生创新创业项目和人文地理研究实践课程来推进，三者具有循序渐进的关系。进入二年级后，学生可自由选择一名老师作导师，对每个年级，导师一般只指导一名学生，由此形成一对一的科研辅导。学生加入导师课题组后，跟随导师开展初步的科研工作，帮助学生了解科研，培育科研兴趣。

大学生创新创业项目（以下简称"大创项目"）为本科生独立承担科研提供了机会。在初步了解科研、掌握一定科研方法的基础上，学生一般在大二第二学期或大三学年开展大创项目。近三年人文地理与城乡规划专业约

80%的本科生参与了大创项目。大创项目选题面向社会发展需求和国际学术前沿，最近五年大创项目选题主要涵盖"一带一路"、新型城镇化、粤港澳大湾区、乡村振兴、城市可持续发展、生态文明建设、公共安全、城市更新、基本公共服务均等化、老龄化社会、气候变化、环境污染等。

人文地理研究实践是 2022 级培养方案新设立的专业选修课（2 学分），目的是进一步增强学生的科研能力，强化培养学生的创新思维、实践能力和学术道德。该课程设在大三上学期，由学生自主联系指导老师，确定研究课题，在老师指导下独立开展科研工作。科研工作成果经过指导老师评估，可获得相应学分。设置该课程旨在激励学生的科研动力，为其四年级开展高质量的毕业论文研究与写作奠定基础。

除上述三类常规的科研能力培养之外，学生还可通过自主参与老师的研究课题和参加社会实践，培养和提升科研能力。例如，自 2016 年起，由教师与 50 余名学生共同开展的柯木湾村扶贫规划项目成功助力该村脱贫致富，至 2020 年该村集体收入增长 50 倍，原 72 户 157 名建档贫困人口全部脱贫。同期，依托中山大学和住建部共建的中国区域协调发展与乡村建设研究院，教师和学生共同承担了全国多个村庄的脱贫攻坚项目，参加基层乡村"共同缔造"行动。

以上举措取到了良好的效果，近五年人文地理专业本科生升学率达到 65%～70%，国（境）外和国内升学各占一半。本科生发表论文的数量日益增多，部分优秀科研成果在《地理学报》，*Cities*，*Environment and Planning B: Urban Analytics and City Science* 等国内外高水平地理期刊发表。

五、结语

中山大学人文地理学始终坚持立德树人根本任务，根据高等教育规律和人才成长特点，结合地理学的学科特性，不断探索优化人才培养模式。在地理学研究不断分化的大背景下，始终坚持地理科学的整体性，注重培养具有宽厚基础和综合能力的专业人才。地理学是一门经世致用的科学，具有很强的实践性和应用性，这个特性要求人文地理学专业人才的培养必须重视野外能力的培养。随着中国在全球地位的不断提高和所发挥作用的不断提升，全球视野和国际交流能力是未来高水平人才的重要素质，中山大学持续重视培养学生的全球视野，不仅要求学生具有国家使命担当，同时要求学生熟悉世界地理研究前沿，为中国人文地理学走向世界和引领世界做出贡献。

参 考 文 献

[1] 司徒尚纪、许桂灵："中山大学地理学的学术创新、学术风格和社会贡献"，《中山大学学报（社会科学版）》，2009 年第 3 期。

[2] 司徒尚纪、许桂灵："华南地理人才的摇篮——中山大学地理学 80 年（1929～2009）"，《经济地理》，2010 年第 7 期。

[3] 杨文衡：《世界地理学史》，吉林教育出版社，1994 年。

[4] 薛德升、黄旭、〔荷〕杨·范·维斯普（Jan van Weesep）：《地理学国际实习教程——荷兰—比利时地理综合实习》，中山大学出版社，2020 年。

[5] 薛德升、刘晨、〔瑞士〕瑞塔·施耐德-斯利华（Rita Schneider-Sliwa）：《地理学国际实习教程——瑞士—上莱茵河谷地理综合实习》，中山大学出版社，2020 年。

[6] 薛德升、刘晔、〔德〕苏迪德（Dietrich Soyez）等：《地理学国际实习教程——德国地理综合实习》，中山大学出版社，2020 年。

[7] 周廷儒："野外考察与地理教育"，《地理教学》，1937 年第 3 期。转引自：北京师范大学地理科学学部：《北京师范大学地理教育思想传承与实践》，商务印书馆，2022 年。

本章作者：薛德升、黄耿志、沈静

工作单位：中山大学地理科学与规划学院

第七章　南京师范大学地理学综合人才培养探索和实践

南京师范大学是中国高等师范教育的发祥地之一,地理学科可溯源于1902年三江师范学堂历史舆地科。1952年,我国人文地理学先驱李旭旦先生奉调到南京师范学院创办地理系。2017年,南京师范大学地理学入选国家"双一流"建设学科。地理科学学院经过几代人的实践探索,构建出"一体两翼、多元协同"的"地理学综合人才"培养模式。该模式确立了以"数理基础—专业基础—实践能力—创新能力"为一体,"课程思政、人文艺术"为两翼的全程全人育才理念,以培养学生的创新精神和创新能力为基本价值取向的教学内容与教学方法体系,着力解决教师研究性教和学生研究性学的问题。该模式旨在培养能服务人类命运共同体建设、担当民族复兴大任的时代新人以及面向国家重大战略需求、具有地理学思维和解决地理学复杂问题能力、具有创新思维和能力的地理学综合人才。

党的十九届五中全会审议通过的《中共中央关于制定国民经济和社会发展第十四个五年规划和2035年远景目标的建议》明确提出"建设高质量教育体系"。在中国特色社会主义进入新时代这一新的历史方位下,经济社会发展"对高等教育的需要比以往任何时候都更加迫切,对科学知识和卓越人才的渴求比以往任何时候都更加强烈"[①]。习近平总书记在中共二十大报告中进一步指出,"我们要坚持为党育人、为国育才,全面提高人才自主培养质量,

---

① 习近平:《习近平谈治国理政(第二卷)》,外文出版社,2017年。

着力造就拔尖创新人才，聚天下英才而用之。"高校作为培养社会主义接班人的重要场所之一，肩负着立德树人的重要使命（邰枫等，2021）。2018年教育部等六部门发布《关于实施基础学科拔尖学生培养计划2.0的意见》，引导学生进行深度学习，强调创新型人才培养；2021年国家发展改革委等三部门发布《"十四五"时期教育强国推进工程实施方案》，指出要促进"高等教育内涵发展"，"显著提高人才培养能力"。

在中国高等教育进入高质量发展新阶段的背景下，在相关政策的引导下，各高校纷纷开展教学改革和人才培养方案设计与优化，以进一步落实"立德树人"。南京大学开展了以"综合性、创新型、开放式"为目标导向的地理学野外实习基地建设的相关研究（李徐生等，2014）；武汉大学以地理科学基地班为例构建了面向拔尖人才培养的地理科学课程优化体系（何建华等，2014）；中山大学探索了旅游地理学学科建设与高层次人才培养的模式（保继刚等，2014）；广州大学以人文地理与城乡规划专业为例介绍了思维、知识、能力"三融合"，课程与教材建设、实践教学、教学改革、学生培养"四驱动"的应用型人才培养模式（林媚珍等，2018）；华东师范大学探索了基于认证模式的高校地理学类专业课程思政建设（周立旻等，2021）；华中师范大学提出了"学训赛创"四位一体的地理信息科学专业人才培养模式（吴浩等，2022）；北京师范大学提出了"致力于培养具有时代意识、家国情怀、国际视野、面向未来和责任担当的'四有'好老师和地理学领军人才"的面向未来的人才培养目标（北京师范大学地理科学学部，2022）。

南京师范大学地理科学学院构建了"一体两翼、多元协同"的"地理学综合人才"培养模式。

一、"一体两翼、多元协同"模式的系统构建

南京师范大学是全国较早探索"建制式"人才培养模式的高校之一，并于2010年制定了《南京师范大学英才培养计划实施方案》。2016年，在地理

科学学院设置了"旭旦班",率先开启了以专业为基础的创新性综合人才培养的实验工作,在名家引导、学生进退、机制建设、高标准个性化培养等方面促进了制度和机制创新;2019 年,在地理科学学院组建地理科学"英才班";2020 年,成立了地理信息科学专业"陈述彭班"。经过多年的探索和实践,构建了"一体两翼、多元协同"的地理学综合人才培养模式。

(一)模式构建基础——南京师范大学地理专业特色

南京师范大学地理科学学院溯源于 1902 年三江师范学堂历史舆地科,1919 年后历经南京高等师范学校国文史地部、国立东南大学地学系、国立中央大学地理系、南京大学地理系等阶段。1952 年,李旭旦先生奉调到南京师范学院创办地理系,开设地理师范专业。1997 年成立了全国第一家"地理科学学院"。1999 年创办地理信息科学专业,2013 年和 2014 年分别开设人文地理与城乡规划和自然地理与资源环境专业,地理科学类专业 2012 年入选"十二五"江苏省重点专业,2018 年实施地理学大类(地理师范单独招生)招生与培养。2018 年地理学大类、地理师范招生共 177 名,其中选拔 40 人进入地理科学强化班("旭旦班")。2019 年起地理学大类(地理师范专业完全纳入地理学大类)招生,2019 年招生 200 名,2020 年招生 229 名;2020 年起开设地理信息科学专业"陈述彭班",2021 年招生 224 名,2022 年招生 240 名。

地理学大类在第三学期开始分流到地理信息科学、自然地理与资源环境、人文地理与城乡规划、地理科学(师范/英才)进行专业培养。围绕地理科学与未来地球科学前沿,面向区域发展、生态文明、乡村振兴等国家重大战略实施以及地理学基础教育,依托地理学国家"双一流"建设学科,融合学院自然地理学(地理规律)—地理信息科学(地理建模)—人文地理学(地理服务)学科优势,交叉协同南京师范大学"文理工艺"多学科优质资源,通过选人育人机制创新,落实导师制和学分制,实现"政产研教"多维交叉融合、协同培养。地理学大类旨在培养适应未来学科发展和技术产业革命带来的新理念、新技术及新变化,具备自然科学精神与人文素养以及地理科学基本理论、技术与方法，具有使命担当、家国情怀、全球视野、创新思维和综合创新能力的未来地理学教育家、创新创业卓越领军人才；培养堪当民族复兴大任、服务国家战略和社会经济发展的时代新人；培养具有地理新思维、新理念、新技术、适应地理学科和产业新发展的地理新人。其主要特色如下。

1. 立德树人，名家引领

新时代地理学人才培养植根于当前百年未有之大变局的时代背景，紧扣国家需求、学科发展，强化使命驱动、理想引领，以强烈的使命感激发学生的求知欲，做到敏于求知、勤于学习、敢于创新、勇于实践。学院以树人为目标，以学科为抓手，以文化为纽带，将支部建设与科学研究、教书育人、人才培养有机结合起来，打造团队文化，搭建教学科研平台，凝练发展目标，助推教师教学、科研能力提升，引领学生成长。在教育部"双带头人"支部引领下，践行"树人工作法"，全面实施课程思政，实现全员、全程、全方位育人，将政治思想理论知识、价值理念以及精神追求等有机融入教学过程。新教师引进实行教学效果和科研能力"双评分"机制。青年教师需参加新教师培训、名师工作坊、教学沙龙等系列教研活动，在传帮带中全面提升教学能力与教学水平。通过"一带一路 GIS""精准扶贫 GIS""中国世界文化遗产 GIS"等 GIS 课程思政案例库建设以及"自然地理课程思政案例库""人文地理课程思政案例库"建设工作，宣传国家重大战略举措，弘扬科学家的探索追求精神，开展地理学全课程、全方位，教师和学生一体化课程思政教育。

2. 学科交叉，科教融合

建立跨学院、跨学科、跨学段选课机制，学院全面推进自由学分制，开放所有课程资源，让学生 DIY 自己的课程资源来构建知识结构体系。全面实行导师制，帮助学生明确专业方向、确定选修课程、制定选课方案，科学处理好"博"与"专"的关系，努力为学生建构"底宽顶尖"的金字塔形知识结构。通过学生全员参与大学生创新项目并根据创新项目结题评估结果择优培特求新，对科研型人才早发现、早培养、早成才，为学生攀登学术高峰早搭建高平台，做到"早筑高原，快形高峰"。

3. 创新学习，强基固本

面向省内全国重点中学，实施"中学英才计划"，与优秀中学、优质生源基地建立"中学英才基地"，培育中学生对地理学的兴趣。通过招生宣传、自主招生、综合评价录取测试等方式，真正发现和吸引基础知识扎实、志向远大、学术潜力大、综合能力强、心理素质好的优秀学生。构建数理基础课程、专业优质课程、高难度课程、硕博课程、优秀在线开放课程等课程资源库。通过强化数理基础及其在地理学中的应用，将数理基础与专业基础课程融合贯通。利用研究性教学、探讨性学习，提升学生学习的挑战性，同时结合教学内容之间的衔接性和进阶性，循序渐进形成"剧本性"学习进程，让学生"苦起来""忙起来""干起来""乐起来"。

4. 国际合作，协同育人

通过与国际知名大学、科研机构、实验室建立稳定的合作关系，协同推进地理学人才培养。利用"111"引智计划、国际示范学院、Erasmus+能力建设国际教育合作项目等计划和平台，与美国马里兰大学、威斯康星大学、普渡大学以及奥地利萨尔茨堡大学等国际知名高校签订了学生培养合作协议，开展联合野外实习或访学交流，为学生融入国际一流学术群体创造条件。同时，设立国际交流专项基金，制定特殊的财务管理制度，破除国际合作与交流的资金"瓶颈"；利用短聘和长聘相结合的国际化师资队伍，开展暑期国际课堂，实施地理学课程授课和培训，创造学生与国际学术大师零距离学习的机会，形成了国内外双向互动、合作共赢的格局。

（二）模式构建路径——指向地理学高质量育人体系

高等教育高质量发展是一种特色要求高、质量程度优、满足需求能力强的高等教育发展导向（钟晓敏，2020）。我国已经进入全面建设社会主义现代化国家、向第二个百年奋斗目标进军的新征程，比历史上任何时期都更加需要建立人才资源竞争优势，更加渴求以高质量教育培养拔尖创新人才（葛道凯，2022）。南京师范大学全面落实"立德树人"根本任务和深入贯彻"德智体美劳"全面发展培养要求，确立了以"数理基础—专业基础—实践能力—创新能力"为一体，"课程思政、人文艺术"为两翼的全程全人育才理念，构建以培养学生的创新精神和创新能力为基本价值取向的教学内容与教学方法体系，着力解决教师研究性教和学生研究性学的问题，培养具有创新意识和创新能力的地理学综合性人才。课程体系设置包含了以数理基础、专业基础、DIY自主选修、实践实验、专题研讨等为主体的基础和专业知识传输与技能培养；通过地理学的 GIS、自然地理和人文地理课程思政案例库、课程思政教学团队以及基层课程群教学组织建设，实现课程思政融入课程建设、课堂教学过程中，将教师和学生课程思政有机融合一体。结合学校博雅课程，通过名师、名人开设人文与社会、科技与自然、艺术与审美以及创新与创业课程体系群，培养学生人文素养和艺术情操（图7-1）。

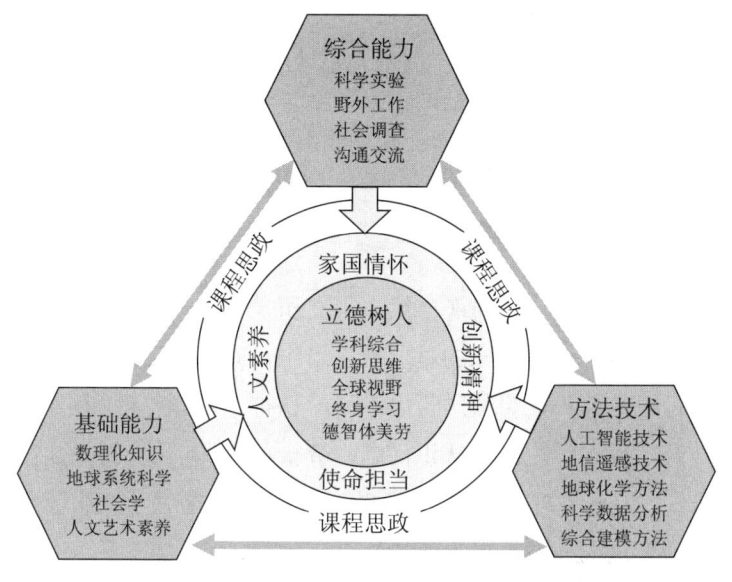

图 7-1 南京师范大学地理学综合人才培养"一体两翼、多元协同"模式

1. 通专融合的课程主体

组织名师名家为新生开设"地理科学导论""地球科学概论""地球系统科学"等导论课、导学课、专业前沿课；由名师牵头，组织青年骨干教师成立数理和专业基础课程群基层组织，为学生开设例如"高等数学""分析数学""分析化学""地球化学""生物地球化学"等不同难易程度的数理与专业联合贯通的基础课程，同时开设生物地球化学、环境地球化学等实验课，实现理论与实验贯通。专业分流后，开设专业基础理论、技能和实验方法课程，从基础知识、专业知识、实验技能等多方面，夯实学生数理化与专业基础知识，提升学生基本实验技能，培养专业知识应用能力。

2. 融会贯通的实践教学

为凸显地理学专业特色，强化实践教学，从基础地理认知实习，到专业技能实习，学院开设了庐山地理学综合实习，黄山、西北地区、巢湖和长三角区域的专业实习等多项野外实践实习课程，同时选拔优秀学生参加全国地理学联合实习、高校联合实习等项目，让学生从感官认知到理论知识—实验认知再到野外深入理解，实现第一课堂和第二课堂贯通，促成以"数理基础—专业基础—实践能力—创新能力"为一体，培养学生解析地理学演化规律和解决地理学综合问题的能力。

3. 层次结构化课程思政

全院课程思政从整体布局（自然、人文和 GIS）开展专业课程思政案例库建设。同时按照课程群建立的基层教学组织，有序开展专业课程和思政融合的专业课程思政建设，将科学哲学、科学精神、科学伦理和思维方法与专业课程相结合，提高学生正确认识问题、分析问题和解决问题的能力，培养学生探索未知、追求真理和勇攀科学高峰的责任感，增强学生服务乡村振兴、生态文明等国家重大战略需求的使命感。

4. 丰富多元的人文素养

结合学校博雅课程方案，打造一批有特色的如"走近冰川""仰望星空""中国地域文化""世界地理""地理诗词鉴赏""徐霞客"等与地理相关的美育、文育等课程，培养学生的专业归属感和自豪感；学生还可选择学习如"诗经导读""中国传统思想和文化""哲学与生活"等 100 余门人文社会和艺术人生课程，培养学生的审美素养，陶冶情操，温润心灵，激发创造和创新活力。同时，开展志愿服务团、支教团、地理学科普讲座、爱心助学和助力扶贫等社会实践与劳动课程，激励学生学以致用、反哺社会，树立以地理学服务国家发展和人民福祉的使命感。

二、"一体两翼、多元协同"模式的育人成效

地理科学学院依托地理学国家"双一流"建设学科，以国家级教学示范中心和国家级教学团队为支撑，通过强化师资队伍建设、教学资源建设、培养模式创新，在教学资源建设与共享、"四有"教师队伍建设、国内外协同育人模式等方面取得了显著成效，地理学综合人才培养模式已在国内产生了广泛影响和示范引领效应。

（一）教研相长，建设一流师资队伍，创新本科导师制度

1990 年以来，学院由地理科学师范生培养向基础研究人才培养扩展，坚持科研团队与教学团队共同成长，科研成果促进本科教学资源更新，科研实验室支撑教学平台提升，科研项目带动学生实践训练。学院先后获得"地理信息系统""现代自然地理学"两个国家级教学团队，多位教授成长为国家级、省级教学名师。学院在地球信息科学基础理论与方法，自然与人文要素驱动下地理过程、格局及其相互作用规律等方面具有雄厚的科研能力，为综

合人才培养提供了强大的导师团队和科研平台支撑。

长江学者特聘教授汪永进创立了"树人工作法",以树人为目标,以学科为抓手,以文化为纽带,将支部建设与科学研究、教书育人、人才培养有机结合起来,打造团队文化,搭建教学科研平台,凝练发展目标,助推教师教学、科研能力提升,引领学生成长。"树人工作法"也是江苏省委组织部向全省推广的基层党建九大工作法之一。

学院特别重视教师教学能力的持续提升。新教师引进实行教学效果和科研能力"双评分"机制。青年教师需参加新教师培训、名师工作坊、教学沙龙等系列教研活动,在传帮带中全面提升教学能力与教学水平。国家级教学名师汤国安教授设立了"行远杯"青年教师微课竞赛奖,选拔的青年教师在国家级、省级竞赛中获奖 23 项。

以本科生科研创新项目的形式,落实导师/导师组制,培养本科生科研实践能力;设立"致远"创新奖,根据本科生创新项目结题评估结果,择优培特求新,对科研型人才早发现、早培养、早成才,为学生攀登学术高峰早搭建高平台。近年来,学院已经设立 220 项院创新项目,覆盖学生 758 人,落实导师 126 人次,经过选拔,其中 37 项培育为国家级和省级创新项目。其中,地理信息安全"守护神"团队 2015 年获得团中央授予的"全国大学生小平科技创新团队"称号。两名"英才计划"培养对象分别于 2013 年、2016 年获得全国大学生年度人物入围奖,于天星于 2016 年获得国家测绘与地理信息局第二届"感动测绘人物"荣誉称号(唯一的本科生)。2016 年两位同学分别获得创青春全国大学生创业大赛金、银奖。学院 201503、201603 两个班连续获评"江苏省十佳班级"。

(二)学科融合,设立优质教材课程,推进教学资源共享

学院组织教师多学科协作攻关,实施教材与课程的一体化设计、一体化建设,出版了七部"十一五"规划教材、四部"十二五"规划教材和系列地理信息系统专业教材,建设了十余门精品课程、精品资源共享课、精品视频

公开课、在线开放课程（MOOC）和江苏高校外国留学生英语授课省级精品课程。

20世纪90年代末，地理信息科学（地理信息系统）在我国还是新兴专业，缺乏系统的教材。闾国年教授等组织团队编著了国内首套地理信息专业本科教学系列教材（科学出版社，36本），获得兄弟院校一致好评。陈述彭院士指出："这项浩瀚工程的完成填补了我国GIS系列教材建设方面的空白，对缓解我国地理信息系统专业教材发展不平衡的现状将起到重要的作用。"与教材同步，先后建设了"地理信息系统""地图学""遥感地学分析""遥感数字图像处理""地理信息与人类生活"等网络课程资源。地理信息系统教学团队成长为国家级教学团队和国家级课程思政教学团队，汤国安教授先后入选国家级教学名师、万人计划教学名师、全国模范教师，龙毅教授入选中组部万人计划教学名师。2004年，为将地球系统科学思想引入地理学，王建教授、汪永进教授带领长江学者创新团队编著了国内第一部从地球圈层相互作用和人地关系耦合视角解析自然地理学的教材——《现代自然地理学》，并配套出版了《现代自然地理学实习教程》，建成"现代自然地理学"和"自然地理与人类环境"等在线课程，现代自然地理教学团队成长为国家级教学团队。秦大河院士在2010年第二版的序言中写道："令人兴奋的地方是该书以新的视野和思路，把地球系统科学和人类活动影响自然环境等内容有机融入自然地理学。"

（三）深化改革，助力本科人才成长，奠定未来领军基础

学校早在2009年即设立"地理科学学院本科教学特区"，作为学校人才培养改革的试验区，全面实施本科生导师制。2018年起设立地理科学"旭旦班"，2020年设立地理信息科学专业"陈述彭班"，进一步聚焦拔尖人才培养。在教学过程中设立旭旦大讲堂与陈述彭大讲堂，邀请国内外专家开设讲座及新生第一课，建立了包括环祁连山、川西、秦岭、江苏沿海、庐山、黄山、巢湖等实习基地。在导师制基础上推行跨方向组合的导师组制，实行博

士生—硕士生—本科生梯次辅学。推行本硕博贯通制度（已有近 20 名学生入选该计划），打通本、研课程通道，统一规划博士、硕士与本科培养方案。通过与国内一流大学、科研院所、地方、企业的深度合作，协同推进拔尖人才培养。与美国马里兰大学、威斯康星大学、普渡大学以及奥地利萨尔茨堡大学等国际知名高校签订了学生培养合作协议，开展联合野外实习或访学交流，为拔尖学生融入国际一流学术群体创造条件。近年来各专业升研率在 50% 以上。

（四）辐射示范，凝练人才培养模式，引领地理教育潮流

发挥师资队伍、课程资源、教学科研平台优势，地理科学学院主办了"全国高校 GIS 教学研讨会暨系主任联席会"（已主办 8 届）、"全国地理信息科学专业青年教师教学研修班"（已主办 6 届）、"全国地理信息科学专业青年教师讲课比赛"（已主办 4 届）、"全国大学生 GIS 软件应用技能大赛"（已主办 7 届）、"全国 GIS 专业博士生学术论坛"（已主办 7 届）等全国性活动，为我国地理学专业建设和人才培养提供了重要支撑。

学院专业建设和人才培养模式改革成效得到国家教育主管部门及同行们的充分肯定，先后获得国家级教学成果奖二等奖 4 项。

三、结语

提高质量已成为高等教育工作的重点（马陆亭，2016）。本科教育处于青年学生成长的黄金阶段，对学生世界观和人生观的形成、专业基础的夯实和学校良好学风的建立意义重大（周远清，2009），其质量也是衡量大学办学水平的重要标志。因此，重视本科教育，是一种对国家、对学生、对学校负责任的态度，也是大学办学的责任。本章详细梳理了南京师范大学地理学专业设置及其主要特色，并具体阐述了指向地理学高质量育人体系建设的"一体

两翼、多元协同"地理学综合人才培养模式以及目前所取得的初步成效，可为高等院校地理专业人才培养提供借鉴，同时也希望相关兄弟院校能够给予改进意见和建议。

参 考 文 献

[1] 保继刚、翁时秀、徐红罡等："旅游地理学学科建设与高层次人才培养——基于'知识溢出'的审视"，《中国大学教学》，2014年第8期。
[2] 北京师范大学地理科学学部："北京师范大学地理科学学部面向未来的人才培养"，《地理学报》，2022年第4期。
[3] 葛道凯："高质量教育体系的使命、动力及建设思路"，《教育研究》，2022年第3期。
[4] 何建华、刘耀林、刘艳芳："面向拔尖创新人才培养的地理科学课程体系优化设计——以武汉大学地理科学基地班为例"，《高等理科教育》，2014年第6期。
[5] 李徐生、韩志勇、王腊春："以'综合性、创新型、开放式'为目标导向的地理学野外实习基地建设"，《高教学刊》，2014年第4期。
[6] 林媚珍、邓慧玲、滕丽等："'三融合四驱动'应用型人才培养模式创新与实践——以人文地理与城乡规划专业为例"，《大学教育》，2018年第6期。
[7] 马陆亭："'双一流'建设不能缺失本科教育"，《中国大学教学》，2016年第5期。
[8] 邰枫、王宇譞、姬庆庆等："高校'课程思政'建设现状及未来路径"，《高教学刊》，2021年第25期。
[9] 吴浩、黎华、张建等："'学训赛创'四位一体的地理信息科学专业人才培养模式研究与实践"，《高教学刊》，2022年第1期。
[10] 钟晓敏："新时代高等教育高质量发展论析"，《中国高教研究》，2020年第5期。
[11] 周立旻、郑祥民、陈圆圆："探索基于认证模式的高校课程思政设计——以地理学类专业为例"，《中国大学教学》，2021年第4期。
[12] 周远清："在中国地质教育协会第二届理事会暨学术讨论会上的报告"，《周远清教育文存（二）》，高等教育出版社，2009年。

本章作者：黄昌春、张志刚、汪涛、龚倩、袁林旺

工作单位：南京师范大学地理科学学院

第八章　西南大学卓越地理教师培养模式改革和实践

自 2017 年教育部印发《普通高等学校师范类专业认证实施办法（暂行）》以来，高校师范生教育改革不断升温。以师范专业认证为抓手，进一步提高师范类专业人才培养质量，培养高素质教师队伍，是高校师范教育改革的核心任务（邱坚坚等，2022）。2018 年教育部印发《关于实施卓越教师培养计划 2.0 的意见》中指出，"通过实施卓越教师培养，到 2035 年，将师范生培养成为一批综合素质、专业化水平和创新能力显著提升的卓越教师"（张黎、赵磊磊，2020）。《普通高中地理课程标准（2017 年版 2020 年修订）》对地理核心素养内涵做出了深度解析，培养一批专业知识扎实、实践能力突出、教学技能高超、综合素质强劲的卓越地理教师是真正落实地理核心素养的前提和关键。

西南大学地理科学专业肇始于 1952 年，具有深厚的历史积淀和丰富的办学经验，2007 年成为教育部师范生公费教育专业，2019 年首批通过教育部师范类专业第二级认证，是国家级一流本科专业建设点、重庆市级特色专业、重庆市"三特行动计划"特色专业。地理科学专业遵循教育部公费师范生培养、人才大类培养、师范专业认证的政策指引，分别于 2007 年、2014 年和 2018 年进行了三次培养目标的调整，探索形成以"思政引领、理论强基、实践赋能"为理念，以"一贯通、三素养、三学会"为核心的"一三三"卓越地理教师人才培养模式。

一、2007年前后人才培养模式的变化

（一）2007年以前师范生培养模式

1999年6月13日，中共中央、国务院做出《关于深化教育改革全面推进素质教育的决定》，提出全面推进素质教育，培养适应21世纪现代化建设需要的社会主义新人，指出"实施素质教育必须把德育、智育、体育、美育等有机地统一在教育活动的各个环节中"。在这个阶段，本专业在人才培养中开始尝试融入地理学科美育，构建美育教育观。在课程设置上，专门开设了美术基础能力训练、音乐基础能力训练、书写能力训练等美育课程。通过在地理学科教学中加强美育内容的渗透，使学生在审美中获得知识、开发智力、提高能力，同时陶冶审美情感、提高审美能力，促进学生素质全面和谐发展。

这一时期的师范生培养注重人才的实习实践锻炼以及与基础教育的衔接融合。教育教学实习贯彻"师徒"模式，指导教师与实习学生同时走进基础教育学校和课堂，同吃同住，在基础教育课堂训练前进行多次磨课、试讲，以此夯实学生的地理教师基本素养，让学生充分了解基础教育实践。同时，围绕云、贵、川、渝为核心的西南地区的自然条件和人文环境，综合开展专业实习实践教学，以昆明西山、路南石林、二滩电站、峨眉山等实习资源为重点构建了延续40年的经典野外综合实习线路。

（二）2007年以来人才培养目标的三次变化

2007年开始，教育部启动免费师范生培养工作（现为公费师范生培养）。西南大学作为六所部属师范院校之一，承担了体量最大的公费师范生培养工作，地理科学学院也成为六所师范院校中培养地理科学专业公费师范生规模

最大的单位。公费师范生培养旨在吸引优秀人才从教、培养党和人民满意的"四有"好老师，为精准对接国家需求，在培养方案中对培养目标进行了修订，将培养目标设定为"培养适应我国社会经济发展要求，德智体美全面发展，热爱教育事业，具有扎实的地理科学基本原理、基础知识和地理教学基本技能，具有较强的地理思维和分析解决问题能力，'人格健全、素养深厚、基础扎实、理念先进、技能突出、研教活跃'的'研教双星型'地理基础教育优秀师资和教育领域专门管理人才"，使地理科学专业的目标定位更加清晰和明确。结合培养目标的修订，在课程设置中增加了教师教育类模块，加强人才培养的师范性。

在学科主导和师范性培养并行的条件下，为适应学校改革需求，基于大类培养需要共同学科基础的原则，2014~2017 年，将地理科学专业的培养目标更新为"培养适应我国社会、经济、文化和政治发展要求，具有强烈社会责任感、深厚人文底蕴、宽广国际视野，扎实的地理科学基本原理、基础知识和地理教学基本技能，富有创新精神和实践能力的地理教育优秀师资、地理研究和管理领域专业人才"。

2016 年，教育部启动师范专业认证工作，提出了"学生中心、产出导向、持续改进"的认证理念。2018 年，作为第一批参加师范专业认证的专业，经过广泛调研，对标新时期基础教育改革和教师教育发展的新要求，对人才培养方案进行了进一步修订和改进，将最新的培养目标修订为"培养具有高尚师德、坚定教育情怀、创新精神、宽广国际视野、强烈社会责任感、深厚人文底蕴，具有地理学科核心素养和教育教学实践能力的优秀创新型地理学基础教育人才"。

二、2007 年以来人才培养模式的特色实践

2014 年 8 月，教育部印发《关于实施卓越教师培养计划的意见》，明确培养基础教育卓越教师是国家教师教育改革的迫切需求；同年 9 月，习近平

总书记在视察北京师范大学时强调,要打造一支有理想信念、有道德情操、有扎实学识、有仁爱之心的"四有"好老师队伍,为新时代教师培养指明了方向。2018年9月,教育部出台《卓越教师培养计划2.0实施意见》,进一步明确了卓越教师培养路径。

2016年1月,为贯彻习近平总书记重要讲话精神,落实立德树人根本任务,学院全面启动卓越地理教师培养模式改革研究。专业秉承"传承中发展,改革中创新"的理念,接续美学育人、实践育人方面的优良传统,因应新时代卓越教师培养的需求,开展了坚定学生专业信念、培养学生教育情怀、提升学生教学能力、增强学生核心素养、丰富学生实践内容与方式等一系列教育教学改革实践。历经两年探索,2018年11月,开始迎接教育部师范类专业第二级认证,标志着"思政引领、理论强基、实践赋能"的"一三三"卓越地理教师培养新模式成形、落地,开启了培养符合时代改革要求、符合社会用人需求、符合专业发展追求、符合学生成长诉求的高素质专业化创新型地理教师培养模式实践应用的新里程。

近年来,地理科学专业以国家级一流本科专业建设点建设为契机,以11项省部级教改项目为支撑,重新审视专业人才培养目标,着力课程思政建设,优化课程体系、更新教学内容、创新实践教学、革新学习方法,构建了坚持地理教育报国"一贯通",获得地理科学素养、地理人文素养、地理技术素养"三素养",达成学会学习、学会教学、学会发展"三学会"的卓越地理教师"一三三"培养模式,形成了有体系、有特色、有影响的成果。

(一)实施地理报国"一贯通",着力解决专业教育和思政教育二元分离问题

"一贯通"即以思政课教学为核心,党建引领、专业支撑、网络辅助多措并举,确保师范生地理报国教育一以贯通。针对传统地理科学教学偏重学科知识体系架构,对课程思政育人重视不够,普遍存在思政教育与专业教育

结合"表象化""拼接化",师范生从教"功利化"、信仰"表面化"的现象,如何打破长期以来思政教育与专业教育二元分离问题,将立德树人贯彻到课堂教学全员、全过程、全方位之中,推动思政课程与专业课程同心同向同行,成为新时代中国高校面临的重要任务之一。

在人才培养中落实新时代卓越教师培养新要求,将师范生从教信念与师德养成贯穿专业教育始终,强调"科学无国界,地理教师有祖国"。聚焦成人教育,以思政课教学为核心,辅以党建引领、专业支撑、网络辅助三翼举措,创新构建"一心三翼"地理科学特色思政育人大格局,贯通地理报国教育。

1. 党建引领

以"校党委书记—院党委书记—支部书记"三级书记为思政育人统领,学院书记院长讲授新生第一课、形势政策课和毕业生最后一课,抓实主题党课教育,坚持师德养成四年不断线,建立了"书记院长带头、专业教师主讲、学工教师辅助、教管人员共管"的课程思政育人团队。具体实施措施如下。

(1)实施师德养成"四个一"工程,形成地理科学学院《师德养成活动指南》,明确列出每年必须举办的主要活动,密切学生活动与师范生毕业要求的关系,在师范生四年学习生涯中必须完成"四个一",在活动中锤炼和养成良好的师德师风。《师德养成活动指南》实现了师德规范和教育情怀指标的可测量、可分解。①开展一次思想政治主题班会:要求师范生班级每年至少举办一次以师德规范为主题的团日活动;②参加一次师德征文比赛:要求师范生在大学期间至少参加一次学校"中华魂"征文比赛,内容围绕师德规范、教育情怀撰写;③参加一次关于师德的演讲比赛:学院每年举办一次师范生演讲比赛,要求师范生在大学期间至少参加一次比赛;④参加一期思想政治理论学习:要求师范生必须按要求参加"青年大学习",达到规定学时。通过实施"四个一"工程,培养师范生的社会主义核心价值观,引导师范生以立德树人为己任,热爱党的教育事业,遵守师德规范,成为"四有"好教师。

(2)多维度开展教育情怀培养并细化评测指标。首先,在师范生入学培训中,设计"教育情怀"培养板块,邀请从事基础教育十年以上的老教师开展专题讲座，分享从教经历，培养师范生对地理教师职业的认同感和使命感；其次，组织假期社会实践，鼓励师范生积极参加各类支教活动，引导师范生在活动中积淀人地和谐的人文底蕴和科学精神，树立从事中学地理教学的强烈意愿；再次，通过拓展和改善定向越野、环保绿队、爱心社等组织和活动，融入更多地理教育情怀，从而体悟地理在学习、生活、工作中的价值，培养师范生的全程育人意识；最后，提出教育情怀测评的细化指标，如建立本科生在读期间义务支教奖励积分累积制度，将其纳入评优评奖，建立师范生志愿活动系列，其中要求进行教师教育相关活动不少于活动总数的1/4。

（3）打造和推出师范生乐教善教品牌。立足北碚，发掘当地教育、抗战、乡村建设文化资源，建立教育情怀浸润线路，如吴宓故居、侯光炯纪念馆、陶行知纪念馆、晏阳初纪念馆、复旦大学旧址、梁实秋旧居、老舍故居、卢作孚旧居等。新生入学后，以主题班会、团日活动等方式组织参与，培养师范生的教育情怀。

2. 专业支撑

以课程思政示范课建设为抓手，深挖专业课程中蕴含的国土认知、家国情怀等思政元素。自2018版培养方案开始，要求所有的课程大纲在每一章节必须增加课程思政相关内容，明确本章节包含的课程思政元素；启动地理科学专业课程思政元素资源库建设，并在此基础上遴选专业核心课程编写课程思政资源案例库；组织条件成熟的课程参加学校的课程思政项目申报和建设，现已建成重庆市课程思政案例库1个，校级课程思政示范课9门。推进课堂教学各环节"联动互治"，将课程思政建设理念贯穿于人才培养和课程建设的全环节、全链条，达成思想政治教育覆盖专业全课程，实现理想信念塑造和专业学术探究的深度融合。

3. 网络辅助

依托具有地理学特色的"地科北斗""地理嘛嘛""GEO探索"等新媒体，率先在重庆高校中成立融媒体中心，搭建网络思政新平台。开展党史国情知识竞赛、党史故事微讲堂、"一带一路"系列微党课宣讲等，拓展思政育人渠道。通过三级书记"领头雁"、育人团队"主力军"、课程思政"主渠道"、网络思政"辅平台"，实现"教书"和"育人"的相互促进、相得益彰。

（二）强化地理专业"三素养"，着力解决理论知识和实践能力二元分离问题

地理科学是一门实践性很强的学科，传统地理科学教学偏重理论知识传授，对学生实践能力重视不够，理论与实践融合度不高，导致师范生实践能力不强，创新精神不够，理论知识和实践能力二元分离问题突出。强化地理专业"三素养"即以优化课程体系为重点，提升课程质量，开创特色实践，开辟理论实践融通路径，强化师范生地理科学、地理人文、地理技术素养，为师范生储备深厚的学术功底打基础。

1. 优化课程体系，重构"三素养"课程模块

课程体系是大学人才培养的主要载体，是为达到专业培养目标而设计并指导学生的所有学习内容及其构成要素的总和。优化课程体系即按一定的结构、比例、顺序进行课程重构，使其更能满足专业人才培养目标需求。根据新时期教师教育发展和卓越地理教师人才培养需求，专业按照"基础宽厚、重点明晰""精选主干、扩大选修""优化结构、强化实践"三大原则重构课程体系，统整学科基础和专业发展课程。此外，根据地理素养的内容，设置地理科学、地理人文、地理技术"三素养"课程模块，强化师范生地理科学思维、地理人文精神和地理技术能力。地理科学素养兼具公众科学素养的共性特征和地理学科的个性特征，包括地理科学知识、地理科学能力、地理科学方法、地理科学品质和地理科学意识五个组成部分，对应"自然地理学""基础地质学""气象学与气候学""地理信息系统原理""地理学思想史"等

课程。地理人文素养包括人文地理知识和地理人文精神，涵盖的课程有人文地理学、人口地理学、城市地理学、经济地理学等。地理技术素养是指对地理技术的正确辨别、全面理解与综合应用的能力，包括地理技术知识、地理技术能力和地理技术观点，涵盖测量学、地图学、区域分析方法、计量地理学等课程。

为适应国际化和时代发展需求，专业增设系列国际课程及"走进美丽乡村"等时代特色鲜明的专业选修课程；对标"两性一度"课程新要求，遴选自然地理学等11门专业核心课程并增加学分学时，出台《核心课程质量标准指南》，凝练20~30个关键知识点进行浸透式教学，建立课程目标达成度评价体系，形成持续改进机制。

此外，通过构建"课程设置—课程讲授—实践教学—课程评价"于一体的课程理论与实践融通路径，确保学生"三素养"的实质性提升。首先，全部专业课均设置实践环节，部分课程实践环节包含在理论课讲授中，部分课程单独设立配套实践课程；其次，创新课堂教学模式，利用实验仪器对地理现象进行模拟、分析，有助于提高学生实际操作能力，也有助于学生对理论理解更深入。在讲授中借助案例、科研成果，将理论与实际生活和研究相结合，既有利于学生更好地理解和运用理论，也能增加学生的学习兴趣；再次，在实践教学过程中，通过"课程实习—课程群综合实习—专业综合实习"三层次的实习，从不同角度不同深度不断运用理论解释现实现象，实现用理论对解决现实问题及实践的指导；最后，课程考核以过程评价、实习表现和实践成果为重要考核内容，实现"三素养"的全面提升。

2. 探索特色实践，创建"三素养"实践教学体系

实践教学体系是围绕人才培养目标，在制订培养方案时通过课程设置和各个实践教学环节的配置而建立起来的与理论教学体系相辅相成的内容体系（文星跃等，2006）。科学、合理、有效的实践教学，有利于基础理论知识的获得、地理素质的养成和专业技能的培养。

专业在强调深挖理论基础的前提下，不断探索，创建出"课程实习—课

程群综合实习—专业综合实习"三层次实践教学体系，进阶提高学生地理实践力。课程实习是分散融化于各课程中的实习，是课程的有机组成部分，使学生能在实践中更好地理解课堂传授知识，夯实理论基础；课程群综合实习是将联系紧密的课程组成课程群进行的实习，有利于打通课程间的隔阂，为学生赋能；专业综合实习是在学生完成全部专业课基础上进行的综合实习，在实习中能将专业知识融会贯通，进行深入理解并运用于解决问题，有利于增强学生地理素养。

专业野外综合实习在40多年的实践中不断优化，打造出云贵川野外综合实习精品线路，该路线成为全国地理学国家理科人才培养基地跨区域联合实习西南片区路线，完善了全国野外联合实习网络。西南大学连续11年受邀参加全国高校地理学理科人才培养基地野外联合实习，共同发起组织全国（含港澳台地区）6所高校参与的"发现计划"野外联合实习，丰富了区域野外联合实习层次。发起并主导实施的川渝地区6所高校地理学野外联合实习，开启了西南地区地理人才联培新局面。通过多层次地理学野外联合实习，在西南地区率先形成了"跨区域、跨学校、跨专业"的实践教学体系。

此外，利用重庆金佛山喀斯特生态系统国家野外科学观测研究站等科技创新平台促进科教融合育人。如在站点内开展植物地理学、土壤地理学、水文学等专业课程实践教学，重点进行地下河水文观测和生物多样性调查，并指导学生利用金佛山站的长期定位观测数据开展科学研究，向学生讲解相关的科学问题思考、试验设计方法、试验测定与分析原理以及科学研究中的数据应用等，通过课程实践与科研实践的融合教育，提升师范生的创新实践能力并强化其科学研究意识。

3. 依托科普平台，达致"三素养"提升

近10年来，依托重庆市级科普中心——西南大学天文馆和地质馆，采取梯队化培养模式，每年从新生入学就进行科普讲解志愿者选拔，邀请校内外专家、新闻记者等开展培训，从培训到实践，年均150人次志愿者给来自社会各界人士讲解天文和地质知识，极大地提高了师范生的演讲能力、活动策划能力、科普论文写作能力、沟通与社交能力、望远镜等天体观测科普仪器操作能力。科普中心志愿者的经历极大地提升了学生在求职面试中的竞争力和自信心。学生志愿者积极参加各级各类科普讲解大赛，6 人次获省级科普讲解大赛奖励。此外，无论是科普志愿者本人，还是听志愿者现场讲解的同学，通过科普讲解也都得到很大启发，特别是通过在天象演示厅操作、讲解和观摩，为到中学讲解太阳对地球的影响、地球运动（公转、自转）等方面的内容奠定了很好的基础。

4. 强化探究性学习，助力"三素养"融合

依托学院学科特色和科研优势，为学生搭建"学生—教师—学院—学校"多主体的探究性学习舞台。由西南大学教务处和宣传部联合组织的学行论坛，旨在培养学生的探索性学习能力和科研能力，由学生团队和指导教师商定主题，学生查阅资料、撰写脚本、制作 PPT、小组成员向不同专业的师生讲解学科知识，通过不同学院、不同小组的竞争筛选，胜出团队才能登上该论坛的舞台，培养学生思（思考专业选题）—读（文献检索及阅读）—写（专业文稿写作）—讲（讲解和演讲）—合（团队配合默契）的综合素质和能力。2014 年以来，200 余名师范生参与西南大学学行论坛活动，为不同专业师生讲解地理知识、地理故事、地理原理等，如"地理中国：我的山海经""溯源之路：北纬三十度""风水地理：中国人独特心理空间图式"等很有冲击力的题目给全校师生留下深刻印象，也激发了更多学生探索性学习的热情。另外，通过各级各类大学生创新创业计划、"互联网+"赛事、"挑战杯"赛事、师范类相关赛事等，提升学生学科知识融合和探究反思能力。

在强化地理专业"三素养"过程中，专业聚焦成才教育，强调理论知识要精深、实践能力要突出、理论实践要融通，实现理论教学时运用实践案例，实践教学时有理论支撑，真正做到把实践经验总结上升为理论，在理论指导下深化实践，促进师范生基础知识、基本技能的双学双练、双实双强，筑牢深厚专业素养功底。

（三）注重师范生"三学会"，着力解决学科教育和师范教育二元分离问题

1. 学会学习

学会学习是指师范生学会自主地选择学习目标，运用适宜的、科学的学习策略和方法，高效地进行学习，在获取更多知识的同时，习得获取知识的方法，并且能将获得的知识灵活地应用到实践中去。在本专业培养方案中，为学生提供了通识教育课、学科基础课、专业发展课、教师教育课和专业相关选修课等，其中选修课比例占 20%以上。师范生在掌握地理课程必备知识的基础上，可根据个人职业发展需求、兴趣爱好选择选修课程进行学习，例如专业发展选修课程（灾害地理学、西南区地理、现代岩溶学、旅游地理学、人口地理学、走进美丽乡村等）和教师教育选修课程（学校美育、学校德育、深度学习与教学技术、心理教育能力训练等）。同时，通过具有地理学科特色的"中国国家地理""环球人文地理""地理嘛嘛""地科北斗"等微信公众号平台，拓宽学生学习的渠道，引导学生学会阅读。

2. 学会教学

学会教学是指学生在掌握地理学专业知识、理论、技术和方法的基础上，能够迅速获取地理科学发展前沿以及其他相关专业知识，进行知识整合与技术融合的学习意识及学习技能。首先，通过专业学习和训练，要求师范生掌握地理学的基本理论和比较系统的知识体系，形成一定的地理学研究能力，还需扎实掌握地理学科思想与方法，如要求师范生阅读中外地理文献和经典论著等；其次，为了解决传统地理师范教学偏重学科教育，轻师范培养的问题，要求师范生掌握教育学、心理学等对于未来地理教育教学具有理论指导意义的学科，提升其在地理教育教学中的综合应用能力，并能结合地理课程与教学论的相关知识进行理解和初步运用，整合形成地理学科教学知识；最后，加强师范生对跨学科基本理论的学习，使其具有较强的知识融合与综合

应用能力。例如了解数学、化学、物理学、生物学、经济学等相关学科知识，与地理学专业知识进行融合与综合应用。

地理学是技术性、实践性较强的学科，随着信息技术的发展，西南大学地理科学专业以"优专业、强技能、精信息"为培养理念，以"专技融合、学用并举"为培养途径，注重地理专业学习与信息技术深度融合，形成"专业"与"技术"、理论与实践的良性互动，"学用并举"，全面系统地提升学生的数字化专业教学能力，实现"专业优化、技能强化、信息精化"的数字化优质中学地理教师培养目标。

3. 学会发展

学会发展是指培养学生具备自主学习、积极开拓视野并进行反思的意识和能力。首先，培养师范生终身学习意识和自主学习意识，能通过信息技术与数字化平台，及时进行教育及专业知识的深入更新。善于培育学习共同体，加强自我管理和小组互助。其次，培养师范生的全球意识和开放心态，了解国外地理课程设置、地理教育思想、地理教研方式，掌握国外地理教育发展趋势和前沿动态。要求师范生积极参与海内外交流与学习活动，比如赴美国、法国、英国、德国等地高校进行交流与学习，借鉴国际先进教育理念和经验进行教育教学。再次，培养师范生教育反思意识和反思能力，理解教师是反思型实践者，运用批判性思维方法，从学生学习、课程教学、学科理解等不同角度及时反思分析教学问题，并根据学科特点和教育原理解决教学问题，开展教学创新及教育研究。最后，培养师范生终身发展能力，使其了解地理教师专业发展路径及成长规律，能结合就业愿景制订个人学习和专业发展规划。通过学生、家长、同事的反馈、沟通与合作，提升个人专业素养及教学能力；通过学术组织及教学交流团体等平台，开展教学研讨与交流，推广和吸收先进教学理念和方法。

三、人才培养成效

西南大学地理科学专业 2019 年首批通过全国师范类专业第二级认证，2021 年获批国家级一流本科专业建设点。年均在读师范生 600 余人，学生的从教信念坚定、学科素养扎实、创新能力突出。近三年，师范专业毕业生，重庆籍学生 70% 左右进入重庆市级重点中学，如重庆南开中学、重庆八中、西南大学附中；四川籍学生 50% 左右进入四川省一级示范高中，如成都四中、九中。近五年，连续 5 届共计 9 人获"全国高校地理师范生教学技能大赛"最高奖项；2018 级师范生侯腾轩获第六届"中国国际'互联网+'大学生创新创业大赛"铜奖，第十二届"'挑战杯'中国大学生创业计划竞赛"铜奖；2020 届师范生赵艺譞获"全国高等师范院校未来教师素质大赛"三等奖；2019 届师范生韩冬获"重庆第四届科普讲解大赛"二等奖并获"重庆市十佳科普使者"称号。学生获批各级大学生创新创业训练计划项目 230 项，公开发表学术论文 43 篇。毕业生专业能力满足度达 94%。

不断涌现的杰出校友，也在彰显着地理科学专业人才培养模式探索和实践的重要意义与成效。2008 届毕业生兰会云，在三尺讲台中继续践行地理人"用眼观世界，用心报家国，用足行天下，用手建功业"的专业特色，带着学生骑行 1 800 多千米，穿越山西、河南、安徽、江苏，最终抵达上海，以此送给毕业学生一份"最好的成人礼"。兰会云曾获山西省时代先锋称号，并在 2020 年 7 月入围全国教书育人楷模候选人。2003 届毕业生向颢深耕教学一线，绽放名师魅力，2015 年被评为重庆市名师并入选重庆市高层次人才特殊支持计划（教学名师）。2017 届毕业生孙嘉希在校期间获"世界旅游小姐大赛"中国区冠军，毕业后仍坚持从事中学地理教学工作。

四、结语

西南大学地理科学学院卓越地理教师培养模式的探索和实践对于厚植家国情怀、夯实学科素养、提升地理实践力等方面具有显著优势，以下三方面将作为本专业进一步探索的主要着力点：第一，战略性思维和管理能力有待进一步提升。通过对毕业生的追踪调查，发现毕业生从事高层次管理工作的比例未达预期，拟通过调整课程开设、开展"校长面对面"专题讲座、提升学生在团学活动中的主人翁意识等措施予以改进；第二，国际视野有待进一步拓展。拟从课程层面明确划分1~2课时的国内外研究进展内容，定期开展具有访学经验师生的交流，充分利用国际化线上资源等进行弥补；第三，科学研究和反思能力有待进一步加强。师范生需要在四年的学习中同时精进学科知识和教师技能，课业相对繁重，探索如何因材施教，引导师范生对于地理和教育两大学科板块的进一步深入思考，将是一个意义深远的命题。

习近平总书记在给北京师范大学"优师计划"师范生的回信中提出"珍惜时光，刻苦学习，砥砺品格，增长传道授业解惑本领，毕业后到祖国和人民最需要的地方去，努力成为党和人民满意的'四有'好老师，为培养德智体美劳全面发展的社会主义建设者和接班人贡献力量"，西南大学地理科学学院在多年的师范生培养中始终遵循着其中的要义。多年来，地理科学专业为西南地区和全国输送了大批高素质、专业化基础教育教师，检验和证明高校回归人才培养初心、因时因势开展教育教学改革是完成立德树人根本任务的关键点及核心要义。

参 考 文 献

[1] 邱坚坚、陈浩然、何亚琼："新时代普通高校地理师范生职业素养的测评体系构建与实证研究"，《地理教育》，2022年第3期。

[2] 文星跃、董廷旭、刘鹏："高师地理科学专业实践能力培养改革研究"，《绵阳师范

学院学报》，2006 年第 2 期。
[3] 张黎、赵磊磊："教育大数据赋能高校地理师范生培养：现实阻碍与破解路径"，《地理教学》，2020 年第 24 期。

本章作者：杨庆媛、王勇、胡蓉、陈俊华、李惠莲、张远瞩、高洁、李元庆
工作单位：西南大学地理科学学院

第九章　首都师范大学地理科学类专业人才培养探索和实践

地理教育在国民素质教育、国家实施科教兴国和可持续发展战略中起着极为重要的作用，地理教育是地球科学、资源与环境科学人才培养的重要基础部分，在资源、环境、生态等学科中也起着极为重要的作用（史培军等，2003）。改革开放以来，随着我国社会经济的发展，地理科学在资源开发利用、国土调查、资源开发、环境整治、生产力布局、区域与城乡规划等方面发挥着独特而重要的作用（蔡运龙，2010）。从全国来看，师范类院校是培养地理科学类专业人才的重要阵地，全国共有76所师范类高校招收地理科学类本科生，占地理科学类本科生院校总量的29.1%（戴其文、刘澈元，2014）。顺应国家和首都社会经济建设对地理科学专业人才的需求，首都师范大学地理学立足学科发展特色，在科教融合育人、优质教学资源建设、实践教学体系构建、本地国际化人才培养创新、校校间协同育人模式构建等方面不断探索实践，构建了动态化、前沿性的学科知识框架，形成了高阶性实习实践的模式和内容，推动了学科交叉和复合型人才的培养，建立了首都特色的本地国际化育人模式，在提高本科人才培养质量提升方面取得了显著的成效，为首都、京津冀和全国培养了大批优秀的地理学人才。

一、专业发展基础

首都师范大学地理学根植于1954年北京师范学院的地理专业，1957年建立地系，2001年成立资源环境与旅游学院。地理学科在全国高校学科评估（第四轮）中被评为B+（在全国位于前10%～20%）。2016年获批国家外专局—教育部"地球空间信息科学与技术国际化示范学院"。2021年地理学进入国家"双一流"建设数学学科群。学院现有9个地学重点实验室/工程中心，包括教育部三维信息获取与应用重点实验室、教育部空间信息技术应用工程研究中心、地面沉降机理与防控教育部重点实验室、国家城市环境污染控制工程技术研究中心—环境生态过程分中心、城市环境过程与数字模拟国家重点实验室培育基地、灾害评估与风险防范民政部重点实验室、资源环境与GIS北京市重点实验室、水资源安全北京实验室、北京成像技术高精尖创新中心—对地观测遥感成像分中心（表9-1），参与共建"河北沧州平原区地下水与地面沉降国家野外科学观测研究站"。2007年"地理科学与技术实验

表9-1 首都师范大学地理学科研平台

序号	科研平台	批准时间	批准部门
1	资源环境与GIS北京市重点实验室	2001	北京市
2	教育部三维信息获取与应用重点实验室	2003	教育部
3	国家城市环境污染控制工程技术研究中心—环境生态过程分中心	2005	科技部
4	教育部空间信息技术应用工程研究中心	2007	教育部
5	灾害评估与风险防范民政部重点实验室	2009	民政部
6	城市环境过程与数字模拟国家重点实验室培育基地	2010	科技部
7	水资源安全北京实验室	2014	北京市
8	北京成像技术高精尖创新中心—对地观测遥感成像分中心	2015	北京市
9	地面沉降机理与防控教育部重点实验室	2019	教育部

教学中心"首批入选国家实验教学示范中心，2016年"城市环境过程虚拟仿真实验教学中心"入选国家级虚拟仿真实验教学中心。

学院拥有地理学一级学科博士授权点、地理学博士后流动站。有自然地理学、人文地理学、地图学与地理信息系统3个博士点以及自然地理学、人文地理学、地图学与地理信息系统、环境科学与工程、旅游管理、水利工程（专业学位）、测绘工程（专业学位）、旅游管理（专业学位）、环境工程（专业学位）9个硕士学位授权点，形成了本硕博贯通的一体化人才培养体系。

在师资队伍方面，资源环境与旅游学院共有教师99人，其中北京市特聘教授3人，博士生导师33人，硕士生导师61人，正副教授73人。团队成员包括中国工程院院士、俄罗斯工程院院士以及"北京学者"等，13位中青年教师入选"北京卓越青年科学家计划""北京长城学者""北京市科技新星计划"等，多位教师担任国务院学位委员会学科评议组成员、教育部高等学校地理科学类专业教学指导委员会委员、教育部高等学校小学教师培养教学指导委员会主任委员等，多位教师在联合国教科文组织、欧洲空间局、国际水协会、国家减灾委等国内外重要的学术组织及科学计划中担任专家。2007年获批国家地理学优秀教学团队，2016年获教育部创新团队滚动支持，2020年以来获批北京市高校优秀本科育人团队，以及全国万名优秀创新创业导师、北京市教学名师、北京市青年教学名师、北京高校优秀专业课主讲教师等。

学院现有地理科学（师范）、地理信息科学两个地理科学类本科专业，均入选"双万计划"国家级一流专业建设点。此外，还有遥感科学与技术、旅游管理两个专业，这两个专业均入选"双万计划"省级一流专业建设点。

二、专业发展定位和特色

地理科学（师范）专业始建于1954年北京师范学院建院，发展至今已有近70年历史。创建人褚亚平教授是开创我国地理教育学的先驱。专业服务于北京和京津冀基础教育改革发展需求，培养师德高尚、学科知识扎实、地理实践力强、创新意识突出、具备国际视野和卓越潜质的中学地理教师。目前专业主要面向北京市招生，毕业生主要在北京市教育系统内各类普通中等学校工作。专业自设立以来为北京市输送了大量优秀基础教育地理教师人才，为北京市培养了 60% 的中学地理教师，在北京市中学地理教育领域具有支撑地位。同时，专业服务国家边疆地区基础教育人才培养，每年招收一定规模的新疆和西藏地区学生，近 10 年为边疆地区培养高质量、专业化少数民族地理教师超过 80 人。专业以立德树人为根本，以学生成长为中心，形成"理论教学与实践教学结合，学科发展与探究教学结合，教师教育与中学实践结合，国际合作与国内培养结合"的人才培养模式，在高水平科研成果支撑科教协同育人、"校内+校外、专业+教育"实践育人体系构建、与中学全方位一体化协同育人、师范生国际培养体系构建等四个方面形成特色。

地理信息科学专业 2002 年开始招生，专业主要面向北京"四个中心"和京津冀协同发展对 GIS 高新技术人才的迫切需求，培养"厚基础、强能力、重创新"，具有终身学习和持续发展能力的高素质人才。2008 年地理信息科学专业获批国家特色专业，2013 年入选综合改革试点专业，2018 年首批入选北京市一流建设专业。地理信息科学专业始终坚持高水平学科发展支撑高质量人才培养的理念，依托学院 9 个重点实验室和 2 个高水平国家级教学平台，在科研平台支撑教学环境、科研成果优化核心教学资源建设，立足北京"四个中心"区位优势的"产学研用"强强联合协同育人模式，人才培养国际化提高学生跨文化沟通、交流与合作能力，GIS 助力卓越地理教师培养和大学通识教育等四个方面形成特色。

三、专业综合改革的主要举措

（一）构建科研教学融合育人的人才培育路径

依托 9 个国家和省部级科研平台，学院在"三维空间信息获取、处理与表达""地下水—地面沉降遥感机理与防控""城市环境过程立体监测与数字模拟""区域环境演化和生态环境调控""城乡协调与创新发展"等方面形成研究特色。近年来，学院教师主持和参加国家 863 项目、973 项目、科技支撑项目等 8 项，主持国家自然科学基金 96 项，主持省部级以上科研项目 144 项。这些科研成果都转化为优质的课堂和实验教学内容及资源，广泛地应用到本科生课堂教学、实验教学、野外实习中，为本科教学提供了最新的学科研究前沿教学内容，服务于学生专业基础理论、应用型知识的学习和研究型学习能力的培养。同时，依托这些创新教育平台，形成由院士、国家杰青、北京特聘教授、北京海聚等引领的国家优秀教学团队、教育部创新团队，在本科教学中实行小班制，建立导师制，构建"国家级—市级—校级—院级"四级科研训练体系，积极组织学有余力的本科生与研究生联合申请科研立项、实验室开放基金等，有计划地将本科生按照他们的兴趣爱好，逐渐吸纳到由导师、青年教师、博士生、硕士生、本科生组成的科研课题组或特色研究小组，以科研项目组为单位，对学生进行系统的学术研究训练，提升本科生创新能力。

在地理信息科学专业，利用地学时空大数据、云平台和地学人工智能的深度融合交叉汇聚的学科增长点 Geo-AI，确立了学生知识、能力、素质协调发展的人才培养目标，开展高年级本科生、研究生一体化教学的创新性探索。利用京津冀地学研究应用的高水平产出，通过大运河文化带建设，引入地理信息技术与社会经济等人文现象的结合应用，锤炼学生提出问题的地理视角、分析问题的空间思维、解决问题的空间分析能力。

（二）打造培根铸魂、启智增慧的优质教学资源

在优秀教学团队引领下，学院聚力于打造培根铸魂、启智增慧的精品课程和教材。"地理信息系统原理与方法"获评国家线下一流课程，"社区实践"获评国家社会实践一流课程，"地理信息系统原理与方法""世界地理"获评北京市优质课程，"土壤地理学"获评北京市精品课程，"山海易

绘地理信息系统实用教程"获评北京高等教育精品教材配套教材，形成国家一流课程、北京市精品课程、北京市优质课程为代表的优质课程 20 余门，并且以这些课程为依托，推动课程建设改革与创新，形成在线课程群、虚拟仿真课程群。在全英语和双语课程资源建设方面，坚持课程思政改革的同时，在国内率先完成了"Principles and Methods of GIS""Principles and Methods of RS""Human Geography""Sustainable Cities""Regional Planning and Analysis"等 10 门全英语专业核心课程建设。同时，与密歇根州立大学合作建设了"遥感大数据与人工智能"开放教学资源，吸引了 10 余所高校师生参加。

在教材建设方面，近年来出版教材 20 余部，其中《中国地理》为"十二五""十三五"普通高等教育本科国家级规划教材，《北京地理》为"十二五"国家重点图书出版规划项目，《中国学科发展战略——地下水科学》为"十二五"国家重点图书出版规划项目。同时，服务地理基础教育改革发展，出版基础教育地理教材及相关著作多部，其中湘教版普通高中教科书《地理（必修第二册）》、体育运动学校义务教育实验教科书《科学（九年级上、下册）》获首届全国教材建设奖二等奖，普通高中教科书《地理（必修第一册）》、义务教育教科书《地理（八年级上、下册）》获首届全国教材建设奖一等奖。

（三）建立综合性、区域性、先进性的实践教学体系

学院依托"地理科学与技术"国家级实验教学示范中心，围绕地理学综合性、区域性和实践性等特点，以"知识传授、能力培养、素质提高、协调发展"为目标，通过整合与创新教育教学资源，构建了"四个结合"的实践教学体系——室内、室外实验教学结合；基础理论与技术应用结合；现实世界环境演化与虚拟现实模拟结合；基础实验、综合实验、设计实验、研究创新实验结合。实践教学体系由校内实验平台、校外实习基地和创新教育平台构成（图 9-1）。

校内实验平台主要面向地理学基础性实验，设有 6 个基础实验室，包括天文观测实验室、地质地貌实验室、土壤分析实验室、测量与地图实验室、

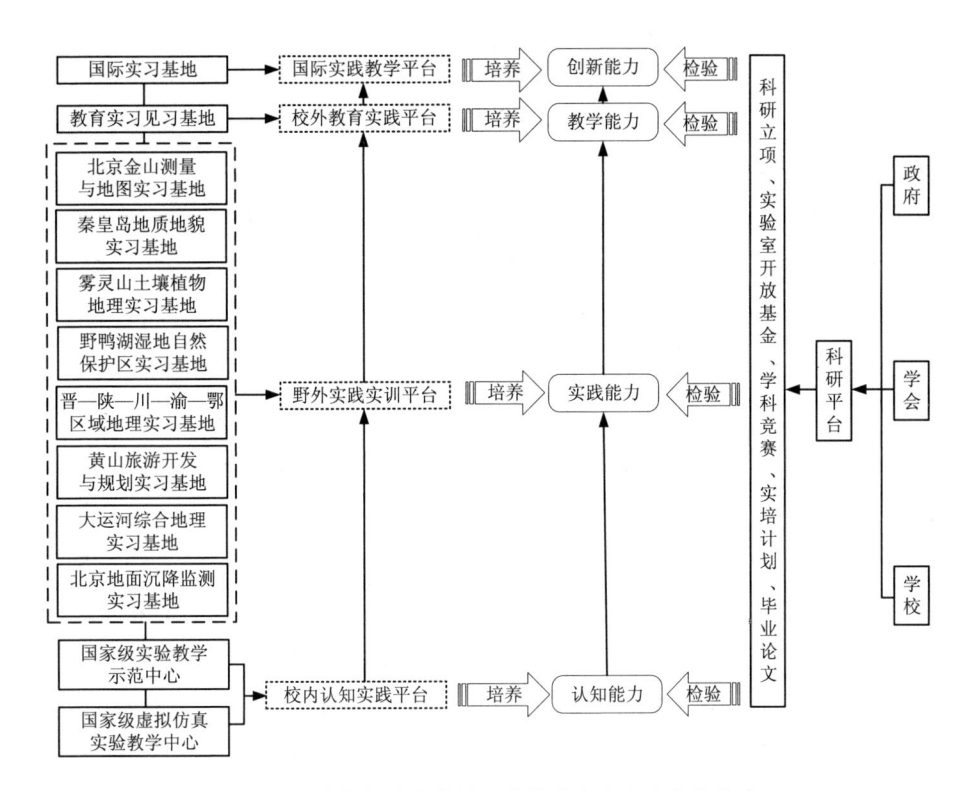

图 9-1　首都师范大学地理科学类专业实践教学体系

遥感实验室、GIS 实验室；设有 13 个专业实验室，包括气象气候实验室、植物地理实验室、土壤地理实验室、水文实验室、环境分析与演化实验室、旅游资源调查与规划实验室、区域可持续发展实验室、地理教育实验室、GPS 实验室、卫星遥感数据接收实验室、车载三维信息获取实验室、三维激光实验室、虚拟地理环境实验室等。校外实习基地主要面向地理学综合性实验，共建有 8 个具有综合性、区域性、先进性的野外综合实习基地，包括北京金山测量与地图实习基地、秦皇岛地质地貌实习基地、雾灵山土壤植物地理实习基地、野鸭湖湿地自然保护区实习基地、晋—陕—川—渝—鄂区域地理实习基地、黄山旅游开发与规划实习基地、大运河综合地理实习基地、北京地面沉降监测实习基地。实践教学体系主要支撑地理科学（师范）专业、地理信息科学等四个本科专业的室内实验、野外实习、毕业论文等教学活动开展，以及科研立项、科技活动等课外学习活动，同时也应用于"中关村地区跨校教学联合体"院校公选课、国内外区域地理（中国）野外联合实习等。顺应人才培养国际化战略需求，四个本科专业也陆续开展了境外实习实践活动，2019年地理科学（师范）专业前往美国芝加哥和北伊利诺伊大学开展海外实习，进行区域地理综合实习和中学教育国际观摩学习实践，地理信息科学、遥感科学与技术专业前往荷兰特文特大学开展专业实习实践。

近年来，结合大数据、云平台等新技术，学院逐渐探索了系列模块化实践课堂、体系化实习课程的有机融合应用，将时空大数据云平台、京津冀地面沉降模拟器等科研过程与成果转化为高阶实践平台，形成涵盖地图、测量、遥感、地理、数字人文、3S综合等内容的虚拟仿真教学案例库，2016年成功获批"城市环境过程"国家级虚拟仿真实验教学中心。与中国资源卫星应用中心、中国测绘科学研究院、京津冀地下水与地面沉降国家野外科学观测研究台站、航天宏图有限公司、北京超图软件股份有限公司等行业有影响力的单位联合开展协同育人，合作建立生产业务/企业实习基地，获批"校企联合农业遥感云计算场景创新应用"项目，入选教育部产学合作协同育人项目，建立了紧扣首都区域特色的带薪实习岗位库，培养学生应用新技术解决现实问题，服务社会实际需求的能力。

（四）开展本地国际化教学范式的创新性探索

学院较早开展了地理科学类专业国际化人才培养模式改革。2013年以来，学院联手国际知名院校，不断开拓中外合作办学渠道，地理信息科学专业、遥感科学与技术专业和加拿大滑铁卢大学共同合作开展"2+2"双学士学位培养项目，与美国纽约州立大学布法罗学院签订"3+2"本硕贯通培养协议，与荷兰特文特大学签订"1+1+1"双硕士学位协议。2014年，地理科学（师范）专业、地理信息科学专业入选北京市"外培计划"，与美国北科罗拉多大学、北伊利诺伊大学以及加拿大滑铁卢大学等开展"1+2+1"联合培养。截至目前，已有90余名优秀学生参加国内外联合培养。

2016 年，学院获批外专局—教育部"地球空间信息科学与技术国际化示范学院"项目，2020 年学校获批高层次国际化人才培养创新实践基地，以系统引智的方式，引入国际通行的高等教育运行模式，开展了国际校园构建、中外教师一体化教学等人才培养路径的创新和探索。地理信息科学专业采用小班授课、导师制、带薪实习等国际化教学范式改革，开设了地理信息系统原理与方法、测绘与地理信息概论、地图学、测量学基础、遥感原理与方法等十多门全英语/双语课程，建设了高质量的全英语专业课程资源。同时，在专业课程内容上，强调中国视角的国际案例的引入，人才培养体系浸润多层面的国际化视野、跨文化交流能力、国际胜任力等要素，构建了学生终身学习能力培养的框架。各类联合培养覆盖全体学生，实现了中国特色与国际接轨的内涵式国际化人才培养。2017 年学院获批教育部"地球空间信息科学与技术"丝绸之路项目，招收了来自蒙古、尼泊尔、越南等国家的留学生。近五年，共有 50 余人次参加与国外大学联合培养项目或国际交流项目。

地理科学（师范）专业近年来也十分注重师范生国际视野和全球意识的培养。目前专业建有全英语课程 4 门，双语课程 2 门。鼓励在校优秀师范生参与学校"教师教育专业人才国际化培养计划"以及各类暑期交换、校园国际课程等国际交流学习项目。2019 年学院组织地理科学师范生赴美国芝加哥和北伊利诺伊大学开展境外地理综合实习和中学教师教育考察实践。近五年，地理科学（师范）专业赴海外学习和交流的学生共计 20 余人次。

（五）完善高校间、高校和中学协同育人模式

专业充分利用北京地区教育教学资源，通过强化与北京地区高校的合作，实现学科专业的交叉融合和优质教育教学资源的充分共享，深化专业人才培养机制改革，增强高水平人才培养质量。2015 年、2022 年地理信息科学专业、地理科学（师范）专业先后入选北京市"双培计划"，地理信息科学专业与北京大学，地理科学（师范）专业与北京师范大学分别开展"1+2+1""3+1"模式的本科生联合培养。2022 年首批地理科学（师范）专业 16 名学生入选

"双培计划",这些学生将在北京师范大学完成前三年的学习,充分利用北京师范大学地理学优势专业力量,接受优质核心课程教育。2016 年,两个专业还入选北京市"实培计划",每年遴选一批具有较好专业基础和一定科研创新能力的优秀学生,进入中国科学院地理科学与资源研究所、中国科学院遥感研究所、中国科学院青藏高原研究所、中国科学院生态环境研究中心、中国农业科学院等教授实验室、科研创新团队、工程中心,接受科研创新训练,提升实践创新能力。

围绕"首师大姓师"的办学定位,学院一直以来十分重视师范生的培养。目前学院地理科学(师范)专业与北京市首都师范大学附属中学、首都师范大学第二附属中学、北京市八一学校、北京市第九中学、北京市第十九中学等十多所中学签订有实习实践基地建设协议,各实习基地为师范生的发展提供了高水平的教育实践环境和高质量的实习指导,保障了地理科学师范生教师教育理论和实践技能的高质量培养。在此基础上,学院不断探索完善与中学协同育人的发展机制。学院外聘中学教师 30 余名,外聘中学教师不仅在"双导师"制度下对师范生的教师教育见习实习环节进行指导,同时还为师范生开设专业选修课"中学地理课堂设计",开设暑期小学期系列讲座,指导本科生参加全国性师范生技能大赛等。

学院长期关注北京市中学地理教师教研能力的提高,定期组织地理野外考察、暑期课堂、专家讲学等,为地理教师在职进修学习搭建平台。2005～2017 年学院连续 9 年承担教育部"国培计划"示范性集中培训项目"高中地理一线优秀教师培训技能提升",对全国各省份的中学一线优秀地理教师进行培训,包括地理学科和地理教育理论知识、中学教学观摩、课例设计研讨、室外实践课程开发等,共有 1 000 多名来自不同省份的骨干教师参与培训和研修,培训效果受到参训学员的一致好评。学院是北京地理学会挂靠单位,学会和学院始终把促进和推动基础地理教育事业发展作为努力提高与强化的重点工作之一。每年北京地理学会和学院都会组织中学地理教师开展野外考察,邀请相关地学专家进行联合教学,充分发挥师范院校对中学地理教师的再培训作用。近年来,北京市中学地理教师 600 多人次参加了学院不同形式的学术交流、培训与合作，受到了中学地理教师的欢迎和认可。同时，学院发挥实践教学优势和特色，面向北京市中学开放实验室和野外实习实践课程及资源，开展中学地理课外研学系列活动。此外，教师积极参与和指导基础教育改革，在"北京市名师发展工程""北京市特级教师高级研修项目""北京市特级教师工作室项目"中担任地理学科负责人和学术导师。多名教师以教学研讨会、各级公开课、讲座等形式支持北京多个区县和多所学校的地理教学研究及教师培训工作，并参与北京市"翱翔计划"，与中学联合培养青少年拔尖创新人才。

四、专业综合改革取得的成效

（一）构建了动态化、前沿性的学科知识框架

地理信息科学专业依托国家级教学和科研平台，对教学资源的高阶化进行了有益探索。在保证本科人才培养体系中课程与实践知识体系稳定的同时，渐进式导入了地学大数据、时空云平台等新兴和关键技术，形成了模块化课程和灵活的教学机制。依托师资团队在联合国教科文组织、欧洲空间局、国际水协会、国际地图协会等国际组织的任职，导入自主知识产权遥感对地观测、北斗全球卫星导航定位等学科前沿技术和知识，依托国家级和省部级科研平台将优质地学案例与基本理论知识紧密结合，地理信息科学专业形成了多元协同的知识体系图谱更新机制，搭建了地理学创新教学环境，促进科研成果向优质课程资源转化，激活学生延伸学习动力、教师扩展教学效能。从地理信息科学课程设置、教学内容更新等方面推动了多维学科知识图谱体系重构，同时柔性导入了思想政治教育元素。通过产学协同、科教融合，以课程经典知识框架为基础，探索了最新科研进展的高阶性教学转化。组建了以国际欧亚科学院院士、联合国教科文组织信息水文学教席等为指导，北京市教学名师为核心的老—中—青教学团队，三名全职专业外教，从"课堂教学、

科学训练、知识更新、反哺教学"等环节保障科教深度协同互馈。

（二）形成了高阶性实习实践的模式和内容

地理科学（师范）专业依托学院遥感与地理信息技术特色优势，"多尺度地球环境变化""城乡协调与创新发展机理与模式"等学科前沿研究进展，以及学校在国际教育比较、基础教育改革前沿优势研究性学习等，构建了参观实践—综合理论—专业课程—专业方法与技能—专业实验与实践—教育实习实践全过程实践育人体系。地理信息科学专业通过云网一体课程、课内外实训教学环节、校内外产学育人平台的多维协同，依托学院在"京津冀地面沉降""移动三维测图""大运河文化带建设"等重大资源环境问题破解、国产关键技术实验以及历史文化科研课题中的丰硕成果，创新性地引入时空大数据云平台和地学模拟器，支撑学生主动学、教师主动教，提升了学生专业成长挑战度，强化了专业学习的高阶性、创新性，形成了基础知识与专业能力考核并重的多元化评价体系，支撑学生终身学习能力培养。近年来，两个专业本科生主持和参与国家级、省部级科研立项 80 项，各类学科竞赛获奖 70 项，发表高水平科研论文 20 余篇，发明专利 3 项。

（三）推动了学科交叉和复合型人才的培养

为适应国家战略和首都经济社会发展对高素质、创新型、复合型人才的需求，学院一直以来重视学科交叉和复合型人才培养。在地理科学（师范）专业人才培养中，注重空间信息科学与技术的学习和应用；在地理信息科学专业人才培养中，加强数学、计算机、时空大数据、人工智能等课程的学习，使学生能够整合不同学科中建立的概念和思想，以此创造新知识和新价值（熊华军等，2022）。2021 年，地理科学、地理信息科学和考古学、历史学专业共 75 名学生开展了"大运河多学科综合考察实习"，实习在对大运河实地考察过程中，组织开展多学科专业讲座，不同专业学生组团开展科研项目，利用

ArcGIS 等技术手段，从历史地理、文化地理、自然地理、水文水资源、城市演变等角度对大运河进行多学科交叉的综合审视、分析，培养学生多学科交叉融合的综合实践能力、思考能力和创新能力。2022 年，学院申报并获批了"地理科学+历史学""地理信息科学+小学教育（科学）"双学士学位复合型人才培养项目，所涉及的四个专业均为首都师范大学"双万计划"一流专业建设点，具有雄厚的学科专业实力支撑，项目计划 2023 年开始正式招生。双学士学位人才培养项目，有助于推动不同学科专业之间的交叉、融合与互补，推动复合型人才的培养。在此基础上，下一步将继续推进地理信息科学与考古学等双学士学位项目的建设。

（四）建立了首都特色的本地国际化育人模式

学院构建了鲜明的首都特色的本地国际化人才培养模式。在人才培养过程中，强化了产学协同、科教融合育人，依托联合国教科文组织、中欧"龙计划"等高水平科研项目，率先实行导师制和全英语专业核心课程，建成了国内外交叉的国际化育人环境，开展了本科生留学生一体化培养，锤炼学生思考社会问题的创造性地理空间思维及社会责任感，形成了科研项目—课程建设—专业培养—实践应用衔接的一流专业人才培养国际化路径。围绕 GIS、RS 及应用等领域，连续主办/承办了 2019 年地理信息与地图学教育国际研讨会、首都师范大学 2019 年地理学国际青年学者论坛等国际会议。连续开展暑期国际学术夏令营（线下、线上），形成以 Asia-Hub 等为特色的暑期国际学术夏令营，为国内外教育教学交流提供了平台，同时引领了地理科学（师范）专业建设质量的提升。与密歇根州立大学等组建了亚洲地理环境教育教学与研究联盟。联合联合国教科文组织、国家减灾中心、中国地质调查局、北京市规划和自然资源委员会等单位，成立研究中心和实践基地，学生参与了首都生态保护红线划定、应急供水保障等重大项目，有效支撑了京津冀地面沉降防治等重大项目开展。2017 年，联合国教科文组织总干事伊琳娜·博科娃（Irina Bokova）来函感谢学院对国际水文计划的特别贡献。2016 年举办了第六届激光雷达大会无人车高精度地图比赛。西南交通大学、中国矿业大学等 30 余所高校前来学校交流人才培养经验。近三年，地理信息科学本科毕业生获得滑铁卢大学、北伊利诺伊大学双学位 23 人，出国深造率 23%，多名本科生被宾夕法尼亚大学、苏黎世联邦理工学院等录取。

五、未来专业改革深化的思路和举措

2018 年教育部《关于加快建设高水平本科教育 全面提高人才培养能力的意见》中提出，要经过五年的努力，全面落实"四个回归"，初步形成高水平的人才培养体系，建成一批立德树人标杆学校，建设一批一流本科专业点，引领带动高校专业建设水平和人才培养能力全面提升，学生学习成效和教师育人能力显著增强；协同育人机制更加健全，现代信息技术与教育教学深度融合，高等学校质量督导评估制度更加完善，大学质量文化建设取得显著成效。到 2035 年，形成中国特色、世界一流的高水平本科教育，为建设高等教育强国、加快实现教育现代化提供有力支撑。《北京市"十四五"时期教育改革和发展规划》提出，首都教育必须在落实立德树人根本任务、培养德智体美劳全面发展的社会主义建设者和接班人上做出新表率，必须在支持"四个中心"功能建设、提高"四个服务"水平上发挥更大作用，必须在适应科技发展、探索教育与科技融合方面发挥引领作用，必须在开放发展、推进高水平教育交流合作方面发挥重要作用。

未来首都师范大学地理科学类专业的发展要以国家和首都社会经济发展战略、学科前沿为导向，全面落实学校"双一流"发展战略，坚持立德树人，以学生发展为中心，以高素质国际化人才培养为导向，以多学科交叉教学实践平台为依托，通过创新人才培养模式、加强实践和创新能力培养、构建人才培养国内外联盟、推进多学科交叉和复合型人才培养等，深化地理教育教学改革，进一步推进一流专业建设，培养具有全球意识、专业过硬、创新意识强的高素质地理人才。

（一）持续创新地理科学类专业人才培养模式

以学生为中心，围绕"多元、个性、创新"，通过多种模式和多样平台，持续创新人才培养模式，全面激发学生的学习兴趣和潜能。实行双专业、双学位或辅修学位等模式，打通跨专业人才培养渠道，满足学生个性化发展需要。继续深化"校际联合培养""国际合作培养"等合作方式，在资源共享、学分互认、教师互聘、学生互派、课程互选等方面形成有效机制，拓展学生的学习空间，提升学生国际竞争力。推进"卓越拔尖人才"培养模式创新，实施卓越工程师培养计划和卓越教师培养计划，按照"拔尖—卓越—创新"人才培养要求，深化"学生中心"的教学范式改革，实施思想政治教育全程育人，加强通识与创新创业能力培养，通过个性化培养方案制定、模块化课程体系设置、优秀教学团队和指导教师配置、科研项目参与等，打造"TEF+STEAM"有机融合的特色人才培养体系。探索"课程荣誉学位"实施办法，加强本硕贯通培养，打破研究生与本科生培养界限，研究生低年级课程向本科生开放。

（二）继续加强综合实践能力和创新能力培养

推进地理信息科学专业与新工科的融合，加强信息技术、大数据、人工智能等的教学，深化地理科学（师范）专业与地理信息技术的融合，加强Geo-AI前沿学习，培养学生AI+地理实践技能。优化多学科交叉课程体系，注重学生智慧地理思维培养。建设开放的、多学科交叉的综合实践平台，包括"大运河综合实习基地""河南考古与历史地理综合实习基地""京津冀综合实习基地""北京周口店综合实习基地"等，面向全校本科生开放，推动全方位、多层次、系统性综合实践能力的培养，同时促进学科专业间的交叉互融。坚持高水平科研平台支撑高质量教学环境的理念，在高素质人才培养的统一框架下，坚持以国家社会经济建设需求为导向，不断提高1个双一流学科建设群、2个国家级教学平台、9个国家级和省部级科研平台的一体化建设水平，围绕"地面沉降与水资源安全""三维地理信息获取与应用""多尺度地球环境演化""城乡协调与创新发展"等方向，加强在区域天—空—地表—地下一体化的监测、大数据分析系统模拟与预测等方面的科学研究，优化学科、平台对创新实践人才培养的支撑环境和支撑能力。突出本科生科研实践训练，通过多级别科研项目牵引，在服务国家和首都需求实践与前沿科学探究中培养学生创新思维及实践能力。

（三）系统深化本地国际化拔尖人才培养模式

顺应国家"一带一路"建设和"人类命运共同体"理念，继续坚持开放办学，深化国际交流与合作，扩大海外友好大学的覆盖面，服务国家大外交战略和首都经济社会发展。依托"2+2""1+2+1""3+2"等各类人才培养计划，形成中外合作高校联盟，拓展深化合作方式，包括合作办学、校际交流、学术交流、人文交流等，形成特色品牌，发挥辐射带动效应。构建国际校园，加强优质教育教学资源建设，全方位构建学科特色突出的双语、全英语课程群，培养满足跨文化沟通、交流与合作的国际化人才。加强师资队伍国际化建设，引进有海外留学背景的教师，鼓励教师海外研修、访学、学术交流等，建立国际联合虚拟教研室。依托丝绸之路项目，扩大国际留学生招生规模，拓展一系列中外合作交流项目，扩大国际师生交流学习的机会。整合学校、学院等多方资源，采取线上、线下等多种方式，提供更丰富的海外短期学习实习社会实践项目和长期海外交流学习项目。构建多维联动创新发展学术科研国际化合作机制。积极举办国际学术会议，共同攻关课题，共同发表学术论文，将相关优势学科教材、著作等成果翻译多语种，全球推广，讲好中国故事、首师大故事、资环学院地理学科故事，推进中华优秀文化传播。

（四）深入推进多学科交叉、复合型人才培养

不同学科的交叉融合是优势学科发展点、新学科的生长点，更是创新型人才培养的制高点。结合国家和首都社会经济发展对复合型地理人才的需求，依托学校学科优势，在"大数据驱动的京津冀地面沉降演化监控""天地空一体化三维地理信息获取平台及应用系统""湿地关键生态水文过程的精准探测与安全调控""多尺度环境演化模式及机制研究"等方面，进一步集成重大重点项目创新研发的模型成果，多学科交叉融合，着力解决重大技术难题和关键科学问题，并以学科交叉融合重大重点科研成果有力支撑本科复合型、创新型人才培养。在专业建设上，基于现有"地理信息科学+小学教育（科学）""地理科学+历史学"双学位项目建设，继续通过"主修+辅修"、第二学位、"双学位"等培养模式，完善专业综合性、复合型人才培养体系。优化设计多学科交叉课程体系，设置特色突出的交叉课程模块和课程群，将与地理学科联系紧密的学科如信息技术、人工智能、数学、统计、历史、考古等相关课程和地理科学类专业基础课程相结合，通过跨学科模块课程的学习，构建学生综合性知识体系；以项目课程为主，依托"大运河综合实习""一带一路综合实习""晋—陕—川—渝—鄂区域地理实习"等，探索开展多学科交叉教学内容、教学资源构建。充分利用国际高校联盟、国内大学生 MOOC 等优质在线资源，组织和遴选一批关联学科高水平在线课程，让学生进行跨国、跨校、跨专业修读。

参 考 文 献

[1] 蔡运龙："我国高校地理教育现状分析与发展建议"，《中国大学教学》，2010 年第 10 期。

[2] 戴其文、刘澈元："我国高校地理教育现状分析"，《黑龙江高教研究》，2014 年第 5 期。

[3] 史培军、宋长青、葛道凯等："中国地理教育：继承与创新"，《地理学报》，2003 年第 1 期。

[4] 熊华军、佘清、尤小清："斯坦福大学交叉学科研究生培养模式及启示"，《学位与研究生教育》，2022年第1期。

本章作者：蔺雪芹、李小娟、宫辉力、王涛
工作单位：首都师范大学资源环境与旅游学院

第十章　福建师范大学自然地理与资源环境拔尖创新人才培养探索和实践

福建师范大学自然地理与资源环境专业源于 1993 年获批的区域地理学博士学位授权点、2006 年获批的地理学一级学科博士授权点，2001 年本专业的前身资源环境与城乡规划管理开始招收本科生，2013 年自然地理与资源环境专业成为地理学国家理科人才培养基地的主体依托专业，先后获批 2020 年度福建省一流本科专业建设点和 2021 年度国家级一流本科专业建设点。

本专业以地理学和生态学两大优势学科融合发展为引领，立足湿润亚热带区域特色和服务福建省国家生态文明试验区建设等重大需求，以生态地理过程交叉领域的优势平台、创新团队和科研成果为支撑，构建课程教学体系、实践教学体系、科研训练体系协同育人的创新型人才培养体系。

一、专业定位和特色优势

（一）专业定位

紧扣国家生态文明战略，凸显海上丝绸之路起点和湿润亚热带区域特色，立足海峡两岸，面向全国，培养理想信念坚定，家国情怀深厚，系统掌握自然地理与资源环境专业基础理论和专业技能，具有创新思维、科学素养和开阔视野的优秀地理学创新型人才，打造国内一流的自然地理与资源环境专业。

（二）特色优势

1. 培养优势

（1）滚动性培养体制。"大类招生+多次选拔+滚动培养"结合，即通过地理科学大类招生入学、学年制选拔滚动，强化学生自我管理意识，激励学生积极进取。

（2）全程实施导师制。依托创新团队，建立了由国家杰青、优青、百千万领军人才、闽江学者等高端人才和科研骨干为主体的本科生科研训练的导师团队，打造"科研导师+研究生+本科生"传帮带的科研创新与人才培养共同体。在导师指导下开展自主研学及科研训练，培养学生专业兴趣、学术精神和科研能力。

（3）个性化培养模式。从顶层设计入手，修改人才培养方案，为学生量身定制个性化学习计划；强化科研训练，通过参与导师科研活动、自主申请本科科研项目及参加专业竞赛等，打造"学科交叉—教学结合—内外一体"为特色的科研训练体系，提升学生科研创新能力。

（4）开放式办学。引导学生参加校内外学术活动、选送优秀学生到国内外学习交流，拓宽学术视野；不同类型的平台（国家级和省部级重点实验室与基础实验室、室内分析测试平台与野外台站综合观测平台）紧密结合，科研创新平台向本科生科研训练全面开放，为本科生承担各类创新创业计划、挑战杯、专业竞赛等提供强有力的支持和服务。

2. 学科优势

福建师范大学地理科学学院地理学科始于 110 余年前的福建优级师范学堂史地选科，是国内办学历史最悠久的地理学科之一。20 世纪 90 年代以来自然资源学、资源与环境学、自然地理学、地理学先后成为福建省重点学科及福建省国家重点学科培育建设学科。2004 年地理学国家理科基础科学研究和教学人才培养基地成为教育部及国家自然科学基金委合作建设的全国 7 个地理学国家理科基地之一，也是唯一地处省属高校的地理学基地。2006 年获得地理学一级学科博士点。地理科学学院生态学科 2004 年开始建设，在短短数年间即发展成为一级学科博士点（2011 年）和福建省重点学科（2012 年）。在第四轮学科评估中，地理科学学院地理学和生态学分别被评为 B+和 B–。

3. 平台优势

地理科学学院夯筑了涵盖室内实验室、野外台站和实习基地在内的"平台群"。其中包括：以地理要素分析测试和信息处理为主要功能的地理学国家级实验教学示范中心（2015 年获批）；以水土气生要素综合观测和原位试验为主要功能的福建武夷山国家级大学生校外实践教育基地（2013 年获批）；以武夷山自然地理垂直带、福建三明森林生态系统国家野外科学观测研究站（2021 年获批），福建闽江河口湿地生态系统定位观测研究站（2014 年获批），以及长汀红壤侵蚀退化地生态恢复、平潭海岸地质地貌等野外基地和观测台站为基点连接形成的多条山海相连的野外精品实习线路。此外，还有福建省湿润亚热带山地生态国家重点实验室培育基地、湿润亚热带生态地理过程教育部重点实验室、福建省亚热带资源与环境重点实验室、海西资源利用与环境保育创新平台、福建省森林碳计量技术开发应用工程研究中心、福建省陆地灾害监测评估工程技术研究中心等，成为国内外引领亚热带生态地理过程研究和开展地理专业实践教学的基础性平台，是地理学国家理科基地跨区域联合实习、台湾移地教学、闽台合作办学项目和全国自然地理青年骨干教师培训的重要基地，是辐射闽台乃至全国的地理学实践教学示范平台。

4. 地缘特色

充分落实国家赋予福建省的海上丝绸之路核心区和海峡两岸交流前沿的重任，开展移地教学，打造两岸地理学人才培养与实践教学基地。

随着创新型人才培养体系的实施及不断完善，本专业人才培养成效显著。升学率每年稳定在 80%以上，其中近半数升入北京师范大学、华东师范大学等"双一流"大学或中科院所，部分学生已在中国科学院、国内重点大学和国外知名大学获得博士学位，并在相关科研、教学领域取得骄人成就，人才输出的源头质量得到教育、学术、行业各界的高度认可；本专业学生的创新能力显著提升，在读期间生均主持国家或省或校大学生创新创业训练计划项目资助1项，每年均有在地理类学术刊物上发表论文，在国家级专业竞赛如国家级挑战杯、中国地理科学展示大赛、全国高校ArcGIS地理信息系统应用开发竞赛等中获奖。

二、专业建设的主要举措

（一）全面推进"专业思政"和"课程思政"协同育人

充分发挥福建省的区域特色，突显海上丝绸之路核心区、生态文明示范区和闽台交流前沿等地域特色的专业教育内容，从祖国统一、"一带一路"、生态安全、防灾减灾、脱贫攻坚等方面，采用专题讲授和专题研讨相结合的研究性教学模式，将思政内容与专业课程和人才培养相融合。

（1）开设"同上一门课"等系列思政讲座。生态地理过程全国高校黄大年式教师团队，为本专业学生开设系列思政讲座。团队教师不仅注重讲解科技创新服务国家战略，更加关注青年学子的健康成长，给予学生真挚的爱，让学生成为具备地理学专业技能的"社会人"，切实把思想政治工作贯穿到教学科研中，实现为党育人、为国育才的使命担当。充分发挥老一辈教师先锋模范作用，邀请师德高尚的朱鹤健教授为本专业学生开讲开学第一课，通过老一辈科学家的切身经历和人格魅力，提升学生勇于担当国家发展战略的使命感和服务社会的责任感。全国脱贫攻坚"创新奖"获得者陈志彪教授，开讲如何扎根革命老区20年，坚持水保科研与扶贫相结合，提升学生的社会责任感和为国为民的使命感。

（2）打造课程思政案例库。根据本专业课程之间的有机联系，联合打造典型课程思政案例库，把思想政治教育贯穿于教育教学全过程。如地貌学中的地貌过程受地质因素控制，地质现象的发现与研究需要地貌学方法，实习课程将理论与实际相结合，以平潭、太姥山等福建典型地貌为例，从其中挖掘出地貌、地质、思政的元素，重新铸造教学课件，开发出具有福建特色的地理实习思政案例库。

（3）建设虚拟仿真思政实验课。建设海峡两岸环境演变与史前文化传播等虚拟仿真实验课程，有机融入课程思政，通过对海峡两岸气候变化、海平面变化、海岸线变迁、海峡两岸史前文化传播、自然环境对史前人类活动的影响以及史前人类活动对自然环境的适应等知识点的深入挖掘与梳理，深刻认识祖国大陆与台湾自古以来一衣带水、骨肉相连的事实，增强对两岸同源认识的广度和深度，达到家国情怀培养与知识体系教育的有机统一，将外在的两岸同源认知事实内化为学生的情感认同和行为习惯，自觉服务于祖国统一大业。

（二）构建"厚基础、宽领域、多元化"课程体系

（1）聚焦闽台山海要素、海上丝绸之路、南方丘陵山地，建设区域特色鲜明的教学内容体系；以"学科融合—教研相长—个性培养"为目标，打造地球系统科学、自然地理、人文地理、信息地理、生态地理和闽台地理六大专业课程群。

（2）开发沉浸式地理情景课程，建设"亚热带生态水文过程综合观测""海峡两岸地理环境演变"等国家级和省级虚拟仿真实验课程群。

（3）推出"院士前沿课""同上一门课""名师金课"等系列前沿讲座课程。

（三）开展"多层次、全过程、分阶段"科研训练

科研训练是培养学生从知识到能力、从学习到学术的关键环节，是实现创新型人才培养目标的重要途径。以完善科研训练的内容载体和创新组织模

式为着力点,依托科研创新团队、国家级实验教学示范中心、省部级野外台站,建设"科研实训项目库";构建"以研带教""以研推研""研赛结合"的研教融合体系;打造以"学科交叉—师生互动—内外一体"为特色的"多层次、全过程、分阶段"科研训练模式,从科研规范、科研技能、科学思维、学术交流等方面全方位、全过程训练,推动创新型人才培养进阶成长。

(1) 激发科研兴趣,以兴趣引导贯穿科研训练过程。尊重学生的兴趣取向,贯彻"因人施教"的个性化培养理念,实施双向选择的全程"导师制"。将兴趣因素融进实践教学改革的内容体系与组织方式中,激发学生科研兴趣;重视学术环境的营造,邀请国内外优秀专家学者开办学术讲座,支持优秀学生参加国内外学术会议,开拓学生学术视野,增强科研创新热情。

(2) 创设科研实训,以实训完善科研训练环节。建设可供学生自由选择的地理学科研实训项目库,借助典型性科研案例模拟演练实际科研工作过程,使学生获得科研技能、方法与团队合作等方面锻炼和提高。

(3) 立足学科优势,以科研创新带动科研训练。以科研平台建设为依托,建设学生科研训练基地;以科研团队建设为基础组建科研训练导师团队;以科研成果创新促进科研训练内容的创新。

(4) 发挥闽台地缘优势,打造科研创新能力培养特色。充分发挥闽台地缘相近、文缘相承的优势,设立闽台学生联合科研训练基金,与台湾多所高校联合开展"海岛—海岸—山地"自然—人文地理综合实习、两岸移地教学,开办闽台"地理学讲坛"等,形成多种方式的优势资源互补和师生互动,拓展学生的地理学研究视野,获得更多元的人文体验。

(四)强化"基础—专业—综合"的"三阶训练"实践教学

适应地理学创新型人才实践能力培养的需求,充分发挥现代地理学和生态学的技术优势,构建了"基础—专业—综合"系统化"三阶训练"实践教学体系,强化实践教学的系统性。在地理学创新型人才培养方案中实验、实习、实训课程在总学分中所占的比例从原来的10%提高到26%,涉及20门实验课程、8门实习课程和1门实训课程。着力培养学生的实验操作能力、野外调查能力和综合分析与创新能力，达到基础与综合、技能与创新的有机统一。具体做法：

（1）基础性实践教学。在开设"地图学实验""地理信息系统导论实验""遥感导论实验""气象学与气候学实验""地质学基础实验""地貌学实验"等实验课程基础上，增加了"地球概论"和涉及生态学课程模块的"全球变化导论""生态学实验技术与方法"3门实验选修以及"基础生态学""城市生态学"2门实习选修课程。

（2）专业性实践教学。在开设"植物地理学实验""土壤地理学实验""计量地理学实验""GIS空间分析方法实验"等课程基础上，增加了"水文与水资源学""自然资源学概论"2门实习必修课程和"土地利用规划实验""ArcGIS应用实验""全球定位导航原理与应用实验""空间数据库实验""遥感数字图像处理实验""遥感与GIS综合实验""面向对象程序设计语言实验"等7门实验选修课程和"城市规划原理"1门实习选修课程。

（3）综合性实践教学。在开设"自然地理综合实习"基础上，重点建设了建瓯—武夷山—三明综合自然地理与生态环境、宁化—长汀水土保持和生态恢复以及厦漳泉—平潭—福州人文地理3条野外综合实习精品线路，开展以探讨区域地理特征及其形成演化过程为主线的，多课程、跨学科、跨区域综合实习。此外，还增加了旨在培养学生科研创新能力的"地理科研训练""地理学创新实习"2门实习必修课程，打造了冠豸山和平潭岛两处创新实习基地。

三、加强师资队伍和基层教学组织建设的主要举措

（一）三项计划，打造一流水平的师资团队

（1）坚持"培优"计划，充分发挥名师名家引领作用，聚集学院优质教

学资源，承担本专业的教学科研训练工作。

（2）坚持"引优"计划，通过"宝琛计划""海外英才计划"等方式，聘请国（境）内外名家，引育优质师资。

（3）坚持"配优"计划，为学生配备学术导师，打造了一支由院士和杰青等为带头人的导师团队。

（二）三项举措，打造多元开放的基层教学格局

（1）学术引领，优化课堂教学质量。打造线上"金课"3门，建设"精品在线开放课程"2门，满足学生个性化发展需求；打造线下"金课"5门，以学术论坛、专题讲座等形式，讲授学科前沿成果，开拓学生专业视野。

（2）项目驱动，优化科研训练模式。设立"本科生课外科研立项"专项资助制度，强化科研训练，提高学生科研创新能力。

（3）开放办学，优化人才培养交流合作格局。与台湾大学、逢甲大学等高校开展联合培养和野外实践实训。

四、加强专业教学质量保障体系建设的主要举措

不断强化"全面质量管理"和"以学生为中心"的理念，严格执行学校制定的有关教学质量的规章制度，不断创新，促进教学质量和人才培养质量的稳步提高。

（一）构建教学质量监控和评价体系

建立了听课—师生互评—课堂教学质量评价—教学检查—教学督导—院系教学工作评估—毕业生质量调查评价的多元化的教学质量监督机制；构建学校—学院—专业三级教学管理评价机制，实施专业教学质量的自我评价，

形成了良好的教学质量改进机制。

（二）建立教学督导监督机制

组建教学督导团，实行教学期初、期中、期末三个阶段的检测制度，经常深入课堂听课检查，作为评定教师教学质量的重要依据，有效监督教师教学过程，达成有效监督目标。

（三）建立教学质量奖惩机制

学院设立教学业绩奖励，对教师获得的各级教学奖、指导学生各类竞赛奖、教改课题、教改论文等予以重奖；激励教师参加学校本科"课堂教学优秀奖""我最喜欢的好老师"等评选；近三年指导学生获得国家级竞赛奖十余项，各门课程的学生满意度均在95%以上。

（四）建立健全毕业生跟踪反馈机制

多年来，持续跟踪本专业毕业生就业去向和满意度，根据反馈结果，持续修改和提高培养方案，形成良性循环，追求卓越的培养质量。

五、下一步推进专业建设和改革的主要思路

（一）深化"专业思政""课程思政"的立德树人功能

以"专业思政"和"课程思政"为抓手，与时俱进完善课程教学的教育理念，进一步科学凝练新时代本专业的思政教育重点，突显海上丝绸之路核心区、生态文明示范区和闽台交流前沿等地域特色的专业教育内容，努力培

养具有家国情怀的地理学专业后备研究人才。

（二）突出拔尖人才培养的科研创新导向

在课程体系建设、教学内容配置、教学方式改革等诸多方面进一步突出人才培养的科研创新导向，既拓宽和夯实学生的知识领域和专业基础，又注重个性化培养与科研创新，打造个性化专业人才培养方案。

（三）推进注重问题探究的研究性教学改革和创新

倡导注重问题探究的新型教学关系，把科研创新、实践教学与人才培养融为一体，引导学生认识科研、了解科研、热爱科研、体验科研。

一方面，以湿润亚热带生态地理过程和人地关系为内容载体，不断更新和丰富涵盖生态地理过程研究、人地关系分析和地理技术与方法训练三大门类"科研模拟训练项目库"，使学生通过系统性科研模拟训练，建立科学研究的基本规范和基本素养。

另一方面，指导学生开展"延伸式""参与式""竞赛式""互动式""主导式"等不同形式、不同层次的科研训练活动："延伸式"科研训练，是学生依托综合性实验项目，通过改进和优化提出科研课题；"参与式"科研训练，是在教师主导下以导师科研项目为背景设计的子课题，学生在参与、辅助导师科研过程中获得科学前沿领域的体验；"竞赛式"科研训练，是在教师指导下学生参加各级各类专业学术竞赛活动；"互动式"科研训练，是依托海内外人才培养交流计划项目、地理学理科基地联合实习等校际交流活动，强化学生专业技能、开阔学术视野；"主导式"科研训练，是学生立足专业基础与兴趣，在导师指导下自主提出科研立项，自主完成科研报告或论文。

（四）打造地跨海峡两岸的闽台联合实习实践基地

建设闽台合作野外实习和科研实训基地，加强闽台合作专业建设和人才培养交流，为建设闽台地理学教学和科研中心奠定基础。

本章作者：姜修洋、王晓文、李守中、陈松林
工作单位：福建师范大学地理科学学院

第十一章 广州大学本科地理核心素养培育：困惑、反思和实践

"地理"是人类生存繁衍的天然需求，对地理的探索、对地理能力的追求始终伴随着人类文明的发展（唐晓峰，2010）。在不同历史时期、不同国家或区域的人类活动积累了丰富的地理认知，并且不断突破地理环境的限制。15世纪的"地理大发现"，人类彼此隔绝的时代基本结束（张箭，2002），18世纪后期到19世纪初，洪堡、李特尔等为近现代地理学的形成奠定了基础，使得千百年来纯经验性的地理描述，进入科学的行列。

纵观人类发展历史，无论是在重大的社会变革还是在日常生活中，地理知识与能力、地理研究与方法、地理理论与思想都扮演着重要的角色。"正如所有现象都在时间中存在而有其历史一样，所有现象也在空间中存在而有其地理"（美国国家研究院地学、环境与资源委员会地球科学与资源局重新发现地理学委员会，2002），地理对一个国家、一个民族、一个社会乃至个人是如此重要，然而国内外不少国家和地区民众的地理素养堪忧，且是国际普遍问题。长期以来，我国基础教育阶段主副科的划分，升学考试的压力，导致社会公众对"地理"存在认知的偏差，有的人认为地理就等同于地理知识，一些家长认为高校本科地理毕业生将来就业就是到中小学当地理老师，一些政府部门的公开文件中甚至出现非常低级的地理常识错误。1948年，美国哈佛大学取消地理系，其后续影响深远，也是导致美国社会公众地理空间与综合思维能力下降的重要原因（叶超等，2019）。在20世纪90年代开始反思，美国1992年制订了面向未来的教育改革计划（美国国家研究院地学、环境与

资源委员会地球科学与资源局重新发现地理学委员会，2002），其中规定地理学是所有大学、所有专业都必修的五门课程之一（蔡运龙、张亚南，1999）。

2014年6月14日，习近平总书记在院士大会上提到："1708年，清政府组织传教士们绘制中国地图，后用10年时间绘制了科学水平空前的《皇舆全览图》，走在世界前列。但是，这样一个重要成果长期被作为密件收藏内府，社会上根本看不见，没有对经济社会发展起到什么作用。反倒是西方传教士把资料带回到西方整理发表，使西方在相当长一个时间内对我们地理的了解要超过中国人。"总书记的地图之问，深刻反思了近代中国社会与国民对地理认知的缺乏是造成我们落后的重要原因之一。

加强地理教育和地理素养的培养是国家经济社会发展与安全的重大需求。我国中学基础地理教育已经从地理知识传授、地理能力训练发展到地理核心素养培养的新阶段，然而大学本科地理学专业对地理素养与地理核心素养的重视程度远远不足，中学地理教育与本科阶段地理教育出现一定程度的脱节。为此，我们有必要对当前本科阶段的地理核心素养培育进行审视与反思，加强与中学基础地理教育的衔接，为更高层次地理学人才培养打下坚实基础，通过地理核心素养培育的实践和探索，建立牢固的专业思想与学科自信。

一、地理核心素养：概念和内涵

2022年全国两会期间，全国政协委员、中国地质大学（武汉）教授童金南提交了"关于将中学'地理'课改为'地球'课的建议提案"，建议将我国当前中学"地理学"课程改为"地球科学"，引起了地理同行不同程度的反响。其实，这个提案对中学"地理"课存在一定程度的误解，中学的地理不是一个严格意义上的地理学，北京大学贺灿飞教授认为中学地理更多是学习关于地球的道理，我们非常赞同这个观点，中学的地理教育，注重的是地理素质教育，涉及地球科学的不同领域，而大学本科地理教育，才是进入地理学专业领域，需要遵循学科专业范式，是地理学专门人才的培养过程。所以，没有必要把中学"地理"改为"地球"课，但在中学地理教育中，应该逐步讲清楚什么是地理学、什么是地球科学，适度增加地理学以外的地球科学内容，以便与大学本科学习有一个好的衔接。

现代地理学的发展不断深化，学科体系不断完善，将地球表层系统视为研究对象，在继承传统地理学思想的基础上，借鉴相关学科的研究方法，强化地理过程研究，不断向综合性和定量化方向发展。与此同时，地理学研究议题变得更为综合与多元，吸引了更为广泛的学科参与，地理学视角在越来越多的领域得到重视，概念和工具所属的学科边界正变得模糊（傅伯杰等，2015）。对地理学发展趋势的学习与掌握，能有助于我们更好地理解与把握地理核心素养的概念和内涵。

"素养"通常有三个层面的含义：①指一个人的修养，与素质同义；②由训练和实践而获得的一种修养；③由训练和实践而获得的技能。"学科素养"是学生或学者在本学科内所具备的基本专业素质，这些素质是通过长时间的专业训练所形成的专业思维能力与专业基本技能。而一个学科的核心素养是素养在特定学科的具体化，学科核心素养必须反映该学科本质和教育价值，内涵清晰，可教可学。

用"地理+核心素养"检索百度学术，共 21 200 条文献记录，约 90%聚焦在中学地理核心素养，绝大多数发表在中学地理教育教学期刊上。由此我们产生一些困惑，高校教师为什么较少去讨论地理核心素养问题？是不是认为地理核心素养问题已经（或应该）在基础地理教育阶段解决？那在研究生教育阶段，导师又为何抱怨本科生地理素养欠缺？本科地理教育阶段如何强化与提升地理核心素养？

中学地理教育经过多年的探索和实践，已经对地理核心素养有了比较一致的共识（张家辉，2015；韦志榕，2016；汤国荣，2015）。2021 年颁布的义务教育《地理课程标准》明确指出："地理课程核心素养是学生通过课程学习逐步形成的正确价值观、必备品格和关键能力，包括人地协调观、综合思维、区域认知和地理实践力。"这是基础地理教育给出的答案，本科地理教育与基础地理教育是一脉相承，还是需要进一步深化或细化？2018年颁布的《普通高等学校本科专业类教学质量国家标准》中地理科学类专业培养目标指出，地理专业毕业生应该具备："通过野外综合考察、社会调查、实验分析等获取第一手科学资料和数据的能力；能够分析、归纳、整理数据，掌握一定数理统计分析和计算机技术，具有定量分析研究地理问题的能力；具有遥感、卫星定位导航、地理信息系统的应用或开发能力；具备一定的自主设计实验和开展野外调查的能力"。哪种能力是地理学独特的核心能力？这些能力与核心素养是什么关系？

我们认为，本科地理教育与中学基础教育在地理核心素养培育方面，应该是一脉相承的，同时也应该深化、细化与系统化。"人地协调"，中学阶段关注基本价值观培养，大学本科地理需要深入理解地球表层复杂系统人地耦合；"综合思维"，中学阶段强调多维度、多因素观察思考地理问题，本科阶段需要培养交叉创新、多元融合与系统综合；"区域认知"，中学阶段注重对特定区域的了解，本科阶段需要强调在特定的时空尺度上区域分异以及培养对区域认知的空间重构能力；"地理实践力"，目前中学培养的主要还是读图、观察和研学能力，到了本科专业人才培养阶段，地理实践力的内涵将大大丰富，也就是《普通高等学校本科专业类教学质量国家标准》地理科学类人才培养目标中列举的各种能力。

二、本科地理核心素养培育的困惑

自新中国成立以来，为满足国民经济和社会发展的需要，中国的地理学基于其区域性和综合性两大学科特性的优势，在"以任务带学科"的背景下发展起来并取得卓有成效的研究成果，直接或间接地影响了国家社会经济发展进程（吴传钧，2003）。可见，地理学人才的培养是与社会发展紧密联系的，在基础地理教育中，已明确指出地理核心素养由人地协调观、综合思维、区域认知和地理实践力四个维度构成，从知识、技能、思维和价值观等不同层次贯彻地理学学科内涵并反映当前社会发展的需要，而《普通高等学校本科专业类教学质量国家标准》则强调了对地理学下的自然地理学、人文地理学和地理信息科学学科知识的掌握与应用以及研究分析能力，同样突出其社会服务功能。

然而，在实际的本科地理教学中，学科分支下的专业分流设置难以与基础地理教育中所强调的四大核心素养有效衔接。同时，在就业和科研导向的培养过程中，细分专业下的教学过程往往会忽视地理学这一大的学科格局，造成培养过程中地理学基础知识不扎实，子学科之间的专业壁垒明显，甚至导致地理学在与其他学科的交叉融合中，失去"地理味"等问题。

总的来说，当前本科地理核心素养培育过程中仍存在诸多困惑，主要体现在学生的"学"和教师的"教"两个方面。

（一）本科地理专业学生的困惑

在一项对某高校地理专业认同感的调查中，学生对地理专业的喜好程度为一般，报考志愿顺序以第二、第三志愿为主；接近一半的学生认为地理专业的前景一般，介于就业光明与就业困难之间，总体的专业认同感不高；大部分学生认为专业课程设置中，有用的课偏少，实操性和应用性不足。从学生的角度出发，教育是一个系统工程，中学教育和大学教育是整个系统中相互独立又相互影响的两个部分。在中学接受的地理教育是大学地理教育的基础和前提，而大学地理教育又对中学地理教育起着很大的导向作用。但长期以来，我国的大学与中学地理教育间衔接不够紧密，教学体系很大程度上相分离，导致知识体系和培养模式存在较大差别。

地理学是一门交叉性极强的学科。按照学科划分，地理学中的自然地理学应当属于自然科学，人文地理学偏向社会科学，但在我国中学阶段，地理统一归为文科，大学阶段的地理学则属于理学。大学招收学生时偏向理科考生，由此导致许多中学里系统接受过基础地理教育的学生不能满足报考条件，而未完全系统接受基础地理教育的学生则被调剂至"陌生"的地理专业中，出现地理人才培养体系的断裂问题。

大学与中学地理教育和人才培养体系的不连续性还会导致地理专业的大一新生面临适应困难、专业迷茫甚至出现焦虑、厌倦的情绪。在中学阶段，以高考为导向的地理学习，更强调对应试技能的培养，地理知识的赋予更多地是从教师到学生的单向度流动，大部分学生对地理科目的学习是在选拔性考试制度下的被动适应，最终目标是获取好的卷面成绩。而且地理往往是水平统一考试的其中一个科目，在"及格便是成功"要求下，中学阶段学生较难培养学习地理知识的内在动力，强化学习地理的主动性。到了大学阶段，地理专业的教学更强调自主、创新和实践，注重对知识的理解和综合分析与应用，地理知识是多向度的流动与生成：地理知识的传递一方面是师生之间、学生朋辈之间，另一方面是从地理学界的学术前沿中吸取营养。因此，学生的地理学习往往要求在主动探索、自我建构中完成，最终目的是实现学生的体系性地理知识的获得以及专业能力的综合发展。因此，中学与大学地理教育之间在教育模式和人才培养体系上的割裂问题，在深刻影响地理专业学生对专业的兴趣与认同，是本科地理核心素养培育过程中需要重点关注的话题。

（二）高校地理专业教师的困惑

全面振兴本科教育是当代中国高等教育改革发展的共识。从教师的角度出发，高校教师既是科研工作者，同时在根本上最重要的身份是教育者。当前，回归大学人才培养的本源，以教学为中心的意识越来越得到强化，高校地理教师在承担地理本科教学过程中，也衍生出一些值得关注的问题。如担任地理学专业课程的教师可能科研能力很强，但教学能力缺位；能做好一个学术报告，但不一定能上好一节课；能写好一篇文章，但不一定能带好一个实习；能做好自己的研究，但不一定能培养出一批好学生；能做好一个地理小方向，但不一定能教授学生大地理格局思维等。

由此引发思考：高校地理教师自身的地理核心素养是否完备？该如何继

续提升？如何协调好教学与科研双重角色？从目前高校地理学专任教师的配置来看，并非所有教师都是地理学专业背景"科班"出身，对于地理学学科本质及基础理论等认识不够深刻，抑或长期囿于自身的研究小方向，忽视了背后的大地理思维，这些都不利于教师自身的地理核心素养的提升，更何谈将地理核心素养的培育融入本科地理教学之中。在大学，教学与科研应当是相统一的，作为教育工作者，教师应当将科研成果转化为教学内容，让学生接触专业前沿，开拓学生学科视野，从而获得专业能力和素养的提升，让科研服务于本科教学，而非仅仅为了科研而科研。

综合来看，地理核心素养的培育，应当贯穿基础地理教育与高等地理教育的整个教育阶段，特别是本科地理教育阶段，作为地理学专业人才培养的基础，更需要主动去审视当前本科地理核心素养培育所遇到的问题。

问题一：对于地理核心素养，本科地理教育如何实现与基础地理教育保持一脉相承的基础上，实现进一步的深化或细化？高中地理课程标准将地理核心素养划分为区域认知、综合思维、人地协调观和地理实践力四个维度，并对各维度进行了核心素养水平等级的细化，体现了其坚实的地理学基础和学科特色。高中地理核心素养既是课程目标，也是进行学业质量检测的依据，具有更明晰的评价标准和操作可能（吴传钧，2003）。而《普通高等学校本科专业类教学质量国家标准》中，地理类专业的培养目标更强调地理学的理论知识掌握和相关实践技能的提升，但对于地理学独特的核心能力的定位以及地理学的学科特色彰显等问题，并没有做出明确说明。加上本科地理教学质量评价标准的缺位，尚未形成与高中地理教学的有效衔接，从而导致大学阶段的地理教学无法进行精准的教学研判和诊断。

问题二：地理学培养"专门人才"还是"万金油式通才"？地理学专业课程多以部门地理学为单位开展，课程门类多样，且与相关的自然学科和人文社会学科交叉，涉及专业之广，但也容易"学而不精"。其中体现之一是毕业生在就业中难以凸显其竞争优势。

问题三：地理学内部如何实现专业之间的相互融通？本科地理科学类分地理科学（师范）、自然地理学、人文地理学和地理信息科学四个专业，实际人才培养过程中专业方向更细碎化，主要围绕本专业即地理学二级学科的分支展开，不重视其他二级学科的学习，导致学生的地理学学科基础薄弱，不利于大地理综合思维的形成，这种培养方式是否对冲了地理学综合性、区域性学科特性？（刘云刚等，2018）

问题四：不同类型、层次高校地理专业如何改进核心素养培育方式？现行大学办学模式主要有专业性大学与综合性大学、普通大学与精英高校等，高校自身的发展定位将影响着地理学人才培育的发展方向。同时，结合高校自身的学科特色或社会资源，不同高校地理学专业的地理核心素养培育方式也应当有所不同，是培养研究型人才还是应用型人才，地理学背景下不同专业方向的地理核心素养应有哪些共性，又有哪些方面是需要侧重培育的，都是高校自身需要重点挖掘和考虑的问题。

从地理学各分支学科发展来看，自然地理学在地理学学科的科研和人才地位强势，但与此同时专业呈弱化趋势，存在着对于各自然要素的关注越来越深入而忽视了地理学所强调的自然地理要素的综合集成的倾向；人文地理学则多样化发展，社会化倾向加剧，人地地域系统研究仍需加强；GIS 的技术化、工具化导致地理信息科学专业发展渐渐失去地理学内核，离心化严重，学科发展也在深刻影响专业的培养方向。

在课程设置方面，本科低年级专业课程设置偏少，学生对地理学专业认知模糊，而高年级考研与就业导向加重，专业学习的急功近利色彩浓，因此在整个本科阶段难以顾全学生的地理核心素养培育过程。值得注意的是，当前本科地理教育阶段还面临区域地理专业消失、区域地理课程弱化、区域认知能力下降等问题。此外，地理实践课程是地理学专业的重要组成部分，众多地理学专业实践课程中的地理实践力如何强化同样值得关注。

三、广州大学地理核心素养培育的实践和创新

（一）实践一：行知地理拔尖人才创新实验班

行知地理拔尖人才创新实验班旨在培养具备扎实的地理科学基本理论与方法，了解本学科的最新发展，具备地理野外工作技能，经受科学研究的基本训练，富有创新意识和创造能力，学术发展潜质好，学风优良，有意愿进入国内外知名高校继续深造的学术型拔尖创新人才。

广州大学地理科学与遥感学院从 2017 年建班开始，每学年从地理科学专业、地理信息科学专业和人文地理与城乡规划专业的大三学生中遴选出 20 多名品学兼优、有科研潜质与深造学习意愿的学生组成实验班，每位学生自主选择导师进行专业引导和学术研究指导。

实验班采用动态遴选制度和传帮带的人才滚动培养方式，每学期对学生的学业成绩、科研实践等进行考核，积极发挥学生自身的帮扶带动作用，老生带新生，通过经验交流、知识分享、精神鼓励等多种形式，凝集班级内部和班级之间的力量，共同推动人才滚动良性循环培养机制，营造良好学习气氛，提高学生深造的规划和学习能力。

通过导师们的精心指导，如定期开展组会、定量阅读文献等，从学习研究思路开始，梳理内在学科逻辑，到具体的实验及软件操作，同学们走进了科研的大门，拓展了知识储备，提升了地理科研思维能力，不少同学取得了科研项目、发表了学术论文以及在各类学术竞赛中获奖。

（二）实践二：小班研讨课程体系

小班研讨课是广州大学地理科学与遥感学院课程体系中的特色课程体系。小班研讨供学院不同特色科研方向的教师进行申报，8 人成课，要求采用

启发式和探究式的创新性授课方式，重在加强与学生的深度互动交流，引导学生研究性学习和创新性思考。对国际学术前沿进行历史回顾、热点解读、前沿展望式的讲解，系统地介绍当前不同领域研究的热点，包括解读学科发展情况以及经典的案例支撑等。小班研讨课一般不设期末考试，采取形成性评价与总结性评价相结合的考核方式，由主讲教师根据学生课程学习情况进行成绩评定（采用优、良、中、及格、不及格等级记分制）。经学校评审通过并成功开设的课程，授课教师课时工作量乘以 1.2 倍的系数，对教学效果优秀的课程进行奖励。目前学院已经形成了"文化地理学""水环境管理专业技能培训""复杂生态系统研究前沿"等广受学生好评和欢迎的小班研讨课。

（三）实践三：院长和专业学术带头人的"第一课"

学院特别注重大一新生"第一课"。比如吴志峰院长主讲的课程"穿越地平线的渴望——重新发现和理解地理学"广受学院内外师生的欢迎。课程讲述了地理学的跨学科特性与前沿方向、地理学对社会经济及国家发展战略的重要作用、岭南地理学的发展等。通过报告，学院全体师生都可以感觉到地理学从全球、国家到区域、城市、社区多尺度渗透，其独特的学科特色与优势逐渐被认可。课程也通过大量实例让学生从全新的角度理解地理学的发展和前景。课程还结合科研者成长经历的视角，对大学生该如何度过大学美好的时光提出了建议。此外，类似经典的报告还有吴志峰教授、张盛达博士和章典教授共同整理的"从地图看中国古代'华夷观'之演变"。报告从古代地图的发展开始着手，脉络清晰地整理出历代"华夷观"演进。通过报告，地理师生既可以培养良好的专业认同感，同时这也是一堂优秀的思政课。

（四）实践四：专业认证带动全院教学规范化

广州大学地理科学与遥感学院地理科学专业于 2020 年顺利通过教育部师范类专业第二级认证，认证结论有效期六年（2020 年 7 月～2026 年 6 月）。

这是广州大学第一个参与并通过师范类专业第二级认证的打样专业，广州大学也是广东省地理科学专业第一家通过师范类专业第二级认证的高校。学院充分发挥通过认证专业的示范带动作用，落实"学生中心、产出导向、持续改进"的理念，全面推动地理科学师范类专业内涵建设和特色发展，特别是推动以认证过程中的问题等为切入点，鼓励并要求所有教师以"真建真改"的态度和扎实的行动，参与到认证建设工作中，以提升全体教师的教学水平和规范性。

（五）实践五：创造平台，鼓励本科生进平台、进项目、进团队

学院积极承办各类学科重要的会议和学术活动，创造平台，让本科生更好地进平台、进项目、进团队。比如学院以"人文地理学理论与实践前沿"为主题，承办了2021年广东省人文地理学研究生暑期学校。暑期学校邀请了国内人文地理学领域获得国家级人才项目的青年才俊，以14场精彩的学术前沿报告，共同建设起一个人文地理学术发展动态和最新研究成果的共享平台。除本校外，授课导师来自中国科学院地理科学与资源研究所、北京大学、北京师范大学、中山大学、武汉大学、华东师范大学和华南师范大学等国内人文地理学研究机构，主题涵盖文化地理、教育地理、人口地理、城市地理、经济（金融）地理、能源地理、城镇化、交通地理、乡村地理及人文地理学方法论等。暑假学校共计吸引国内外近1 200位师生参加，开班期间在线活跃学员达11 000人次以上，其中不乏本科学生的身影。活动为国内外人文地理学研究者提供了良好的学习机会和交流平台，增强了人文地理学新生力量的凝聚力和学科认同感，提升了学科影响力。

此外，学院推动科研团队建设，鼓励高年级本科生进入科研团队学习，通过本科生导师制模式，让本科生提前进入平台、项目和团队之中，获得更多的专业学习与能力培养机会。

四、结语

随着我国社会经济发展和自然环境的不断改善与重视，地理学当前遇上了大发展的好时代。地理学的可持续发展离不开一代又一代地理学人的传承、坚持和创新，无论在基础教育还是在高等教育阶段，地理学也必定是一门重要的课程和学科，理应得到重视和发展。回顾当前中国地理学人才培养的格局和区域结构，从核心素养角度剖析当前大学本科地理核心素养培育中的困惑和反思，并以广州大学地理科学与遥感学院为例，提出了一些创新的做法和思路，以供地理同行讨论与争鸣。

参 考 文 献

[1] 蔡运龙、张亚南："改善地理高考选拔创新人才"，《中国考试》，1999 年第 1 期。
[2] 傅伯杰、冷疏影、宋长青："新时期地理学的特征与任务"，《地理科学》，2015 年第 8 期。
[3] 刘云刚、陆大道、保继刚等："如何回归地理学：我的思考与实践"，《地理研究》，2018 年第 6 期。
[4] 美国国家研究院地学、环境与资源委员会地球科学与资源局重新发现地理学委员会：《重新发现地理学：与科学和社会的新关联》，学苑出版社，2002 年。
[5] 汤国荣："地理核心素养的内涵与构成"，《课程教材教法》，2015 年第 11 期。
[6] 唐晓峰：《从混沌到秩序：中国上古地理思想史述论》，中华书局，2010 年。
[7] 韦志榕："与老师们谈谈地理核心素养"，《地理教育》，2016 年第 4 期。
[8] 吴传钧："《重新发现地理学——与科学和社会的新关联》序——我们更需要重新发现"，《地理教育》，2003 年第 2 期。
[9] 叶超、尹梁明、殷清眉等："地理学是一门脆弱的学科吗?——哈佛大学撤销地理系事件及其反思"，《地理科学进展》，2019 年第 3 期。
[10] 张家辉："试析地理学科核心素养体系"，《中学地理教学参考》，2015 年第 5 期。
[11] 张箭：《地理大发现研究：15～17 世纪》，商务印书馆，2002 年。

本章作者：吴志峰、袁振杰、张棋斐
工作单位：广州大学地理科学与遥感学院

专业建设

第十二章　兰州大学自然地理与资源环境国家级一流专业建设和人才培养

兰州大学地理科学系创办于1946年。1952年设立自然地理学本科专业，1981年获得硕士学位授予权，1986年获得博士学位授予权。1991年成为首批"国家理科基础科学研究和人才培养基地"。经过多年的探索和实践，自然地理学专业教育逐渐形成了特色鲜明的"五·三"人才培养模式，为国家培养了一批优秀的毕业生。本章对兰州大学地理科学系的学术谱系和建设历程进行简要回顾，进而对自然地理学专业的发展现状和未来前景进行浅析与反思，以期在国家"双一流"建设背景下，面向学科发展前沿和国家需求，持续完善人才培养体系，服务于国内地理科学的发展。

一、谱系溯源

2000年前地理学就已经是一个范围明确的知识领域（迪金森，1980；中国科学院自然科学史研究所地学史组，1984）。但古典地理学的重点主要是地球的区域划分和系统描述其独特内容，属于一种前范式科学（库恩，2003）。18世纪中期以前，地理学可以说是百科全书式的资料汇编，没有区域分布的系统介绍或一般原理（迪金森，1980）。我国明清以前，除地图地志以外，没有系统的地理学（王庸，1938）。第一个把地理学作为独立课程讲授的是德国哲学家伊曼努尔·康德（Immanuel Kant，1724～1804），他将地理学与历史学并列，认为历史学是关于时间的科学，地理学是关于空间的科学，是对空间中发生事件的描述（赫特纳，1983）。这一观点被近代地理学的奠基人亚历山大·冯·洪堡（1769~1859）和卡尔·李特尔（1779~1859）（图12-1）传承下来。

康德（1724~1804） 　　　洪堡（1769~1859） 　　　李特尔（1779~1859）

图 12-1　近代地理学的奠基人

杰弗里·马丁（2008）认为一门学科成熟的标志是能够通过培养学生使其成为专家并以此作为谋生的手段，需要满足三个条件：首先，有一套被学界接受的概念或者行业范式；其次，出现了社团、协会、杂志以及提供概念和方法训练的大学专业教育；最后，获得专业学位的学生可以获得有报酬的工作。19世纪早期，一些地理学会的建立是早期发展阶段的显著标志，如1821年在巴黎成立了第一个地理学会，1828年在柏林成立了德国地理学会，1830年在伦敦成立了皇家地理学会。这些新成立的学会除了为这门新出现的学科联合多方力量外，还为出版刊物开辟了一条通道。1874年，普鲁士政府决定在所有国立大学里设立地理学讲座，这些教授就是德国第一代大学地理学家，其中的领袖人物便是费迪南·冯·李希霍芬（Ferdinand von Richthofen，1833~1905）。

李希霍芬在布雷斯劳和柏林大学学习地质学，曾受业于李特尔（迪金森，1980），1856年获得博士学位。1868~1872年，对中国进行了广泛的科学考察，为中国地学做了大量的开创性和准备性工作，其黄土风成说影响至今。回国后很快被任命为地理学会的领导人。1883～1886 年，受聘于莱比锡大学任地理学教授，致力于发展一门体系明确的地理学，认为地理学是研究地球表面以及与其有成因联系的事物和现象的科学，这对德国乃至世界地理学思想有着深远的影响。1886 年，李希霍芬回到柏林主持新设的自然地理讲座，直至 1905 年去世。在此，他培养出众多德国第二代地理学家，如阿尔夫雷德·赫特纳（Alfred Hettner，1859～1941）、西格弗里德·帕萨格（Siegfried Passarge，1866～1958）等。

中国近代地理学的先驱是张相文先生，1909 年在天津发起并成立了中国地学会；次年，《地学杂志》的创办标志着舆地之学向现代地理学发展的开端，但张先生的根柢是我国的古典教育，对学科新的趋向难以把握。在地理学教育机构方面，1921 年我国近代地理学的奠基人竺可桢先生（1890～1974）（图 12-2）在东南大学（其前身为南京高等师范学校）创建地学系，设地理气象和地质矿物两个专业，培养了张其昀、王庸、胡焕庸等中国第二代地理学家。竺可桢先生曾在罗伯特·德库西·华德（Robert DeCourcy Ward，1867～1931）教授指导下于 1918 年获得哈佛大学博士学位，后者是"美国地理学之父"、地貌学泰斗威廉·莫里斯·戴维斯（William Morris Davis，1850～1934）的学生（Davis，1932）。1930 年，东南大学由第四中山大学改名为中

| 戴维斯（1850~1934） | 华德（1867~1931） | 竺可桢（1890~1974） | 胡焕庸（1901~1998） |

图 12-2 美国与中国近代地理学的奠基人及学术传承

央大学后,地学系分成地理学系和地质学系,胡焕庸作为地理学系主任,又培养了王德基、李旭旦、任美锷、李春芬等一批中国第三代地理学人才。

王德基先生于 1930 年考入南京中央大学地理系,1934 年毕业后留校任教。同年秋,参加由黄国璋和费思孟(Herrmann Von Wissmann,1895～1979)(图 12-3)率队的"云南边疆地理考察团",原为摸清滇缅边界实况,维护国家领土完整,但因外交因素未果,遂进入西双版纳进行自然地理、民族和农业方面的调查研究,为热带资源的开发利用提供了基础资料(王乃昂、赵晶,1999)。费思孟是著名极地探险家、冰川地貌学家、地球物理学家埃里希·冯·德里加尔斯基(Erich von Drygalski,1865～1949)的学生,后者是李希霍芬的得意门生;1932～1937 年,费氏受当时国际联盟的聘请任教于中央大学,承担地形学、区域地理的讲授和野外实习等任务。1936 年,王德基考取洪堡奖学金,翌年随费氏赴德留学深造;1940 年,在提宾根大学荣获博士学位;1946 年,创建兰州大学地理系,培养了大批专门人才,为西北地理学的发展做出了重大贡献。

李希霍芬(1833~1905)　德里加尔斯基(1865~1949)　费思孟(1895~1979)　王德基(1909~1968)　李吉均(1933~2020)

图 12-3　王德基先生上承下传的学术谱系

二、艰辛创业

兰州大学地理系成立之初,教师仅有王德基和冯绳武两人,作为筚路蓝缕的创业者,两位先生竭尽心力,四处奔走延聘教师、购置设备,使地理系逐步达到办学条件并形成了相对完整的教学体系。1952 年，地理系设立自然地理学本科专业。1956 年，高等教育部批准地理系为副博士研究生培养单位，王德基教授为导师，李吉均先生从南京大学毕业来兰攻读研究生。自然地理学专业本科生的招生规模稳定在 30 人左右，学制由四年变为五年，地理系进入发展的新阶段。1958 年，增设地质学专业，同年成立气象学教研组。1960 年初，更名为地质地理系，师资力量达到了 50 余人，自然地理学专业曾设自然地理、区域地理与经济、地貌和测绘教研室，招生直到 1965 年为止。

1971 年，创办气象学专业。1975 年，自然地理学专业开设冰川冻土班。1976 年，设立水文地质及工程地质专业。这一时期，我国高等教育事业总体受到极大的冲击和破坏（高田钦，2015），地理学界"左"的思潮泛滥，尤其"文革"十年地理科学几乎被"取消"了（鲜肖威，1996）。1977 年底，国家恢复了考试招生制度，高等教育的拨乱反正基本恢复了正常的教学秩序，地质地理系的地理学专业、区域地质调查及矿产普查专业、水文地质与工程地质专业、大气学专业同时招收学生，于次年 2 月入学，学制重新变更为四年（杨锡金、张维信，2006），优良的办学传统和丰厚的人文底蕴使学校立即焕发出勃勃生机。

三、改革振兴

1984 年初，地质地理系分设地理学系和地质学系，李吉均先生被任命为地理学系的主任，立即着手谋划地理学系的恢复、振兴和发展，围绕学科建设明确提出要抓好"师资队伍建设、特色专业建设和实验平台建设"，其中特色专业建设具有龙头作用。地理学系利用地处三大自然区过渡带得天独厚的区位优势，针对具有干旱高寒特色和全球意义的科学问题，围绕青藏高原隆升及其环境效应、现代冰川与第四纪冰川、黄土地层与古气候、水系演化与河谷发育、干旱区气候变化等研究领域，凝聚师资力量，逐渐形成稳定的学科方向与研究特色。1992 年，在"地球系统科学"思想的提出（National

Research Council，1986；Earth System Science Committee，1988）和钱学森先生（1987，1989）发展地理科学的倡议下，地理学系更名为地理科学系。

通过四代人 70 余年的辛勤耕耘，地理科学系造就了一支结构合理、年轻化、层次高的研究群体，现有教师 94 人，其中国家级教学名师 1 人，教育部"长江学者奖励计划"特聘教授 3 人、青年学者 2 人，国家杰出青年科学基金获得者 4 人、优秀青年科学基金获得者 4 人等。拥有自然地理与资源环境、人文地理与城乡规划以及地理信息科学三个本科专业，自然地理学、人文地理学、第四纪地质学、地图学与地理信息系统、城市与区域规划以及地球系统科学六个硕士学位授权点，地理学（自然地理学、人文地理学、地图学与地理信息系统以及地球系统科学）和第四纪地质学两个学术博士学位授权点以及资源与环境专业学位授权点、地理学博士后流动站。其中，自然地理学在 1998 年入选甘肃省重点学科，2001 年入选国家级重点学科，2002 年在国家重点学科全国评审中并列第一。2008 年，地理科学（自然地理与资源环境）专业被评为国家高等学校特色专业建设点。

在实验室平台建设方面，地理学现拥有西部环境教育部重点实验室、环境地学国家级实验教学中心、西部资源环境科学研究中心、中东亚干旱环境变化国际联合研究中心、甘肃省环境地质与灾害防治工程技术研究中心、甘肃省地理信息虚拟仿真实验教学示范中心、中国西部循环经济研究中心、生态文明建设研究评估中心、城市规划设计研究院、旅游规划设计研究院、城乡建设研究中心、西部环境与社会发展中心等多个研究机构。另外，兰州大学以地理学科为依托，成立了县域经济发展研究院、祁连山研究院、泛第三极生态环境与气候变化前沿科学中心、黄河流域绿色发展研究院等研究机构。本学科始终立足于基础研究，瞄准学科发展前沿，聚焦国家战略需要，为教育强国、文化强国建设做出了突出贡献。近年来在科研成果方面，共获得 5 项国家自然科学奖二等奖、2 项国家科技进步奖二等奖以及 20 余项省部级科技奖励。

四、人才培养

重视教育教学质量的持续提升历来是兰州大学地理科学系学科建设规划的核心内容,尤其是 1991 年地理学被国家教委批准为首批"国家理科基础科学研究和教学人才培养基地"之后,教育教学改革成为本学科发展的重要课题。综合师职力量、科研优势和区位特色等因素考虑,基地班设立之初学生以自然地理学专业为主体,每年招生 25~30 人,基地班与非基地班学生同室合班课,为激励学生的学习积极性,专业内实行"一班两制"的对流淘汰制度。从培养基础理论型人才的目标出发,同时响应国家教育部面向新世纪教学内容与课程体系的改革,不断地调整思路、制定新的教学内容和课程体系,如重视数理化等基础课程的设置,把作为所有自然科学基础的数理化,视为地理科学向高水平发展、寻求理论和方法突破的重要支撑体系(高崇伊、胡显茹,1997);同时,加强地表四大圈层理论在内的基础课以适应新时代对学生科学素质的要求,加强新方法新手段训练以适应科学研究的技术化趋势,加强英语教学以适应科学研究的国际化趋势(周尚哲等,2000)。

经过多年的探索和实践,自然地理学专业教育逐渐形成了特色鲜明的"五·三"人才培养模式,即"数理基础课—专业基础课—特色方向课"三层次的课程体系,"课堂教学—实践教学—科研培训"三端元的教学结构模式,"课程实验—课间实习—综合实习"三类别的实践教学体系,"跨学科交叉—校际联合—国际化交流"三级别的联合培养模式,以及"本科生—硕士生—博士生"三阶段的统筹培养方案。同时,强化课程、教材与教学团队建设,"自然地理学""地貌学"先后入选国家级精品课程,"气候学"与"生态学与陆地生态系统"入选甘肃省高等学校精品课程,"生态学与陆地生态系统""地貌学"入选甘肃省线下一流本科课程,"自然地理学"入选甘肃省线上线下混合式一流本科课程,"兰州盆地地貌演化与环境变迁虚拟仿真实验"入选甘肃省虚拟仿真实验教学一流本科课程;地球系统科学教学团队被教育部认定为国家级教学团队;"自然地理学"获得第二届全国优秀地理图书普通高等教育教材及首届全国优秀教材(高等教育类);王乃昂教授荣获全国教材建设先进个人称号。1997年,李吉均院士参与的"高等理科教育基础科学研究和教学人才培养基地建设模式探索与实践"曾获国家级教学成果二等奖。2004年,地理学基地被教育部和国家自然科学基金委联合专家组评估为优秀基地。2005年,李吉均院士领衔完成的"立足西部、改革创新,建设一流国家理科地理学基地"荣获第五届高等教育国家级教学成果一等奖。2014年,王乃昂教授参与的"创建高校野外联合实践教学共享体系,开辟地理学拔尖创新人才培养新途径"荣获国家级教学成果二等奖。

自然地理学专业的多数毕业生进入了国内外高等学校、科研院所等学术机构(图12-4),已成为行业的翘楚和社会的中坚力量,其中国家级人才计划入选者达35人,"一门四院士""师生三代勇闯三极"更是成为科坛佳话、学界美谈,激励着一代又一代兰大学子栉风沐雨、砥砺深耕,与学术为伍、与时代同行。

图12-4 2017年11月20~22日全国自然地理学大会在南京大学举办,会议期间兰州大学校友合影留念,前排中央为李吉均院士

五、学科发展面临的挑战和机遇

对学科发展的现状和前景有一个比较清醒的分析与相对准确的把握,是

进行学科建设和人才培养的首要条件（周尚哲等，2000）。由于地理学的研究内容涉及从环境变化到社会矛盾的广阔领域，其研究方法也已经从勘察、观测、记录、制图等传统的研究方法，向空间统计、对地观测、GIS、室内外模拟、建模、决策系统等现代科学方法转变，逐渐走向综合性、定量化；随着地理学面临的问题更加复杂、更加综合，地理学研究议题也变得更为综合与多元（傅伯杰等，2015）。作为研究地球表层自然环境的空间特征、演变过程及其地域分异规律的自然地理学，学科属性以自然科学为主，涵盖气候、地貌、水文、土壤、生物等自然地理要素（陈发虎等，2021）。而受20世纪科学还原论趋势的影响，自然地理学的分支学科走过了一条各自深入的发展阶段，使得其内部结构松散、空心化严重（格雷戈里，2006）。近年来建立且发展迅速的地球系统科学与可持续性科学是当前重要的国际学术前沿，自然地理学对此类学术领域都曾经有过重要的贡献，但目前的表现显得较为贫乏，根本原因在于基础理论和研究方法的原创性不足。从系统的视角开启以认识区域整体行为为目标、以系统科学及复杂性的方法为手段，对陆地表层进行深入探索无疑是近期自然地理学的主要任务（宋长青，2022）。面临其他相邻学科的竞争和挑战，自然地理学必须与时俱进，否则就会有被边缘化的危险（格雷戈里，2006；蔡运龙等，2009）。

　　同时，自然地理学需要继续保持和培养与其他自然科学的密切联系与合作，因为物理学、化学、生物学、生态学等学科基本原理和研究方法的发展，是认识自然环境和生态系统中能量流、动力学及全球生物地球化学循环的重要支撑（蔡运龙等，2009）。目前经典的牛顿力学仍然是自然地理学作为实证科学范式的物理学和数学基础（宋长青，2022），而不是相对论或量子力学，其隐含的本体论是机械唯物主义，因此与当代物理学所揭示的世界的过程本质不符（Rhoads，2006，2022）。就地貌学而言，吉尔伯特最初的愿景是把地表形态与过程放在热动力学系统的物理学基础上进行研究，但经过演化地貌学（侵蚀循环理论）、动力地貌学、过程地貌学等阶段的发展，目前地貌系统的研究仍建立在经典力学和统计学上（Yatsu，2002）。另外，基因技术已经成为现代生物科学技术体系中的重要组成部分，对人类生产与生活产生了重大影响。而寻求最小的地理单元与地貌单元仍是自然地理学悬而未决的科学问题（迪金森，1980；Poeppl and Parsons，2018）。因此，我们理应时刻保持谦虚学习的态度，作为一个团体与其他学科进行交流合作才能得到应有的尊重。

伴随着经济社会各领域的快速发展，我国自然地理与生存环境的基础研究已经实现了飞跃式发展，取得了举世瞩目的成就（陈发虎等，2019）。在全球环境变化、经济一体化的宏观背景以及在推进生态文明建设的国家需求下，作为地理科学的基础学科和地理科学研究的基石——自然地理学，需要持续深入研究的科学问题仍是要厘清自然地理要素的时空格局及其变化特征，其中的变化包括幅度、速率、自然和人文驱动要素的归因。同时，积极发挥我国自然地理研究的优势，明晰自然地理要素变化的过程、规律与机制及其所造成的影响和人类对这一过程适应的方式，持续推进基础研究为国家战略服务，为区域社会和经济发展做出应有的贡献，进而在全球视野下构建具有中国特色的自然地理学理论和研究范式（陈发虎等，2021）。

六、人才培养的提升计划

为提升自然地理专业的育人水平，近年来本学科积极对标世界一流专业，在学校统筹规划下探索"三制三化"，坚持"以本为本"，推进"四个回归"，围绕立德树人根本任务，持续完善培养方案和课程体系，加强师资队伍的科教融合，通过制度建设、文化建设强化管理和服务功能，全面提高人才培养能力和学科建设水平（图12–5）。

在教育教学改革方面的举措主要包括：①大类招生分流培养，培养高素质复合型人才；②规划课程建设，打造优秀教学团队；③强化科教融合，推进本科生导师制；④创新实习模式，增强学生实践能力；⑤推进本研贯通，探索拔尖创新人才培养体系。同时，融入当前课程体系改革的新要求，从培养方案入手，进一步凝练和提升学科基础课程与专业核心课程，构建多样化模块化的专业前沿选修课程，注重过程性考核；强化实践育人环节，鼓励本科生参加科研项目，全面提高人才培养质量。

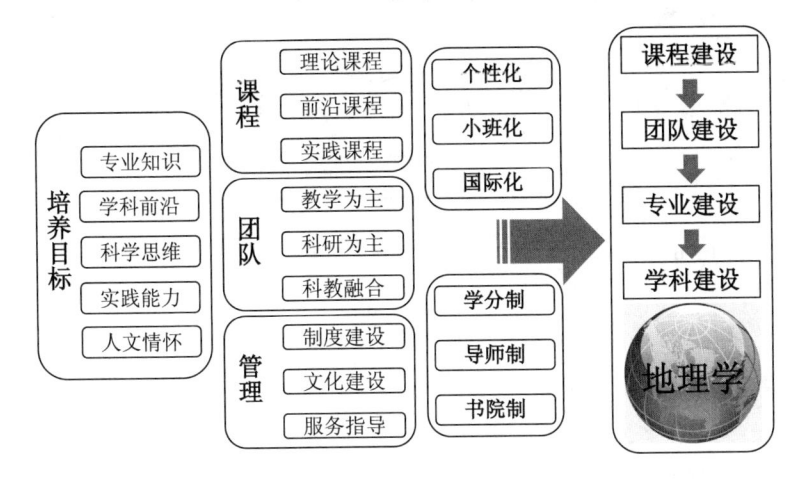

图 12-5　兰州大学地理学学科建设与人才培养提升计划方案

其中，培养方案是人才培养的规范，我们充分考虑学科、教师与学生三者之间的关系，努力做到课程体系与专业培养目标的契合、学科建设与人才培养体系之间的协调发展（图 12-6）。学科建设也就是教师教学、科研活动的组织、协调、规划和指导的过程。自然科学基本上是由基础理论、学术前沿和技术支撑三部分构成，对应于教学体系中的理论课程、前沿课程和实践课程。现有教师队伍是培养方案的制定者和实施者，也是学科建设的主力军，只有每位教师在充分思考、形成、利用个人对学科信仰和规范原则进行归纳总结的基础上，才能梳理出本学科的基本理论，并围绕擅长的研究方向将科学数据转化为科研和教学上的产出，才能促进学科的健康发展。学生是培养方案的中心，通过知识的创新和传授使学生掌握专业的理论基础，了解学科的发展前沿，具备学术研究的基本技能，毕业后才能走向以问题为导向的研究之路，或者从事教育、管理、服务等复合性工作，也可以根据国家需求多渠道灵活择业。

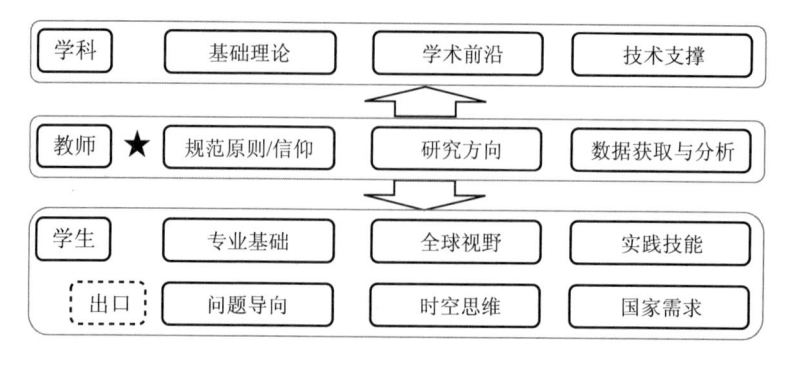

```
┌──────┐  ┌──────────┐  ┌──────────┐  ┌──────────┐
│ 学科 │  │ 基础理论 │  │ 学术前沿 │  │ 技术支撑 │
└──────┘  └──────────┘  └──────────┘  └──────────┘
                              ↑
┌──────┐  ┌──────────────┐  ┌──────────┐  ┌──────────────┐
│教师 ★│  │规范原则/信仰 │  │研究方向  │  │数据获取与分析│
└──────┘  └──────────────┘  └──────────┘  └──────────────┘
                              ⇓
┌──────┐  ┌──────────┐  ┌──────────┐  ┌──────────┐
│ 学生 │  │ 专业基础 │  │ 全球视野 │  │ 实践技能 │
└──────┘  └──────────┘  └──────────┘  └──────────┘
┌┄┄┄┄┄┐  ┌──────────┐  ┌──────────┐  ┌──────────┐
┆ 出口┆  │ 问题导向 │  │ 时空思维 │  │ 国家需求 │
└┄┄┄┄┄┘  └──────────┘  └──────────┘  └──────────┘
```

图 12-6 培养方案的核心要素及教师、学科与学生之间的协调发展

（一）基础理论课程设置

地理学基础理论课程主要包括面向地理学科属性的课程，如各类导论、区域论、综合论，以及面向地理要素对象（即水、土、气、生、人）的课程，这些都是地理学的核心与基础，其综合性、交叉性和区域性特征明显。但是，由于学界对地理学整体发展方向的关注较为薄弱，对学科本体理论的构筑仍属于鲜见之举（哈维，1996；Phillips，1999；邦奇，2011）。基于传统的惯性和群体的惰性，课程内容如果仍以知识集合、堆砌的形式进行讲授，必然会导致学生的学习方式以记忆为主，会大大损伤学生对未知知识探究的积极性。

基于此类课程都是用来培养学生的专业素养，又是必修课和限选课，院系要求所有这些课程必须成立教学团队，由教授作为课程负责人，进行国内外广泛调研，在授课过程中注重学科基础与文化传统，强化对基础理论的梳理、研究范式及科学方法论的讲授，强调课程体系的高阶性和引领性，同时避免导论课与部门地理学之间的内容重复。

（二）学科前沿课程设置

依据柏林洪堡大学的创始者威廉·冯·洪堡（1767～1835，著名语言学家、教育改革家，亚历山大·冯·洪堡的兄长）"研究与教学合一"的理念，大学与教师要将科学研究和个人教育统一起来，激发学生潜在的学术兴趣，唤起对知识和真理本身的渴望，以培养全面发展的人（波尔舍，2017；张叶鸿，2020）。因此，本学科始终秉承"由科学而达修养"的教育原则，致力于学生的科学素质与创新能力方面的培养，利用科研实力雄厚、研究方向鲜明的学科特色开设学术领域前沿类课程，包括聘请国内外知名学者开设研究方向课、地理学前沿与学科交叉讲座，鼓励专业之间的课程交叉与融合；稳步推进双语课程、全英语课程的建设。

同时，配合学校制定实施了"2+1+G"的"本研贯通"人才培养模式，其中"2"为本科四年制的本科大类学习年限，"1+G"为本研贯通学习年限，进而统筹学生本科与研究生阶段的教育，成为培养拔尖创新人才的重要途径。依托资源环境学院，联合西北生态环境资源研究院、青藏高原研究所以及校内泛第三极生态环境与气候变化中心、祁连山研究院等机构，组建了跨学科导师团队，形式自主设立创新课题，强化学生在不同研究方向课题组之间科研训练轮转工作，培养和引导学生的知识广度、科研能力与学术思维。

（三）实习实践课程设置

地理学是一门实践性很强的基础学科。为更好地提升学生的动手实践能力，本学科要求所有的理论课程也要注重增加实验设计、数据获取和分析的环节。依托环境地学国家级实验教学示范中心与西部环境教育部重点实验室，利用课程实验、创新创业项目、毕业论文实验设计等强化对学生科学研究的基本训练和创新能力的培养，努力提高实践教学质量和激励学生的科研创新。

以课程为主，实习实践教学分为课间认知实习和项目设计实践两类；在大一至大三暑假期间进行三次野外综合实习，其中围绕三大自然区过渡区野外实习基地进行的野外综合实习是教学计划中一个相对独立的重要组成部分。在此过程中，学生可以印证学科的基础理论与基本知识，初步掌握野外调查与研究的方法。同时，可以结合个人的创新创业项目和毕业论文设计进行制图、样品采集、分析化验、数据获取等。本实习路线已成为众多高校地理学实习的重要内容，其中，2016～2019 年，每年度在此承办一次全国（含港澳台地区）高校组成"发现计划"地理学联合实习，对培养学生实践能力和创新意识发挥了重要作用。近年来，本学科在兰州市连城国家级自然保护区和武威市西营镇建设了科学观测研究站（图 12-7），同时围绕学生的实习实践和创新课题任务，搭建了产学研一体化的科教平台。连城森林生态系统观测站与石羊河流域观测站（武威凉州）先后于 2018 年、2020 年入选甘肃省野外科学观测研究站。

图 12-7 三大自然区过渡区野外实习基地与全国地理学联合实习集锦

七、结语

在国家"双一流"建设背景下，兰州大学地理学的自然地理与资源环境专业、人文地理与城乡规划、地理信息科学三个专业都已入选国家级一流本科专业建设点，进而促使本学科必须始终坚持立德树人根本任务，面向学科发展前沿和国家需求，持续完善人才培养体系，发挥自然地理学的龙头作用，更好地加强学术引领、弘扬大师精神、重视文化传承，服务于国内地理科学发展。同时，主动承担起为西部地区生态文明建设、黄河流域生态保护和高质量发展国家战略、山水林田湖草沙生命共同体系统治理、"一带一路"倡议和第二次青藏高原综合科学考察研究等国家需求提供重要的科技支撑，不断提升兰州大学地理学的影响力。

参 考 文 献

[1] 邦奇著，石高玉译：《理论地理学》，商务印书馆，2011 年。

[2] 波尔舍著，赵劲等译：《洪堡哲学思想评述》，同济大学出版社，2017 年。

[3] 蔡运龙、宋长青、冷疏影："中国自然地理学的发展趋势与优先领域"，《地理科学》，2009 年第 5 期。

[4] 陈发虎、傅伯杰、夏军等："近 70 年来中国自然地理与生存环境基础研究的重要进展与展望"，《中国科学：地球科学》，2019 年第 11 期。

[5] 陈发虎、吴绍洪、刘鸿雁等："自然地理学学科体系与发展战略要点"，《地理学报》，2021 年第 9 期。

[6] 傅伯杰、冷疏影、宋长青："新时期地理学的特征与任务"，《地理科学》，2015 年第 8 期。

[7] 高崇伊、胡显茹："关于兰州大学地理学基地班物理课程内容改革的调查报告"，《高等理科教育》，1997 年第 2 期。

[8] 高田钦：《"文革"时期我国高校组织及制度变迁》，南京大学出版社，2015 年。

[9] 格雷戈里著，蔡运龙等译：《变化中的自然地理学性质》，商务印书馆，2006 年。

[10] 哈维著，高泳源等译：《地理学中的解释》，商务印书馆，1996 年。

[11] 赫特纳著，王兰生译：《地理学——它的历史、性质和方法》，商务印书馆，1983 年。

[12] 迪金森著，葛以德等译：《近代地理学创建人》，商务印书馆，1980 年。

[13] 库恩著，金吾伦译：《科学革命的结构》，北京大学出版社，2003 年。

[14] 马丁著，成一农译：《所有可能的世界：地理学思想史》，上海人民出版社，2008 年。

[15] 钱学森："发展地理科学的建议"，《大自然探索》，1987 年第 1 期。

[16] 钱学森："现代地理科学系统建设问题"，《地理环境研究》，1989 年第 2 期。

[17] 宋长青：《地理学要义：陆地表层系统研究的思维基础》，商务印书馆，2022 年。

[18] 王乃昂、赵晶："王德基教授和《汉中盆地地理考察报告》"，《中国科技史料》，1999 年第 2 期。

[19] 王庸：《中国地理学史》，商务印书馆，1938 年。

[20] 鲜肖威："犹自奋蹄——我的地理教学生涯与学术思想"，《四川师范大学学报（自然科学版）》，1996 年第 1 期。

[21] 杨锡金、张维信："我们记忆中的地理科学系"，王乃昂等编著：《地学华章——兰州大学资源环境学院成立60周年纪念文集》，甘肃人民出版社，2006年。
[22] 张叶鸿："创造性思维教育与洪堡大学理念"，《清华大学教育研究》，2020年第5期。
[23] 中国科学院自然科学史研究所地学史组：《中国古代地理学史》，科学出版社，1984年。
[24] 周尚哲、李吉均、王恩涌："地理科学教学内容与课程体系改革若干问题"，《高等理科教育》，2000年第3期。
[25] Davis, W. M. 1932. The college life of Robert DeCourcy Ward. *Annals of the Association of American Geographers*, Vol. 22, No. 1.
[26] Earth System Sciences Committee, NASA Advisory Council. 1988. *Earth System Science: A Closer View*. Washington, D.C., National Aeronautics and Space Administration.
[27] National Research Council. 1986. *Earth System Science: Overview: A Program for Global Change*. Washington, D.C., The National Academies Press.
[28] Phillips, J. D. 1999. *Earth Surface Systems: Complexity, Order, and Scale*. Blackwell Publishers, Oxford.
[29] Poeppl, R. E., Parsons, A. J. 2018. The geomorphic cell: a basis for studying connectivity. *Earth Surface Processes and Landforms*, Vol. 43, No. 5.
[30] Rhoads, B. L. 2006. The dynamic basis of geomorphology reenvisioned. *Annals of the Association of American Geographers*, Vol. 96, No. 1.
[31] Rhoads, B. L. 2022. Whither physical geography redux: revisiting the place of physical geography in the United States. *Philosophy, Theory, Models, Methods and Practice*, Vol. 1, No. 1.
[32] Yatsu, E. 2002. *Fantasia in Geomorphology*. Sozosha, Tokyo.

本章作者：高红山、勾晓华、金明

工作单位：兰州大学资源环境学院

第十三章　武汉大学地理信息科学国家级一流专业建设探索和实践①

地理信息科学（Geographic Information Science）处于地理学科体系的核心地位，它传承了地理学的空间分析传统，扮演了地理学与信息科学等其他学科之间联系桥梁的角色（刘瑜，2022）。当前，信息通信技术（ICT）的发展日新月异，数字技术与"互联网+"模式促使地理信息的发展理念发生转变。以大数据、云计算、人工智能、移动互联等为代表的高新技术，正全面而深刻地引领社会发展前进的方向，并在很大程度上决定了人类社会未来的形态。地理信息与人类行为活动息息相关，ICT时代下的地理信息服务内容和形式的转变的确是一种挑战，但与ICT之间产生的深度融合与创新也尤其令人憧憬。

本科教育既是综合性大学最基础的、同时也最体现人才培养水平的高等教育类型，综合性大学的本科教育有极强的专业性特点，即在通识教育的基础上有明确的专业知识教育。《教育部办公厅关于实施一流本科专业建设"双万计划"的通知》（教高厅函〔2019〕18号）提出各类高校和全部专业应加快建设新工科、新医科、新农科、新文科示范性本科专业，引领带动高校优化专业结构、促进专业建设质量提升，推动形成高水平人才培养体系。这使得一流本科专业建设在全国范围内迅速开展，新时代高等教育的重心回归到专业性的本科教育中来。此背景下地理信息科学专业人才培养体系的确立更

---

① 该文发表于《地理信息世界》2021年第1期。

需依赖于一流本科专业的建设,确立怎样的地理信息科学人才培养目标、如何实现地理知识与信息技术并重的教学模式、如何完善学生地理素养与创新能力齐全的培养机制,是综合性大学一流地理信息科学专业建设必须思考和探索的问题。本章分析地理信息的行业特征与 ICT 时代下地理信息的发展特点,结合武汉大学的专业建设实际,探讨 ICT 时代下一流地理信息科学专业建设方案。

一、地理信息科学专业的学科依托

地理信息科学专业以地理学、信息科学和其他地学相关学科为基础,面向规划、国土、测绘等行业需求和互联网地理信息服务发展,旨在培养具有地理信息科学基础知识与工程实践能力、掌握地理学与信息科学等基本理论和技术方法,具有国际视野、人文情怀、创新精神的高级专门人才。如图 13-1 所示,地理信息科学是一个主要依托于地理学和测绘科学与技术的专业,具有综合交叉、理工并举的特点,培养的人才兼具科学思维和工程技能,在新时代理工科建设中独树一帜,其建设与发展的过程中始终保持着与时俱进的鲜明特色。随着 ICT 的发展,地理信息科学早已突破传统地理学和测绘学范畴,将地理信息知识与技术的应用上升到社会需求和国家战略层面。

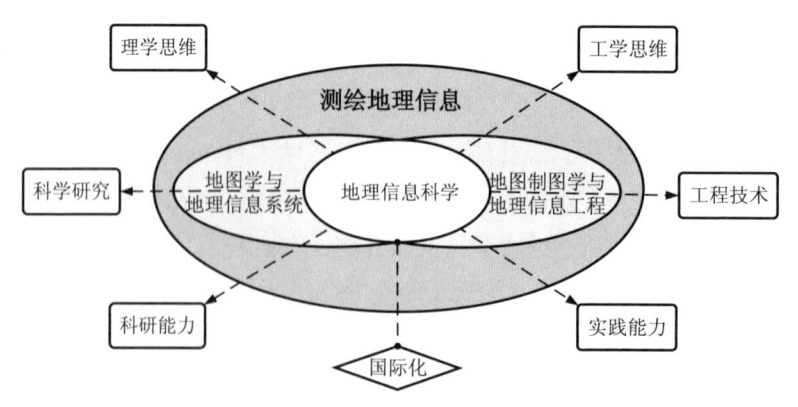

图 13-1 理工并举的地理信息科学培养特色

二、地理信息的行业特征

地理信息的发展历程可以归纳为从以基础地理数据生产到以专题数据处理为主的信息服务，在信息处理的转变中更加体现科学与工程的双重特征。该过程整体呈现出观测重心由位置向语义过渡的特点，地理学科学属性的作用得到体现，众多自然资源要素的属性表达成为地理信息应用之核心。然而，相较于纯粹的地理学属性，地理信息具有明显的工程化和技术化特点。从科研实践角度，地理信息数据不再停留于简单的收集与分析层面，多源数据的快速获取、建库、成图、管理和应用成为新研究对象，将复杂系统中的各类地理实体进行结构化抽象与整合计算则需要极强的工程思维。从行业应用角度，地理信息广泛存在于互联网，交通、旅游、规划等行业，面对不同领域的特性需要使用更加复杂的时空数据处理技术，对于工程完备性、可靠性的设计要求也显著提高。

伴随着基础地理信息生产任务的基本完成，新兴的地球观测和传感技术能够支撑空间、时间与专题三大层面、多个尺度的数据获取及管理，推进了非传统地理信息行业的发展。北斗卫星导航系统、倾斜摄影测量、实景三维建模等技术的应用，为实现自动驾驶、智慧城市、数字孪生等未来领域提供了位置服务的技术基础，同时促使了地理信息服务方式的革新和服务领域的延展（李猷、郭卓夫，2020）。全周期、全空间、全过程的新型地理信息技术广泛服务于自然资源，推进了自然资源管理综合格局之变革，在国土空间规划、生态文明建设等非传统行业发展中同样发挥着管理与分析作用（王伟、金贤锋，2020）。

就地理信息的未来而言，"政产学研用"协同将成为行业特色。工程和技术类学科的发展潜力巨大，对地理信息事业发展有很好的牵引作用，进而带动对新型人才的需求和教育水平的提高。新学科新技术为行业发展注入了活力，以计算机科学技术为代表的理工型学科与传统地理信息形成交叉，地理信息数据挖掘、可视化等问题的本质和计算机方法与技术密不可分，同时一些空间分析算法也逐渐出现在通用数据统计软件包中（乐阳等，2020）。此外，大数据和人工智能影响了地理信息的发展方式，也衍生出更多的新型地理信息应用，应用价值最终落地于政府管理与社会生产。

三、智能时代的新要求

地理信息新型业态的出现与 ICT 相关，且随着地理信息数量与形式的增长而越发紧密。很多科学技术的进步仅仅表现在自身的创造发明，鲜有如地理信息行业能与 ICT 实现完美跨界和交叉，地理信息行业中的诸多核心理论和关键技术都在 ICT 的支持下取得突破，并使得一些问题的研究焕发生机。例如，城市信息可视化平台是城市数字孪生的基础与核心，容纳了地理信息与物联网动态传感数据流，ICT 通过构建多设备与多应用间的信息交互桥梁，实现全周期的地理信息观测（郭仁忠等，2020）。传统地图学在信息技术的驱动下完成了数字化转型，制图者不再囿于经典理论局限，常表现为地图形式的创新，促进了地理信息实现全媒体化的展示方式（郭仁忠、应申，2017）。

ICT 不仅丰富了地理信息的内涵，也改变了地理数据的应对策略。在数据获取方面，传统和新型遥感技术配合各类物联网、传感器正快速发展成为时空大数据的获取手段，移动测量、激光雷达、倾斜摄影等大大增加了时空数据的获取速度和体量；在数据处理方面，地理信息大数据开始需要使用如 Hadoop、Spark 等架构，深度学习技术对传统以特征为基础的影像处理模式形成颠覆性挑战，二者的结合更是为智能测绘机器人与对地观测大脑的形成提供了可能性；在数据应用方面，与管理流程的深度融合成为关键，大数据环境下的超大规模城市数据研究促进城市管理等各类业务的信息应用，进而推进智慧城市等的发展。

ICT 时代使得地理信息迅速走向众源化与泛在化，为满足人、地和社会多尺度的研究目标，除了空间实体，人本身也成为观测与表达的对象（单杰等，2014）。同时，对环境变化的动态感知、认知和综合分析成为新要求（刘经南等，2020）。一方面，传统对地观测以使用测量仪器和传感器获取地理环境数据并生成模拟数字产品（地图）为目的，解决了地理信息识别、认知和表达等基础问题。随着ICT的发展，大量非专业人员志愿生成位置数据并通过互联网向研究者或机构开放提供，与传统观测数据不同，该类数据蕴含丰富的人文社会信息，需采用空间数据分析手段进行价值挖掘。泛在感知网使得位置数据无时不有、无处不在，人、物理空间与虚拟空间产生深度融合，泛在化地理信息的雏形已然形成。另一方面，ICT时代将数据维度上升到时间、空间和属性三个方面，时空信息成为一切位置服务的主要角色，探索动态可变的环境是地理信息未来的重要方向。

四、武汉大学专业建设思路和创新举措

综合性大学的办学规模大，学科门类齐全，课程体系完备，科研实力雄厚，更加注重本科生的全面素质教育。以武汉大学为例，早在20世纪80年代末，就率先实行学分制，开设选修课，为成绩优秀的学生提供选修同年级或高年级课程的机会，开始了通识教育实践的探索，培养博学多识、具有发展潜力的高素质人才（冯惠敏、郭路瑶，2019）。如图13-2所示，地理信息科学专业的课程结构由公共基础课程、通识教育课程、专业课程、实践课程等类型构成，实现"以'成人'教育统领'成才'教育"的通识理念，其中通识与公共基础教育为"成人"教育，旨在让学生具备人文社科领域的基本知识，领略人类文明的思想精髓。

综合性大学为一流专业建设提供了优质的人才源泉与教学土壤，地理信息科学专业建设思路立足于本科培养体系展开。新时代的地理信息研究对象由人与地共同组成，研究的问题复杂化，地理信息科学既是"思考脑"又是

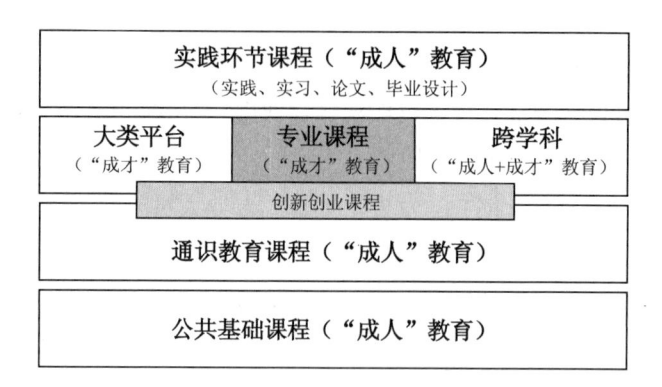

图 13-2 武汉大学地理信息科学专业本科课程体系

"操作手",在地理信息行业应用中能够整合数据处理分析,是体现地理信息价值的核心渠道。一流地理信息科学专业建设方案既是对地理信息行业发展需求的应对之策,也是创新大学本科教育的应有之义,图 13-3 为 ICT 时代下对综合性大学一流地理信息科学专业建设方案的探索。

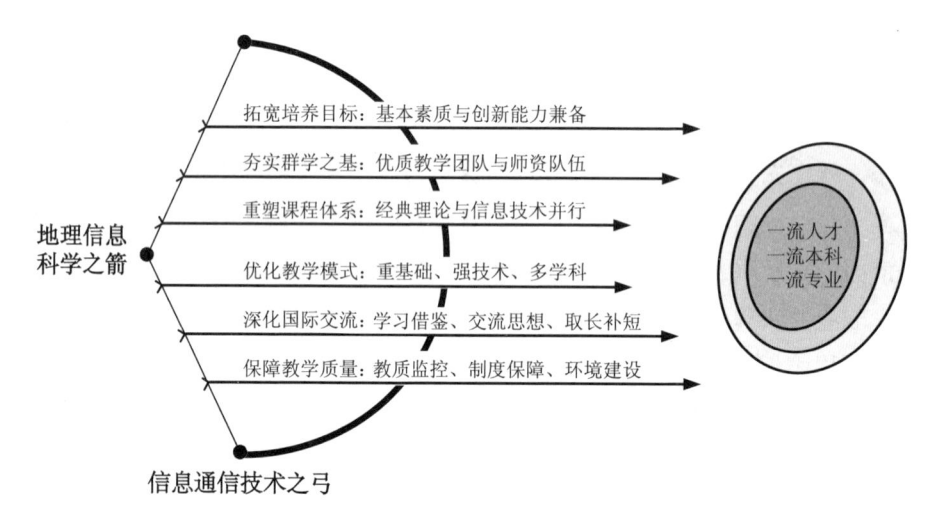

图 13-3 ICT 时代综合性大学一流地理信息科学专业建设探索

（一）拓宽培养目标

随着毕业生的就业取向日趋多元化，各个行业的地理信息科学人才越来越多，包括以 BAT、华为等为代表的互联网企业和以四维图新、超图等代表的地理信息企业在内，对地理信息科学毕业生的需求日渐旺盛，行业经验与人才沉淀的回馈机制引导培养目标发生聚焦和转移。测绘、规划、国土等行业普遍面临技术革新的挑战，ICT 使地理信息应用形态和研究范式发生改变——现阶段主要是应对大数据和智慧城市等新兴技术体系的建立，也令行业内对于人才的竞争强度陡然上升。在目前的供需背景下，通才、全才类的培养设定提上日程，地理信息科学专业人才的培养目标更加依托行业而不拘泥于行业，且随地理信息应用需求发生柔性延展。结合地理信息科学专业前沿性强、应用面广、产业化高的特点，培养学生对前沿科学问题的"创新"意识、先进技术实践的"创造"能力和未来服务社会的"创业"精神，促进学生基本素质与创新能力的全面发展。

（二）夯实群学之基

教师自身水平、教学能力对学生学习方向的引导和创新能力的提升有着至关重要的作用，建设一流本科专业应先建设一流师资队伍与教学组织。

（1）注重青年教师培养。充分发挥教学名师的示范引领和传帮带作用，更加注重青年教师培养。以地理信息科学专业为例，80%的青年教师曾赴国外高水平高校访学并选派了许多骨干教师参加"技能培训""慕课开发设计国际研修班"等，提高了信息技术应用和创新能力。

（2）完善基层教学组织，有效落实教学工作，提升办学水平。遵照地理信息科学专业特色和信息时代背景，根据课程体系和专业方向，完善基层教学组织。为此，地理信息科学专业设置了 4 个教研室、多个课程组，实现了基层教学组织活动的常态化，体现为集体备课、集中阅卷、教材建设等方面，高效且保质保量地落实各项教学工作任务。

（3）建设学业导师制度，推进"学用一体"和科研教学互动。将单纯课堂教学转变为实践型教学，加强课堂教学和创新型科研实践的互动，组织面向各类赛事的师生团队。为此，地理信息科学专业充分利用信息化技术，全面建设创新交流平台，推动线上线下联动和课内课外互动，支持和鼓励学生积极参与创新实践活动。

（三）重塑课程体系

课程体系的重塑改造对应于技术方法的创新变革，满足社会需求是目的，适应技术潮流是手段。伴随长期教学经验积累，地理信息科学专业已经形成一套科学的知识体系，由地理学和测绘科学与技术产生的多分支拥有各自经典的理论与方法，如自然地理、人文地理、地图学、遥感、大地测量学等，这些知识对于进入地理信息领域进行研究和工作不可或缺，因此作为基础知识体系相对稳定。

随着时代发展和技术更迭，地理信息科学与 ICT 拥有了更多的结合点，地理信息科学借助 ICT 扩展自身的知识范畴，在教学中增加大数据、深度学习、科学可视化、虚拟现实和智慧计算等方面的新课程或新实践，一些具体运用于计算机视觉与自然语言处理的典型技术和方法，如目标检测、中文分词、网络爬虫、语音识别等，已在实际科研和生产中发挥作用。地理信息科学专业通过瞄准人工智能制高点，将专业特色与人工智能普适特征相结合，打造出新的"AI+GIS"知识结构体系，构建 GeoAI 专题教材和实践教学体系，在地理信息科学本科教育中开辟了属于学科独有的人工智能方向。

（四）优化教学模式

系统的教学培养模式能真正实现课程设置的价值，理论学习和技术实践是实现良性教学互动的可行路径，长链贯通培养模式有助于培养全面发展人才。

（1）基础理论教学依然是重点。科学研究能力的提高亦来自理论学习所带来的发现问题与解决问题的能力。理论学习过程中很容易对既有原理和法则产生疑惑，对于疑惑的探讨和证明是训练逻辑思维的过程，基于实例的归纳与对于理论的演绎等方法论都能在该过程中得到充分的体现。基础理论知识较为枯燥，教师须调动学生的积极性，让学生切身体验到面对问题时地理信息科学基础知识所给予的力量支撑。

（2）技术教学是提高学生解决问题能力的关键。地理信息科学人才应该具备科学素养、人文素养和技术素养，其中技术素养对提升学生解决问题的能力十分重要（蔡忠亮等，2020）。计算机科学与技术带来的软件工具为地理信息提供了使用载体，各类工具的运用逐渐在科研与工程中大显身手，尤其是各类开源的学习框架，在智能化地理信息处理中尤为重要（任福等，2020）。学生对于工具的掌握能够创造新途径和新方法，各类计算资源的提供为工具使用提供了很好的平台基础。面向大数据和智能计算的教学资源的取得日益便利，大量商业数据集和政府公开数据集为教学与研究提供了很好的数据及算力，工具的教学与运行可以真正得到落实。综合性大学应引导地理信息科学专业学生对技术感兴趣，使其加强对工具的认识与掌握。通过"平台+项目+团队"的形式将理论知识与技术实践相结合，吸纳社会和企业资源，构筑协同育人和产学一体的教学模式。

（3）探索长链贯通培养模式。不再满足于单一学科知识学习，支持跨专业、跨学科和跨学校的教育，并鼓励学以致用型教学方法。首先，长链贯通可以是单一学科跨越的学科专业转变，也可以是多学科并存的主辅修形式，甚至是多校联合培养。综合性大学里跨学科、跨专业和跨学校人才培养具有优势，来源于学校自身具有较为齐全的学科门类和综合性大学之间不同专业的交流较多两个方面，为该模式的形成创造了条件。其次，采用将学习、设计、研究和成果结合起来的教学模式，在科研与实践中进行创新实践并产生成果。最好的方法是引导学生将学习的知识转化为应用，通过为学生打造便于参加和展示的创新创业平台，鼓励学生积极投入项目、竞赛等实践中，提高创新活力和动手能力。

（五）深化国际交流

开展国际交流、拓宽国际化视野和推进国际化进程是建设综合性大学一流地理信息科学专业必不可少的一项举措，对于学生了解科技前沿和提高学术水平有重要意义。在知识极大丰富、技术日新月异的今天，高等教育国际化已经成为大学人才培养的共同选择和追求。借助国际化浪潮，在学科建设、科研合作、人才培养、工程项目等方面取长补短，在持续不断的动态过程中积累了丰富的国际化经验。

（1）推进高水平联合办学，成为世界地理信息科学高等教育的参与者和领导者。地理信息科学专业需将国际化教育理念融入具体工作中，与符合学校自身优势和发展方向一致的高校开展广泛的合作交流并与其形成稳定的办学关系，不断拓宽学生的国际化视野。

（2）促进学术团队与国际接轨，提升科研队伍的综合水平。鼓励高校教师进行国外大学访学，参考优秀高校人才培养方案，为学生提供具有多样性和前瞻性的教学内容。支持学院和科研团队与国际上相关组织机构联合申请和开展项目、承办或参与高水平学术会议，促进学科先进思想的交融碰撞，提高综合性大学在国际上的影响力。

（3）开展跨国实习实践，携万卷书行万里路。地理信息科学专业重视地理素养，对于异域地理特色的观察和研究能使学生比较中外地理环境之差异，助推其思考我国本土的自然与人文地理现状。

（4）打造全英语本科专业，面向全球招生，深化国际化办学模式。率先在全国本科教学体系中进行创新型的国际化改革，打造国际一流专业的教学品牌。国际化本科教学立足于本土地理信息科学的特色，充分发挥学科深厚积累之优势，并且吸收学习国际先进办学方法。

（5）积极参与国际比赛，在世界赛场展示中国强音。在各类信息技术国际竞赛如火如荼开展的背景下，支持和鼓励学生积极参与国际竞赛是培养地理信息科学人才的又一途径。"十四五"规划强调了科技创新在现代化建设全局中的核心地位,让大学生积极走向国际赛场,发扬创新精神,不仅是高校人才培养的任务,也是为国家长远谋划实现人才强国战略的保障。

(六)保障教学质量

一流专业的建设还要依靠教学质量监管体系的创建与优化,教师教学质量的严格把控、教学环境的改善和学术氛围的建设,都对人才培养的成效有着深刻影响。坚持"以本为本",在建设一流地理信息科学专业的教学质量监管体系中积累了丰富的经验。

(1)教学制度设立:参照《普通高等学校本科专业类教学质量国家标准》,严格落实学校、学院教学质量保障的相关文件,结合"理工并举、学用一体"专业特色,细化适配"专业教育质量标准体系"。

(2)教学过程监控:设置"教学督导组—教研室—课程组—老师—学生—管理人员"的多维质量监控,并开展学生评教,双向反馈,实现以评促教。

(3)教学状态跟踪:每年依据"国家高校本科教学基本状态数据库"的指标建立本专业相应数据库,定期开展评估。

(4)教学环境建设:通过互联网应用改善教学条件,升级实践平台,并充分利用"互联网+"开放课程,开展慕课、微课堂等,提升课程知名度和影响力。

(5)质量文化营造:培育以学生为本的质量文化,激发教师热爱教学、探索教学改革和深入开展教学研究的激情,强化为学生服务的质量文化意识,营造鼓励学生参与教学互动的质量文化特色。

五、结语

一流本科专业建设的号角吹响了我国加快建设高水平本科教育的强音,是不断完善人才培养体制、创新实践教学机制的重要体现,为各个高校和专业的发展带来了契机。ICT 时代，我国的地理信息科学专业教育正与地理信息产业共同发展，形成人才培养、技术开发、市场开拓和行业应用齐头并进的大好局面，有利于服务国家创新驱动发展战略。本章仅结合地理信息的发展和 ICT 的影响浅谈了一流地理信息科学专业建设的经验，并未深入探讨地理信息科学专业的课程设计等具体环节，综合性大学的地理信息科学专业的建设仍需要多方面的思考与实践，才能真正做到国家要求的一流办学水平。

参 考 文 献

[1] 蔡忠亮、翁敏、苏世亮等："'地理素养与测绘技能'双驱动的 GIS 专业大学生创新能力培养模式的探索"，《测绘通报》，2020 年第 8 期。

[2] 冯惠敏、郭路瑶："通识教育改革的动向与争议——基于'武大通识 3.0'的个案分析"，《教育探索》，2019 年第 1 期。

[3] 郭仁忠、林浩嘉、贺彪："面向智慧城市的 GIS 框架"，《武汉大学学报（信息科学版）》，2020 年第 12 期。

[4] 郭仁忠、应申："论 ICT 时代的地图学复兴"，《测绘学报》，2017 年第 10 期。

[5] 乐阳、李清泉、郭仁忠："融合式研究趋势下的地理信息教学体系探索"，《地理学报》，2020 年第 8 期。

[6] 李猷、郭卓夫："转型升级背景下的测绘地理信息行业调研分析"，《地理空间信息》，2020 年第 10 期。

[7] 刘经南、郭文飞、郭迟："智能时代泛在测绘的再思考"，《测绘学报》，2020 年第 4 期。

[8] 刘瑜："地理信息科学：地理学的核心或是外缘？"，《中国科学：地球科学》，2022 年第 2 期。

[9] 任福、张琛、杜清运等："GIS 本科教育：开放、开源与开发"，《测绘通报》，2020 年第 1 期。

[10] 单杰、秦昆、黄长青："众源地理数据处理与分析方法探讨"，《武汉大学学报（信息科学版）》，2014 年第 4 期。

[11] 王伟、金贤锋："面向国土空间规划的测绘地理信息技术及数据成果服务应用展望"，《测绘通报》，2020 年第 12 期。

本章作者：杜清运、任福、沈焕锋、张琛

工作单位：武汉大学资源与环境科学学院

第十四章　西北大学人文地理与城乡规划国家级一流专业建设思考和实践①

近年来，在国家"双一流"建设的引领与支持下，我国高等教育事业取得显著成效。但与此同时，也存在一些突出的问题，集中体现在过度重视科研和研究生教育，忽视了本科人才培养的重要性（王建华，2019）。对此，为全面振兴本科教育，教育部相继推出了一系列的改革措施，提倡在办学思想转变、育人理念更新、体制机制改革、质量标准制定、技术方法创新、教与学范式改变、质量文化建设等方面下大力气，确保全力打赢全面振兴本科教育攻坚战（陈志刚等，2022）。一流本科专业"双万计划"的启动就是全面落实"以本为本、四个回归"，切实巩固人才培养中心地位和本科教学基础地位，深化教育教学改革，全面提升人才培养质量的重要举措。

何为一流本科专业？目前并没有一个明确的定义，也缺乏相对清晰的评价标准。教育部《关于实施一流本科专业建设"双万计划"的通知》提及了报送专业需具备的条件，包括专业定位明确、专业管理规范、改革成效突出、师资力量雄厚、培养质量一流，这些条件明显比较宽泛，实际操作中需要更多地依赖主观判断和实践探索。目前，三年期的"双万计划"已实施完毕，如何进一步开展一流专业建设，成为各大高校一流本科专业建设点面临的主要任务。

西北大学人文地理与城乡规划专业历史悠久，基础雄厚，作为国家首批

---

① 人文地理与城乡规划国家级一流本科专业建设点项目。

一流本科专业建设点,在一流专业建设方面进行了积极探索,开展了许多卓有成效的工作。本章结合西北大学办学传统与特点,重点总结人文地理与城乡规划一流专业建设的实践做法,以期能为我国高校人文地理与城乡规划专业建设提供思路借鉴和启示。

一、新背景和新要求

(一)"双一流"为专业建设注入新动力

习近平总书记强调,必须把教育事业放在优先位置,深化教育改革,加快教育现代化,办好人民满意的教育,加快一流大学和一流学科建设,实现高等教育内涵式发展。[①] 2015年10月,国务院印发《统筹推进世界一流大学和一流学科建设总体方案》,为新时期我国高等教育与学科发展提出了新的要求。此后,教育部先后启动了新工科、新农科、新文科、新医科"四新建设"以及"六卓越一拔尖"计划。同时,为进一步提升本科人才培养质量,2019年4月,教育部启动了一流本科专业建设"双万计划"("双一流专业"计划),计划用三年时间分别建设10 000个左右国家级一流本科专业点和10 000个左右省级一流本科专业点。"双万计划"的开展与实施为全国各高校专业建设提供了新的契机,注入了新的动力,也对各高校全面提升人才培养质量发挥着重要的促进作用。目前,"双万计划"已实施完成,全国有多所高校的人文地理与城乡规划专业进入"双万计划",各高校也正在积极探索,持续推进一流专业的建设工作。

---

① 习近平:"决胜全面建成小康社会 夺取新时代中国特色社会主义伟大胜利",在中国共产党第十九次全国代表大会上的报告,2017年,http://www.xinhuanet.com//2017-10/27/c_1121867529.htm。

（二）落实立德树人根本任务

习近平总书记指出，教育的根本问题是"培养什么人、怎样培养人、为谁培养人"，高校立身之本在于立德树人，立德树人成效是检验高等教育工作的根本标准。那么，在一流本科专业建设的过程中，如何进行立德树人？全国高校思想政治工作会议、全国教育大会、习近平总书记的思政课教师座谈会讲话、中办和国办发布的《关于深化新时代学校思想政治理论课改革创新的若干意见》以及教育部发布的《高等学校课程思政建设指导纲要》明确指出，课程思政是落实立德树人根本任务的战略举措，是全面提高人才培养质量的重要任务。落实立德树人根本任务，必须将价值塑造、知识传授和能力培养三者融为一体，不可割裂。那么，在课程思政的建设过程中，如何科学设计课程思政教学体系，充分挖掘课程思政元素且避免课程之间思政教学案例的重复，以及如何将课程思政有机融入课堂教学全过程，这些问题不仅是落实立德树人根本任务的重要内容，也是一流专业建设过程中必须面对和解决的重要问题。

（三）人文地理学学科发展新趋向

近年来，我国人文地理学学科发展呈现出一些新的趋向，主要体现在以下三个方面：一是新兴分支学科发展迅速。传统的优势分支学科，如经济地理学、城市地理学、旅游地理学等在巩固、完善与提高的同时，文化地理学、社会地理学、政治地理学、行为地理学等新兴分支学科发展迅速，人文地理学的社会化、文化化趋势明显；但与此同时，立足于人地关系传统，面向可持续发展的综合人文地理学研究以及融合自然和环境要素的交叉研究仍占据重要地位。二是研究方法的转变。人文地理学从更多地依靠实地调研、数理统计等传统研究方法，开始转向大量运用遥感数据、多源时空大数据以及现代计算机技术支撑的分析模拟方法转变（樊杰等，2021）。三是学科价值的显著提升。我国人文地理学科始终保持着服务国家重大战略需求的优良传统，进入新时代，人文地理学的学科贡献越发显著，在国家生态文明建设、国土空间开发、主体功能区划、新型城镇化、乡村振兴、"一带一路"建设和新时期西部大开发等国家和区域重大战略中发挥了重要的作用。上述学科发展新趋向对人文地理与城乡规划专业的人才培养模式、课程体系设置、实践能力达成等均提出了新的要求，一流专业建设过程中必须对其进行积极响应。

（四）传统规划行业全面转型

随着国家生态文明战略的实施，国土空间开发、保护与规划体系正面临重构。传统的区域规划、城镇体系规划、城市总体规划、土地利用规划、生态环境保护规划等开始向多规合一方向转变，国土空间规划应运而生。人文地理与城乡规划专业同国土空间规划紧密关联，以区域性和综合性见长的学科优势、以 PRED（人口、资源、环境、发展）和人地关系地域系统理论为基础的学科特色，可为国土空间规划与管控提供有效的理论和技术支撑。当然，这也对人文地理与城乡规划专业在培养规划技术人才方面提出了新的要求。然而，面对传统规划行业的全面转型，高校在人才培养目标、课程体系设置和专业技能培养方面响应还较为滞后，主要表现在：一是在人才培养方向的设置上，缺少面向国土空间规划行业的培养方向；二是国土空间规划方面的课程体系不够健全，难以满足就业需求；三是缺乏针对国土空间规划的专业实践技能训练，与行业对接还不够紧密。

二、西北大学人文地理与城乡规划专业建设思路

（一）一流专业建设的基础和条件

西北大学人文地理与城乡规划专业是以西北大学城市与环境学院经济地

理与规划系为基础设立的,该系前身为始建于1902年的地理系,最早设史地科,1937年设自然地理学专业,1985年在自然地理学专业的基础上增设经济地理学专业。1995年教育部本科专业调整时将两个专业整合为资源环境与城乡规划管理专业,2013年拆分后,分别形成自然地理与资源环境、人文地理与城乡规划两个专业。

本专业自创办以来,教学质量一直名列前茅,曾连续五年排名全国该专业前三甲,先后成为陕西省名牌专业(2004年)、陕西省特色专业(2009年)、国家特色专业(2010年)、陕西省高等学校"专业综合改革试点"专业(2012年)、教育部高等学校"专业综合改革试点"专业(2013年)、陕西省"一流专业"(2017年),2019年入选国家首批一流本科专业建设点。

黄国璋、傅角今、郑资约、夏开儒、王成组、王成敬、雷明德、陈宗兴等一批著名学者先后在本专业执教。长期以来,本专业立足陕西,面向西部,服务全国,放眼世界,围绕国家重大战略需求和学科前沿问题,在西部典型地区人地关系地域系统及其优化、黄河流域生态保护和高质量发展、关中平原城市群建设和西安都市圈发展、西部大开发与西北发展、美丽乡村建设与规划、扶贫开发研究与评估、主体功能区划和国土空间规划、面向地方重大需求的决策咨询等方面承担了多项重大课题及研究任务,取得了许多重要的研究成果(李同昇、赵新正,2018)。

本专业学科体系完备,已形成了本科—硕士—博士—博士后完整的人才培养体系。本专业实验教学与实践平台优良,拥有陕西省地表系统与环境承载力重点实验室、陕西省资源环境与区域规划实验教学示范中心、教育部产学研时空大数据实验室、西北大学土地动态监测与评价实验中心、西北大学城乡建设与区域规划研究中心等平台。本专业立足西部,主动对接我国西部发展和"一带一路"建设需求,累计培养1 000余名本科人才,为我国经济社会发展做出了重要贡献。

（二）一流专业建设的总体思路

我们认为，一流本科专业应至少在以下五个方面具备"一流"条件，形成"一流"标准，包括一流的培养方案、一流的教学平台、一流的师资团队、一流的课程教材和一流的保障体系（图14–1）。一流的培养方案是支撑一流本科专业的灵魂，是开展一流专业建设的顶层设计，对人才培养和专业发展起到重要的引领与导向作用；培养方案应明确人才培养目标和培养规格，构建符合人才培养规律，满足学科与行业需求的多元化人才培养模式与课程体系。一流的教学平台是支撑一流本科专业的基石，是培育学生创新性思维，提升实践应用能力的重要基础；受学科性质影响，人文地理与城乡规划专业在教学平台建设方面一直都存在短板，对专业的发展形成了一定的制约和影响，需要大力加强。一流的师资团队是支撑一流本科专业的主体，如何培养和造就一支数量充足、师德高尚、学术精深、结构合理、充满活力的高水平人才队伍是保障一流专业建设的关键，更为关键的是围绕相关课程能够形成教学团队，并充分发挥团队的合力作用。一流的课程教材是支撑一流本科专业的

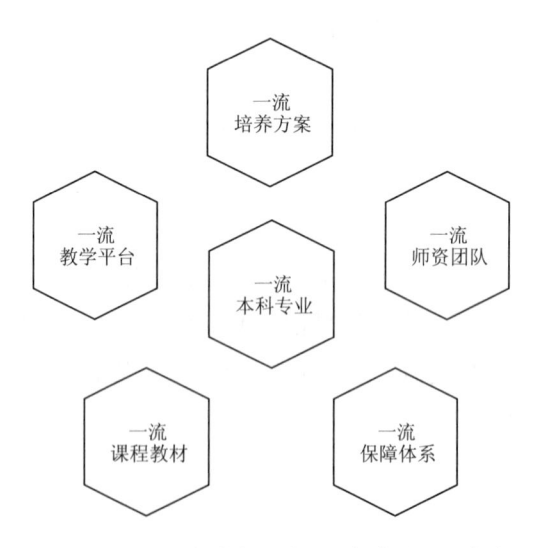

图 14–1　一流本科专业建设的标准和主要内容

重要资源，高水平教材，线上线下精品课程，以及覆盖教案课件、习题案例、学习指南、实习指导书等丰富的课程资源是一流本科专业建设的重要抓手。一流的保障体系是支撑一流本科专业顺利发展的基本条件，也是一流专业建设的动力源泉，通过制定教学质量监控与动态优化机制、学生指导制度与学习效果评价机制、师资队伍培育建设与考核奖励机制、学生就业指导与毕业生评价反馈机制以及学生创新学习奖励机制等，能够有效推动一流专业的规范化与制度化建设。

基于对一流本科专业建设标准的基本认知，确定了西北大学人文地理与城乡规划一流本科专业建设的总体思路，即以习近平新时代中国特色社会主义思想为指导，紧抓"一流大学和一流学科"建设的战略机遇，顺应人文地理学学科发展与国土空间规划转型趋势，以立德树人为根本，以提高人才培养质量为核心，以体制机制改革与创新为着力点，对标一流的培养方案、一流的教学平台、一流的师资团队、一流的课程教材和一流的保障体系五大建设标准与内容，科学谋划，锐意进取，努力将西北大学人文地理与城乡规划专业打造成为"西部领先、国内一流"的品牌专业。

三、西北大学人文地理与城乡规划专业建设实践

（一）始终坚持以立德树人为核心

为落实立德树人根本任务，本专业以师德师风作为教师素质评价的第一标准，在加强教师队伍素质建设的同时，重点依托课程思政和专业思政，形成本专业育人新格局。课程思政建设，就是要寓价值观引导于知识传授和能力培养之中，可帮助学生塑造正确的世界观、人生观、价值观，是实现立德树人的重要手段。本专业从各课程所涉及的专业、行业、国家、国际、文化、历史等多个角度进行思想价值和精神内涵的挖掘，做到课程门门有思政，教师人人讲育人。

以"人文地理学"课程为例，该课程将人才培养目标、课程专业目标和思政育人目标进行深度融合，从课程所涉及的学科专业（地理学、经济学、社会学、政治学、城乡规划学等）、行业领域（国土空间规划、城市规划、乡村规划、土地管理等）、国家重大战略（生态文明、新型城镇化、精准扶贫、乡村振兴、黄河流域生态保护和高质量发展等）、国家安全（粮食安全、国防安全、公共安全、疫情防控、"一带一路"倡议等）、社会经济（经济全球化、产业转型、城乡治理、人口政策等）、历史文化（地理哲学、地域文化、革命历史等）等多个视角，深度挖掘课程思政元素，确定了地理哲学、国情教育、家国情怀、科学精神、制度认同、人文素养、文化自信、爱岗敬业等八个思政主题（图14–2）。通过"宏观设计+全程渗透""专题嵌入+案例支撑""教师引导+学生主体""社会实践+知行合一"的模式（黄晓军，2022），围绕不同的思政主题和育人目标，对课程教学知识点和思政元素"触点"进行整合，总结、凝练每一章节各思政主题的具体内容和思政案例，构建起人文地理学课程思政的教学内容体系。所形成的课程思政教学案例已经出版并应用到教学实践中（图14–3），取得了良好的育人效果。人文地理学课程及教学团队被认定为陕西省课程思政示范课程和教学团队。

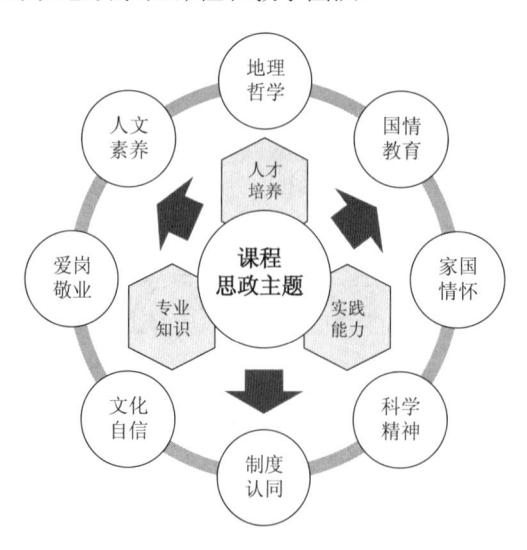

图14–2 "人文地理学"课程思政主题

图 14–3 《人文地理学课程思政教学案例》教材封面

为了进一步完善思政教育模式，本专业在课程思政的基础上，依托学术报告，在开展科研兴趣与科研能力培育的同时，进一步传达本专业的价值导向，构建形成了"课程思政"+"专业思政"的双向育人新格局。本专业面向国家重大战略需求，基于教师研究课题与研究经历，通过组织系列学术报告，如"中国新冠肺炎疫情时空演化与综合防控""从精准扶贫到乡村振兴：人文地理学科视角展望""气候变化与粮食安全"等，使学生深入了解学科前沿，也全面诠释了人文地理学科的"用武之地"，彰显了人文地理学科的"经世致用"价值，增强了学生的学科认同和专业认同。

（二）持续优化人才培养方案

近年来，本专业为顺应高等教育发展趋势，提高人才培养质量，按照五育并举、全面发展，对照国标、凸显特色，交叉融合、多元培养的基本原则，重点在以下四个方面持续开展人才培养方案的改革和优化。

一是优化了人才培养目标及培养规格。本专业面向新时期人文地理学科发展趋势和国土空间规划的转型需求，确定的人才培养目标如下：以立德树人为根本，以培养德智体美劳全面发展的社会主义建设者和接班人为使命，以"厚基础、高素质、重协同、强实践"为宗旨，通过系统严格的科学思维训练和良好的专业技能训练，培养具有扎实人文地理学理论基础，掌握先进城乡规划方法和地理信息分析技术，具备继续从事人文地理学研究和开展国土空间规划的创新型高素质复合人才。

二是建立了支撑培养规格达成的课程体系。在人才培养目标及培养规格基础上，建立了课程体系与培养规格支撑关系矩阵（表14-1），明确了人文地理与城乡规划专业各门课程对培养规格达成的贡献度；同时，明晰了课程先修后续关系，保证了课程之间的有机衔接，为学生合理制定学业规划提供了明确的指导；响应人文地理学科技术方法转变趋势，增开了"计算人文社会

表14-1　人文地理与城乡规划专业课程体系支撑培养规格达成矩阵

培养规格	指标点	对应课程
1. 培养学生的综合素质，要求学生政治合格，具备社会主义核心价值观，具有良好的思想品质和道德修养、健康的心理素质和身体素质，达到国家大学生体能测试标准	1.1 培养学生的综合素质，要求学生政治合格，具备社会主义核心价值观，具有良好的思想品质和道德修养	中国近代史纲要、思想道德修养与法律基础、马克思主义基本原理概论、毛泽东思想和中国特色社会主义理论体系概论
	1.2 健康的心理素质和身体素质，达到国家大学生体能测试标准	大学生心理健康教育、大学体育

续表

培养规格	指标点	对应课程
2. 具备扎实的地理科学基础，掌握人文地理学的基本知识、理论体系与研究方法，熟悉人文地理学科的前沿领域和应用进展	2.1 具备扎实的地理科学基础	地球科学概论、自然地理学、人文地理学、地图学、地理学认知实习
	2.2 掌握人文地理学的基本知识、理论体系与研究方法	经济地理学、城市地理学、旅游地理学、交通地理学、乡村地理学、中国地理、世界地理、产业地理学、文化地理学、犯罪地理学、经济学原理、城市与区域经济学
	2.3 熟悉人文地理学科的前沿领域和应用进展	新生专业导读、科技文献检索与写作
3. 掌握具体开展人文地理学相关问题研究的基本技能与方法，具备运用地理思维与现代地理信息技术解决实际问题的能力	3.1 掌握具体开展人文地理学相关问题研究的基本技能与方法	线性代数、微积分、概率论与数理统计、计量地理学、地理信息系统原理与应用
	3.2 具备运用地理思维与现代地理信息技术解决实际问题的能力	遥感图像解译与应用、计算人文社会GIS、空间大数据与人工智能
4. 掌握国土空间规划、城市与区域规划、房地产开发与估价等专业技能，熟悉相关领域的政策法规，具备独立从事城乡规划相关领域的实践应用能力	4.1 掌握国土空间规划、城市与区域规划、房地产开发与估价等专业技能	国土空间规划、城市规划原理、区域分析与规划、国土调查与评价、自然资源学、土地估价理论与方法、房地产开发经营与管理、城乡生态与环境规划
	4.2 熟悉相关领域的政策法规，具备独立从事城乡规划相关领域的实践应用能力	土地资源管理、城乡规划社会调查、规划软件应用、城市与区域规划实习
5. 富有探索精神、创新精神和团队精神，具备全面的沟通表达能力、独立思考能力和自主学习能力，兼具国际视野和社会责任，能够不断适应社会发展与需求	5.1 富有探索精神、创新精神和团队精神，具备全面的沟通表达能力、独立思考能力和自主学习能力	大学物理、大学语文、学年论文、毕业论文、专业综合实习
	5.2 兼具国际视野和社会责任，能够不断适应社会发展与需求	大学英语、计算机基础、形式与政策、大学生职业发展与就业指导、劳动与创新创业教育

GIS""空间大数据与人工智能"等技术方法类课程；针对国土空间规划方面课程体系不健全的问题，增设了"国土空间规划""国土调查与评价""城

乡生态与环境规划"等课程。

三是构建了多元化的人才培养模式。结合学校推行的完全学分制制度，自 2021 年起人文地理与城乡规划、自然地理与资源环境、地理信息科学三个本科专业合并为地理科学类大类招生，并相继建立了地理学"专业分流机制""专业准入准出机制"和"多元培养分流机制"，实现了学生从大类培养到专业培养再到多元方向培养的转变（包括面向继续深造和开展学术研究的人文地理学方向、面向规划行业实践的国土空间规划方向），充分尊重学生的个性发展，激发学生的创新意识、责任意识和自我管理、自主学习的潜能。

四是推动了课堂教学改革和教学模式创新。结合专业实际，制定了全新的、详尽的课程教学大纲编制模板，要求每门专业课都要在课程教学大纲中体现以下内容：将"知识传授、能力培养、价值引领"有机融合，强化课程思政建设，明确提出课程思政育人目标及实施路径；以学生学习成效和能力达成为导向，突出学生中心主体地位，科学确立教学目标，精心设计教学环节和教学内容；积极探索互动式、启发式、探究式、翻转式、混合式等课堂教学新模式，推进课堂教学与现代信息技术的深度融合及应用；持续优化教学内容，及时补充学科专业发展前沿的新理论、新观点、新成果，合理提升课程的高阶性，突出课程的创新性，增加课程的挑战度，激发学生的学习兴趣和专业志趣；形成灵活多样、科学合理的多元化课程考核评价体系，强化过程考核，合理设置平时考核成绩占比，积极探索"非标准化答案"考试改革以及探究式、论文式、报告答辩式等考核评价方式。

（三）强化平台—团队—教材—课程体系建设

本专业经过长期建设与积累，依托陕西省资源环境与区域规划实验教学示范中心、陕西省地理与环境虚拟仿真实验教学中心、西北大学地理与生态野外观测网络、野外实习基地和校外实践平台，形成了实验教学示范中心—虚拟仿真实验中心—野外实践教学基地—野外观测站点相结合的实践教学平台链。

本专业始终注重人文地理学野外实习实践教学，确立了点、线、面相结合的以区域性、综合性、参与性、创新性为特质的陕北黄土高原—关中渭河平原—陕南秦巴山区人文地理学综合实习路线，同时还设立了地理学认知实习、产业发展与布局实习、城市与区域规划实习、城乡社会调查实习等课程实习。此外，紧密同规划行业结合，与相关业务单位开展了长期稳定的合作，如陕西华地专业地产顾问集团、中国电建西北勘察设计研究院有限公司、渭南市城建档案和规划展示馆等，形成了"基础—要素—综合—应用—创新"多层次立体化实习实践教学体系。

本专业十分注重教学团队建设，围绕领军人才，依托现有平台，建设形成了"自然地理学方法"教育部课程思政教学名师/团队和自然地理学教学团队；围绕人文—经济地理和国土空间规划两个方向，分别形成了人文—经济地理学和国土空间规划两个基层教学组织，初步建立了基层教学组织的常态化工作机制，在课程群建设、课程体系与课程内容设置、课堂教学改革与创新方面积极开展协商工作，取得了良好的效果。

本专业不断加强教材体系建设，鼓励教师将学科前沿进展和科研成果转化为教材及课程教学内容，在教材编写中积极融入课程思政元素。本专业教师先后主编或参编《人文地理学》（合编，第一版；主编，第二版）、《区域分析与区域规划》（合编，第一版、第二版和第三版）、《世界经济地理》（合编）等国家规划教材和《人文地理学课程思政教学案例》《计量地理学》等专业教材，相关国家规划教材获得第二届全国优秀地理图书奖。

本专业以"课堂质量"为抓手，聚焦课堂革命，采取一系列措施全面提升课程教学质量。围绕人才培养目标，进一步深化课程改革，提升课程内涵与质量；全面推进"课程思政"建设，充分发掘各类课程和教学方式中蕴含的思想政治教育资源；完善课程质量评价体系，合理提升学业挑战度、增加课程难度、拓展课程深度；持续支持线上课程建设，构建资源共享、特色鲜明、影响面广的高水平数字化课程教学体系，取得了一系列的改革成果。"自然地理学方法"课程获批首批教育部普通本科教育课程思政示范课程；"人文地理学""地理信息系统""区域分析与规划""遥感原理与应用""自然地理学"等课程先后入选省级精品课程或一流本科课程;"自然地理学""计量地理学""遥感原理与应用""土地资源学"等课程先后在中国大学 MOOC 平台上线。

(四)注重学生综合素质和实践能力的培养

本专业遵循高等教育教学规律和人才成才规律,立足于学校"双一流"建设和学院"三化融合"(专业化、学术化、国际化)的人才培养总体要求,结合社会经济发展需求,确立了"厚基础、高素质、重协同、强实践"的本科人才培养目标,重点培养专业能力强、实践能力强、思考能力强、创新能力强的"四强"本科生。

2018 年以来,本专业全面实行本科生学业导师制,为每位新入学的大一新生配备了学业导师,负责指导学生制订个人学业计划、选择专业和课程,同时鼓励本科生积极参与到导师的科研项目中,接受科研素养和技能训练。该制度实施四年来,已经取得明显效果,集中体现在三个方面:一是学生的学业计划更加清晰,对于课程选择、学业目标乃至人生规划都有了更为明确的认知;二是本科毕业论文质量明显提升,主要得益于日常的科研训练;三是本科生参与科研项目的积极性显著提高,并且取得重要成果,2022 年毕业的本科生有 4 名同学以第一作者身份在 SSCI 高水平期刊发表论文。

本专业始终注重学生综合素质的培养和实践能力的提升。从 2016 年起,本专业连续六年承担了国家精准扶贫工作成效第三方评估重大任务,先后有 400 余人次深入西北和华北多个贫困区县,进村入户开展抽样调查。完成各类问卷 7000 余份,形成多份评估报告,为中央对有关省级党委和政府扶贫开发工作成效考核提供了可靠支撑。在这项工作中,每年都有大量的本科生参与其中,他们深入贫困山区,不畏艰难险阻,精诚合作,团结一致,在圆满完成任务的同时,自身的认知能力、调查能力与综合素质都得到显著提升。

依托第二课堂和各类竞赛平台,鼓励学生积极参与各级大学生创新创业项目、各类学科专业竞赛项目(包括互联网+、挑战杯、创青春、数学建模、各类 GIS 大赛及学科竞赛推动计划等所涉及的竞赛项目）以及社会实践项目（暑期"三下乡"、暑期社会调查等）。通过这些项目的参与和实践，进一步提升了学生的实践能力和综合素质。近年来，本专业开展暑期社会实践队伍有 10 余支，"挑战杯""互联网+""大学生创新创业计划"以及各类学术科技竞赛获奖年均 10 人次，并在中国地理科学展示大赛、青年学生地理学学术辩论赛、全国地理研学方案设计暨地理研学社会调研大赛、全国大学生土地国情调查大赛等专业竞赛中屡创佳绩。

此外，本专业还出台了一系列的制度和办法，为人才培养质量的提升提供支撑和保障，包括学生指导制度与学习效果评价体系、师资队伍培育建设与考核奖励办法、学生就业指导与毕业生评价反馈机制、学生创新创造成果奖励办法等。

四、结语

本章基于当前我国高校的"双一流"与"双万计划"建设背景，顺应人文地理学学科发展的新趋向与国土空间规划转型的新要求，简要总结了西北大学人文地理与城乡规划专业建设的思路和实践路径。尽管我们在一流专业建设过程中取得了一定的成效，但一流本科教育和人才培养工作任重而道远，尤其是一流成果的持续产出、一流人才培养模式的全面形成等方面仍有待不断积累和加强。对此，西北大学人文地理与城乡规划专业将继续积极探索，持续深化教育教学改革，早日建设具有自身突出特色与优势的国家一流本科专业。

参 考 文 献

[1] 陈志刚、石金晶、奎晓燕："'双一流'建设背景下软件工程国家级一流本科专业建设思路探讨"，《中国大学教学》，2022 年第 6 期。

[2] 樊杰、赵鹏军、周尚意等："人文地理学学科体系与发展战略要点"，《地理学报》，

2021 年第 9 期。
- [3] 黄晓军：" 人文地理学课程思政建设思路与设计"，《地理教学》，2022 年第 1 期。
- [4] 李同昇、赵新正："新世纪以来西北大学人文与经济地理研究和实践"，《人文与经济地理学的创新发展——纪念吴传钧先生诞辰 100 周年文集》，商务印书馆，2018 年。
- [5] 王建华："关于一流本科专业建设的思考——兼评'双万计划'"，《重庆高教研究》，2019 年第 4 期。

本章作者：黄晓军、李同昇

工作单位：西北大学城市与环境学院

第十五章　华南师范大学地理科学国家级一流专业建设实践和探索

地理科学专业在中国高等教育体系中，是既有历史传统又焕发时代青春的一个专业。华南师范大学地理科学专业，能够几十年始终不渝坚持地理初心，不变但有更新，不改但有创新，立足南海之滨、深耕岭南大地，树立了良好口碑、化育了地理人才、赢得了社会尊重。通过创设"三结合，三拓展，三协同"人才培养新模式，平衡课堂内外、兼顾理论技能，重视实习实践、强化技能训练，课程设置不求高大上，但求基础牢，既有地方特色，也能普遍运用，一切为学生着想、勉力为国家育人，在实践中取得了良好的效果，得到了各界的普遍认同。

一、地理科学专业的历史经纬

地理科学是地理学的基础专业。如果从1921年东南大学设立地理系算起，地理科学专业的发展历史迄今已过百年。

不过，当下讨论的地理科学专业，是改革开放后教育部主导的自上而下的大学本科专业目录调整的产物。1998年，教育部将原地理学（070701）、地貌学与第四纪地质学（070702）、地理学教育（070706）三个专业合并，形成现今的地理科学专业，划入地理科学类。设置时专业代码为070701，2012年调整为070501。

依照教育部教指委（2018）的说明，"地理科学专业旨在培养具有扎实的现代地理科学理论、熟练的地理学科专业技能和教学能力，能适应现代地理教学发展需要，在高等院校和中等学校从事地理教学、教学研究和其他教育工作，也能在科研机构、相关管理部门和企业从事科研、管理、规划与开发的高素质复合型专门人才"。

改革开放以来，我国普通高校地理科学专业历经数次调整，不断探索。除传统的综合性大学和师范类院校外，还有不少地矿类院校、工程类院校、军事院校等也有开设。目前我国共有约166所大学设立了地理科学专业。其中大致可分为两类：一类是地理科学师范指向；另一类是地理科学非师范指向（大都由原自然地理专业转置而来）。综合性大学的地理科学专业主要面向基础研究的科研人才培养，师范院校的地理科学专业主要面向中学师资的培养。不同高校专业就业去向不同，主要有中学、科研院所、政府部门、规划设计测绘等行业部门。本科毕业后继续攻读相关专业研究生的人数比重近年也处于增长趋势。

从2022年软科排名看，受历史基础、经济发展水平、人才等因素影响，北京、上海、南京、广州、西安、武汉、兰州、长春等地的相关高校地理科学专业实力较强，而其他地区高校则在经费、师资、生源等方面存在不同程度的制约，专业建设存在地区间和高校间的差异。

2019年后，教育部开启了一流本科专业建设"双万计划"，计划在全国建设地理科学类国家级一流本科专业119个。截至2022年，实际上遴选了123个地理学各类专业作为国家一流建设点，分布在全国各省份。华南师范大学等高校的地理科学专业率先获批成为一流专业建设点。教育部随后将组织专业认证，通过认证将正式成为国家级一流专业。

二、华南师范大学的实践经验

华南师范大学地理科学专业是首批被确定为国家级一流本科专业的建设

点之一。该专业源于1933年成立的勷勤大学（即华南师范大学的前身）博物地理系的地理学本科专业，历经何大章、历鼎勋、吴壮达、曾昭璇、刘南威、吴郁文、吴正、卓正大等数代地理学家的接力传承，在专业建设上逐渐摸索出一条相对成熟且有特色、有成效的培养路径。该专业陆续获得了"广东省名牌专业""广东省专业综合改革试点""国家级特色专业"等称号。据《中国大学及学科专业评价报告》2022~2023年评估结果，该专业全国排名第七，位列五星专业之列。当前，该专业已形成由国家级精品课程、国家级精品教材、国家级规划教材、国家级实践教育基地等多项国家级成果和广东省教学实验示范中心等多个省部级平台为支撑的成熟的人才培养体系，拥有包括全国优秀教师、广东省教学名师、南粤优秀教师、广东省优秀教师等一批优秀的师资力量，专业发展实力雄厚。该专业目前在华南地区拥有独一无二的品牌优势，在全国也是地理科学专业人才培养的重要基地之一。近年高考报考文科排名稳定在4 000名左右、理科稳定在17 000~18 000名，属于华南师范大学的热门专业之一。借助国家一流专业建设和广东省"新师范"建设的契机，该专业今后有望获得更好的发展。

在专业建设实践上，该专业具体有三点经验可资借鉴。

（一）建立了"三结合，三拓展，三协同"人才培养模式

该培养模式经多年实践与应用，已形成具有专业特色的人才培养品牌模式，尤其在支撑该专业作为华南地区地理基础教育人才基地和港澳地区地理师资培养基地的功能方面，发挥了重要作用。"三结合"是指书本内外结合、课堂内外结合、学校内外结合；"三拓展"是指从静态到动态、从现实到虚拟、从讲授到探究；"三协同"是指产、学、研协同培养，课内外—校内外—国内外协同培养，基于问题—基于项目—基于案例协同培养。

这种"三三三"培养模式的基础，是资源投入、师资建设和教研共进的体制机制保障。专业先后建成两个国家级和两个省级野外实践基地，包括江西庐山植物园国家理科实践教育基地、华南师范大学附属中学省级实践教育

基地、广东湛江雷州半岛省级实践教学基地、内蒙古鄂尔多斯地质地貌省级实践教学基地。建设了广东省实验教学示范中心"区域环境分析与信息实验教学示范中心"，依托该专业成立了"华南师范大学地理基础教育研究中心"等，为该专业的人才培养提供了扎实的平台基础。在师资方面，通过引进和自培相结合的方式，目前拥有教授9人，副教授8人，形成了专业方向、年龄结构良好稳定的师资团队。

（二）坚持实习和实践教学引领专业建设

针对现代地理科学对人才的新要求，近年来进一步强化了对复合型、创新性和应用型卓越人才的培养，坚持实习和实践教学的地理特色，加强基础教学和实习实践教学的结合，突出学生对地理科学综合性、地域性特性的理解。通过不断优化课程体系与培养方案，建立了"专业基础课—特色专业课—专业技能训练课—创新创业训练课—专业见习实习—社会实践"的复合型课程体系，凸显实践教学对人才培养的锻造作用，更好地体现"深基础、宽口径、高素质、强能力"的培养方向。结合课程学习，建设了课内和课外相结合的地理综合实习实践教学模式。野外实习实践中自然地理学主要安排地质地貌实习、土壤植物地理实习，人文地理学主要安排经济地理、城市地理、旅游地理实习，还有区域地理综合调查等专业实习。围绕实践方案制定和专业改革，近年来分别完成了"植物地理野外实习教学方法""虚拟实习——高校地理课程野外实习的新拓展""庐山自然地理野外实践教学的创新与改革探索"等一系列改革和研究成果。

在项目实训方面，结合已建成的国家级、省级实践教学基地，引导学生开展研究性学习、创新性实验、创业计划和创业模拟活动。在实践教学改革的引领下，积极鼓励本科生参与省级、国家级大学生创新训练计划、"挑战杯"大学生创新创业大赛、全国高校地理师范生教学技能大赛、全国高校地理科学展示大赛等，引导学生以赛促学、以赛促研，提升学生对专业知识的学习运用能力。

（三）重视师范生专业技能培养

华南师范大学地理科学专业主要面向师范生的培养，因此也将扎实的师范教学技能作为本专业技能训练的侧重点。结合本专业人才培养方案，通过整合专业课程体系以及课程的实践教学要求，分层次安排专业技能训练，总体上实现了课程引导的专业综合实习与师范引导的教育实习相结合。

师范引导的教育实习主要结合地理基础教育需求，安排面向地理基础教育的中学地理教育实习。通过地理教育实习，锻炼学生的基础教育政策把握能力、地理专业知识转化能力、地理教学设计能力、地理课堂教学技能、地理教学研究能力以及中学班级管理能力等，为打造卓越地理教师提供基础，引领华南地区"新师范"建设的人才培养向更高质量发展。

三、培养目标和方案制定

（一）培养目标和方案制定的基本原则

目前华南师范大学地理科学类下设四个本科专业，包括综合性的主要面向师范生培养的地理科学专业以及相对专业性比较突出的三个分支专业——自然地理与资源环境、人文地理与城乡规划和地理信息科学专业。国内不少单位近年纷纷将自然地理与资源环境专业更名并入地理科学专业，以提高优质生源比重，华南师范大学目前仍旧保留传统的专业设置。

就目前实际的毕业生情况来看，地理科学专业的毕业生需求一直人气高涨，比较稳定有保障。比如 2022 届本科毕业生 86 人，其中约 70%到中小学任教，约 25%继续读研，大部分毕业生进入了各类教育机构从事地理教学工作。

地理科学专业的培养目标和培养方案，按照实事求是、以学生发展为根本、以社会需求为导向、以教师的科研领域和特长为参考的原则，每两年进行一次研讨和动态调整。总体方针是："筑牢地理基础、拓宽专业视野、加强技能实践、学为社会所用"。培养方案设计的基本思路是：以学生为出发点，以学生的未来发展和国家社会需求为根本，适当兼顾单位的地方特色和教师的专业专长，不追求高大上、不在同行间比较，不将单位自身的特色和发展方向、专任教师的专业研究领域和兴趣作为制定本科培养目标和方案的依据。

（二）专业知识和专业技能的平衡策略

地理科学专业本身是一门综合性的基础学科，因此在专业培养方案的制定中，就要充分考虑到学科本身的理论性和应用性双重特征，平衡知识和技能两方面的比重。

地理科学的专业知识，包括基础知识和应用知识两类。前者是所有进入地理学专业的学生需要的通用学科知识，如关于地球表层的基本知识、基础的地质学和地貌学知识、基本的气候学与水文学知识、宏观的生物地理与土壤地理知识、基本的人文与经济地理学知识等；后者是一些具体的与生产实际相关联的知识，如水资源的利用、土地资源的管理、城市规划、乡村建设、景观设计、生态修复等诸如此类的专门性、应用性的知识。

对于基础性知识，安排为低年级贯通所有专业的大类必修课程；对于应用类知识，安排为自然地理与资源环境专业、人文地理与城乡规划专业的一部分比较重要的必修课；同时安排为地理科学专业的选修课，目的是拓宽学生的视野，加强学生的地理应用和专门化训练，为将来的研究兴趣和进一步深造的专业选择提供前期准备。

地理科学的专业技能，除了自然地理专业的一些理化专业实验分析、人文地理研究方面的一些专业研究方法及一些常用的数学数据处理方法外，有地理特色的通用技能总体上可以概括为地图制图技能、GIS空间分析技能、遥感图像解译分析技能三大类型。对于这三大类型的技术技能，从教学的视角来看，又可以分为理论基础和实际操作两个方面。例如，地理信息技术原理，地理信息分析软件的操作使用，可以分成理论与实践两个模块分别处理。

（三）理论学习和实践训练的平衡策略

地理科学专业需要理论和实践并重，在培养方案中也应兼顾理论学习和实践训练两个维度。如上述的专业技能类课程，其中既包含理论原理的学习，也有实验实践的操作。华南师范大学采用了相对分立的培养模式，如开设地理信息技术原理课程，同学期同时开设地理信息软件应用技术课程。这种理论和实践两个维度既相互配合又相互独立的教学模式，对学生使用 GIS 软件的能力更加重视，学分更高，要求也相应提高，学生会感到更大的压力和能力的提升。另外，如遥感技术原理、遥感软件应用技术、地图学、制图技术与设计也采用类似的处理方式。

对于地理科学专业的学生，经过上述理论学习和基本技能训练后，可基本满足本科培养目标要求。对于地理信息科学专业的学生来说，在高年级还会另外开设相关的深度和难度更高的专业类课程。对于地理科学专业的学生来说，也可通过选修这类地理信息科学专业的高级课程，满足进一步的需求。

（四）课堂教学和野外实践的平衡策略

野外实习实践是地理学的传统，也是吸引学生学习地理科学专业的一个优势点。因此，在培养方案的制定中，华南师范大学一直非常重视野外实习的计划和安排。但是，按目前教育部和各学校的要求，学生的学分和教学时数总体上以课堂教学为主。地理科学是一门以野外实践为特色的学科，许多知识和能力训练任务，是课堂讲授难以完成的，这就形成了一个矛盾。

华南师范大学的具体做法是，将野外实习实践活动分为两个大的类别：一个是分散的、小型的、随课堂教学需要安排的实习实践活动，主要是本市及附近地区，半天或一天时间能完成的，具体的、单目标的、专题性的实习实践活动，以学生不在外住宿为基准；第二类是远途的、大型的、综合性的、时间较长的，以外出连续住宿为特征的野外实习实践活动。前者由任课教师自行安排，后者统一安排，每个年级每个学期基本安排一次。包括自然地理为主的实习、人文地理为主的实习、区域地理为主的实习，以及其他类型的专业性的野外实习，如海岸地貌的实习、大湾区的产业布局实习、美丽乡村建设实习、无人机野外飞行调查技术实习等。

（五）培养方案和课程设置

培养方案的制定，说起来容易做起来难。要通盘考虑满足各项指标的要求，还要协调各方面的具体规定，包括要遵照教育部制定的国家标准，还要符合学校制定的编制规则，学分、学时、模块和各种公共课程与通识课程的统一规定，在必须符合部、校"双规"之下编制培养方案，自由度和可供发挥的空间就变得很小。

华南师范大学的做法主要是，在部校统一要求的大框架下，将学院下设的4个专业，主要是将一年级的课程，统一为地理大类平台课程（图15-1）。这使得在排课与组织教学方面最大限度地减少了冲突和复杂性，便于统一调度和节省资源，也便于学生在二年级后申请转换专业，避免了前期课程不一致带来的课程认定问题。

地理大类平台课程包括高等数学等由学校统一安排的平台课，以及由学院统一开设的基础课程，包括地理科学导论、地球概论、人文地理学、地图学、制图技术与设计、地理信息技术原理、地理信息软件应用技术、遥感技术原理、遥感软件应用技术等9门课程。

大类平台课程设定的出发点是通识性和基础性。这类课程对于每一位走进地理学院的本科生来说，都是必须要学习的基本知识、要掌握的基本技能。对于后续各专业有不同要求的专业内容，没有放入大类平台课程。例如"自然地理学"这门课程，我们了解到许多地理类院校在开设这门课程时都面临一些尴尬的问题，作为低年级开设的简化压缩版的"自然地理学"平台课程，

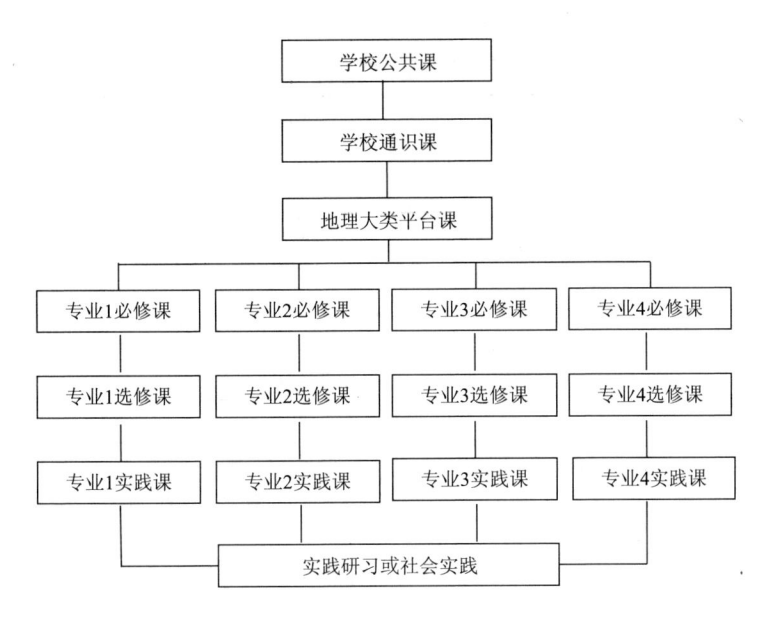

```
                    ┌─────────────┐
                    │  学校公共课  │
                    └──────┬──────┘
                    ┌──────┴──────┐
                    │  学校通识课  │
                    └──────┬──────┘
                   ┌───────┴───────┐
                   │  地理大类平台课 │
                   └───────┬───────┘
    ┌───────────┬──────────┼──────────┬───────────┐
┌───┴────┐ ┌────┴───┐ ┌────┴───┐ ┌────┴────┐
│专业1必修课│ │专业2必修课│ │专业3必修课│ │专业4必修课│
└───┬────┘ └────┬───┘ └────┬───┘ └────┬────┘
┌───┴────┐ ┌────┴───┐ ┌────┴───┐ ┌────┴────┐
│专业1选修课│ │专业2选修课│ │专业3选修课│ │专业4选修课│
└───┬────┘ └────┬───┘ └────┬───┘ └────┬────┘
┌───┴────┐ ┌────┴───┐ ┌────┴───┐ ┌────┴────┐
│专业1实践课│ │专业2实践课│ │专业3实践课│ │专业4实践课│
└───┬────┘ └────┬───┘ └────┬───┘ └────┬────┘
    └──────────┬┴──────────┴──────────┘
        ┌──────┴────────────┐
        │  实践研习或社会实践  │
        └───────────────────┘
```

图 15–1　地理科学学院专业培养方案的总体模块结构

对于自然地理专业与地理科学专业来说肯定是不够的，二年级后还需要另外再分要素开课，部分内容难免重复；对于人文地理与地理信息科学专业的学生来说，仅仅一门简化的课程，在培养学生的自然地理学素养方面也明显感觉不足。

专业课程的设置依照地学基础、系统地理、区域地理、方法技术、地理教育、专业实践的结构依次安排（表 15–1）。在选修课程的安排方面，各专业之间充分交叉，即地理科学专业、自然地理与资源环境专业、人文地理与城乡规划专业、地理信息科学专业方案中的部分必修课程，进行适当筛选后作为其他专业的选修课程。这可以最大限度地利用学院内的师资和课室空间资源。

表 15–1　华南师范大学地理科学专业课程设置

课程属性		课程类别
地理学理论与方法	地学基础	地理科学导论、人文地理学、地图学、GIS 概论、遥感概论、地球概论、地理学思想史
	系统地理	经济地理学、地质学基础、地貌学基础、水文学与水资源、气象学与气候学、土壤地理学、植物地理学、生态学基础、环境科学概论、资源科学概论、动物地理学、海洋地理学、政治地理学、旅游地理学、社会文化地理学、城市地理学、城市规划原理、环境遥感、景观生态学、历史地理学、综合自然地理学、第四纪地质学、比较气候、旅游规划与开发等
	区域地理	世界地理、中国地理、华南地理
	方法技术	GIS 软件应用技术、遥感软件应用技术、区域分析方法、论文写作方法与实践、地理研究数学方法、地理研究理化方法、数字地图制图与设计、综合地理实习、区域地理实习、毕业论文
师范教育理论与实践	地理教育	教师发展、心理学、教育学、现代教育技术、教育研究方法、师德养成与班级管理、地理教学论、微格教学训练、地理课程标准与教材分析、地理教育导论、地理研学课程设计与实践、国外地理教育、中学地理课程设计、地理试题命制与分析等
	专业实践	教育实习

（六）人才培养和思政特色的体现

立德树人是人才培养的根本任务，地理学作为人类认识世界的重要途径，其育人导向的重要性不言而喻。对于地理科学专业的学科育人导向，尤其在地理科学导论、中国地理、世界地理等综合类地理课程中体现比较明显，要求教师要结合国家现状，讲授区域地理知识，让学生对国情有正确的认知，激发其对祖国的热爱之情。在自然地理学、人文地理学课程中结合自然规律、人文特色，培养学生综合思维的能力和人地协调观，树立"绿水青山就是金山银山"、生态文明等理念。通过地理信息技术课程与实践教育的结合，带领学生用地理的视角看世界，理论联系实际，从做中学，在实践中领悟地理的魅力。此外，在土地利用与国土规划、环境学等交叉学科课程中学习《土地法》《环境保护法》等法律法规，引导学生树立正确的法制观念和公民意识。总的来说，在国情教育、区域认知与综合思维培养、可持续发展教育方面，地理科学专业的课程对于美育、法治教育、实践教育等也可发挥重要作用。

四、对国家级一流专业建设的思考

进入 21 世纪，地理科学的相关研究领域正以前所未有的深度、广度和速度深入到国家的经济建设、社会发展、城乡规划、土地利用、生态保护、灾害治理等各类实践当中，这也带动了地理科学专业毕业生的就业去向逐渐由单一的教育行业导向，迈向以教育、升学、创业以及其他相关行业就业的多元化发展态势。此外，新高考改革的"3+1+2"自由选科模式也为地理学进一步向基础教育下沉以及地理科学专业的人才就业提供更为广阔的空间。这对地理科学专业的建设而言是一个巨大的机遇。面向一流专业建设，地理科学专业如何进一步提升人才培养质量，满足国家和社会的现实需求？这里结合华南师范大学的实践，提出几点思考，权作抛砖引玉。

（一）加强地理学综合素质培养

如图 15-2 所示，近几年华南师范大学地理科学专业本科毕业生就业情况统计显示：①大部分毕业生毕业后到初高中任教，但比重在逐年减少；②毕业生就业去向日益多样，"其他"的比重逐年增大。这说明，即便是师范专业，其毕业生从事教师职业的难度也在增大。伴随着今后全国人口增长的总体回落，可想而知，中学教师的需求会趋于减少。因此，在培养目标上，地理科学专业需要与时俱进，要结合地理基础教育人才需求的变化，适时调整培养计划。一是要进一步强化师范生的地理专业素养，增强竞争力；二是要加强地理学综合素养的课程设计，注重学生加强区域特色，以便能更好地提升学生在教育行业外的就业竞争力。

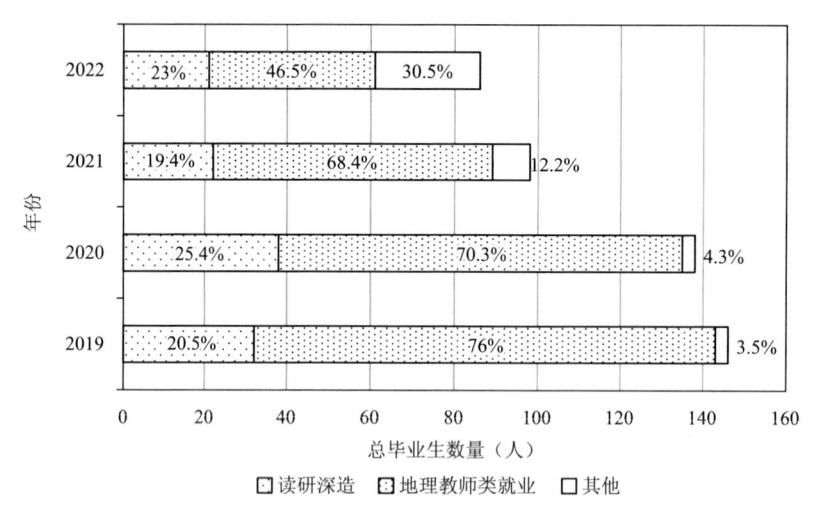

图 15-2　华南师范大学地理科学专业就业去向

（二）适当突出区域特色

地理学"综合性"和"区域性"这两大特点，致使地理科学专业涵盖了庞大的学科内容，造成课程体系的繁杂。这一培养特点虽然能够在一定程度上为地理科学专业学生未来的转型发展提供更多的可能性，但也容易造成学生对于地理科学知识体系认知"广而不深"以及"泛而不精"。地理科学的综合性优势如果不与地域性相结合，其竞争力很难得到有力体现。另外，一个地区的地理科学专业往往是一个区域中学地理教师的摇篮，学生的生源地也往往主要来自院校所在区域及其周边地区。如何让地理科学专业的人才培养更加符合区域的发展定位和人才培养要求？比如华南师范大学，长期以来都是港澳地区中学地理教师的培养基地，那么在地理科学专业建设上，显然就需要相关的课程予以呼应。因此，在专业建设过程中，应紧密对接所在地区社会经济特征与需求，通过开设特定的区域地理课程，加强区域知识的传习，使人才培养更加具有区域个性。

通过比较台湾师范大学、华东师范大学、东北师范大学、华中师范大学等几所大学的地理科学专业本科生课程设置情况（表 15–2），可以看出各高校表现出不同的特点。台湾师范大学侧重区域地理，东北师范大学侧重自然地理，而其他两所大学的课程体系则相对综合。与之相比，华南师范大学的课程设置更强调学科知识体系的完整性，在地学基础课程之上，纵深切入地学细分领域，重视实践教学和野外实习课程，注重对学生地理教学能力的培养。因此，建议在全国制定统一的国家标准的基础上，是否可以给各高校适当的个性空间，以便适应不同区域不同高校的发展特点。这是一个值得探讨的问题。

表 15–2 几所典型高校地理科学专业课程设置

学校		主要专业课程（括号内为该课程学分）
台湾师范大学地理学系	专业教育课程	地学通论（4），台湾地理（2），中国地理（2），世界地理（2），地图学（3），计量地理（2~3），地理信息系统（3），地理思想（3），地理学研究法（3），地形学（3），气候学（3），水文学（3），环境生态学（3），经济地理（3），都市地理（3），社会地理（2），地理乡土教育（2），亚太地理（2），欧洲地理（3），非洲地理（2），美洲地理（3）等
	教师教育课程	教育概论（2），教育心理学（2），教育哲学（2），教育社会学（2），教学原理（2），班级经营（2），学习评量（2），课程发展与设计（2），教学媒体与运用（2），地理教材教法（2），地理教学实习（4），教育史（2），现代教育思潮（2），青少年心理学（2），认知心理学（2）等
华东师范大学地理科学学院	专业教育课程	地质学基础（2.5），地球概论（2），现代地貌学（2.5），GIS 概论与应用（3），地图学（2），地理科学导论（2），普通地质野外实习（2），人文地理学（3），水文与水资源（3），气象学与气候学（3），生物地理学（2），土壤地理学（2），现代经济地理学（2），遥感概论（2），旅游地理学（2），自然地理野外实习（2），中国地理（4），世界地理（3），区域管理与发展（2），空间统计与运筹（3），人口地理（2），城市生态与景观生态（2），环境规划与影响评价（2），文化地理（2），经济学原理（4）等
	教师教育课程	地理教学论（2），教师口语（1），多媒体地理教学与课件（2），心理学（2），教育学（2），面向中学地理双语教学（2），教育实习（6），信息化教学设计与实践（1），微格教学（1），教育见习（2），国外地理教育（2）等

续表

学校		主要专业课程（括号内为该课程学分）
东北师范大学地理科学学院	专业教育课程	地球概论（2），地理科学专业导论（1），地质学基础（3），地图学（3），气象学与气候学（3），人文地理学（2）地理信息系统（2），地貌学（3），遥感概论（2），经济地理学（2），环境科学导论（2），水文学（2），土壤地理学（3），区域分析与规划（2），生物地理学（3），综合自然地理学（3），中国地理（2.5），世界地理（2.5），地质学与地貌学实习（1.5），水文学实习（0.5），人文地理学实习（0.5），自然地理综合实习（2），区域地理综合实习（1）等
	教师教育课程	地理课程与教学论（2），地理课程标准解读与教材分析（2），地理教学设计（1），地理教学模拟与训练（2），地理教育国际比较（1），地理教育测量与评价（1），学校教育基础（2），教师职业道德与专业发展（2），青少年学习与发展（3），现代教育技术（1），教育实践包括基础实践（2）、应用实践（6）等
华中师范大学城市与环境科学学院	专业教育课程	人文地理学（3），地图学（3），自然地理学（3），地理信息系统（3），经济地理学（3），气象与气候学（3），土壤地理学（3），地球概论（3），地质学基础（3），地貌学（3），水文与水资源学（3），植物地理学（3），城市地理学（3），中国地理（2），地理学思想史（2），世界地理（2），地理专业英语（2），交通地理学（2），人口地理学（2），社会地理学（2），地理科学文献研读与写作（2）等
	教师教育课程	习近平总书记教育重要论述研究（1），心理学基础（3），教育学基础（3），地理学科教学论（2），地理课程与教材研究（1），现代教育技术应用（3），班主任与班级管理（1），地理教学技能训练（1），地理学实验教学设计（1），师生沟通的艺术（1），中学生心理辅导（1.5），教育公平（1）等

（三）重视成效评估

与国外类似的地理科学专业相比，我国的不足主要体现在专业课程设置与毕业学生的质量评估并未建立联动机制。地理科学专业课程设置的教育效果和社会效果评估，被掩盖到了综合评估的众多指标之中，而这些指标中相当一部分与人才培养质量并无直接关系。是否可以借鉴国外的目标达成型专业设置理念，对地理科学专业学生的学习效果从知识理解、专业技能、综合能力、研究实践等维度进行专业化评估，并基于 PDCA 模式开展持续评估改进？这是今后教育部一流专业评估应该探讨的课题。

地理科学专业学生培养的根本目标，是培养具备专业能力，向社会和用人单位输送可以满足地理科学多方向需求的人才。因此，在专业建设上，要充分考虑学科本身的多面向特征，平衡知识与技能两方面的比重，对于庞杂的课程需求，尽量去粗取精、减量增效。基于对培养方案的成效评估，对课程体系进行持续的精简整合，撤并缩减冗余课程，加强课程的实效，也为学生提供更多的自由探索空间。

（四）纠正学位点错配

地理科学专业本身具有"地理科学"与"师范技能"的双重属性，而当前社会环境变化所带来的就业形势"内卷"，使得地理科学专业的学生日益重视对于"师范技能"的提升，偏重对于教学技能的关注，而弱化了对地理科学学科素养的培育。但是，国内课程与教学论（地理）学位点属于教育学，又使得大部分开设地理科学专业的院校普遍缺乏科班出身的教学法专业师资，这也致使地理科学专业建设过程中地理教育类课程的开设需要与师资力量不匹配，对于学生教研能力培养长期处于缺位状态，地理科学专业的毕业生往往只有"教"而没有"研"的能力，形成地理科学专业人才进一步上升的"瓶颈"。因此，需要纠正这其中的制度桎梏，要将课程与教学论（地理）及相关方向的硕士博士学位点回归地理科学类，回归学科专业属性，这样才能为高校地理科学专业的人才培养提供充足的师资力量，让地理科学专业的学生不仅会"教"，也会"研"。当然，也要在此基础上推进高校教师向基础教育下沉，积极参与中学地理教材、教学方法的研究，推动地理科学专业的进一步高质量发展。

本章作者：刘云刚、刘洪杰、张争胜、郭程轩、陈林、何雪梅
工作单位：华南师范大学地理科学学院

第十六章　全国高校地理信息科学专业教学共同体构建和实践

南京师范大学2009年起依托教育部"人才培养模式创新实验区"教改重点项目，协同全国200余所开设地理信息科学专业高校，创建以"共建共享，共生共赢"为核心理念的全国地理信息科学专业教学共同体。经过十余年的建设，形成了"标杆引领，专业协同，共同发展"的人才培养新模式和共生共赢新格局，有力推动了地理信息科学专业教学从单体自建独享到群体共建共享转变。

一、背景和问题

1998年，国家开始设立"地理信息系统"（后改名"地理信息科学"）本科专业。随着地理信息产业对地理信息系统各类专业人才需求的急剧增加，特别是国家把地理信息产业提升为战略性新兴产业，全国开设该专业的高校数目急剧增加。至2008年，全国已经有163所高校开设"地理信息系统"专业，成为全国发展最快的专业之一。

然而，专业规模的快速膨胀带来一系列严重的问题：全国该专业的发展缺乏科学的顶层设计与质量标准，全国各专业师生缺乏合作交流，专业师资力量不足、缺乏高水平专业教材等教学资源，其结果是，人才培养质量不能满足社会各行业对多层次人才的迫切需求。

南京师范大学地图学与地理信息系统学科是国家重点学科，在学科建设规划中就提出了"把强化地理信息科学本科教学作为国家重点学科建设的核心，要把南京师范大学地理信息系统专业建成国际知名、全国领先的地理信息科学标杆专业"，以及"专业精英人才培养基地；专业教学资源建设与共享基地；专业教学示范与培训基地"的愿景目标。

基于科学顶端设计的全国多校合作发展，是提升专业建设整体水平的有效途径。新兴专业的建设，既要发挥专业建设的主观能动性，更要充分调动、整合全国地理信息科学教育界力量，有效协同攻关，才有可能破解专业建设的共性难题，突破地理信息科学高等教育内涵式发展的"瓶颈"。为此，新任中国地理信息产业协会教育工作委员会主任委员单位的南京师范大学，依托教育部"人才培养模式创新实验区"教改重点项目，联合各副主任委员单位和全国160余家专业单位，积极开展专业教学共同体教学改革实践。然而，在不同的学校及学科背景下，专业条件、专业建设的举措及人才培养目标依然存在较大的差异，这成为针对不同学校及学科背景下的专业建设合作难题，我们面临着：解决快速成长专业多元主体协同发展的共同体合作模式与机制问题；解决不同层次及学科背景高校专业的共同体合作方法与途径问题；解决专业人才培养中优质教学资源的共同体合作建设与共享问题。

二、举措和实践

（一）创建了全国高校地理信息科学专业教学共同体合作模式

通过创设两个全国性地理信息科学专业教育教改组织机构，为全国一盘棋的地理信息科学专业一体化建设提供顶层组织保障，推动制定专业人才培养标准；通过成立教学、教材和课程三个全国教学联盟，合作解决专业教学共性难题；通过打造四类全国品牌教学活动，探索促进教师发展与学生能力提升的途径；通过开展五项专业内涵建设，突破地理信息科学专业在课程思政、教育教改、系列教材、教师发展和学生能力培养等专业建设高质量发展的"瓶颈",形成了全国地理信息科学专业教学共同体的建设模式(图16–1)。

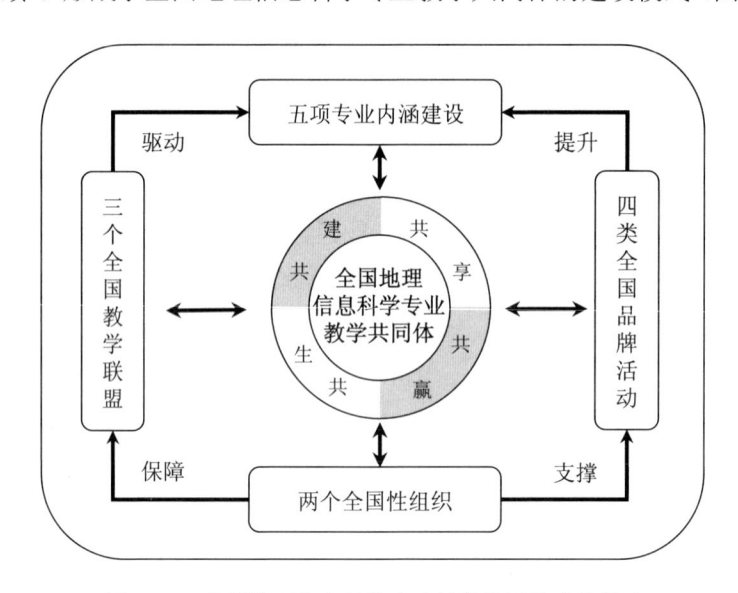

图 16–1　全国地理信息科学专业教学共同体建设模式

(二)创建以"一个合作理念"为指引、两个组织支撑及三个全国联盟为基础,解决共同体合作机制问题

基于专业共同体理念共识,为了使全国地理信息科学专业建设合作能顺利开展,整合并创建了两个组织机构和三个全国联盟(图16–2)。其中,两大支撑平台为中国地理信息产业协会教育工作委员会(南京师范大学为主任委员单位,清华大学、北京师范大学、西北师范大学等十余所高校为副主任委员单位,全国其他高校地理信息科学专业负责人为委员单位)和全国地理信息科学高等教育研究中心(南京师范大学为中心发起单位,清华大学、北京大学、北京师范大学、南京大学、武汉大学等22所高校为成员单位),其中,工作委员会主要致力于组织和承办各类教学活动,研究中心则主要开展全国性地理信息科学高等教育教学改革的顶端设计、研究探索与实践指导工作。

三个全国联盟是全国地理信息科学教学联盟、全国地理信息科学教材联盟、全国地理信息科学课程联盟，合作完成教学、教材和课程方面的共筹、共建、共享与共管。两大平台与三个联盟为实现校际合作、互利成长提供了组织保障。

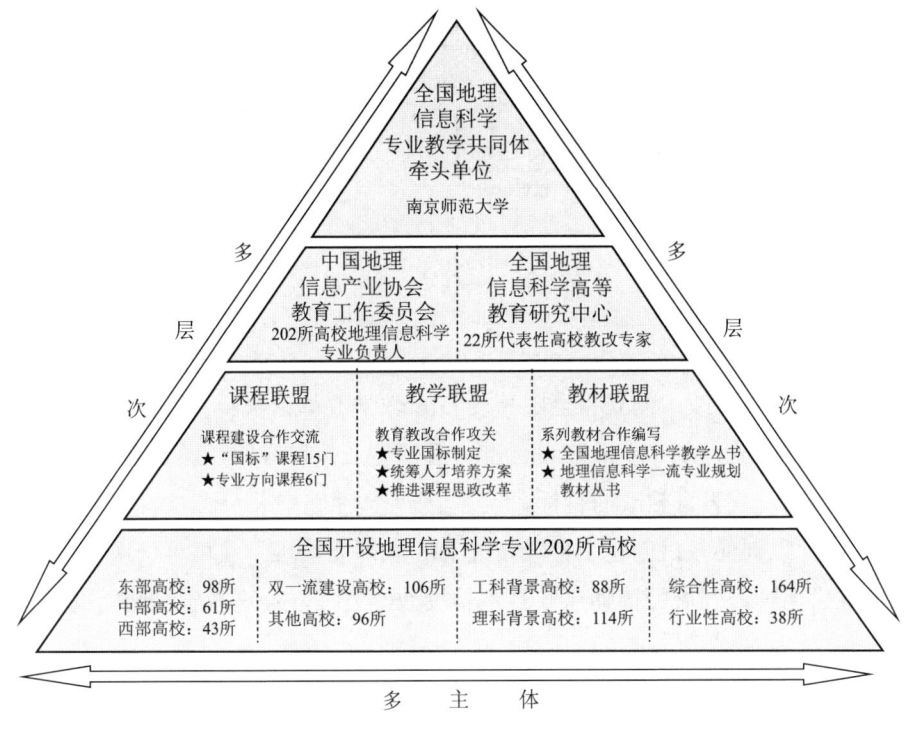

图 16-2 "多层次""多主体"合作机制

（三）打造"四类品牌"活动，解决共同体合作方法和实施途径问题

为有效驱动全国地理信息科学（GIS）专业建设全面提升，提出了"以会促改、以训促教、以赛促教、以赛育人"的建设思路，并依托两大支撑平台，创建了面向地理信息科学教育教改水平提升、青年教师能力提升、大学生实

践能力提升的四类品牌活动（图16–3）：

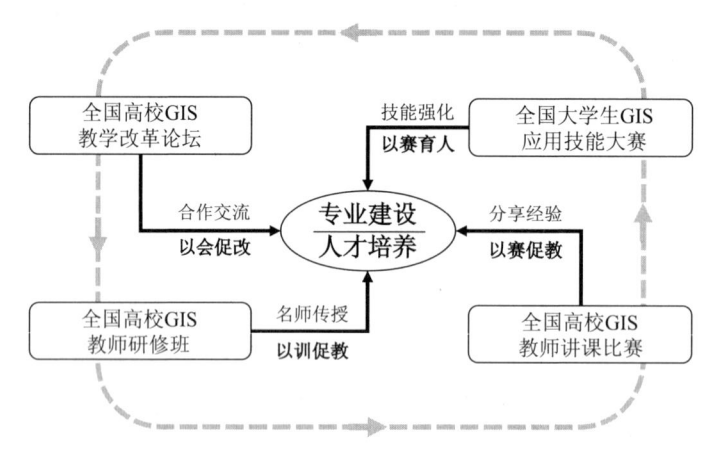

图16–3 "多形态"实施途径

（1）以会促改：创立"全国高校 GIS 教学改革论坛"（每年一次），交流专业建设经验，制定专业建设标准，解决专业建设难题，谋划专业建设发展，实现新时代教育教改的目标。

（2）以训促教：创建"全国高校 GIS 教师研修班"（每年一次），汇聚全国教学名师，开展师德师风教育，传授教学方法，分享教学经验，助力教师成长。

（3）以赛促教：创办"全国高校 GIS 教师讲课比赛"（每两年一次），通过校级评比与遴选、国家级初赛与复赛的多级多轮讲课比赛，提升教师教学能力。

（4）以赛育人：创办"全国大学生 GIS 应用技能大赛"（每年一次），以国赛带动省赛、校赛，夯实学生理论基础，强化实践技能，提升创新能力。

上述四大品牌活动的创建与推行，将课程思政、教育教改、系列教材、教师发展、学生能力等五大专业建设要素有效激活，使得优质的教育教学资源在校际融汇共享，打破了专业建设的"高校孤岛"，为专业协同发展提供了新的环境。十多年来，四大活动已经成为全国地理信息科学高等教育的重要名片。

（四）以"五项专业内涵建设"为抓手，内外联动，解决人才培养中优质教学资源合作建设和共享问题

1. 参与国家标准制定

成果完成单位根据各高校教与学的水平及存在问题，科学梳理、量化分析，构建了包括培养目标、培养规格、师资队伍、教学条件、知识与课程体系五个方面的专业质量标准体系，提出了专业人才培养理念、培养条件、管理手段、培养过程、培养效果的五维人才培养综合评价方法，为《地理科学类教学质量国家标准》制定提供了重要参考。

2. 引领全国专业课程思政建设

针对新时代专业课程思政建设的要求，南京师范大学率先开展课程思政的探索。基于全国 GIS 课程联盟，发起了"全国高校 GIS 课程思政案例库建设项目"，38 所高校参与共建了包括"红军长征 GIS""一带一路 GIS""精准扶贫 GIS""中国世界遗产 GIS"等具有鲜明思政特色的 137 个案例，完成课程思政实验教材一部、组织课程思政教学教改论文 19 篇（《南京师大学报（自然科学版）》刊出），填补地理信息科学专业课程思政案例建设的空白，引领全国课程思政建设思路。

3. 组织全国专业系列教材建设

基于全国 GIS 教材联盟，筹划并启动了"全国地理信息科学教学丛书"（汤国安任主编）的规划与建设，通过遴选与汇聚全国优势力量，采用多家高校深度合作共建一本教材的模式，至今已出版包括《地理信息科学导论》在内的 27 部精品教材，实现教指委专业建设"国标"核心课程教材的全覆盖。

4. 研发全国GIS高等教育共享平台

基于全国GIS教学联盟，南京师范大学会同国内地理信息科学一流专业和特色专业，合作开发了包括新闻资讯、专业导览、教学活动、在线课程、毕业就业、国际交流、学习资源等为主的"全国GIS高等教育门户网站"，为教学资源建设与交流、教学改革研究、教学示范与培训提供合作共享平台。

5. 构建内外联动的专业良性发展机制

以校内专业建设为内生动力，校际专业合作为外生动力，双向循环，互为促进，推动专业内涵建设的高质量发展（图16–4）。

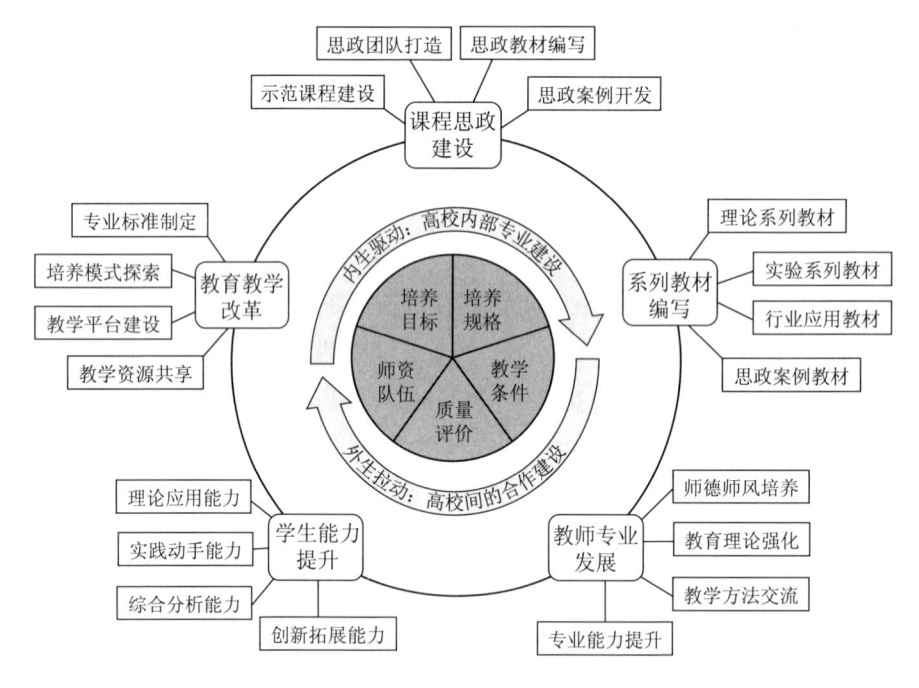

图16–4 内外联动的"多节点"专业内涵建设

三、成效和应用

（一）"创新实验区"发挥引领作用，人才培养质量持续提升

南京师范大学地理信息科学专业作为国家级"人才培养模式创新实验区"，先后获评国家实验教学示范中心、国家级教学团队、"万人计划"教学名师（2人）、国家一流专业、国家一流课程、国家课程思政示范课（教学名师、教学团队）。学生获评2015年度共青团中央"大学生小平科技创新团队"，全国"挑战杯"大赛2项获奖，两届地理信息科学专业班获"江苏省优秀班集体"，在校生谢轶群、于天星入围"中国大学生年度人物"，毕业学生成长出多位国家级学术人才和行业领军人才，连续三届毕业生一次性就业率100%，国内外读研率平均61.4%，成为全国地理信息科学专业建设的标杆之一。

（二）品牌教学活动影响力持续提升，专业合作凸显"共赢"成效

四类品牌活动中，"全国高校 GIS 教学改革论坛"已举办10届，202所开设 GIS 专业高校悉数参与，推动了基于《地理科学类教学质量国家标准》的教学模式改革与人才培养方案制定；"全国高校 GIS 教师研修班""全国高校 GIS 教师讲课比赛"分别举办10届和6届，累计参与教师1 500余人，百余名青年教师成长为专业负责人和教学院长，全国 GIS 教师中有6人获国家"万人计划"教学名师、4人获全国模范教师、全国优秀教师称号；"全国大学生 GIS 应用技能大赛"已连续举办10届，近5年每年都有近千人的参赛规模，学生创新实践能力显著提升，全国 GIS 专业学生近10年来获全国大学生"挑战杯"奖26项，创新实践能力显著提升。

合作建设了137个专业课程思政实验教学案例，在高等教育出版社出版了《地理信息系统课程思政实验教学案例》教材，推广至全国52所高校应用；

合作编撰了"全国高校地理信息科学教学丛书""地理信息科学一流专业规划教材丛书"等系列教材（27 本），汤国安主编的《地理信息系统教程》获全国优秀教材二等奖，已成为全国 GIS 专业的核心教学资源；合作发表了高水平教学论文 31 篇，撰写了《中国地理信息产业发展报告》（GIS 高等教育篇），在国际知名刊物 International Journal of Geoinformatics 发表的介绍 GIS 专业合作建设的论文，引起国际 GIS 教育界广泛关注；合作开发了全国 GIS 高等教育门户（www.edugis.net），已成为有重要国内国际影响力的 GIS 教学资源建设与共享平台。依据前瞻产业研究院公布的《2020 年中国高考热门专业类排名及介绍》，GIS 专业位列全国第 11 名，专业建设水平大幅提升。南京师范大学还被国际 UNIGIS 协会邀请参加国际 Erasmus+ Geo S4S 国际合作课程项目，承担 20 门课程中的两门课程的开发。全国 GIS 学生实践创新能力提升和高质量就业也有力支撑了我国地理信息产业的快速发展。

（三）受到媒体高度关注，引起强烈社会反响

《人民日报》、学习强国、《光明日报》、《中国教育报》、《中国青年报》、凤凰网、江苏卫视、《现代快报》等多家媒体纷纷报道专业建设与人才培养工作。2022 年 6 月 20 日，《人民日报（海外版）》以教育名家笔谈的形式专题报道了南京师范大学构建高校地理信息科学专业共同体改革成效。

四、展望

本教改实践以培养一流地理信息科学专业人才、提升全国地理信息科学专业整体教学水平为目标，突破了单个学校专业建设与人才培养的局限，运用"专业教学共同体"的全新教育理念，深入贯彻以学生为中心的教育人本观、以内涵发展为主线的教育质量观、以共建为手段的教育协同观，联合全国 202 所高校构建了地理信息科学专业教学共同体，有效推进了专业资源整

合、人才培养协同和教学质量整体提升，形成了"标杆引领发展、难点协同攻关、资源共建共享、专业共生共赢"的崭新发展格局。

以教学联盟建设为基础，以专业内涵建设为核心，以特色品牌活动为抓手，以教学协作机制为保障，在全国开创性地建立了"共建共享、共生共赢"的地理信息科学专业教学共同体，探索了"组织体系多层次架构、教学活动多主体联动、教育教改多形态实施、内涵建设多节点推进"的共同体专业教学合作新模式，有效实现了教学组织联盟化、教学资源共建化、教学成果共享化、内涵建设协同化、教学活动品牌化、育人质效共赢化。

立足全国地理信息科学专业教学合作，创设了两个全国性地理信息科学专业教育教改组织机构；成立了教学、教材和课程三个全国联盟；首创了全国高校教学改革论坛、教师研修班、教师讲课比赛和全国大学生GIS应用技能大赛四类全国性品牌教学活动；重点开展了课程思政、教育教改、系列教材、教师发展和学生能力培养五项专业内涵建设，形成了"合作目标—合作理念—合作内容—合作形式—合作途径—合作保障"有机连接、无缝贯通的教学共同体合作发展长效机制，为教学共同体的高水平建设、高效能合作和高质量发展注入了活力，大大促进了师资力量的发展和学生能力的提升，推动地理信息科学专业构建"校际合作、双向循环、相互促进、共生共赢"的新发展格局，促进专业教学的内涵式高质量发展。

当前，在全面推进本科教学质量提升的新形势下，要继续秉承以学生发展为中心的教育人本观，以合作共建为手段的教育协同观，充分利用现代信息技术等技术手段，利用刚刚获批的教育部"地理信息科学专业虚拟教研室"，进一步开展更深层次的专业教学模式改革，充分依托我国的体制优势，创建有效的全国地理信息科学合作模式，通过合作共赢的弯道超车，实现我国地理信息科学高等教育从新崛起"大国"迈向有重要国际影响力的"强国"的目标。

本章作者：汤国安、张书亮、杨昕、李发源、熊礼阳
工作单位：南京师范大学地理科学学院

课程建设

第十七章　北京大学"中国历史地理"课程建设

　　无论从旧石器还是新石器时代算起，人类立足在大地上，已经走过万年以上的历程，而人类对于地理的认识几乎可以追溯至人之初。当代学术界为地理学做出的定义为：地球表面的自然现象与人文现象的分布以及它们之间相互关系的研究。其实在地理成为科学并作为学者的研究对象之前，早已存在于人们对于环境的感知与创造。人类对于地理的认识首先来自求生、觅食这一与动物没有区别的本能行为之中，无论采集、渔猎乃至于原始农业，人们都必须观察四周环境，并获得哪里有食物可供采集、猎取，哪里的土地可以种植作物这类的信息，且在这样的观察中探寻出能够通行的道路与安置聚落的地方。这些人类早期本能的求生行为成为人类认识地理的第一步，并在社会进步中继续迈出第二步、第三步……逐渐发展成独立的科学。在今天的学术之林中，地理学似乎并不显赫，但一个不能否认的事实，这是人类最早拥有的科学。

　　地理学的形成是一个渐进过程，人类掌握的地理知识以及对于地理现象的探索没有永远停留在一个阶段，伴随社会进步，人类行为逐渐从利用环境发展到改造环境，对于自己生活之地，也从了解地理步入创造地理。这正如《全球通史》的作者斯塔夫里阿诺斯所表述的那样，各种生物均以遗传因子适应环境而实现进化，只有人类的进化相反，不是遗传因子适应环境，而是通过改变环境适应自己的遗传因子（斯塔夫里阿诺斯，1999）。正是这样的进化不仅使人类从动物中分离出来，而且凌驾在所有生物之上。确切地讲，当人类处于采集、渔猎阶段的时候仅属于利用环境，原始农业生产出现就不同了，农作物取代了天然植被，由此环境发生了改变，可以数出种类的栽培植物覆盖在地表，并通过城邑、聚落的修建，道路的延伸，工商业的经营，改变大地面貌形成新的地理景观。人类对环境进行改造、营造新的地理景观的同时，继续给予利用，但这时的利用已不同于采集、渔猎对于食物的索取，而是将政治、军事意图与空间结合为一体，并利用地理达到政治、军事目的。《左传》名篇"烛之武退秦师"就是一例。春秋时期郑国面临秦、晋两国军事进攻的威胁，郑国谋士烛之武为郑国退秦、晋联军，游说秦国时一语点明利害的就是地理，即秦与郑之间有晋相隔，而晋与郑为邻，秦、晋联军若战胜郑国，直接受益者是晋而不是秦。烛之武利用秦、晋、郑之间的地理位置，以及攻郑必然会导致"邻之厚，君之薄"这样的结果，成功地分化了秦、晋联军，实现了退军的政治目的。固然，人类基于政治、军事意图利用地理并没有改变地物的格局，却延伸了地理的含义，从可见的自然现象、人文现象到抽象的政治、军事地理，伴随人类社会发展，涉及政治、军事的地理从来没有离开过我们，但几乎无从在大地上找到哪里是政治，哪里是军事，两者的存在通过人们的意愿、目的、智慧而实现，且在历史的进程中不断变化手法。这样总结起来，地理的构成包括两个层面，一类属于自然界本有的，如山脉、河流、湖泊、荒漠、植被的分布，气候、土壤的形成与变化；另一类则源于人类创造，农业、城市、聚落、交通、工商业乃至政治、军事、文化均可成地理。这就是通常所知的自然地理与人文地理两大分支，两类地理现象的成因不同，但彼此之间相互关联、相互依存，共同点缀、改造着脚下的大地与头顶上的天空。

历史地理隶属于地理学，但研究对象分属于不同的时代，侯仁之先生曾经说过历史地理是昨天、前天的地理，因此，历史地理将历史学的时间体系纳入研究之中，融时间与空间于一体，并在回归人类曾经经行的历程中探寻旧日的足迹及其影响。20 世纪 50 年代，在侯仁之先生的倡导之下，中国历史地理逐渐与现代地理学接轨并融入现代学术体系之中。侯仁之先生在全面审视地理学的性质与研究宗旨之后指出："研究历史时期主要由人的活动而产生或影响的一切地理变化,这就是今日所理解的历史地理学的主要课题。"（侯仁之,1994）从那时到今天的 60 多年中,中国历史地理各代学者的研究涉及"由人的活动而产生或影响的一切地理变化"的各个领域,即历史自然地理、历史农业地理、历史人口地理、历史城市地理、历史聚落地理、历史交通地理、历史工商业地理、历史政治地理、历史军事地理、历史文化地理等,由于人类的空间活动、空间创造、空间利用多种多样,这些研究领域几乎囊括生产、生活的所有层面,且涉及了不同领域的空间现象。

历史与人类活动的过往也是一面镜子,可以警戒后世,也可以告诉未来。历史地理兼具地理学与历史学的双重属性,不但可以起到以史为鉴的作用,而且直接拉近了历史与现实的距离。将中国历史地理的研究成果转入课堂,成为大学本科教育中的组成部分,不仅必要,而且对于加强素质教育、国情课具有意义。

一、课程指导思想和定位

培养德智体美劳全面发展、知识结构健全的毕业生是北京大学办学方针以及人才培养目标之一,在这一目标之下"中国历史地理"确定为面向全校本科生的通选课,其目的在于通过本课程文理交融、历史与现实相通的特点,提高大学生了解中国、服务当代的综合素质与全方位思考问题的能力。

侯仁之先生既是中国当代历史地理的开创人,也是北京大学历史地理专业的创建者,在侯先生的提倡与带动之下,历史地理不仅成为北京大学地理学的重要组成部分,而且形成良好的研究传统与教学基础。早在 20 世纪 50 年代初期,侯仁之先生即在北京大学开设了"北京历史地理"等课程,并陆续培养了历史地理专业研究生,与此同时侯先生先后撰写了《历史地理学的理论与实践》《历史地理四论》等学术专著,并提出现代历史地理学的研究范围:"其内容不以历代疆域的消长与地方政治区划的演变为主,而以不同时代地理环境的变迁为主,这样应该从先史时期开始,举凡每一时期中自然和人文地理上的重要变迁，如气候的变异、河流的迁移、海岸的伸缩、自然动植物的生灭移动以及地方的开发、人口的分布、交通的状况、都市的兴衰等，凡是可能的都在讨论范围之内。"侯先生从理论层面提出的中国历史地理研究范围与框架结构，不仅奠定了现代中国历史地理研究的基础，而且直接确定了北京大学历史地理的研究方向与"中国历史地理"的授课内容。1999年"中国历史地理"面向北京大学全校学生开课以来，秉承了侯仁之先生建立的中国历史地理框架体系，不仅走出传统沿革地理的局限，将授课内容扩展至历史政治、交通、军事、经济、自然、城市、文化等各个领域，而且成功地实现了与现代地理学接轨的任务，并在侯先生的直接指导下形成一门深受学生欢迎的课程。

二、教学内容和教材

中国历史地理是研究历史时期地理环境变化及其规律的科学，地理环境包括自然和人文两个方面。在人类数千年历史之中，不仅自然环境中气候、植被、江河湖泊、海岸、沙漠发生了巨大变化，而且人文环境也有重大改变，以大地山川为基础，人类社会发展进程中不仅形成各具空间特征的经济生活方式，而且根据政治、军事、经济、文化等方面的需求产生了行政区划、都邑聚落、道路关隘、民风习俗，以及伴随这一切而出现的人口、物资的流动。所有历史时期形成的自然与人文环境不仅停留在过去时段，成为解读中国地理的基础，而且直接影响到今天。将中国历史地理研究引进课堂，包括教材编写与课堂教学两个重要方面。

（一）教材编写

北京大学"中国历史地理"教材《中国历史地理十五讲》，于2015年由北京大学出版社出版。《中国历史地理十五讲》分十五讲，包括中国历史地理的学科概述（第一讲），史前时期聚落选址与环境（第二讲），历代疆域变化的地理基础（第三讲）以及历史自然地理（第四讲、第七讲），历史农业地理（第五讲、第六讲、第八讲），历史政治地理（第九讲、第十讲），历史交通地理（第十一讲、第十二讲、第十三讲），历史军事地理（第十四讲），历史城市地理（第十五讲）。固然这些篇目并未囊括历史地理所有研究，但却是最重要的研究领域。

其中将历史地理上溯至史前时期，并非仅仅拉长了研究时段，重要在于自新石器时期人与环境的关系发生了变化，此时人类已经从依靠大自然的恩惠采集食物，转向栽培植物养活自己，这一具有根本意义的"农业革命"，不仅使人类在自然的束缚中获得更多的自由，而且在大地上建立了由自己创造的地理。20世纪中期，侯仁之先生提倡将历史地理研究上溯至一万年以来，自此针对人类改造环境、利用自然的探索成为历史地理一项重要研究领域。历史地理的各个研究领域中，历史自然地理以坐落在大地上的山川湖沼、气候变化的冷暖干湿为核心，但自从人类迈出改造自然的步伐，原封未动且沿袭至今的景观与地物几乎不存在，即使环绕在四周的空气也添加了越来越多的人为生产物——甲烷、二氧化碳、雾霾……因此，历史自然地理研究一方面致力于复原历史环境，另一方面则着重探讨人类活动施加于自然环境的影响及其后果。历史留给今天的大凡有两类地理现象，一类如同化石，不仅残存且已固化，成为我们探讨、复原过去的标识；另一类生成于过去，却通过人类不间断的、连续性的行为影响到今天，环境变化即是如此。历史农业地理、历史交通地理、历史城市地理均属于人类改造环境、创造地理的结果，这样的创造不仅有形、有物，成为人类保全自己、壮大自己的依托，而且全然替换了原本属于大地之上植被、景观，即我们置身于当下，环顾四周多属于高度耕作的景观与整治了的景观。人类立足在大地上，改造环境、整治景观并不能完全摆脱自然力的制约，因此，探寻人类出于不同需求，改造环境且建构地理现象之间的空间关系，成为这些领域的基本研究内容。如果说上述历史地理各个研究领域表现更多的是人与自然的直接关系，那么，历代疆域变化、历史人口地理、历史政治地理、历史军事地理则着重体现人类组织形式与集群形式，由此形成的地理几乎没有改变大地上的什么，却凭借人类组织与政治、军事意愿利用了地理，并就此形成人类组织空间分布形式以及与政治、军事捆绑在一起的空间谋略，这就是国家疆域、人口的分布与迁移、国家执行管理的空间单元——行政区以及行军作战的路径与战场。

地理学乃至历史地理学所构成的研究领域，展现了所有人类活动方式与空间的关系，这样的关系过去存在，今天依然继续。

（二）课堂教学

针对历史地理学的研究特点，从1999年面向北京大学全校学生开设"中国历史地理"这门课到今天，课程内容与教学手段不断调整，并将教学内容重点落实在时代性、通识性、前沿性、科学性几个关键环节。

关于时代性，"中国历史地理"本身的研究侧重于历史时期，但课程传授给学生的知识，不能仅停留在过去的层面。无论自然环境的演变，还是人文事件的空间关系，在现实中存有留痕，即历史不仅是一面镜子，而且过去传承、积累下来的各类影响均会在今天产生作用，例如今天我们面临环境问题的症结绝不是近几十年的结果，其间的积累也许数十年，也许数百年，也许更长。不仅环境，事实上，在历史人文地理的发展中，古代政区划分、道路走向、城邑格局都没有完全停留在过去时段，它们以物质实体与精神理念两个层面影响今天国家政治、经济乃至文化，因此，突出时代性、现实性是选取教学内容的重要方面。

以行政区划为例，古今都将国土划分若干行政区，分区派官进行管理，历史时期在行政区划分原则、官员权限、施政空间等地方行政管理的关键环节，都留下发人深省的经验教训，以此来比量今天我们所面临的地方行政管理以及中央与地方关系，可以唤起多方面的思考与学生的社会责任意识。

通识性是将复杂且专业研究转化为常识的教学手段，"中国历史地理"面向全校不同学科的同学，以通俗性为原则是保证教学质量与教学效果最重要的方面，为了达到这一目的，力争将教学内容从专家的论述转变为学生的常识，将专业问题与学生的知识背景结合起来，为此选取适宜的教学事例与明白的语言表述是教学中思考的重要环节。如谈及小麦传播初期，受石磨盘以及石磨盘加工工具的制约，在很长一段时间麦类食品为麦饭，适口性极差，且影响到种植面积的扩展。没有任何学生体会到麦饭的感觉，但人家都喝过大麦茶，知道吞咽带壳麦粒的感觉，这样的联系使学生贴切且直接地感受到麦粉加工工具大规模普及之前，小麦因整粒蒸煮缺乏适口性，因而导致种植面积少的原因。再如，分封制与郡县制是中国历史时期存在的两种地方管理方式，从历史到现实，为了使这两个概念在当代大学生面前，直白而通俗，课堂上参照的事例是当代公司制，若创立公司者将自己创立的若干公司赠送给儿子，若干公司聘任经理管理，赠送与聘任经理，两者的财产归属性质就是分封制与郡县制的实质。

前沿性的体现，知识快速更新是我们时代的一个特色，历史地理的研究同样不断涌现各类最新研究成果，将这些成果转化为教学内容，是每一年度更新教学内容的重要方面。如近年中国一些省试行省管县、全球变暖、传统乡村集市的客源区等，都可以通过对历史问题的追寻，找到新的思考点。

科学性体现在"中国历史地理"涵纳的所有研究均建立在科学层面与理性分析基础上，将科学理念融入教学中，不仅彰显出历史地理学交叉学科的特征，且成为解读问题的根基。如将湖北境内新石器时期遗址地图展现在课堂，大家看到的是所有遗址均围绕江汉平原呈环状分布，而环形的中部却是一片空白，为什么今天的江汉平原腹心却没有史前人类活动遗迹？针对这一问题从古云梦泽到江陵陆上三角洲的变化，将当代地理学的科学概念融入从云梦泽到江汉平原沧海桑田之变的解读中。再如，都江堰、灵渠这些古代水利工程能够在两千多年的时光中使用至今，从科学的视角探寻工程原理，传递出来的不仅是古人智慧的赞赏，而是其中的科技支撑要素。

当一个学科走上讲堂，如何组织内容、甄选内容并针对已有研究成果组合、加工是完成课堂教学的重要环节。"中国历史地理"课程内容融一万年以来自然环境与人文因素为一体，面向不同专业学生授课，如何处理各个章节的讲授，无论教材还是课堂，将历史推向今天，将理论融于现实，全方位为学生提供思考空间是其中的关键。"中国历史地理"课程主要内容包括六个方面。

(1) 中国历史政治地理。历史政治地理的研究内容在一定程度上与传统的沿革地理重合，如何在讲授政区沿革的同时，又走出沿革地理的束缚，将历史问题与现实结合起来并透过行政区设置，洞察政治与空间的关系是本课程致力的重点。对于这部分授课内容的选择，参照当代政治学、行政管理学等学科研究的同时，并结合历史地理研究成果，将课程内容定在对分封制、郡县制两种制度的分析以及历代行政区划变迁过程中的中央与地方关系，并将重点放在后者。通过本课程达到学生认识行政区划不仅仅是管理空间，更重要的在于行政区划履行的原则、官员权限、施政空间，其中所有问题都是关系国家稳定、经济发展的大问题，而历史上成功的或失败的措施都成为留给后人的前车之鉴，同时也是今天国家治理中应该思考的环节。这是一个古今交融、理论与现实结合的重大问题，其中涉及的中央集权与地方分权关系，在当代仍具有现实意义。

(2) 中国古代交通与军事地理。从史前时期中国大地上就出现了南北之间、东西之间的物质与文化交流，正是这样的交流奠定了最初的道路格局。随着人类社会的发展，道路不仅在社会经济发展中发挥着不可替代的作用，而且依循道路沿线留下众多关隘与军事要塞。为了避免单纯叙述道路走向的枯燥乏味，将古代著名战例对地理空间的运用与古代交通路线结合起来，不仅重现了大地交通网络的基本格局，并在解读冷兵器时代用兵谋略的同时，使交通道路成为军事地理的一部分。这样的内容组合，在学生了解古代道路基本走向的同时，通过战例的配合加深对道路沿线地理环境的认识以及对古代用兵谋略的理解。

(3) 中国主要江河湖泊以及海岸线变迁。中国历史进程中，自然环境发生了多方面的变化，其间不仅经历了沧海桑田之变，而且直接影响到地区经济开发与社会发展，黄河历次重大改道、长江流域湖泊的盈缩都是从古代一直遗患到今天的环境变化。环境是 21 世纪人类发展面临的共同问题，对于这一部分我们直接引入了自然科学最新研究成果，特别强调自然科学对于黄土高原水土流失与黄河含沙量关系的最新研究，从而使学生清醒地认识西部环境特点与西部开发的艰巨性。此外，在自然环境变化中，人文现象也往往渗透其中，如江苏南通一带吴方言的形成，不仅与江南移民越江北上相关，而且在移民进入的同时由于海岸线变迁，推动持吴方言的移民再次移动。

（4）中国历史气候变化。近五千年中国经历了冷暖、干湿之变，这样的变化不仅影响到当时的人类活动方式与区域经济，而且对于今天面临的全球变暖问题仍具有研究价值。对于这一部分课程内容，需要的前沿问题：其一，如国外学者所指出的那样，21世纪全世界面临的最大敌人不是恐怖分子，而是全球变暖；其二，全球变暖的因素之一为温室气体的排放；其三，研究全球变暖的周期有助于人类采取相应的应对措施，而中国历史文献留下的相关记载是辨析历史上气候变暖周期的重要依据。进入2007年，全球气候变化问题获得各国政府的更大重视，以实现减排责任与履行《京都议定书》为切入点的现实问题，融于对历史时期气候变迁的解读，将学生从历史环境变迁拉到现实世界，从而获得学生对全球变化更深层的理解。

（5）中国古代农耕区形成与空间过程。中国历史上主要农耕区经历着从黄河流域向长江、珠江流域的扩展过程，伴随经济区扩展与经济中心转移产生各类农业种植制度，并在传统作物的基础上引进多种农作物。我们在利用最新研究成果展现中国古代农耕区扩展的空间历程时，将两大问题引入教学中：其一，中国是世界三大农作物起源地，中国驯化的谷子、黍子、水稻、大豆等农作物是中国为世界做出的最大贡献；其二，将畜牧业产生与草原游牧方式引入课程，这一点突破了各类教材的既定内容。畜牧业作为广义农业的组成部分，从产生到发展都与环境有着直接关联，对此中国历史地理重点强调两点：①畜牧业从原始农业中分离是气候变迁的结果；②草原游牧方式包括逐水草而居与各有分地两个重要组成部分。

（6）中国古代城市起源于主要都城平面布局。《史记·五帝本纪》写道："一年而所居成聚，二年成邑，三年成都。"但是现实中并非所有聚落都可以发展为城邑乃至都城，什么条件才能导致从聚落走向城邑？传统农业社会两项地理条件决定了城市形成的基础：其一，农业生产条件；其二，具有交通枢纽的区位优势。拥有这两项条件，城市拔地而起成为必然。都城作为国家的政治中心，建筑与布局代表着一个时代最高水平，"中国历史地理"从西汉长安城到明清北京城，以都城平面布局演变为核心，秉承侯仁之先生的研究思路，强调地理环境与城市选址、城市发展的关系。

历史地理学从形成到发展，贯穿其中的是人地关系，任何一个被列入研究对象的领域，都是在人类的需求下产生并不断延展。领悟到这一点，无论涉及历史自然地理还是人文地理，都能指向问题的实质。

三、课程特色

经过持续的建设，"中国历史地理"于2008年获评为国家级精品课，2018年获评为国家精品在线课程，2021年获评为第一批国家一流课程。"中国历史地理"是一门融理科知识与文科基础为一体的课程，且无论课程内容、授课方式均没有可供模仿的对象，一切都源于原创，为了实现教学目的，在课程建设中表现出如下特色。

（一）精良的教学课件

"中国历史地理"包括300余张教学课件，每张课件的内容组织、图片选择、整体构图都经过精心设计。这些课件不仅包容了本课程的主要内容，而且为了展示地理学空间性的特点，绘制了所有与历史地理重要内容有关的地图，其中包括历代行政区、主要交通通路、河湖水道变迁、气温波动、海岸线变迁、农作物传播路径与农业种植制度、主要经济区变化、主要都城平面图等。这些地图的出现不仅加强了学生的空间概念，而且成为直观认识历史事件、历史环境的基础。

（二）直观性的教学内容

"中国历史地理"为了保证文理科不同背景的学生都能轻松掌握课程内容，课件制作中添加了动态表述形式，如洞庭湖、鄱阳湖、太湖等湖泊水体的盈缩过程与原因，并配合文物、遗址与现代地理环境并列的图片展示，增强直观性。

（三）以学生为本的事例选择

"中国历史地理"面对不同学科的同学，为了保证大家在轻松中接受知识，本课程选择的事例在最大程度上接近学生的知识背景，同时具备思辨性，如川陕交通一节，引入刘邦北定关中、三国时期蜀汉战争等事例，通过这些大家熟知的历史，不仅明白了川陕交通各条道路的地理特点，而且提升了对冷兵器时代军事谋略的认识。此外，从诸葛亮三分天下知道当时中国主要经济区开发进程；从华容道知道云梦泽变迁中的环境特点；从"汴水流、泗水流，流到瓜州古渡头"的文句，使学生了解到唐代黄淮之间的水道走向；从行政区边界划定原则，解读中国革命存在大量"边区"的原因；从辽西走廊的地理形势，阐述为什么辽沈战役关键之举在于打锦州等，这样的事例在科学原理的前提下，加深了学生的理解与记忆，是面向全校文理科不同背景学生的有效教学方式。

（四）弘扬中华优秀传统文化的责任

虽然"中国历史地理"兼文理双重学科的内容，但包含其中的仍有厚重的传统文化内涵，因此，通过中国历史地理教学，在保证学生掌握基本知识的前提，提升学生的民族自豪感与社会责任始终作为一项宗旨凝练在教学过程中。

（五）融家国情怀于课堂的教学体验

"中国历史地理"是一门讲述我们国家的课程，课程从对"中国"一词的解读起步，将内容覆盖在国土的四面八方，课程的每一个环节都有家，也有国。

"中国历史地理"将讲授内容落在过去，但回顾历史，不仅是对过去的追溯，回味、反思、借鉴都在其中。人类不应因为拥有今天，而割断对于昨天、前天的记忆，其实，我们今天迈出的脚步也会落在往日的脚印之上，而旧日的足迹究竟带来的是福还是祸？答案就在我们的探索之中。历史地理不是显赫的学科，却拥有任何学科不可替代的地位。

参 考 文 献

[1] 侯仁之：《历史地理学四论》，中国科学技术出版社，1994年。
[2] 斯塔夫里阿诺斯著，吴象婴、梁赤民译：《全球通史》，上海社会科学院出版社，1999年。

本章作者：韩茂莉

工作单位：北京大学城市与环境学院

第十八章　北京师范大学"中国地理"课程建设

课程是人才培养的核心要素，课程质量直接决定人才培养质量（中华人民共和国教育部，2019）。北京师范大学地理学科拥有百廿建设历史，区域地理课程"中国地理"作为高等师范院校地理学专业的核心课程之一，开设历史悠久，对北京师范大学地理人才培养起到重要支撑作用。

一、课程沿革和基础

京师大学堂建立之初就开设"中国今地理"，1928年地理系独立建系设置"中国地志"，1933年修订教学计划设置"中国地理"。新中国成立后一直到1994年，中国地理分为"中国自然地理"和"中国经济地理"两大门开设（赵济、朱良，2014）。1995年，国家教委地理专业教指委推进课程合并与专业调整，把"中国自然地理"与"中国经济地理"整合为"中国地理"一门课程。该课程大三上学期开设，3学分，是地理学各本科专业的基础课。

"中国地理"在北京师范大学具有良好的传承传统和持续的建设历程，始终秉持并贯彻"课程—教材—教学团队"三位一体相互促进、共同发展的建设方针（北京师范大学地理科学学部，2022），形成了具有传承和特色的教学体系。周廷儒、张兰生、赵济等先后主讲中国自然地理，黄国璋、谌亚达、金瑞莘、冯嘉苹等先后主讲中国经济地理。在几代先贤名师奠定的教学基础上，坚持课程改革创新与实践探索，"中国地理"2005年被评为国家精品课程（王静爱等，2007）（课程负责人王静爱），2016年立项建设国家级精品资源共享课程（王静爱等，2013）（课程负责人王静爱），2020年认定为国家级一流本科课程（课程负责人苏筠）。

教育部2017年实施普通高等学校师范类专业认证（中华人民共和国教育部，2017）、2019年启动一流本科课程建设（中华人民共和国教育部，2019），确立了"学生中心、产出导向、持续改进"的理念，明确提出了新时代的课程建设新要求：落实立德树人根本任务，提升课程的高阶性、突出课程的创新性、增加课程的挑战度（两性一度），推动课程思政，构建"三全育人"格局。据此，北京师范大学"中国地理"持续开展课程改革和实践。

二、同课异构，优化课程目标和教学内容

（一）构建差异化的课程目标和教学

根据北京师范大学的办学定位，学校主要培养两类人才："四有"好老师和创新型拔尖人才。课程针对不同专业的人才培养目标，构建了差异化的课程目标（表18–1）。

由于各专业的人才培养目标、学生学习需求及动力不同，依据课程目标实施按专业分类的差异化教学。自2019年分专业分班级授课，进一步强化同课异构：统一的知识体系是"同课"的基础，"异构"的是教学资源组合、教学设计与构思、教学方法，表现为教学内容、方式的选取和侧重点不同（图18–1）。

表 18–1　针对地理学四个本科专业的"中国地理"课程目标

专业	人才培养目标	课程目标（含思政目标）	
		知识	学科思维、素养与技能
地理科学（师范）	未来卓越地理教师（"四有"好老师）	1. 认识中国地理基本国情，增强国家意识、政治认同与文化自信； 2. 奠定专业基础，掌握中国地理结构、格局与过程的特征、机制和地域差异	1. 深化区域认知、人地协调观的学科核心素养；树立学科育人与综合育人理念； 2. 熟悉中学同名课程"中国地理"的教学内容及重难点，初步习得教学设计思路与基本技能
自然地理与资源环境、人文地理与城乡规划、地理信息科学	地理学创新型拔尖人才		1. 建立区域差异对比、区域划分、空间尺度、综合分析的专业思维； 2. 了解区域地理的研究前沿及基本方法；培养创新意识，初步习得开展区域地理研究的基本思维和技能；培养科学精神与学术道德规范

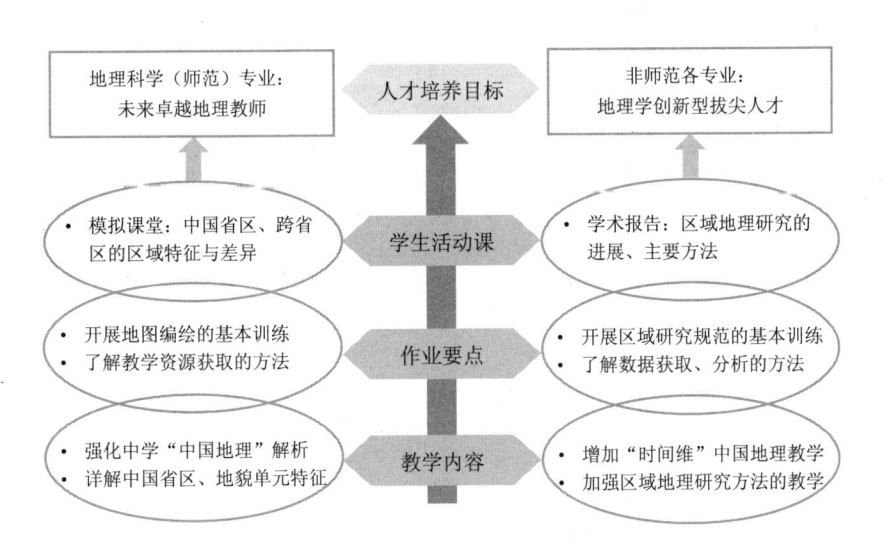

图 18–1　"中国地理"针对不同专业开展实施"同课""异构"

资料来源：苏筠、王静爱（2022）。

"同课"的课程基础是：整合中国自然地理和经济地理，聚焦中国区域人地关系与可持续发展，通过专题、案例、典型区分析，形成的中国地理"格局—结构—过程—可持续发展"教学内容体系。课程按照总论—专题—分区组织教学内容，体现中国地理国情基础，体现地理学科的综合性、区域性、系统性。总论主要包括中国的地理区位与疆域、中国地理特征与格局，专题侧重分析中国资源环境问题与可持续发展，分区重点讲解中国地理区划与区域差异、中国分区的综合分析案例（图18-2）。教学实施过程中，重视教学素材的更新和科研成果的应用，保障教学内容的基础性、科学性的同时，体现前沿性。

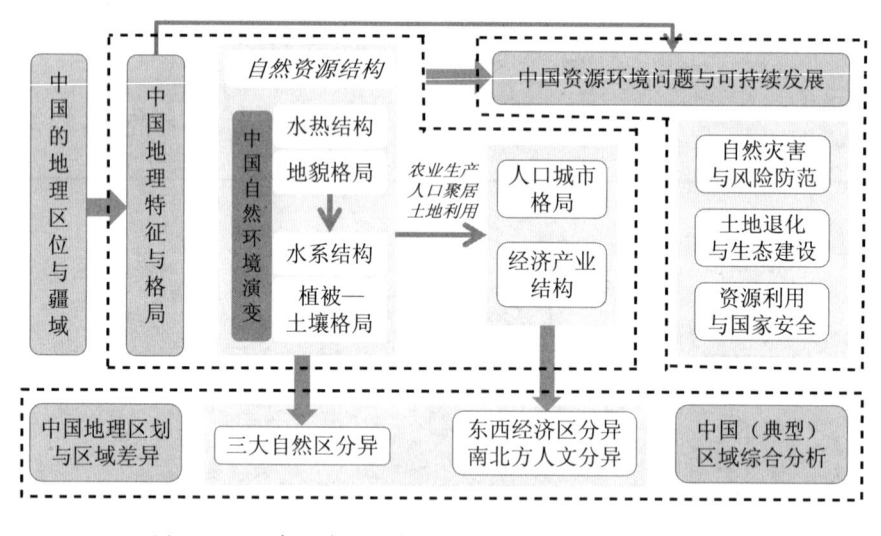

图 18-2 "中国地理"总论—专题—分区的主要教学内容

虽然教学内容体系一致，但学时和教学方式有别。非师范专业的课程中，总论和专题的教学时长占多，总论强调过程与格局；师范专业的课程中，总论和分区的教学时长占多，总论强调特征与格局。

（二）非师范生的主题式研学和专业思维培养

首先是在总论部分，从时间维度专设"中国自然环境演变"的主题教学，加深学生对于中国地理格局—过程的理解，这也是北京师范大学地理学的研究传统与特色。例如，通过讲解统一中国陆块的形成与新华夏系构造体系的发育、青藏高原隆升与西高东低地形阶梯格局的形成，来剖析中国构造演化与宏观地貌格局特征，并引导学生理解地貌格局对江河水系演化的影响。通过讲解现代季风气候与三大自然区分异的形成、第四纪冰期与间冰期旋回及其环境响应、历史时期的气候变化及其对农业中国的影响，来剖析现代季风气候形成与气候变化，并引导学生思考当今全球变化及其影响与适应。自然环境演变的研究证据及基本原理、方法贯穿于各部分内容之中，有助于学生体会其时空跨度与时间分辨率，培养时空尺度的专业思维，并理解自然地理各要素的相互作用的因果关系和反馈关系，以及区域之间的互动关联。

其次是在专论部分，各个专题主题都是自然要素与人文经济要素综合作用的结果，并从空间维度强调各个专题的"区域差异"的主题教学，加深学生对于中国地理特征—格局的理解。例如"中国土地退化及防治的区域差异"，按照中国水土流失区划，重点分析东部水蚀区各个二级分区的侵蚀成因差异及不同的针对性防治措施。东北低山丘陵与漫岗丘陵区坡度小、农耕历史短、叠加冻融作用，其水土流失成因有别于西北黄土高原区等，其防治措施强调等高耕作、保护性耕作等；云贵高原区的水土流失与石漠化相伴随，其植被重建要选用"石生、耐旱、耐瘠、喜钙"的植物品种。同理，沙漠化、自然灾害、自然资源及利用，亦存在明显的区域差异。上述专题，通过成因及措施的区域对比，不仅有助于学生理解自然要素与人文经济要素的共同作用，还有助于学生理解区域分异格局与过程特征。

此外，通过主题汇报、问题研讨、论文写作等方式，侧重对于专题内容的具体案例分析。结合国家公园建设、碳减排、黄河流域高质量发展、粤港澳大湾区协同发展等热点问题进行专题汇报与研讨，内容采用教师命题和学生自主选题两种方式来确定。通过研讨，重在培养学生区域要素综合作用、区域动态演变的专业思维，掌握区域统计数据、遥感数据的收集和分析方法，以及进行区域评价、预测等研究技能。

（三）师范生的问题式教学和育人技能培养

首先是在总论部分，采用问题式教学，加强师范生对于中国地理特征、格局的现状及其成因的理解，不仅覆盖中学地理的知识内容，还重视教法技能的示范。比如，对于中国气候特征的概括及成因分析，引导师范生思考学习的问题链是：中国的气候特征是什么→为什么形成这样的特征（主导因素是什么）→用什么图表、指标、现象能概括归纳出这些特征→区域气候特征应从哪些方面进行归纳概括。同理，对于地形特征、水文特征等都采用问题式教学，最终以大单元教学的设计思路进行了总结：区域特征的概括方法论。使师范生在掌握基本中国地理特征知识的同时，习得相关的教法思路和学法指导。

其次是通过模拟课堂等教学实践，重视分区的讲解，增加了区域综合分析的学时。模拟课堂分组进行，每组人员不超过 3 人，在确定选题后，锻炼学生收集、加工教学资源的能力，并通过试讲、磨课、正式上讲台等多个环节，教师进行分组指导，提升师范生教学体验和反思意识。教学和模拟课堂的区域选取，包括经济协作区（大行政区）、省级行政区、地貌单元区，例如省内差异显著的新疆、甘肃、陕西、安徽、江苏等省区，华北平原、横断山区等地貌单元区。此外，还加强跨区域、沿关键路线的区域差异对比，例如沿京哈—京广线、陇海线、318 国道等沿线。通过以上教学，培养师范生区域综合分析思维、区域认知素养，以及区域对比和案例教学法的应用。

三、学习任务贯彻全程，促进深度学习

"学生中心"要依据学科专业要求和学生的能力来规划学习内容、方法、考核评价，强调学生的主体责任和学习需求，尊重学生个体差异，培养学生自主性和独立性，促进其掌握专业思维和技能，具备终身学习和独立解决

问题的能力。

（一）提供充足教学资源，鼓励学生自主学习

中国地理教学内容多，受限于课时，分解部分学习任务由学生课后完成。提前设置任务或专题，鼓励学生充分利用地图、遥感影像、学术文献、专题视频、实测资料等多种资料开展学习和实践，教师通过课堂测试、讨论、学生汇报、期中面试等方式检测学生自学效果。

与此同时，教师团队积极建设了多尺度—立体化的教材教辅体系（图18-3），为学生扩宽阅读基础、拓展国际视野提供了具有层次性、对比性的自主学习资料。多尺度是指"国内—国外、国家—省区"：重点建设了《中国地理教程》等核心教材；组编了《中美地理对比》（*A Comparative Geography of China and The U.S.*）、"中国省市区地理丛书"。立体化是指"多版本教材—地图集—

图 18-3 新世纪以来"中国地理"的教材教辅建设

辅助教学系统—教学网站"：为教材配套编制了"中国自然地理多媒体教学软件""中国地理教程辅助教学系统"及《中国地理图集》等；同时建设了课程网站（http://www.icourses.cn/sCourse/course_3831.html）。

核心教材突破了原来先写区域自然地理要素、后写人文地理要素的框架，以全新体系整体介绍中国范围内的自然环境、自然资源、人文资源和经济发展以及区域特征，尽可能将人、地要素融为一体，强调人地关系对区域开发、保护资源和环境、改善生态平衡、发展经济、实现可持续发展的重要意义（北京师范大学地理科学学部，2022年），并增加了从世界看中国、从中国看世界的视角，理解经济全球化、全球变化对中国的影响以及中国的响应。

"中国省市区地理丛书"每个省级单元一册，2008年以来陆续出版。各分册具有统一的体例和结构框架，包括各省市区的地理区位、地理特征和地理区划，各省市区的特色地理问题与区内地域差异。这套丛书可以作为学习乡土地理（省区地理）的教学用书或参考书。

《中美地理对比》以中国和美国的国家地理对比为主题，涉及中美的地理区划、民族地理/社会地理/人口地理、农业和粮食生产、经济地理、贸易发展以及区域城市经济集群等比较（北京师范大学地理科学学部，2022年），为学生学习国家地理、建立区域对比思维提供了学习资料。

其他教学辅助系统、地图集等是核心教材的配套资料，提供了电子教案、教材插图（彩色）等，还设有遥感影像、地理数据、地理文献等模块，素材均可下载使用。地图集包括了中国地理位置与政区图组、自然地理图组、人文地理图组、资源开发与国土整治图组，还有由辽吉黑地区等10个区域构成的分区图组，直观展示了中国地理要素的整体和分区格局。

（二）设置进阶学习任务，提升学生专业技能

课程通过课堂测试、课堂作业、课堂讨论、课后作业、期中面试、期末笔试等多个环节，增加学习压力和难度，促使学生全程学习（图18-4）。倡导

学生采用个性化的学习方式，同时鼓励学生以小组形式合作学习、取长补短。教师通过具有针对性的评语和反馈，引导学生的学习全过程。通过对课程学习任务的整体把握和观照，从设计实施到评价反馈一体化，促进学生的深度学习发生。

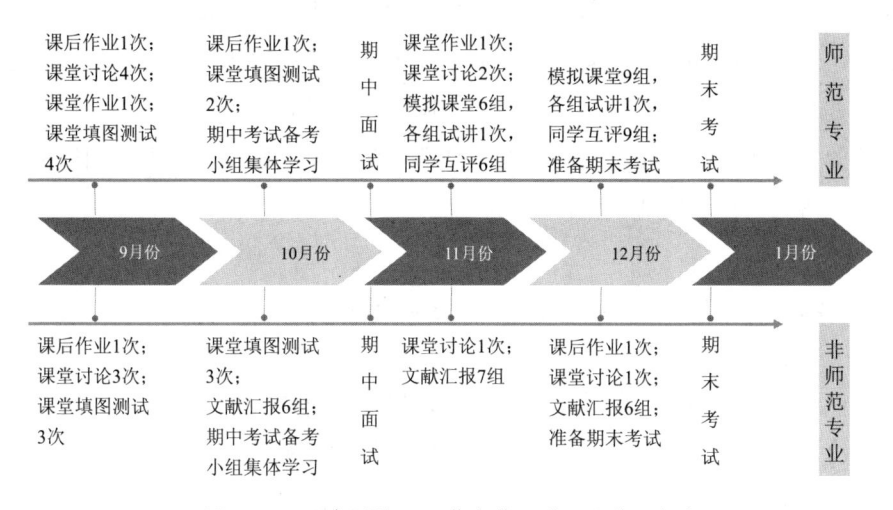

师范专业

9月份	10月份		11月份	12月份		1月份
课后作业1次；课堂讨论4次；课堂作业1次；课堂填图测试4次	课后作业1次；课堂填图测试2次；期中考试备考小组集体学习	期中面试	课堂作业1次；课堂讨论2次；模拟课堂6组；各组试讲1次；同学互评6组	模拟课堂9组；各组试讲1次；同学互评9组；准备期末考试	期末考试	

非师范专业

| 课后作业1次；课堂讨论3次；课堂填图测试3次 | 课堂填图测试3次；文献汇报6组；期中考试备考小组集体学习 | 期中面试 | 课堂讨论1次；文献汇报7组 | 课后作业1次；课堂讨论1次；文献汇报6组；准备期末考试 | 期末考试 |

图 18-4 "中国地理"学生学习过程及学习行为

通过进阶学习任务的设置，形成渐进式能力训练过程，培养学生获取、分析、应用资料开展区域地理教学或研究的素养和能力。课后作业为开放式作业，教师给定方向和主题，具体选题和内容由学生自主确定，满足学生个性化学习需求。同时，各次作业重点训练的技能有别、渐进式增加难度，逐渐逼近课程目标、提高课程目标达成度。例如，师范生从地图绘制技能出发，逐渐进阶掌握教学资源的收集、加工；从列表进行区域特征对比出发，进阶掌握区域对比教学方法。非师范生从地理要素逻辑框图绘制技能出发，逐渐进阶掌握要素综合分析方法和思维；从学术论文查询、文献综述写作技能出发，进阶掌握论文写作基本规范及空间数据处理技能。依托课程，践行了"课程大作业→本科生科研课题→毕业论文"的本科生科研能力贯通培养，对于学生科研技能提升和思维拓展，起到积极作用。

在教学的多个环节，包括作业的设置，注重融入课程思政的元素，形成了"问题驱动—教师引导—学生生成"的课程思政教学路径（苏筠、王静爱，2022年）。"中国地理"作业的设置，重在让非师范生亲历科研探究的过程，让师范生亲历教学体验获取的过程，变"知识重现"为"知识重演、认知更新"，从被动的知识接收者变为主动的知识发现者；融入了国计民生、生态文明建设、美丽新中国等主题，例如中国三北防护林建设成败、中美日救灾模式的对比等，让学生体会运用专业技能服务社会、解决区域发展问题的获得感，树立国家认同和制度自信。

（三）以评促学，关注学生成长、学习增量

以促进学习为目标的评价，采用多元化、形成性评价方式对学生进行全面评价。实施"以学定教，以评促学"的教学管理，通过课堂互动观察—课后进阶作业—考核测试等多测评环节，形成多元化、形成性评价。

重视学生学习过程与自主性，引导学生关注个人学习行为及过程、学习收获及增量。在开学第一课、期中测评后、期末考试前，分别开展问卷调查或引导谈话，让学生设置课程学习目标并对目标达成度进行自我评价，回顾学习行为及投入时长，反思学习过程和收获。教师也注重对学生学习进步度的评价，例如，师范生从试讲到正式模拟课堂的讲课表现差异，视为学习增量，是评价项之一。

在国家教学质量工程的引领和指导下，"中国地理"树立了以促进学生发展、促进个性学习为中心，以提升课程目标达成度、提升毕业要求支撑度为导向的教学理念。基于上述课程建设和教改，学生普遍评价教师"认真严谨"，课程具有"作业多，课程有收获""重视学生能力培养"的特点。

四、未来课程建设展望

（一）中国地理课程建设展望

"中国地理"课程的持续建设计划和进一步改进措施包括：

第一，优化教学内容，突出区域地理方法论。在夯实地理国情学习的基础上，重视对于要素关联、人地耦合、区际联系、区划等研究方法论的教学。

第二，建设新型教材，丰富学习资源。在《中国地理纲要》和《中国地理（第二版）》基础上，修订出版教材《中国地理教程》第二版，建设图文教材+多媒体展现的新型教材，并强化不同教学资源之间的联结度。

第三，凝练学生学习成果和学习产出，丰富教学资源库。汇编学生科研、课堂模拟案例，每年有 1～3 名学生的专题汇报、1～3 名学生的模拟课堂微课视频可加入教学资源库，学生的课程研究成果经修改可正式发表。

（二）区域地理课程群虚拟教研室建设展望

北京师范大学作为"全国高校中国地理教学研究会"理事长单位，亦是教育部批准建设的"区域地理课程群虚拟教研室"牵头单位，有引领各高校建设中国地理、各区域乡土地理课程的责任使命。后续的工作计划包括：

利用信息化智慧教学手段，采用柔性弹性动态管理，保障线上线下、虚实结合的教学研究活动及课堂教学实践的开展，分区分批组织开发区域地理特色课、区域案例教学 MOOC 和微课，共建共享优质教学资源，以全面提升全国各高校区域地理教学水平。

构建问题导向和任务驱动的两类教研共同体，延展中国地理的育人功能和社会服务价值。根据区域地理研究热点和前沿问题、教师共性需求、教育教学发展趋向，及时追踪和调整教研主题，构建以问题为导向的教研共同体，发挥科研助推教学的作用。根据国家政策和社会需求，承担省市区地理教育、科普读本的编写工作，组织高校教师参编"地图上的中国"系列分省区"图说地理"，构建以任务驱动的教研共同体，发挥教研服务社会的作用。

克服区域地理多尺度、多要素的教学难点，研制课程核心质量标准和知识图谱。通过共建共享、优势互补，有效克服教学难点，集成区域地理研究理论及方法。

参 考 文 献

[1] 北京师范大学地理科学学部：《北京师范大学地理教育思想传承与实践》，商务印书馆，2022年。

[2] 苏筠、王静爱："北京师范大学中国地理课程思政发展历程与实践探索"，《北京师范大学学报（自然科学版）》，2022年第3期。

[3] 王静爱、苏筠、贾慧聪："国家精品课程'中国地理'的教学理念与建设"，《中国大学教学》，2007年第6期。

[4] 王静爱、苏筠、余瀚："国家级精品资源共享课的建设与思考——以北京师范大学'中国地理'为例"，《中国大学教学》，2013年第11期。

[5] 赵济、朱良：《北京师范大学地理学与遥感科学学院院史》，北京师范大学出版社，2014年。

[6] 中华人民共和国教育部：《教育部关于印发〈普通高等学校师范类专业认证实施办法（暂行）〉的通知》，2017年，http://www.moe.gov.cn/srcsite/A10/s7011/201711/t20171106_318535.html。

[7] 中华人民共和国教育部：《教育部关于一流本科课程建设的实施意见》，2019年，http://www.moe.gov.cn/srcsite/A08/s7056/201910/t20191031_406269.html。

本章作者：苏筠、王静爱、叶涛
工作单位：北京师范大学地理科学学部

第十九章　华东师范大学"世界经济地理"课程建设

当今世界面临百年未有之大变局，全球化的深入推进与新兴国家在国际舞台上异军突起，引发当代世界地缘政治经济格局与国际力量对比产生深刻变化。随着中国日益步入世界舞台的中心以及世界地缘政治格局的变化，必将带来国际秩序重塑期的不确定性、风险和挑战。随着中国融入经济全球化程度的不断加深，"一带一路"倡议实施和"走出去"战略步伐的进一步加快，中国的国家利益日益向海外拓展，迫切需要我们进一步深入认识世界、了解世界，维护我国遍及全球的海外政治、经济利益与安全（秦大河等，2020）。认识世界是治理世界的前提，"世界经济地理"课程就是我们认识世界、了解世界的基础学科。世界经济地理是我国高校地理学专业的核心课程，也是最能体现地理学综合性和区域性的课程之一，对于培养学生地理学思维、区域分析能力和综合分析能力起到重要作用。世界经济地理一直是华东师范大学的传统优势学科，历史悠久，师资力量雄厚，教学研究成果卓著。本章从世界经济地理课程历史沿革、发展实践及建设经验方面提出华东师范大学世界经济地理课程建设的思考。

一、课程历史沿革

（一）历史基础

自新中国成立以来，华东师范大学一直是我国世界经济地理重要的学术研究中心和教学实践中心。"世界经济地理"课程脱胎于华东师范大学卓越的世界区域地理教学和科研工作，历史传承悠久、教学成绩斐然、研究成果卓著，已成为国内世界经济地理教学和研究的引领课程，国内世界经济地理研究和教学人才专业基础培养的核心课程，国内世界经济地理教学改革和教材设计的示范课程。华东师范大学地理学科的创始人李春芬教授长期致力于世界区域地理研究，曾长期引领我国世界地理学科的发展。我国人文地理学泰斗胡焕庸教授也曾长期从事世界经济地理（特别是欧洲地理）的研究。华东师范大学西欧北美地理研究所（成立于1964年）是经教育部批准成立的重点研究机构，在全国同类型专业研究机构中历史最久、规模最大、最具影响力，为全国性世界地理学术刊物《世界地理研究》主编单位和世界地理专业委员会的挂靠单位。

在长期从事世界区域地理学（世界经济地理、世界自然地理）的教学和科研工作中，华东师范大学人才辈出，涌现出一批国内外知名学者，如李春芬、胡焕庸等国内最著名的世界地理研究领域的权威，严重敏、钱今昔、汤建中、张善余、蒋长瑜等学术卓著的前辈，以及宁越敏、冯春萍、杜德斌等有较大影响的当代学者。多年来，这一学术队伍在世界经济地理、世界自然地理、外国区域地理、世界能源地理等研究领域长期居于国内领先地位，硕果累累。全国性的世界地理研究课题和攻坚项目，如《中国大百科全书·世界地理卷》《辞海·世界地理》均由华东师范大学有关教授主持或主编。李春芬教授的专著《南美洲地理环境的结构》和《北美洲地理环境的结构》，1991年荣获国家教委科技进步一等奖。胡焕庸教授的《欧洲自然地理》《世界气候的地带性与非地带性》《世界人口地理》，钱今昔教授的《世界的石油》，以及张善余教授的《世界的人口》等著作，均在国内外享有很大的声誉，至今仍为世界地理教学和研究的重要参考。

（二）与时俱进

随着经济全球化的发展，国家间的经济联系日益紧密，世界地理的研究和教学重点也逐步由区域分异转向区际联系，国际投资、跨国公司、"一带一路"倡议、南海通道安全等成为世界地理的研究热点。21世纪以来，华东师范大学世界地理领域的专家率先在国内开展跨国公司、"一带一路"、全球创新网络等课题的地理研究，并已取得一系列高水平的研究成果，杜德斌教授团队在跨国公司 R&D 全球化、"一带一路"创新网络、南海的地缘环境等问题上均取得丰硕的成果。主持承担国家社科基金重大项目、国家自然科学基金等重大研究课题，还多次获得上海市决策咨询研究成果一等奖和哲学社会科学优秀成果奖项，关于南海海上通道安全、上海科创中心建设等问题的专家建议多次获得中央领导和上海市领导的批示。

世界经济地理课程一直是华东师范大学地理专业本科生的重点课程。改革开放以来，华东师范大学一直未间断地为本校地理科学专业、资源环境与城乡规划管理专业和地理信息系统专业开设、讲授世界经济地理课程。在教学计划安排上，世界经济地理课程一般在地理类各专业第 7 学期开设，总学时为 54，总学分为 3 学分。

笔者于 20 世纪 90 年代初开始主讲该门课程。近 30 年来，笔者及其教学研究团队从教学体系、教材体系、实践育人体系等方面不断探索世界经济地理课程的改革创新之路，目前已将世界经济地理课程建设成为线下课堂与线上对话相结合、理论分析与实践调研相结合、学术研讨与案例解剖相结合、教材设计与教材编写相结合的世界经济地理教学与研究的上海市精品课程（2010 年），首批国家一流本科课程（2020 年）。

二、国家一流本科课程建设实践

（一）课程和教学改革要解决的重点问题

进入 21 世纪，中国的全球发展和"走出去"战略、"一带一路"倡议、人类命运共同体建设等为世界经济地理教学，尤其是课程内容和教学方法提出了新要求。为此，本课程在教学改革中需重点解决如下两个问题：

第一，如何帮助学生建构以中国为中心的世界经济地理知识体系框架，培育学生服务国家和人类发展的使命感？对此，本课程在教学体系、课程内容上进行了以下三个方面的改革：一是构建了与"一带一路"倡议高度契合的世界地理区域，将传统的亚洲区域划分为东亚、东南亚、南亚、中亚、西亚和北亚（俄罗斯）六个次区域；二是在次区域讲授上，采取了由近及远、中国近周边相对详尽、远周边相对粗略的授课方式；三是在课程内容上融入了"一带一路"和人类命运共同体建设等新内容，以帮助学生树立服务国家和人类发展的使命感。

第二，如何帮助学生真实感知正在急剧变化的全球政治经济格局，培育学生分析问题的全球观和综合观？对此，本课程在教学技术、实践育人上进行了以下三个方面的改革：一是充分利用互联网技术和虚拟仿真技术等现代教学技术手段，建立了"一带一路"教学仿真实验室，加强学生对世界及各国，尤其是"一带一路"区域主要国家和城市自然及经济地理的认识；二是在国内建立了多个实习基地，通过参观和考察相关跨国企业，让学生感知世界经济的密切联系和分工合作；三是在哈萨克斯坦、吉尔吉斯斯坦、俄罗斯等国建立"一带一路"海外实习基地，从而提升学生对当地发展的实际感知水平。

（二）课程资源建设情况

1. 教材建设：建立"核心—基础—辅助"三大层次教材体系

在教材建设方面，笔者团队建立了"核心—基础—辅助"三大层次教材体系。笔者主编的"十一五""十二五"国家级规划教材《世界经济地理》，已成为国内高校世界经济地理教学的指定教材，并获中国地理学会第二届优秀地理图书（高校教材）奖。

依托于笔者主编的《世界经济地理》教材，同时紧跟世界政治经济发展新趋势，面向国家经济社会发展需求，不断借鉴国内外课程改革成果更新完善教学内容，结合笔者主编的《世界区域地理》《世界地理概论》教材，《中国大百科全书·世界地理卷》《世界国别与区域地理》等丛书，形成《世界经济地理》核心、基础与辅助三大层次教材体系与教辅材料。同时充分利用现代信息技术，依托"一带一路"教学仿真实验室、大夏学堂、国家慕课，推进世界经济地理课程在线网络教学资源库建设和"一带一路"实习基地及路线建设，已经建成包括基础理论教学库、参考文献资料库、全球发展空间数据库等网络教学资源库。

2. 课程建设：已建成以一流本科课程为核心，世界地理系列课程为支撑的课程体系

遵循理论教学与通识教学相结合的原则，按照一流课程建设标准，建设学科基础课程—专业选修课程—通识教育课程三大层次相互补充、自成体系的世界经济地理课程群。其中，国家一流本科课程世界经济地理为核心课程，全球政治、交通、贸易、城市地理为支撑课程，包括中国大学慕课"世界地理"，校通识核心课"世界政治经济地理"，上海市重点课程"全球交通地理学"，校课程思政示范课"全球变局与中国发展"，校通识核心课"全球化与地方发展"，专业选修课"国际形势与政治地理""国际经贸地

理""全球城市导论"。这些课程融合教师的最新研究成果，从不同侧面帮助学生了解世界经济活动的空间分布及演化机制，服务"一带一路"建设和全球化发展战略。

3. 教学内容：突出全球、产业和区域模块的有机结合

在教材内容安排方面，世界经济地理注重以全球化为主线，以经济活动和经济要素在全球的空间分布、空间流动和空间演变以及世界范围内经济发展的空间差异为主要研究对象，认真总结世界经济活动的地理特征以及世界各国和地区产业布局与区域发展的基本规律，在教学材料的选择上注重突出时效性和动态性，注重分析不同尺度的经济联系，注重加强对世界经济地理现象的理论分析和学术探讨。在知识模块的安排上，注意培养学生从宏观、中观和微观等不同尺度分析世界经济地理问题的能力，以深刻阐明全球化和区域一体化深入发展、地缘格局不断变化的背景下，各产业内部和产业间、区域内部和区域间以及全球范围内知识、信息、商品、资源、资本、人力等要素流动的机制和影响。

世界经济地理课程以全球化为主线，以全球篇、产业篇和区域篇搭建整个课程的基本框架。全球篇强调带动世界经济发展的主要动力，主要探讨对全球层面上的地理与经济活动之间的关系和特征，具体内容包括全球经济格局变动的新趋势，全球经济、贸易、科技、交通和人口等要素的空间格局及其形成演化机制分析；产业篇聚焦全球生产网络在产业地理中的主要作用，基于当代国际产业结构演进趋势和产业发展的主要影响因素，重点学习全球和区域尺度汽车、ICT、金融、农业等关键性产业部门的空间布局和网络联系；区域篇从区域一体化的发展机制和特征着手，以欧盟、北美自由贸易区和东亚及太平洋地区为重点，深入探讨区域化发展对区域经济及区域合作组织内重点国家或地区经济的影响，在次区域讲授上，采取了由近及远、中国近周边相对详尽、远周边相对粗略的授课方式，同时在课程内容上融入了"一带一路"和人类命运共同体建设等新内容，以帮助学生拓展全球视野，厚植家国情怀。

世界经济地理课程的知识模块安排具有三个鲜明的特征：一是体现地理学与经济学交叉融合的学科特征，既注重以地理学的视角分析全球经济空间的特点和规律，也注重以经济学的理论和方法深刻解析经济活动的自身特点，从而使全球经济空间与网络联系的分析更为科学合理；二是着眼于时代特征，重视培养学生的全球视野和国际意识，注重帮助学生提升在地缘格局不断变化的时代背景下分析各国经济发展问题和产业空间布局规律的能力；三是重视对具体事件和具体产业的案例剖析，以提高学生分析和解决现实问题的能力，在教学安排中，既有从全球尺度分析生产和经济网络联系的宏观研究，也有从产业和国家等中观尺度解析全球经济网络体系的探索，这对学生更全面地领会地理学的思维方式和逻辑具有积极的价值。

4. 教学实践：突出时代特点，强调科教融合

华东师范大学的世界经济地理课程教学致力于培养具有全球视野、研究型学习和创新性思考能力的现代地理学新型人才。在教学实践中，遵循立德树人的宗旨，面向世界百年未有之变局和学科发展前沿，服务"一带一路"倡议和人类命运共同体建设需求，强化科教相融、国内外共培、产学研共促的教学模式，把最新和前沿研究成果及时传授给学生，提升学生的国际视野和应用能力，开展面向"一带一路"建设的世界经济地理实践教学，形成国内外实习线路相结合的野外综合实习和"一带一路"室内虚拟仿真实习，实现理论教学、实践教学与现代教学技术的高效结合。

一是瞄准国际前沿，加强教学团队建设。依托学院国际化教师队伍，致力打造多元化、国际化的专业师资队伍，形成稳定的"世界经济地理"教学科研团队。结合教师的研究特长，提高教师对前沿问题的把握能力，教师分工讲授自身研究的特长和优势部分。

二是开展专题教学，增强学生的认知和理解能力。结合教师本人的研究和世界经济地理的热点问题，以问题或主题牵头重构课程内容，促进理论知识与学术前沿相结合，调动学生参与课堂教学的积极性、主动性和创造性。例如，在学习"全球科技创新中心的兴起"时，结合习近平总书记2014年在

上海考察时提出的"希望上海加快向具有全球有影响力的科技创新中心进军",之后上海市委市政府开展了关于建设科创中心的调研,笔者也参加了这项调研,上海市委市政府于 2015 年 5 月发布了《关于加快建设具有全球影响力的科技创新中心的意见》。在这样的情景设置下,我们就以"什么是全球科技创新中心?"的问题切入教学,接着就"全球科创中心的形成要素"问题进行知识拓展,从"全球科技创新中心的分布规律"进行知识的深化,最终回归到"中国如何打造全球科技创新中心"的战略问题上。此外,带领学生到上海实地调查,回答上海如何打造具有全球影响力的科技创新中心。

三是坚持科教融合,鼓励学生开展研究性自主学习和合作交流。通过组织有兴趣和学有余力的学生合作开展课题研究以及分组讨论等形式,鼓励学生对世界经济地理研究的热点问题发表自己的见解,以增进他们自主学习研究的兴趣。围绕"一带一路"倡议、中美贸易战、全球科技中心的转移、俄乌冲突等问题在课程主讲教师的指导下,由有兴趣的学生自主组织研究小组开展专题性研究,鼓励学生通过自主讨论、集体学习或创新性团队学习的方式提升学习研究能力。例如,中美贸易战爆发后,我们让学生根据两国互相加征关税的产品类别对比分析两国的经济结构的差异和竞争的优劣势,同学们经过广泛的资料收集和研究,写出了研究报告,在课堂上进行了热烈的讨论,其中有的同学的论文还被专业期刊录用发表。同时,为发挥本学科作为国家一流本科课程和上海市及国家重点学科的独特优势,我们还积极吸引有兴趣、有能力的学生参与教师主持的科研项目,帮助学生比较早地涉足学术研究活动,更好地服务于华东师范大学建设研究型大学的目标定位。

四是加强实验教学,丰富和优化课程资源建设。为适应现代教育技术的发展和电子文献资料的丰富,教学组还不断充实教学资源、优化教学手段,以提升教学效果。例如,充实和建成"一带一路"经济地理虚拟教学仿真平台建设。集成遥感影像、国别或地区资料、野外实习及最新科研成果,不断把最新教学材料融入虚拟教学仿真平台系统中。同时,通过网络文献资料和相关网站的数据链接,帮助学生分析热点经济体的最新发展动态。

五是坚持联合共培,建成和完善国内与国外、室内与室外相结合的实习路线。课程实践是深化理论学习的重要方式。依据国内外形势变化和世界经济变局，建成国内外共培的"一带一路"联合实习品牌。与乌特勒支大学、云南师范大学、陕西师范大学、新疆师范大学等国内外高校联合，共建包括沿长江和黄河两条经济带的国内实习线路，已建成上海—西安—乌鲁木齐—吉木乃—中亚、上海—昆明—东南亚、上海—俄罗斯国际实习线路。同时，在学期中配合课程教学同步开展的短途实习，主要选择了张江、金桥、漕河泾等在上海的科学园区、产业园区及其引进的跨国公司，重在对点进行剖析，以帮助学生理解全球产业转移、跨国公司全球经营网络、中资企业海外投资等教学难点。总的看来，学生对实习活动的参与程度高、兴趣足、态度认真，加深了对课堂教学内容的理解，完成了不少小论文，实践教学效果得到了学生的充分肯定。

六是搭建学术交流平台，拓展学生的全球视野。近年来，依托在华东师范大学举行的众多经济地理学国际学术会议及其他交流活动，借助世界地理和地缘政治暑期研修班、世界地理全球高层论坛、世界地理大会等，邀请一批国际知名经济地理学家为学生开设前沿讲座，介绍全球政治经济发展过程中的热点问题，并从地理学的视角进行分析和探讨。学生通过参与讲座吸取到世界经济地理研究的前沿知识，并通过与专家的交流进一步提升了分析和解决现实问题的能力。

5. 教学方法：多元化手段推进卓越人才培养

在教学方法上，通过课堂教学、专题研讨、虚拟模拟、实践调研等多元化的方式，向学生们揭示全球经济格局的演化过程及其演化趋势。

一是知识传授与知识创造相结合。不仅讲授世界经济地理的基本知识和经典理论，而且将科研中的最新成果讲授给学生，使学生获得最新的科学知识；并通过专题研究和专题研讨，引导学生对热点问题进行文献数据资料的搜集整理和合作分析，使学生在科研中掌握科学研究的方法，培养学生的创造性思维和逻辑思维能力。

二是问题导向与理论解释相结合。紧密结合当前世界复杂变局、国家发展需求和学科发展前沿，以当前世界政治经济热点问题为导向，以全球化和区域化理论为主线统领教学内容。如"一带一路"倡议提出后，及时引导和启发学生结合中国发展实际和国际复杂环境，促进学生科学认识"一带一路"倡议；中美贸易摩擦后，实时教导学生通过分析中美两国经济结构的差异、贸易结构的差异，自我发掘中美经济发展的非对称依赖性关系。引导学生使用经济地理思维分析现实问题，培养学生的创造性思维和批判性思维能力。

三是虚拟模拟与实地感知相结合。采用多样化的课堂教学手段增强学生的学习兴趣。充分利用互联网技术，谷歌 Earth、虚拟现实等现代化技术手段让学生感知世界自然和人文地理景观，增强学生的形象思维和逻辑思维能力。同时通过参观跨国公司在华生产基地，实地感受全球化对国家发展的影响，增进学生的爱国情怀。

四是空间静态与时间动态相结合。注重从历史发展的角度分析世界经济格局和各国区域经济发展的时空演变规律，不仅要求学生掌握具体时间节点的世界经济地理格局，还要求学生深入了解产业和区域发展脉络，培养学生的逻辑思维和形象思维能力。

三、创新教学，培养具有世界眼光和战略思维的地理专业人才

党的十九大报告指出，要落实立德树人根本任务，全面实施素质教育，深化教育领域综合改革。我国教育改革的不断深化和素质教育的全面推行对高校世界经济地理教学提出了新的要求和挑战。一是注重核心价值观的培养。素质教育最基本的要求是树立正确的世界观和价值观，形成正确的世界观和价值观，树立全球视野和家国情怀。二是强调综合思维能力的培养。要求学生能够从整体性角度分析世界经济地理问题，探讨要素之间相互作用、相互

影响、相互制约的关系，能够解释其发生、发展和演化的过程。三是突出实践能力和创新能力的培养（蔺雪芹等，2016）。要求学生在真实的情境中，运用所学的理论与技能分析和探究世界经济地理问题，在实践过程中提升发现和解决实际问题的能力，培养批判性和创造性思维。

当前的世界经济地理课程教学内容、方法等方面与素质教育的要求普遍存在一定滞后（黄晓军等，2020；王勇等，2022）。如强调知识传授，忽视价值观塑造和能力培养；在教学资源方面局限于传授教材知识，而世界经济地理教材更新速度远落后于时代发展速度；在教学内容上存在"重成熟知识，轻前沿成果""重理论，轻实践"等问题，在教学实践中，缺少对综合思维能力的培养。结合华东师范大学世界经济地理教学实践，从目标、内容、方法等方面提出创新世界经济地理教学的经验，提升学生的综合思维能力、认知能力、实践能力和创新思维。

（一）坚持知识、能力和素养的综合培养

知识、能力、素养的培养应贯穿到世界经济地理课程教学的全过程（刘承良等，2021）。世界经济地理的教学不仅要教给学生基本的世界地理知识，还应该激发学生对专业学习研究兴趣，帮助他们科学理解世界政治经济地理形势，培养学生理论联系实际、综合分析解决全球问题的批判创新能力，从而拓展其全球视野，激发学生的家国情怀，建立科学的世界观、价值观和人生观，培养具有"世界眼光、家国情怀、专业功底、实践创新"的卓越人才，实现知识、能力和素养的综合达成。

（二）坚持教材建设和课外资源并重，增强区域基本认知能力

在教学资源上，积极打造精品教材，推进教学材料多元化。修订完成"国家'十三五'规划教材"《世界经济地理（第二版）》，组织编写出版"国家'十三五'规划教材"《世界（区域）地理》、"面向21世纪精品教材"《世

界地理概论》以及《中国大百科全书·世界地理卷（第三版）》《全球交通地理》《全球科技创新地理》《国际经贸地理》和"国别和区域地理丛书"等相关教材、教辅资料。同时建设包含工具书、研究报告和学术期刊三大类型的教学辅助材料体系，建成具有理论与实践相融合的专业核心课程教材体系。

由于教材建设进度一般落后于时事发展进度，面向世界复杂变局和学科发展前沿，还应积极拓展教学材料资源库，包括相关视频、影像纪录片、最近科研成果和研究报告，相关主题包括中美关系、全球创新网络、芯片及ICT产业发展，全球能源资源网络演化等。不断完善教学内容体系，建成理论与实践相互印证、历史与现实互为补充的动态资源库。

（三）坚持教学和科研深度融合，培养综合思维能力

世界经济地理的最新研究成果可以为教学提供大量理论和案例资源，从而最大程度丰富教学，提升教学的深度和广度。在课程教学中，一方面，教师积极吸纳学科最新研究成果，将最新完成的研究成果和搜集到的高质量研究报告及时提供给学生，在教学中融入团队或学科领域最新的科研成果，使学生及时获得学科前沿知识；另一方面，教师通过提出相应的世界经济地理研究课题并吸纳学生加入老师的研究课题中，通过阅读文献、小组讨论或深度研讨的方式，加强对学生的科研训练，让学生围绕相关议题完成1～3份课程小论文，小论文一般要求学生在教师指定的扩充性资料基础上完成。同时推荐优秀的课程论文参与大学生科研竞赛或科研创新项目。这样使得课程的学习不仅是学生学习教材的过程，更是学生就相关主题进行自主学习、扩充知识和独立思考的过程，从而实现经典理论与实践发展的有机融合，真正地使教师的引导、传授与学生的自主学习和研究紧密结合，最大程度地提升学生的科学素养和学习能力。

（四）与时俱进，积极融入时代要素，培养区域认知能力

世界经济地理课程需要统领世界经济地理知识并阐释世界经济地理问题（王勇等，2022）。现阶段国际形势正在发生深刻而复杂的变化，不断给课程带来新的研究命题。例如经济全球化的深度推进与新兴国家在国际舞台上的崛起，世界地缘政治经济格局和国际力量对比发生深刻变化，东西方文明的冲突不断加剧。随着中国成为全球第二大经济体，中国与世界的联系日趋紧密，中国提出了"一带一路"倡议与构建"人类命运共同体"的主张（杜德斌、马亚华，2015）。这些深刻而复杂的时代问题是学生需要深入学习的重要命题。在课程学习过程中，应该与时俱进，积极融入时代要素，将世界发展热点议题与国家对外交往的大政方针融入教学。加强"一带一路"沿线国家的自然、政治、经济和人文地理的教学。同时，结合全球热点问题，将当前全球发展中面临的重大问题如气候变化、中美贸易战、中美科技博弈、区域地缘冲突等融入教学内容之中。引领学生分析当前全球热点问题，寻求解决思路和解决方式，提高学生利用所学地理知识解决全球发展面临的实际问题的能力，培养学生统揽全球的世界眼光和战略思维能力。

（五）坚持理论和实践教学相互渗透、互为补充，培养地理实践能力

理论与实践教学融合不足是当前世界经济地理教学中普遍存在的问题（蔺雪芹等，2018）。实践教学有助于深化学生对理论的认知和应用水平，提高学生分析和解决现实问题的能力。世界经济地理课程应强调理论授课与实践教学相互渗透、互为补充、协同促进。在实践教学过程中，可以结合现实条件，打造国内与国外、室内与室外相结合的实习路线。例如，对于"一带一路"主题实习，可以根据现有条件，设计国内丝绸之路沿线城市到中亚的实习线路以及沿海上丝绸之路到东南亚的实习线路，对于不具备实习条件的，可以积极搜集电子资源和视听资料建设虚拟平台模拟实习基地。对于贸易投

资及产业分工网络，可以就近选择本地或典型城市的产业园区、科学园区、经济开发区等，对外资企业、对外投资企业、跨国研发中心展开调研，内容涉及跨国生产网络、创新网络、全球城市等级结构等热点问题，重点帮助学生理解全球变局下产业分工与转移、跨国投资网络、跨国研发网络的发展演化等教学难点。实践教学有助于提升学生的自主学习能力，加深对世界经济地理理论的深入理解和掌握。

四、结语

本章在回顾华东师范大学世界经济地理课程历史沿革的基础上，介绍了大变局背景下华东师范大学世界经济地理课程的建设经验；从教材建设、教学实践、教学方法等方面介绍了课程教学的创新实践；从价值观塑造、科教融合、与时俱进、实践育人方面提出世界经济地理课程建设的建议。当前世界政治经济格局加速重构，为世界经济地理课程的改革和发展带来重大历史机遇，也赋予世界经济地理学科新的重大历史使命。因此，需要充分发挥世界经济地理学科的优势，紧跟国家和世界发展大势，面向国家的重大战略需求，构建具有中国特色的世界经济地理课程理论体系、逻辑框架和教学范式，帮助学生树立全球视野，培养具有世界眼光和战略思维的地理学专业人才。

参 考 文 献

[1] 杜德斌、马亚华：" '一带一路'：中华民族复兴的地缘大战略"，《地理研究》，2015年第6期。

[2] 黄晓军、杨青山、熊玲："新时期高校世界地理教学的挑战与应对"，《地理教学》，2020年第7期。

[3] 蔺雪芹、申玉铭、余丹林："中美高校世界地理教学比较及其经验借鉴"，《地理教学》，2018年第23期。

[4] 蔺雪芹、申玉铭、张笑语等："基础教育改革深化背景下高师世界地理教学优化路径"，《世界地理研究》，2016年第5期。

[5] 刘承良、杜德斌、李源："服务'一带一路'的世界地理课程思政'金字塔'教学模

式",《世界地理研究》,2021 年第 4 期。
[6] 秦大河、张国友、宋长青等:"今天的中国为什么比任何时候都需要世界地理学",《世界地理研究》,2020 年第 1 期。
[7] 王勇、熊玲、杨青山:"《世界地理》课程教学中'两性一度'的落实探究",《地理教学》,2022 年第 6 期。

本章作者:杜德斌、王俊松

工作单位:华东师范大学城市与区域科学学院

第二十章 武汉大学"土地信息系统"课程建设

面向我国土地资源信息化、精细化监管对土地资源管理创新复合型人才的需求，以土地信息技术为抓手，改革土地资源管理人才培养模式。课程建设突出通识教育与专业教育相结合、理论教学与实践教学相结合、学科交叉专业建设与人才培养相结合、人才综合素质培养与个性化培养相结合、课内教学与课外实践相结合的特点，体现厚基础、宽口径、强能力的工管结合专业特色。经过20多年的建设，围绕土地信息系统课程内容、教学科研相长、教学环境建设、教材与团队建设等内容，取得了一系列研究成果。

一、课程概况

土地信息系统课程是土地资源管理和地理学等专业的核心专业课。为使学生较好地掌握土地信息系统的基本理论、知识和技能，培养学生的实践动手能力、自学能力、科学探索与创新能力，提高学生综合素质，为其今后从事与土地信息系统有关的应用研究、技术开发、生产管理和行政管理奠定理论与技术基础。土地信息系统课程的建设，对于培养学生三创能力具有十分重要的意义。

课程建设先后获得各级教材、课程建设、团队建设、教学改革项目的资助和支持，包括湖北省教学研究项目、国家级规划教材建设、国家级教学团队建设和湖北省精品课程建设、国家精品课程建设、国家精品共享课程建设项目等。

（一）课程建设目标和定位

创建"土地信息获取—土地信息分析与处理—土地信息表达—土地信息系统研发与工程应用"全链条的土地信息系统课程模块，通过教学科研结合、多元化教学环境结合等教学手段，使学生掌握土地信息系统基本理论和实际工程技能，培养学生的研究创新能力和将土地信息系统理论与方法运用到土地资源管理实际业务的能力。

（二）课程改革建设解决的主要问题

1. 课程内容建设与行业需求结合

课程提出了行业导向—知识贯通—创新驱动的土地信息课程建设理念，构建了三位一体全链条的土地信息系统课程内容体系。面向行业需求，厘清土地资源管理业务链并构建土地信息技术链；基于土地信息技术创新驱动需求，引入学科新理论和新技术，完善土地信息技术各环节技术链；基于知识学习认知过程和土地信息技术链构建土地信息系统课程内容体系。

2. 课程教学与科研良性互动

科研引领、教学科研互动，创新土地信息系统课程教学模式。将科研成果转化到教学中，同时指导学生参与科研项目，以科研驱动课程内容的学习，提高了学生的创新创造能力。

3. 教学资源的精品化建设，打造土地信息系统国家级精品课程与教材

建设了土地信息系统国家精品课程和精品资源共享课程，出版了《土地信息系统》《土地信息学》等多部高质量土地信息系统课程教材和专著。

4. 多元化教学环境建设

为适应信息化的要求，拓展教学途径，建设了课内与课外结合、室内与室外结合、校内与校外结合、集中与分散结合、虚拟与现实结合一体化的土地信息系统课程教学环境；建立了认知实习、课程实习、综合实习、创新实习的实践教学体系；研制了与业务需求对应的土地评价系统、土地利用规划系统等辅助教学实习软件；出版了《土地信息系统设计与建立》实践教学教材。

二、课程改革和建设主要内容

（一）构建了行业导向—知识贯通—创新驱动的土地信息课程建设理念，创建了三位一体的土地信息系统课程体系

积极开展教学研究，提出"行业需求—新理论新技术—人才培养质量"三位一体的课程体系建设思想：面向土地资源管理行业需求导向，构建土地信息系统课程的架构体系；以土地科学新理论和信息新技术为引领，提出土地信息系统课程信息流框架；以拔尖创新人才培养为目标，提出土地信息系统课程内容体系。

1. 面向行业需求，构建问题导向型土地信息系统相关技术课程多层次结构体系

紧密结合土地资源管理行业应用需求，在土地信息系统相关技术课程体系设计上注重面向土地资源管理问题导向的知识结构的构建和创新能力培养训练，强调土地信息系统相关技术各环节知识间的横向和纵向逻辑联系，建立诸如面向土地资源调查—评价—过程模拟—空间优化决策；地籍控制测量—测量平差—地籍调查—土地登记—三维地籍与可视化管理—地籍管理信息系统；土地利用监测—网络舆情分析—土地利用违法分析与规划实施效果评价—土地利用预警—土地利用督察等面向领域问题解决知识链的土地信息系统相关技术课程体系。

如何在现有的模块化、层次性课程体系的基础上（图 20-1a），增加课程之间的纵向逻辑联系，建立面向土地资源管理问题解决为目标的，横向分层次、纵向分方向的课程"树"结构体系（图 20-1b），是指导、发现和培育复合型创新土地管理人才的基础。

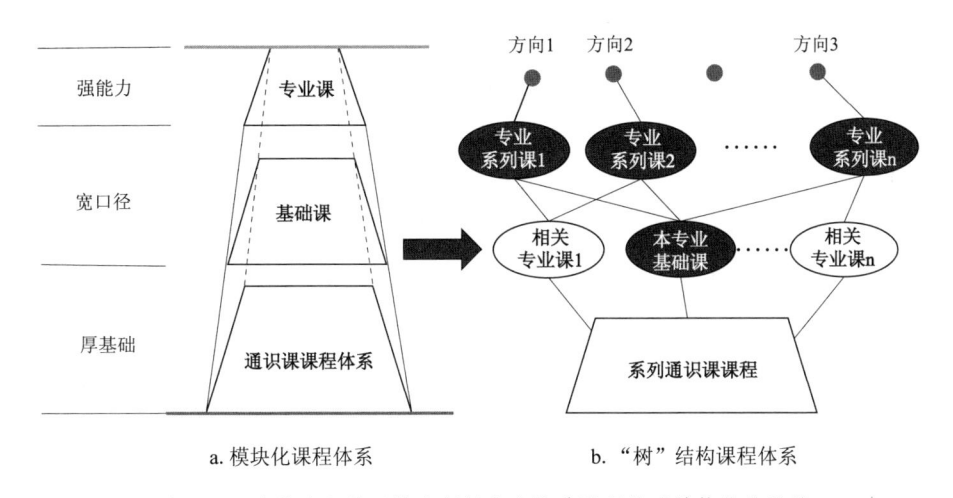

图 20-1　土地资源管理拔尖创新人才培养课程体系结构优化设计

2. 面向土地信息系统的知识贯通需求，创建土地信息系统多维知识结构体系

在课程纵向层次结构设计上，结合土地资源管理业务流与信息化管理的信息流，将土地信息系统课程划分为：土地信息获取—土地信息分析与建模—土地信息表达—土地信息服务—土地信息系统工程应用的多层次结构；在横向课程内容设计上，按照：土地信息基础理论与方法—土地信息处理技术—创新拓展能力培养—土地信息应用实践等多个维度，构建土地信息系统课程多维课程内容体系。

3. 基于土地信息技术创新驱动需求，改革和拓展土地信息系统课程内容体系

创新能力要在创新型教育当中来培养，要使得学生在学习的过程中发挥他们的积极性和主动性，培养学生会提问题、会做研究，然后养成锲而不舍解决问题的习惯，从而提高自己的创新精神和创新能力。创新型教育改革是一项系统工程，要从教育理念、人才培养体制、创新人才培养模式等方面综合改革，就课程内容体系而言，就是要完善、优化课程体系、倡导因材施教的个性化教育，为创新人才的孕育和成长提供丰沃的学术土壤。面向互联网+时代的到来及"天上看、地上查、网上管"的土地资源立体监管体系的逐步建成，土地信息系统课程内容不断创新发展，引入相关学科新理论和信息技术学科新技术，拓展了土地信息技术链，增加基于网络舆情、视频监控、智能传感网等方式的土地信息获取技术；基于时空大数据挖掘、智能空间优化、高性能并行计算等分析技术新方法；细化土地信息获取—分析—处理各环节，整合了土地利用遥感执法、视频监控执法、三维地籍管理与不动产统一登记等土地资源管理新内容。

（二）发展科研引领、教学科研互动，创新土地信息系统课程教学模式

近年来团队成员承担了国家 863、国家科技支撑和国家自然科学基金等项目，先后获得国家科技进步奖二等奖、省部级一等奖等奖项。坚持"科研引领、教学科研互动"的理念，将大量的科研成果转化到课堂教学和教材建设中，同时通过指导学生参与科研项目，培养学生的创新创造能力，形成了教学科研良性互动的人才培养模式。

1. 科研牵引，科研成果更新了教材和教学内容

将科研中形成的土地信息获取新技术、智能空间优化技术、土地利用监测新技术、网络土地信息服务等前沿技术方法，转化到课堂教学和《土地信息系统》等教材及《土地信息学》等参考书中。主要体现在：在土地信息获取和管理方面，增加三维地籍建模、移动数据获取与可视化管理等内容；在土地评价和空间布局优化方面，增加多尺度全数字土地资源综合评价、土地利用智能空间优化理论、方法和模型；在土地信息监测和调控方面，增加基于移动设备的信息快速采集技术，土地利用网络舆情监控等内容；在土地信息系统开发方面，增加分布式空间数据库技术、多核并行土地信息处理技术等内容。更新内容后，教学内容和教材既全面覆盖土地信息基础理论和方法，又体现新技术和新方法的研究成果。

2. 科研牵引，科研成果夯实实践教学案例库

课程组承担的科研实践项目涉及了土地信息系统各个方面，积累了大量的实际案例材料和数据库，极大地丰富了实践教学内容，充实了实践教学材料，改变了以前实践教学中使用模拟数据和系统实例较少的状况。在实践教学内容上，给学生创造、创新能力的发挥提供充分的余地；在实践教学组织上更加灵活，充分引导学生自主科研能力。在传统的实习教学中，通常是给定统一的内容和目标要求以及模拟数据，学生个人完成实习作业或分组集中

实习。改革后的实践教学，课间实习与课堂教学同步，结合课外作业、课堂讨论进行，融入创造性和创新性引导内容；集中实习则给出若干选题，每个选题都对应案例数据库，从而具备很强的实践性，如土地利用现状数据管理系统、城镇地籍管理系统、农用地评价系统、城镇土地定级估价系统、土地集约节约评价系统、土地利用规划辅助设计系统、土地利用决策支持系统等，学生自由分组，选择底层开发、GIS 宏语言编程或 GIS 控件二次开发等开发方式，然后在实习过程中应用，包括目标分析，编写系统开发设计书，确定任务分工、讨论技术路线、系统设计方案、系统开发实施，系统程序进行总体调试、修改、运行维护等。

3. 教学科研相长，培养学生能力，形成双向良性互动

引导学生深度参与科学研究，提高学生的思维、实践和创新能力。教师鼓励学生主动提出问题，通过学校、学院支持的自主科研立项资助，开展科研探索，以重大科研项目为依托，通过项目开展科研训练，科学与人文素养培育，学术交流，培养学生创新意识、创新精神和创新能力，全方位提升学生综合能力；形成土地资源管理复合型创新人才综合能力协同培育机制。通过参与导师的国家和行业重大科研项目的研究，全面提升土地管理基础理论、土地信息系统相关技术方法能力。

（三）注重名师引领，打造多层次教学团队

1. 建立系列课程组，发挥名师传帮带作用，培育一流教学梯队

贯彻教授为本科生上课制度，实施教师职称晋升中的本科教学质量一票否决制，引导教师积极投入本科教学和教改活动中；充分发挥教学名师的引领作用，以国家级教学名师、长江学者特聘教授、"万人计划"、自然资源部（原国土资源部）科技领军人才、国家创新创业导师、珞珈杰出学者和珞珈特聘教授为带头人，建立了专业课程组制度，做好传帮带，实现专业师资

队伍教学水平的整体质量提升；通过出国进修、学术交流、教学研讨提高教师专业素养和国际视野，形成了一支学历层次高、年龄结构合理、学术水平高、综合素质好的土地资源管理专业国家优秀教学团队。

2. 优化基层教学组织，健全教学水平提升长效机制

强化基层教学组织建设的经费投入和资源配置，以国家级教学名师为责任教授组建土地资源管理教研室，统筹土地资源管理专业的本科教学、课程建设和教学研究等工作。立足国家自然资源管理体制改革的时代背景和需求，结合专业特色和课程类别，建立了课程教学组，研讨教学内容和教学方法，明确了课程组成员构成、成员职责、课程建设规划等内容。通过教研室的统筹，课程组的共建，构建了课程建设和教学水平提升的长效机制。

成功组建资源环境信息技术虚拟教研室，整合北京大学、南京大学、浙江大学、中山大学等全国10多所著名高校，通过信息化教学改革实践，改善教学条件，提升教学硬件设施，升级实践教学平台；充分利用"互联网+"开放课程资源，开展慕课、微课堂等新型教学手段，提升教学水平。设置"教学督导组—教研室—课程组—老师—学生—管理人员"六位一体的多维质量监控机制；开展学生评教，实现师生双向信息反馈，促进教学效果；明确多样化质量标准，规范课程考核机制。利用新媒体技术，建立海外学子、行业校友的在线沟通反馈途径，实现教学水平的持续改进，保证学生对社会需求的适应性。依托各合作高校的教学案例，通过跨学科、跨地域的教研活动与互访机制，共建优质教学资源，创新教研形态，激活学生使命驱动，实现立德树人与全员育人、全过程育人、全方位育人的有机结合。

（四）精品教材和精品资源共享课程的辐射示范

从与行业需求、科技发展、学生能力培养三者结合的系列课程体系、课程内容、教材建设、人才培养模式、团队建设等方面开展教学研究，先后开展了土地信息系统国家精品课程建设、土地信息系统相关课程体系的研究与

实践等国家级、省级教学改革研究项目近 20 项，取得了较好的研究成果。

（1）在《高等工程教育研究》等刊物上发表了"土地信息系统课程实践教学改革探讨"等系列教学研究论文，将研究成果及时运用到课程教学中，取得了很好的教学效果。

（2）建设了土地信息系统国家精品课程和精品资源共享课程。通过精品课程建设，更新了教学内容，出版了新教材，建设了课程网站等教学资源。

（3）出版了一系列高质量土地信息系统相关课程教材。先后出版了《土地信息系统》等土地信息技术核心课程教材，《地籍测量学》等土地信息获取类教材，《数字测图与制图基础教程》等土地信息表达类教材，《土地信息系统设计与建立》等土地信息系统设计与开发类实践教材 10 多部。出版的《土地信息系统》国家规划教材被选作全国相关专业的土地信息系统课程指导性教材。

（4）教学研究成果得到了教育主管部门的高度认可。《土地信息系统》教材获全国高等学校优秀测绘教材一等奖和全国高等农业院校优秀教材奖，《土地信息系统设计与建立》和《地籍测量》获全国高等学校优秀测绘教材奖，"土地信息系列课程改革与建设"获 2018 年国家高等学校优秀教学成果二等奖。

土地信息系统国家精品共享课程网站实现了课程全程现代化手段教学，网站资源服务于全国高校土地资源管理专业的土地信息系统教学，受到学生欢迎，取得了良好的教学效果。国家级规划教材《土地信息系统》被选作全国相关专业土地信息系统课程指导性教材，《地籍测量学》《土地信息系统设计与建立》等教材应用于全国相关专业，得到了同行的高度评价。

（五）创新实践教学理论，建设课内课外结合、校内校外结合的多元化教学环境

实践教学是实现创新教育的一个重要环节，也是全面提升学生创新能力

的关键。建立系统化、整合的实践教学体系，重点要：理顺土地资源管理实践教学环节，贯通实践教学过；探索实践教学的内外结合机制；研究面向土地资源管理问题的实践教学整合方法；构建共享的实践教学资源数据库和方法库。如城市化过程分析与模拟综合实践教学，将现有的城市化认知实习、遥感影像判读、GIS 软件操作与二次开发、土地利用变化过程建模和国土空间规划等课内实习、课程设计、课件实习、野外调查与实践等环节进行整合，并将这些综合实践教学与相关科研实践项目相结合。这样一方面便于学生全面了解土地资源管理问题解决的各环节，从而真正达到提高解决实际问题的能力；另一方面，也有利于教学与科研的互动，在教学中培养训练创新思维，培养学生会提问题、会做研究，然后养成锲而不舍解决问题的习惯，体验到解决问题的成功感，从而在获得成功的欣喜当中，更加提高自己的自信心。

  本课程实践体系建设将课内课外结合、校内校外结合，完善土地信息系统相关课程教学的软硬件环境。通过建设课程网站、实习基地、科学研究和课外交流等方式进行多元化教学环境建设，拓展了教学途径。

  建立了土地信息系统国家精品资源共享课程网站，PPT 课件、电子教材、教学视频、试题库、案例、参考文献等多种教学资源，便于学生课余学习和资源共享。利用课程网站留言板、QQ、微信、Email 及现场答疑的方式进行课外教学内容交流讨论，拓展课程教学的时间和空间限制。

  通过科研实践积累的土地利用等方面数据库和信息系统以及实践基地，构建了土地信息系统相关课程工程应用和实践的教学实践环境，帮助学生突破课程教学内容框架、拓宽专业技术知识视野、培养理论联系实际和举一反三的能力。

（六）多元探索国际化路径，高质开展特色化教育，拓展了土地资源管理专业国际化办学模式

  搭建多元化学生学术交流平台。多途径探索国际化路径，高质量开展特

色化教育，拓展土地资源管理研究生教育的国际化办学能力。先后联合北京大学、清华大学等与德国、瑞典、荷兰等欧洲著名高校，组成国际合作联盟 Erasmus Mundus，与荷兰 ITC、加拿大滑铁卢大学、瑞典隆德大学等著名高校进行联合培养，鼓励土地资源管理研究生出国深造，探索构建国际化育人模式，促进人才培养国际化。通过举办国土空间优化学术研讨会、国际学术会议等各类学术会议，搭建学术大师、行业领袖、企业精英与土地资源管理研究生学术交流平台，创造良好的研究生学术能力培养氛围和条件。

三、课程特色和创新

（一）提出了土地资源管理复合型创新人才培养协同育人体系

以土地资源管理工管结合的交叉学科属性为根基，以行业需求为导向，以信息化引领为特色，以素养与能力平衡为目标，提出了土地资源管理复合型创新人才培养定位、知识结构体系、能力体系和平台支撑一体协同育人体系，创新了新时代土地资源管理复合型创新人才培养方案，形成了多学科融合背景下的工管结合型土地资源管理学生培养模式，为全国土地资源管理高水平复合型创新人才培养探索新路径。

（二）三位一体的课程内容体系

提出行业导向—知识贯通—创新驱动三位一体的课程体系，明确了面向现代土地资源管理行业需求导向构建土地信息系统课程内容层次架构体系、以土地科学新理论和信息新技术为引领创新和拓展地信息系统课程内容体系、以拔尖创新人才培养为目标优化土地信息系统课程知识体系三个土地信息系统课程体系建设的方向。

（三）科研引领、教学科研互动的教学模式

坚持科研引领、教学科研互动的理念，将科研中形成的土地信息系统前沿方法，转化到课堂教学和教材建设中，教学内容和教材既全面覆盖土地信息基础理论和方法，又体现新技术方法的研究成果；将科研中形成的土地信息工程数据库和软件系统成果按照土地信息技术链条环节进行整理形成实践教学案例库，丰富了实践教学内容；同时指导学生参与科学研究，提高学生在问题发现、分析思维和方法创新等方面的科研实践能力，形成了教学科研良性互动的课程教学模式。依托学科群优势，强化"政产学研用"系统创新工程，实施课程实践与科研参与多源并举、互哺共生的实践机制，铸造学生科研思维训练、技术能力提升和工程素养拓展等综合发展能力，营造科教融合特色。

以打造一流的科技创新平台为抓手，以平台为支撑汇聚一流的人才导师队伍，以高水平导师队伍为主导，开展一流的国内外学术交流。建成了以国家重点实验室、国家协同创新中心、教育部重点实验室、自然资源部重点实验室为主体的学生培养平台，打造了包括国家教学名师以及各类国家级人才领衔的教师团队，创办了国际研究生联合培养联盟和多种形式学术交流的综合育人支撑平台，形成一流的育人软硬件环境，协同解决土地资源管理人才培养科技创新能力不足、国际化视野缺乏等问题。

（四）创新实践教学理论，建设多元化教学环境

建设了符合土地信息系统课程特色的，集课堂教学、课程网站学习、教学基地工程实训、创新创业项目设计、科研项目参与于一体的多元化教学环境，校企协同，产学研结合，为培养领军人才奠定坚实基础。

四、课程改革方向和措施

（一）加强课程内容建设

在课程内容建设方面，注意紧跟技术发展和行业需求，及时更新教学内容。国家土地资源管理行业由土地资源单要素向自然资源统一管理及信息化转型发展，对人才培养提出的复合型知识和创新性技能新要求及定位。传统的土地资源管理人才培养知识结构体系，不能满足新时代土地资源管理人才培养需求，存在人才培养与行业需求不匹配、偏重管理导致信息化分析应用能力不足、人才培育平台支撑能力不强等短板。土地信息系统课程作为土地资源管理人才核心能力培养的重要课程，其在课程内容体系上需结合自然资源管理行业发展需求以及大数据人工智能时代新技术导向，围绕空天地一体化自然资源信息的感知、监测、大数据汇聚、分析与智能化决策等内容，更新课程内容体系，发展面向时代需求的自然资源信息获取、汇聚、分析、挖掘、服务等技术集成的技术创新链和人才培养知识链。

（二）注重教材更新

教材建设是课程建设的重要基础，也是教学与科研互动成果的重要积淀。《土地信息系统》教材建设先后获得国家"十一五"、"十二五"、农业农村部"十三五"规划建设项目资助，已形成良好的教材更新出版机制，后期随着新时代发展需求，新教学内容的引入和新技术更新，持续更新教材教学内容，是保持课程建设与人才培养需求相适应的重要保障。

（三）不断完善教学资源

优质的教育教学资源是保障教学效果的重要基础，也是课程建设的重要内容。在已建成的土地信息系统、地理信息系统等国家级视频公开课/精品资源共享课程的基础上，进一步打造系列国家级精品视频共享课程。结合新的教学环境，针对线上、线下等多种教学模式，翻转课堂、探究式教学、参与式教学等教学方式和教学手段不断改革及更新需求，持续开展课程MOOC建设，不断完善课件教学计划、补充和更新教学案例库、扩展专题讲座库、丰富素材资源库、更新实验实习软件资源。以课程信息化、网络化建设为契机，系统化、标准化建设课程教学资源。在此基础上，联合全国同类高校，修订、统一土地信息系统课程教学大纲；共建标准化教学案例库、规范化教学视频、电子课件、习题试题库、实验教学案例库、示范教学示范数据库等教学资源库，并进行网络化共享，推进教学资源建设的协作，实现土地信息系统课程网络化、精品化。

（四）强化教学科研良性互动

坚持专业教学与社会需求协同，形成毕业生反馈、行业科研跟踪等信息保障机制，鼓励学生参加老师的纵向和横向科研课题，研究构建责任教授把关、教研室组织的专业发展与改革的创新组织体系；形成课程内容建设、教学方法建设、教材建设、教学科研转化、教学研究立项的课程组负责制度；坚持"三创"人才的综合培养理念，发展包括课程学习、科研参与、社会实践在内的多途径创新培养机制。积极指导学生参加全国性的各类大学生创新创业大赛和大学生科研项目，使学生在科研的历练中，提高学术水平、加强实践动手能力。

（五）加强教学研究，创新教学方法

以立德树人为根本，以土地资源管理新型复合型人才培养为导向，以信息技术为引领，全面梳理和研究土地信息系统课程知识结构体系和教学内容体系；以基础教学组织和课程组为依托，研究智慧+时代土地信息系统课程教学方法，发展线上/线下、虚实结合、多元融合的教学方法；强化教学科研互动，创新土地信息系统教学模式；研究教与学全周期管理，提出多维度评价体系；加强教学研究成果凝练，并在全国推广示范。

（六）开展教师培训，培育高水平教学团队

充分发挥资源环境虚拟教研室已有的国家教学名师、万人计划领军人才等国家级教师和教学团队的引领和带动作用，以多样化的虚拟教研室教学活动和培训为载体，发挥传帮带作用，助推青年教师快速成长，形成资源环境信息技术全国跨地域、跨专业、结构合理的网络化教学团队，促进教师教学发展。

（七）继续加大教学团队建设

针对土地信息系统课程建设在领域发现与技术前瞻、系统架构与系统设计、系统开发与算法设计以及数据挖掘与技术应用等方面的需求，针对性地进行教学团队建设。通过建立青年教师导师制、出国进修、学术交流、教学法讨论、合作上课、观摩名师授课、团队内部互听课、科研互助、与教学科研生产单位交流等措施，提高青年教师的教学水平、专业素养和国际视野。进一步加大教学名师和学术领军人才的引进及培育力度。积极推荐优秀中青年学者参与国际教学与科研组织，在人才队伍、学术资源等方面给予充分政策保障，为杰出人才脱颖而出创造条件。充分把握与联合国相关机构在自然

资源管理领域的教育和科研上的合作条件，积极参与国际教学合作计划，加强与国外相关高校的教育和科研合作。

本章作者：刘耀林、何建华
工作单位：武汉大学资源与环境科学学院

第二十一章　南京师范大学"地理信息系统原理"课程建设

地理信息系统原理(以下简称"GIS 原理")课程是《高等学校本科类教学质量国家标准》规定的地理类专业的"专业核心课程"。目的是使学生较为全面、系统地掌握 GIS 在空间数据模型、空间数据结构、空间数据组织与管理、空间数据采集与处理、空间分析与可视化表达等方面的基本理论和方法,掌握 GIS 软件应用基本技能。课程对于培养学生的地理空间思维方法与地学实践操作能力,都具有非常重要的意义。

南京师范大学地理学本科人才培养采用"大类培养制"。GIS 原理课程作为大类专业核心课程,在全院地理大类班第二学年第一学期开设。

自 2004 年以来,南京师范大学 GIS 原理课程先后获国家精品课程、国家精品资源共享课、国家精品视频公开课、国家双语教学示范课和教育部课程思政示范课。2020 年,课程以"高水平的课程教材及教学资源、高水平的教学团队与学科支撑、'3-2-3'(3 点驱动、2 类课堂、3 类方法)多维一体课程教学模式、课程思政实验教学"为特色,获评教育部首批国家级线上线下一流课程。

一、课程建设的主要举措

(一)教学团队建设

1. 校内课程教学团队建设

团队建设是课程建设的基础。南京师范大学通过名师引领、集体备课等举措，形成了一支以国家级教学名师汤国安为课程负责人、3 名校级青年教师"教学十佳"获得者为主讲教师和 2 名实验教师组成的教师团队。具体实施方法包括：

集体备课：课程组（团队）承担了地理科学大类四个班次的 GIS 原理教学工作，课程组强化例行集体备课教学活动，通过集体讨论教学内容设置、教学进度安排、教学方法和手段等，保证了各专业的教学有序、有效进行。

集体开发中英文课件：完成了 GIS 原理、数字地形分析等课程的全英文课件，并在欧盟 Erasmus 国际研究生夏令营中开展授课，提升了课程的国际影响力。

集体修编 GIS 专业教材：在课程负责人总体安排下，团队成员都积极参与到 GIS 专业教材的修编或新编工作中，做到教学与教研相长，相互促进。

集体观摩名师授课，学习授课技能；成员之间也安排互听，共同探讨学习，取长补短，青年教师的教学水平得到提升。

定期开展教研活动，讨论教学工作安排，针对教学中存在的问题及时采取改进措施。

上述措施在专业内涵建设，打通青年教师的培养、教学水平和课堂教学质量提升的"最后一公里"方面，起到了极其明显的推进作用。

2. 全国 GIS 课程联盟建设

以教育部 GIS 专业虚拟教研室为依托，联合国内在 GIS 专业建设上取得突出成果的高校，开展基于网络的常态化集体备课活动，各取所长，进一步完善课程教学内容、提升教学资料质量，为国内各高校相关课程建设提供应用示范。

以南京师范大学 GIS 原理课程教学团队为核心，成立了"全国 GIS 原理课程教学联盟"，吸纳了全国近 200 所高校的 GIS 原理类课程一线授课教师加入。联盟以互联网为传播和交流媒介，实现了授课课件、教学视频、备课材料等资源的共享，为老师们提供了一个相互交流、共同提升的平台。通过教学联盟的交流和学习，不仅提升了本校教学团队的整体教学水平，也带动了国内其他高校教学团队的建设和发展。2022年，由南京师范大学牵头，有充分地域代表性的7所高校参加的"地理信息科学专业虚拟教研室"获批教育部首批虚拟教研室。

（二）教学内容体系构建

GIS原理是一门包括理论课和实践课的课程，既强调学生理解地理信息的形成、变化、传输和展示的机理，也强调对学生动手能力的培养。因此，本课程教学内容紧紧围绕GIS的基本功能，包括空间数据采集、处理、存储、管理、分析、建模和输出等方面展开，在教学章节的安排上与GIS相关功能呼应，形成了内容全面、布局合理、循序渐进的理论教学内容体系（表21–1）。

表21–1 GIS原理理论和实验教学设计

	理论课教学主要知识点	实验课教学内容
第一章 概论	GIS的概念、组成、功能、学科属性、应用领域和发展历程	参观浙江德清地理信息展览馆
第二章 地理空间数学基础	地球空间概述，空间数据投影，空间坐标转换，空间尺度和地理格网	基于GIS软件的地图投影变换实验，不同比例尺地形图的地理信息对比与读图分析
第三章 空间数据模型	地理空间与空间抽象，空间数据概念模型、逻辑模型、物理模型，空间关系	编程实现矢量，栅格数据的输入与输出
第四章 空间数据结构	矢量数据结构，栅格数据结构，矢—栅数据转换，镶嵌数据结构，多维数据结构	点线面等矢量数据的创建，栅格数据创建及栅格参数变换实验，矢量—栅格相互转换，创建Voronoi和TIN等数据
第五章 空间数据组织与管理	空间数据库概述，空间数据库设计，空间数据特征与组织，空间数据管理，空间数据检索	基于ArcGIS Geodatabase开展校园空间数据的组织与管理练习，基于PostgreSQL和PostGIS开展校园空间数据的组织与管理练习
第六章 空间数据采集与处理	数据源及类型，数据采集方法，数据编辑与拓扑关系，数据重构，数据质量分析	地图扫描矢量化，ArcScan自动矢量化，数据的空间变换（空间校正、图幅接边）

续表

	理论课教学主要知识点	实验课教学内容
第七章 GIS 基本空间分析	空间对象度量，叠置分析，缓冲区分析，窗口分析，网络分析	投影面积查询，质心计算，最小边界几何提取，明暗等高线绘制，最佳路径选择、寻找最近的消防系统、寻找服务区与创建 OD 矩阵、车辆多路径派发
第八章 DEM 与数字地形分析	DEM 类型与数据模型，DEM 建立方法，基本地形因子分析，地形特征分析，数字地貌与应用	基于 DEM 的地形因子提取实验，DEM 构建实验，水文分析实验
第九章 GIS 空间统计分析	空间统计概念，基本统计量，探索性空间分析，空间数据插值，空间统计分析，空间关系建模	空间自相关指数的计算及分析实验，地统计理论过程推导实验，地统计分析及制图实验
第十章 地理信息可视化	地理信息可视化概述，可视化原理方式，可视化表现形式	地形三维可视化实验，专题地图制图实验
第十一章 网络 GIS 与地理信息服务	网络 GIS，地理信息网络化服务的模式、内容与主要技术	电子地图发布系统设计与开发实验

同时，GIS 作为新兴技术学科，发展速度快，新技术、新方法日新月异。为了紧跟学科发展的步伐，就需要不断更新教学内容，将新技术、新方法有机融入现有教学内容体系中，也要及时删除已经过时的内容。应该看到，GIS 发展周期从 30 年到 20 年，将来甚至会更短。因此，课程团队也特别重视教材的更新，力争在 10 年左右更新一版教材，目前已更新至第二版，保证教材内容的现势性。

GIS 原理实验是课程的重要组成部分，具有综合性、数据多元性、突出空间分析方法、可视化等特点，起到了帮助学生理解 GIS 理论、培养学生动手能力的作用。课程基于各章的理论教学内容，设计了匹配的实验（表 21-1）。本课程的特色之一，就是深入挖掘实验中潜在的思政要素，将专业要素和我国的革命历史、方针政策有机结合起来，开发了红军长征 GIS、"一带一路" GIS、精准扶贫 GIS、中国世界遗产 GIS、徐霞客 GIS 等国情思政实验内容，建设了"GIS 课程思政实验教学案例库"，助推专业课的课程思政建设。

（三）教学资源建设

1. 教材建设

汤国安 2007 年主编《地理信息系统教程》，因其系统性、现势性和新颖性而成为国内高校选用量最大的原理类教材，并被遴选为国家"十一五""十二五"规划教材。经过十余年的使用，在广泛征求使用者意见的基础上，结合教学团队十余年的教学经验和教学总结，编者从科学性、先进性、及时性等方面对教材内容进行全面评估，创新教材呈现形式，完善教材内容，编写完成《地理信息系统教程（第二版）》。新版教材有较大程度的提升，使用效果更好，获评教育部首届优秀教材二等奖。

2. 精品化在线课程建设及利用

团队充分发挥计算机、互联网技术的作用，实施"互联网+教学"行动计划，促进课堂外延发展和信息快速交互，建立 OTO（线上到线下）课程模式。在 2004 年开发了 GIS 原理课程的全套教学资源，提供包括教案、课件、视频、案例、作业等课堂教学资源的规范化、数据化支持，该课程当年被评为国家精品课程。2012 年在原精品课程的基础上进行了内容的提升，形成国家精品资源共享课。在实际教学过程中，上述课程资源都被作为课前预习和课后复习的资源提供给学生，起到了很好的辅助教学效果。为应对留学生培养规模不断扩大的趋势，课题组开发了 GIS 原理课程的全英文网络资源，包括教学视频、课件等，服务学校的留学生教学。

2019 年，团队又建设了"GIS 实验"江苏省在线开放课程，基于手机、Pad、微信等新媒体形式，建设移动学习系统，形成了立体化、多层次的在线开放课程体系，实现了理论、实验教学的全线上展开。课程以 ArcGIS 软件应用为主，设计了 66 个基础 GIS 实验，不仅可以作为理论课学习的辅助材料，也可以作为 ArcGIS 软件的入门教程。2020 年疫情期间，全国有 12 000 多人通过线上学习了相关课程，取得了很好的教学成效。

2021年南京师范大学GIS原理课程获评为国家级线上线下一流课程。

（四）教学方法改革

构建自主学习、勤于反思和研究教学的"学习—反思—研究"三位一体的行动路径，促进教师能不断创新教学理念、教学模式和教学行为，提高教学的效果和效率。

强化"教学科研相长"教学意识。教学是科研的基础，科研是教学的延伸，实现教学与科研互动，让"教、研相长"成为激励教师同时做好教学、科研工作的思想基础和发展动力。

建立了"3-2-3"（3点驱动、2类课堂、3类方法）为核心的多维一体的课程教学模式。以知识、实践和能力培养为目标驱动，以课内课外、线上线下课程教学为主线，以创新课程内容体系、翻转课堂和研究性教学为主要教学手段，建构形成多维一体的课程教学模式。将四类课堂的改革作为教学模式构建的重中之重，通过一系列具体措施达成教学目标。

第一课堂改革是指课内理论教学的改革。基于线上线下混合式课程教学模式改革，全面实施翻转课堂的教学模式改革。教师通过对基本知识点的深入研究，构建能使学生在翻转课堂中深入剖析所学知识点，并提升分析、解决复杂问题的问题库、讲解方法库、经典教学视频库。以提升学生科学思维能力、综合分析能力为目标，开展一系列对比实验，提出优化的教学模式与方法。

第二课堂改革包括三个方面的举措：①实验教学及课下教学改革：课下教学的核心工作是构建能启发、促进学生在每节课课下进行独立思考的"思考题库"。学生要完成该思考题的内容，需要大量查阅国内外相关资料并进行系统分析，完成"小论文"，以提升学生的独立研究工作能力。②课外教学的改革：以地理科学国家级实验教学示范中心为依托，每年设计一整套与课程教学内容有效衔接、可以由学生组队合作完成的"GIS课程集思课题库",鼓励学生通过团队协同,完成有一定研究深度的科学研究工作,提升学生对课程所学知识的应用与拓展能力,培养学生集体攻关协作意识。③在线实时课堂:基于手机网站、微博、微信等新媒体形式,积极开发和应用移动学习系统,采取更为灵活的学习方式进行在线移动学习和互动交流。在线实时课堂由课程教师和研究生助教负责维护,实时更新学科理论、技术与应用的最新发展状况,推送国内外的最新教材、专著,国家建设与社会发展的最新需求,以及学科团队的最新研究方向、研究理念与科研教学成果等。

(五)教学考核及教学管理

课程考核方式充分体现"变应试教育为素质教育"的精神,不单纯以考试卷面成绩作为评价学业成绩的唯一依据,同时尽量减轻学生应试的压力。课程团队通过强化过程性考核,建立了多元化的、科学的人才考核评估机制,形成"期终考核(显性考核)与平时自我考核(隐性考核)相结合,理论考核与实践考核相结合,笔试考核与上机考核相结合,作业考核与创新实践考核相结合"的考核体系。在考试内容上,注重知识测试与能力测试的结合,取得了很好的效果。考试总成绩(100 分)= 闭卷笔试(占总成绩 50%)+实验成绩(占总成绩的 20%)+平时成绩(占总成绩的 20%)+线上课程考试成绩(占总成绩的 10%)。

与校—院两级教务管理人员密切配合,实施全面质量管理。以学生为本,加强教学与管理的一体化建设,突出教学与管理结合。以大学生学业发展中心为依托,教学、行政、学工系统协调一致,加强师生交流。关注学生社会主义核心价值观与情感养成,关注学生专业发展与职业培养,促进学生教学、实践与研究能力的共同提高。

二、课程思政的教学实践

GIS 原理课程融入课程思政的原则为：科学性和思想性相统一，思政元素与学科知识无缝衔接，学科理论与国情教育有机联系。在课程思政教学设计过程中，注重思政元素与原有教学目标的融合，不是做简单的加法，而是紧密围绕学科特点与学科的内涵，挖掘思政育人的元素，强化学科价值与思政元素的融合，夯实思政与价值引领，丰富原有教学内容，促进专业学习的质量。

团队在充分考虑专业课教学内容以及可有效融合思政元素的基础上，将 GIS 原理课程的思政元素集中在正确的人生理想信念、中国新民主主义革命艰辛而曲折的历史、马克思主义科学辩证思想理论和国家重大时政方针等方面。在课程实施中，充分顾及理论课与实验课的差异性，有效同步推进。通过"GIS 课程思政实验教学案例库"的建设，将"一带一路"GIS、红军长征 GIS、精准扶贫 GIS、中国世界遗产 GIS、马克思辩证科学辩证思想应用等经典思政案例系统融入专业课教学方法的深入剖析，并通过网络平台向全国同专业推送，通过在高等教育出版社出版案例教材推广。

2021 年，南京师范大学 GIS 原理课程获评为教育部首批课程思政示范课程，同时获课程思政教学名师及教学团队。

（一）创新两类课堂思政教学模式，提升教学效果

将第一课堂与第二课堂有机结合，思政元素贯穿课堂内外。

第一课堂是学生学习专业知识的最主要途径。课程组在进行教学设计时就将我国 GIS 研究、产业发展成就、学科发展历史等内容融入专业课教学的相关章节，通过对一系列典型案例的学习，强化学生对我国 GIS 专业研究的认同和自信。如以"北斗"系统发展为典型案例，介绍我国地理信息理论、

技术与产业发展成就；介绍 GIS 领域陈述彭、王之卓等老一辈科学家的家国情怀及杰出贡献；通过从珠峰测量，启发学生严谨的科学态度与艰苦求实探索精神。第二课堂是对第一课堂学习的延伸、补充和发展，承担着拓展学生视野的重要职责。本课程的第一课就是走出校门，参观地理信息科技馆，深化同学们对当今地理信息技术发展的认识，强化学生的民族自豪感与责任感；通过开展"版图绘中华"，加强学生的国土意识与爱国情怀，特别是通过专题地图绘制与分析，强化对国家生态文明建设、可持续发展、区域协同发展等重大战略背后科学问题的认识。

同时，通过面向全社会的线上精品视频公开课及在线开放课程，实现大学在科学知识与优秀文化的传播功能。全网已经有超过 15 万人次在线学习了团队开发的多门线上课程。

（二）提升辩证分析能力，培养科学探索精神

马克思主义辩证科学思想方法是指导学习与研究的重要思想方法论。为了使学生能更加客观深入地理解 GIS 原理课程中的相关内容，培养学生的思辨创新精神，团队对课程内容进行了梳理，提炼出一系列基于辩证思维的内容设计。如引导学生理解空间数据质量的确定性与不确定性、空间数据的相似性与差异性、可视化的真实感与抽象感、地表起伏的连续性与突变性、地理景观的地带性与非地带性、地理模型的复杂性与简洁性等都可以用矛盾的对立统一方法论进行剖解；还可以应用量变与质变、否定之否定、主要矛盾与次要矛盾、特殊性与普遍性等对专业教学内容进行科学分析，激发学生辩证分析能力，培养科学探索精神。

（三）实验赋能，激发学生家国情怀，强化"四个自信"

团队紧扣国家重大战略，把握时代脉搏，设计并实践了富有鲜明时代特色的 GIS 课程思政实验教学案例库，各个实验案例自成一体，融合了数据采

集、处理、存储、分析、输出等核心实验要求。通过实验，学生在熟悉 GIS 基本技能和方法的基础上，不仅提升了 GIS 解决实际问题的能力，更在实验过程中了解了我国的国情国策、优秀文化与伟大建设成就，潜移默化地增加了对勇敢坚毅、团结奋斗、勇于奉献等精神的认同，提升了民族自豪感和"四个自信"，增强了理想信念传承、科学精神传承与优秀文化传承的责任感（表21–2）。

表 21–2　部分课程思政实验目标设计

实验名称	价值目标	知识能力目标
"一带一路"GIS	了解"一带一路"沿线国家的社会制度、自然、宗教、文化等多方面的信息，深入理解国家重大决策的核心内容与核心突破点。让学生了解国家重大战略决策，强化道路自信	掌握基于 GIS 系统对多元地理数据空间分析的基本方法、步骤以及难点的处理
红军长征 GIS	学习红军前辈的革命精神，树立坚定的理想、信念，不畏艰险，敢于战斗，敢于胜利的英雄主义精神。强化学生理论自信	学习点、线、面多元数据在一个系统中有机集成、多途径可视化展示以及空间分析的基本方法
精准扶贫 GIS	让学生深入了解党和政府扶贫攻坚所取得的举世瞩目的巨大成绩。贫困区面积不断缩减，人民生活水平显著提高。让学生了解国家建设成就，强化制度自信	学习野外实地数据采集方法，学习地理数据的空间化方法，学习多时相地理信息、多尺度 GIS 的构建技术以及时态地理信息的可视化表达方法
徐霞客 GIS	地学先贤徐霞客克服多方面的艰难险阻，进行全面、细致、深入的地理科学考察。强化学生文化自信及科学探索精神	掌握文本信息怎么和地理图形、视频等信息的融合技术方法、BS 系统与移动 GIS 系统一体化构建方法

三、结语

经过近 20 年的建设，GIS 原理课程形成了以 GIS 国家教学团队为支撑，国家教学名师、全国模范教师为核心，校"青年教学十佳"为骨干的高水平教学团队，在教学中充分利用慕课、智慧教室等新媒体、新技术，基于线上线下混合式课程教学模式改革，全面实施研究性教学、翻转课堂的教学模式改革，极大地提升了学生的积极性和参与度，取得了很好的教学效果。教学团队 2021 年获评为教育部黄大年式教师团队，主编的课程教材《地理信息系统教程》获教育部"首届全国优秀教材奖"二等奖。课程通过积极推进"一流课程教师团队""一流教学内容体系""教学方法改革""一流教学资源建设"等教学改革，2020 年被评为"国家级线上线下融合式一流本科课程"。

课程团队将秉承"以生为本，立德树人"的教学理念，遵循"教师为主导、学生为主体"的教学原则，进一步深化课程教学改革，努力把课程教学质量提升到一个新的水平。

本章作者：汤国安、张书亮、李发源、杨昕、熊礼阳、任娜
工作单位：南京师范大学地理科学学院

第二十二章 东北师范大学"综合自然地理学"课程建设

经过数十年课程建设与改革,东北师范大学已经形成了独树一帜的综合自然地理学课程体系:一方面,创新性地改革了课堂与实践教学的知识体系、教学方法和评价方式,注意理论与实践教学的紧密结合,创造性地开辟了东北地区长白山—大兴安岭实习路线;另一方面,瞄准卓越中学地理教师应具备的核心素养,以综合、整体理念指导教学,突出综合思维能力与区域认知能力的培养,提升学生作为中学教师对地理学知识广度、深度和前沿性的掌握。

一、课程概况

(一)课程定位

综合自然地理学是地理科学专业的主干课程,它以各部门自然地理课程为基础,旨在从自然地域综合体的站位上,整合气象学与气候学、地质学与地貌学、水文学、生物地理学、土壤地理学等部门知识,重点掌握自然地理环境的整体性特征和地域分异规律,理解地理要素之间和区域之间的复杂联系,认识到"牵一发而动全身"的综合响应,树立科学的自然观和发展观,服务现代生态文明建设与社会可持续发展。该课程一般在大学三年级开设。

（二）课程历史沿革

在自然地理学各分支学科中，综合自然地理学形成时间最晚。在 20 世纪 50 年代后期，苏联著名学者 A. R. 伊萨钦科来华讲学，先后在北京大学和中山大学系统介绍了有关地理壳、自然地理区划、景观学的进展。在林超教授领导下，讲学进修班集体讨论确定了"综合自然地理学"的学科名称（陈传康，1993）。黄秉维、陈传康、景贵和、刘胤汉、徐樵利等老一辈地理学家继承中国传统地理学思想，结合西方和苏联地理学思想，推动中国综合自然地理学逐渐形成和发展并在国家经济建设中起到重要作用（《黄秉维文集》编辑小组，1993；陈传康，1988，1990；景贵和，1962，1986；刘胤汉，1980；徐樵利，1987；许学工等，2009；彭建等，2017）。

东北师范大学的景贵和、祁承留等在国内率先一批接受了综合自然地理学的概念，于 20 世纪 60 年代开设综合自然地理学讲座。20 世纪 80 年代初，东北师范大学在国内率先开设综合自然地理学课程，构建综合自然地理学教学框架。景贵和作为全国高等院校综合自然地理学教学研究会领导小组成员，有组织地发展了综合自然地理学：开办进修班，为综合自然地理学课程在高师院校的开设培养了大批青年教师；根据课程教学需要，设计并实施了东北区自然带实习路线，创立了综合自然地理路线实习模式；1986 年为大学五年制函授生编著了《综合自然地理学》教材并由东北师范大学出版社出版，这是我国第一部综合自然地理学教材；1989 年，景贵和、周人龙和徐樵利根据教育部理科教材编审会审定的高等师范院校用《综合自然地理学教学大纲》编写了《综合自然地理学》教材，该教材由高等教育出版社出版后被全国师范院校普遍采用，标志着综合自然地理学教学体系的规范化。近年来，东北师范大学袁孝亭、许嘉巍等深度参与普通高中地理课程标准和教材的编制与修订，在综合自然地理学教学中融入中学地理教师应具备的核心素养培养。

（三）课程特色

首先，在教学实施上注重理论教学与实践教学的紧密结合，重视野外实践能力的培养。课堂教学案例大量来自于野外实习，实习内容设计上充分考虑课堂教学理论框架，形成了理论教学—案例教学—野外实习互通共融的教学体系。

其次，适应学校建设一流师范大学的定位，综合自然地理学教学特别突出师范性，瞄准卓越中学地理教师应具备的核心素养，以综合整体理念指导教学，突出综合思维能力与区域认知能力的培养。

二、课程建设

（一）课程建设目标

第一，突出地理学核心素养的培育，满足培养学生区域认知能力和地理综合思维的需求；将地球表层的整体性和区域差异性原理融入整个教学过程中，确保学生掌握综合思维和区域认知的方法。

第二，强调学科体系的完整性，通过整合气候、地质地貌、水文、生物地理、土壤地理知识，使学生在自然地域综合体的站位上形成"高观点"的自然地理知识体系。

第三，引入能量转化与物质迁移的分析，使学生明晰对地理规律形成起支撑作用的物理和化学机理。

第四，以培养学生探究学习意识为目的，充分利用野外实践，培养学生探究学习自然地理学的热情，初步掌握自然地理探究选题、设计、结果分析的基本方法。

第五，强调师范性，为培养卓越中学地理教师打好基础。紧密结合高中地理课程新标准设计教学过程，案例教学以高考试题分析为突破口，将大学教学与中学教学有机结合。

（二）课程设计思路

长期以来，师范类专业综合自然地理教学存在以下痛点：

第一，自然地理教学中各要素割裂的问题，即地质、地貌、水文、气候、土壤地理和生物地理内容相对独立，自然地理学知识拼盘化。

第二，理论教学和实践教学脱节，课堂讲授内容很难在实践中得以验证。

第三，自然地理野外实践教学目标不明确，教学内容随意性强，工作方法训练不系统。

第四，大学地理课堂与中学地理教学脱节。中学地理教学是基于课程标准的教学行为，而大学地理课堂很少参考中学地理课程标准，导致师范生课堂所学与未来的中学地理教学脱节。

鉴于以上问题，我们对课程内容进行了重构，强调以物理、化学机制分析为基础，以要素间物质能量交换为主线，突出自然地理过程的地理后果，重点分析空间地理规律形成过程中物理、化学机制发挥的作用。同时，加强对中学地理课程标准解读，在综合自然地理教学过程中注重地理核心素养的培养，实现大学教学与中学教学接轨。

课程分为理论教学部分和实践教学部分。理论教学部分包括地球表层结构与功能、地球表层能量转化、地球表层物质循环、自然地理过程分析、土地类型、空间地理规律、自然地理区划；实践教学部分包括东北平原形成过程反演、大兴安岭—东北平原—长白山地空间地理规律、自然区地方规律认知、长白山自然地域差异分析四部分。课程以理论教学为基础，实践教学为验证和探究，两部分内容相辅相成，互为补充，解决学生理论与实践脱节的问题，建立学生地理时空观，提升学生综合思维能力和区域认知能力。

（三）课程教学改革举措

1. 课堂教学创新性改革举措

课程体系不断革新，始终保持国内先进水平。课堂教学上以自然地理过程为突破口，全面引入能量转化与物质迁移的综合分析，使学生从深层次上明晰对地理规律形成起支撑作用的物理和化学机理。由此，极大地提高学生的综合分析水平，形成高站位的自然地理知识体系。

创新教学方法。课堂教学通过大量案例，培养学生归纳思维；实践教学上通过"1线3区"的教学设计，在路线调查的基础上，强化训练区的探究式实习，形成提出问题—学生分组探究—学生分析讨论—教师总结的训练区教学组织模式。

开展引导式教学。教师提出生活中的地理现象和地理问题，引导学生思考，并根据学生的反馈针对性地引导进行分析讨论，鼓励发散思维，教师的角色从讲述变为提炼归纳学生的观点，重视培养学生观察和分析地理现象的逻辑思路和思维模式。

2. 实习教学创新性改革举措

创造性地开辟我国东北自东向西的长白山—大兴安岭经典实习路线（图22-1）。该实习线路既包括湿润区、半湿润区、半干旱区的湿度分异，也包括中温带至寒温带的温度分异，还有长白山的垂直分异，是我国地理信息最丰富和最经济的实习路线之一。整个路线共设计了42个典型区、3个训练区和1个考核区。通过实习，解决野外教学内容不系统的问题，全面提升学生的地理素养。

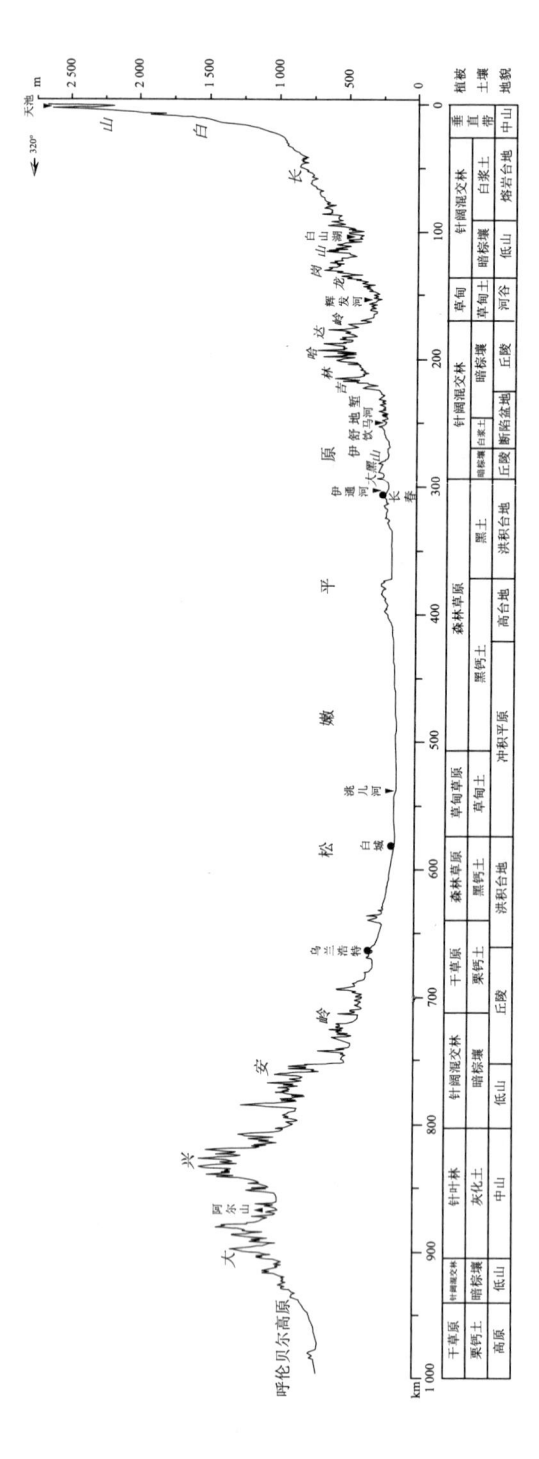

图 22-1 长白山—大兴安岭自然地理综合实习路线

为了提高野外实习效率和教学效果，基于上述野外实习路线建立了东北地区自然地理野外综合实习虚拟仿真系统。该系统一方面在疫情等极端条件下，可解决无法开展野外实习教学的困难；另一方面，在一般情况下，学生在开展野外实习前先进行虚拟仿真实习训练，让学生对实习路线和内容有清晰的认识，野外实习时能有充足的时间进行探究和思考。学生野外实习因此不再受时空条件的限制，优质实习资源也能得到充分共享。

建立逻辑实践模式。采用地理现象观察—提出科学问题—做出假设—分析验证假设—得出地理规律的实习教学逻辑路径，以小区训练为突破口，提升学生的地理实践力。以典型区为训练小区，教师分组指导，形成提出问题—学生分组考察—学生分析讨论—教师总结的训练模式。

成绩评定创新。在野外实习成绩评定中设立了成绩考核区，包括长白山北坡垂直带、长白山西坡风灾区、望天鹅三个考核区。考核区具有自然地理空间规律浓缩、可探究课题丰富、能充分考查学生地理实践能力的特点。在考核区，学生自主探究、提交报告。野外实习成绩评定包括野外探究考核成绩和综合实习报告成绩两部分。

3. 师范生培养创新性改革举措

在综合自然地理教学中，充分考虑中学地理教师的培养要求，以人地关系为核心，将自然地理环境的整体性和对区域地理要素的认知作为教学重点，以野外实践作为重要手段，培养师范生的综合思维、区域认知和野外实践能力，逐步形成生态文明理念，建立人地协调观。

中学必须不断从大学接受新思想和知识，才能变为模范学校，而师范专业大学生肩负着这一重要使命。针对中学地理知识更新速度慢的不足，在教学中加强当今自然地理发展的新知识、新理念和新方法的介绍，同时针对中学地理教学中一些浅尝辄止的观点进行深入探讨，提升学生作为中学教师对地理学知识广度、深度和前沿性的掌握。

理论与实践融合贯通。通过课程安排将理论教学、实践教学和教学实习联系起来。在大三春季学期进行理论教学学习，大三春季学期期末安排野外实践教学，让师范生在大四教育实习之前充分提升综合自然地理能力，大四开始的教育实习中能够迅速进入中学进行相关地理教学。一方面能够在教学实践中提升能力，另一方面也可以针对教育教学行为改进大学综合自然地理课程在中学教学中的应用，强化学以致用。

（四）课程建设反思及改进方案

本课程已经有非常好的建设基础，未来的工作主要围绕以下三方面进行。

1. 教学团队建设

年龄结构合理的高水平教学团队是课程特色和优势代际承续的根本保障。目前的教师团队全部具有博士学位，年龄结构基本合理。未来将适当扩大团队规模，吸引 1~2 名专业素质好的 35 岁以下青年教师加入。同时，加强青年教师理论教学和野外指导能力的培养和提高。

2. 教学资源建设

总结多年理论教学成果，修编《综合自然地理学》新教材。新教材将立足于学生区域认知能力和综合地理思维的培养，从全新的自然地理过程视角，重构综合自然地理学的知识体系。

我们在东北地区依托经典路线开展野外实习有 30 多年历史，积累大量的素材。未来将认真整理这些素材，编写《东北地区自然地理野外综合实习教学指导》。甄选课堂教学的精品案例，建设具有高阶性、创新性和挑战度的网络优质课程案例库，扩大共享范围。

3. 完善和创新课程考核体系

理论课程建立学前诊断、学中评估、学后综测的考评模式；实习课程通过网络测试、口头汇报等形式，加强过程性评价，督促学生积极观察、认真思考、及时总结，切实提高实习效果。

（五）课程建设成效

东北师范大学的综合自然地理学课程依靠高站位的课程目标、创新的课程设计思路以及丰富的课程内容，在全国地理学教育中产生了重要的影响。综合自然地理学首批入选国家级一流本科课程建设，依托综合自然地理学课程的自然地理综合野外实习获得吉林省教学成果二等奖。在该课程的带动和影响下，东北师范大学地理科学专业迅速发展，于 2019 年获评国家级一流本科专业建设点。在该课程影响下，学生培养效果突出，在历届全国高校师范生教学技能大赛中屡获一等奖，在 2021 年首届全国地理研学方案设计大赛&地理研学社会调研大赛中荣获不同组别一等奖 3 项、二等奖 2 项、三等奖 1 项、优秀奖 2 项。依托该课程，东北师范大学建立了东北地区自然地理野外综合实习虚拟仿真系统，不仅服务于本校师生，也服务于兄弟院校，推动了综合自然地理学理论和实践教学的发展。

参 考 文 献

[1] 陈传康："自然地理学、地球表层学和综合自然地理学"，《地理学报》，1988 年第 3 期。
[2] 陈传康："综合自然地理学发展趋势"，《地域研究与开发》，1990 年第 7 期。
[3] 陈传康："中国自然地理学的发展"，载苏泽霖、陈金永编：《地理研究与发展》，香港大学出版社，1993 年。
[4] 《黄秉维文集》编辑小组：《自然地理综合工作六十年》，科学出版社，1993 年。
[5] 景贵和："试论自然区域的几个基本问题"，《地理学报》，1962 年第 3 期。
[6] 景贵和："土地生态评价与土地生态设计"，《地理学报》，1986 年第 1 期。
[7] 刘胤汉："关于陕西省自然地带的划分"，《地理学报》，1980 年第 3 期。
[8] 彭建、杜悦悦、刘焱序等："从自然区划、土地变化到景观服务：发展中的中国综合自然地理学"，《地理研究》，2017 年第 10 期。
[9] 徐樵利："综合自然地理学在山区国土整治中的应用"，《地理学报》，1987 年第 2 期。
[10] 许学工、李双成、蔡运龙："中国综合自然地理学的近今进展与前瞻"，《地理学报》，2009 年第 9 期。

本章作者：李鸿凯、汪祖丞、许嘉巍、白娥
工作单位：东北师范大学地理科学学院

第二十三章 山东师范大学"GIS 空间分析"课程建设

地理信息系统（GIS）自 20 世纪 60 年代诞生以来，取得了毋庸置疑的成功，其根本在于 GIS 在解决现实世界问题中的成功应用（Smith et al.，2018），而空间分析是 GIS 的核心和重要功能之一，是 GIS 区别于一般信息系统的主要功能特征，也是评价 GIS 功能强弱的重要指标之一（黎夏、刘凯，2006）。随着 GIS 的不断成熟和发展，其空间分析功能越来越强大（周成虎等，2011）。因此，国内外众多高校均已将 GIS 空间分析列为地理信息科学、遥感科学与技术以及地理科学等专业的专业核心课程之一。本章结合山东师范大学 GIS 空间分析课程的实际教学，梳理总结了该课程在课程建设中开展的一些有益的尝试和探索。在重新界定课程定位和课程目标的基础上，本课程基于智慧树翻转课堂的构建与实施，更新和优化教学内容，有机融入课程思政元素，不断加强应用案例库建设，有效推动了教学内容、教学方法、全过程学习评价等一体化改革，构建了"教师深度教、学生系统学、全面深刻评"三位一体的课程教学新生态，在学生中取得了良好的反响。

一、课程概况

（一）课程定位

地理信息科学集空间数据采集、分析、管理、传播与应用为一体，是研究地理信息流的产生、传输和转化规律的一门科学，被广泛地应用到国民生产生活的各个领域。地理信息科学专业人才培养的核心定位是对空间信息处理和空间思维能力的培养，而 GIS 空间分析将地理信息科学相关基础理论方法具体化、可操作化，然后将其与具体的应用连接，支撑地理信息服务于社会经济和个人生活的方方面面（俞艳等，2018）。

GIS 的核心功能在于其利用空间分析技术对空间数据的分析，空间分析主要是指获取地理现象或地理实体的空间位置、空间形态、空间关系、时空演变和空间相互作用等信息并预测其未来发展趋势的分析技术（汤国安，2018），是 GIS 的核心与灵魂（秦昆等，2022），是学生针对具体地学问题进行分析、建模与应用的理论基础。GIS 空间分析课程的根本任务是在学生理解、掌握 GIS 基本原理的基础上，更深入地理解并掌握 GIS 空间分析的基本原理、方法和技术，更熟练地操作相关 GIS 专业软件工具，进而分析并解决典型的地学问题。因此，该课程在地理信息科学专业的整个课程体系中起着重要的衔接作用（图 23-1），掌握 GIS 空间分析的基础理论和实践技能对培养高质量的地理信息科学专业人才具有重要意义。目前，GIS 空间分析课程被列为山东师范大学地理信息科学专业和遥感科学与技术专业的专业核心课程，同时也被列为地理科学专业的专业自主发展课程。

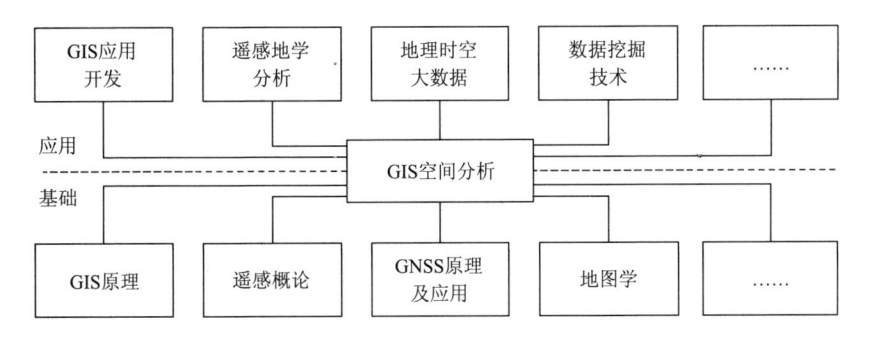

图 23-1 GIS 空间分析课程在专业课程体系中的衔接

（二）课程沿革

山东师范大学地理信息科学专业自 2002 年起开始招生，2022 年入选国家级一流本科专业建设点。自专业开设伊始，本课程就一直在努力选用高质量、有特色的经典教材，随着学院发展和专业培养方案的调整，本课程建设与发展主要经历了以下三个阶段。

1. 起步建设阶段（2002~2011 年）

在此阶段，本课程名为"空间分析"，只是 GIS 专业的一门专业选修课，着重围绕地理学问题中的"空间"本质建立模型方法，要求学生了解常用的空间分析方法，并能较熟练地运用空间分析方法进行地学分析。

2. 快速发展阶段（2012~2018 年）

在此阶段，本课程名为"空间分析原理"，依然只是 GIS 专业的一门专业选修课。课程主要介绍 GIS 空间分析的基本原理、方法和有关模型，按照"以应用为主线，能力为中心"的指导思想，调整课程结构，更新教学内容，跟踪 GIS 技术发展的轨迹，做到理论知识、操作技能、软件应用三位一体，不断强化人才培养中的实践能力培养。

3. 改革创新阶段（2019 年至今）

在此阶段，本课程更名为"GIS 空间分析"，成为地理信息科学专业的一门学科专业核心课程。针对当前高等教育发展的新形势，转换新的教学理念，着力以实践技能培养为主线，以教学内容、教学方法与手段、全过程评价改革为核心，构建全新的课程教学体系。

二、课程建设

（一）课程目标

根据学校定位争创国内一流综合性师范大学，地理信息科学专业定位为培养能在地理信息科学相关领域从事空间数据采集、大数据分析、系统设计开发与应用、教学与研究等工作的应用基础型和专业复合型优秀人才。GIS 空间分析作为专业核心课程，具有鲜明的应用性、实践性。由此，我们确定了课程目标：

知识目标：了解 GIS 空间分析的基本概念框架和方法论背景，扎实掌握 GIS 空间分析的基本原理和方法，了解 GIS 空间分析的发展前沿。

能力目标：通过实际案例分析与操作，能够综合运用所学 GIS 空间分析的知识和方法进行空间分析与建模，在空间几何分析、空间统计分析、表面分析、网络分析及地理计算等方面具有较强的实际动手操作能力，能够解决较为复杂的地学问题。

素养目标：培养科学的空间思维方法、严谨的科学态度和创新精神，具有自主学习和终身学习的意识，通过课程思政的有机融入，使学生具有高度的社会责任感。

（二）教学团队建设

一支优秀的教学团队是做好课程建设和高质量人才培养的基本保障。本课程教学团队目前由 6 名教师组成。从知识结构来看，教学团队成员均具有博士学位；从学术职称来看，教学团队中教授 1 名，副教授 3 名，讲师 2 名；从年龄结构来看，40~50 岁的教师 2 名，30~40 岁的教师 4 名；从学缘结构来看，教学团队中所有成员均为校外学位获得者，且专业涵盖了地理信息科学、遥感、自然地理学、环境科学等学科，结构合理。

本课程教学团队成员近两年开设的相关课程主要有：GIS 原理、遥感概论、数字地面模型、遥感地学分析、空间数据库设计以及地理时空大数据等。上述课程既涵盖了专业基础课，也涵盖了专业拓展（应用）课，通过这些课程的教学也为 GIS 空间分析课程提供了必要的参考和丰富的素材。

在努力开展好课程教学的同时，团队教师也在不断提升自身的教研和科研水平。一方面，团队教师定期开展教学研讨、培训和学习交流等活动，积极开展教学改革研究，目前承担了 4 项校级教学改革项目，主要研究内容包括教学模式改革、课程建设和实验教学等；另一方面，团队一直坚持教学与科研相结合，并将科研成果有机融入课程教学中，有力地推动了教学改革及教学质量的提高。近两年来，团队教师获得国家自然科学基金项目 4 项，承担企事业单位委托项目 9 项。

总之，本课程教师团队专业素质过硬、科研能力出色，多数教师具有较丰富的教学经验和实践经验，初步形成了一支年龄结构上老中青搭配合理、教学态度上潜心教书育人、教学水平较高、研究能力较强的教学团队。

（三）教学内容革新

近年来地理空间数据来源和类型多元化以及信息处理技术的快速发展，使得地理空间数据获取、处理和分析方法发生了巨大变革（王家耀等，2017），时空数据集大量生成，时空数据分析实践呈现快速增长（王劲峰等，2014），面向时空大数据的数据分析方法和工具越来越受到关注。因此，GIS 空间分析课程教学内容急需不断更新和持续改进，才能适应地理信息产业的发展和人才的社会需求。

本课程在阐述空间分析的基本概念框架、空间分析的方法论背景的基础上，详细讲授空间分析的基本模块、数据探索与空间统计、表面与场分析、网络与位置分析以及地理计算的方法与建模、大数据与空间分析等内容，系统地展示了空间分析的基本理论方法、应用技术和软件工具。具体教学内容见表 23-1。

表 23-1 GIS 空间分析课程的章节安排与主要教学内容

章节	名称	主要教学内容
第一章	绪论	GIS 简要回顾，国内外常用 GIS 软件简介
第二章	空间分析的概念框架	基本图元，空间关系，空间统计学，空间数据设施
第三章	方法论背景	空间分析概述，空间分析与 PPDAC 模型，空间分析的主要方法，地理信息科学的变化背景
第四章	空间分析的基本模块	空间几何分析，距离分析，方向分析，格网化与地图代数，GIS 空间分析与项目设计
第五章	数据探索与空间统计	统计方法与空间数据，GIS 属性数据的一般统计分析，探索性空间数据分析，空间回归，景观格局分析
第六章	表面与场分析	表面建模，可视性分析，水文分析，空间插值，确定性内插方法，地统计内插方法
第七章	网络和位置分析	网络和位置分析简介及关键问题，网络结构、最优路线和最优行程，选址和服务区问题
第八章	地理计算方法和建模	地理计算概述，地理模拟，人工神经网络
第九章	大数据与空间分析	大数据研究概述，大数据的类型与特征，地理时空大数据分析方法

1. OBE（Outcome Based Education，成果导向教育）教学理念的落实

OBE 教育理念强调以学生为中心，变"教师为主导"的教育模式为"学生为主导"的教育模式，引导学生主动获取知识，提高自身的能力与素养；同时，OBE 教育理念还强调以产出为导向并持续改进。因此，在课堂教学实施过程中，传统的教学内容需要做出改变，学生可以充分参与项目设计、空间分析、总结反思等各个环节。例如，围绕"城市污水处理厂选址"项目，将项目的总体设计、数据处理、空间分析以及成果展示等内容纳入教学内容中，学生在学习本课程的"空间分析的基本模块"相关内容后，可以进行探讨与交流，共同寻求城市污水处理厂选址的最佳方案。在教学内容改革中，

随着 OBE 教育理念的不断落实，学生的自主学习能力和实践能力得到显著提升。

2. 新理论新方法的拓展

随着大数据时代的到来，遥感、移动互联网、传感器网络、物联网等技术无所不在并实时采集地理实体和人类活动的多维动态时空数据，为 GIS 空间分析提供了丰富的时空信息（吴伶、刘美玲，2022）。而且，很多大数据集都是直接或间接地在人类行为中生成，对于理解现实世界有着无数的应用（Smith et al., 2018）。因此，对地理时空大数据进行处理与分析的相关理论和方法层出不穷。基于此，本课程在设计主要教学内容时，将地理时空大数据分析等相关前沿知识纳入课程内容体系，探讨了地理时空大数据的类型与特征，地理时空大数据分析的核心问题，以及利用出租车轨迹数据、基于位置的手机数据、社交媒体数据等进行地理时空大数据分析的方法。

3. 课程思政内容的有机融入

课程思政并不是把专业课上成思政课，开展课程思政建设，必须从课程自身入手，深入挖掘课程中蕴含的正向的、积极的价值导向，在教学过程中潜移默化地引导学生，从而实现润物无声的思政教学效果。对于 GIS 空间分析这门课程，其蕴含的思政元素主要集中在爱国主义、爱岗敬业、合作精神、创新精神、安全意识、责任意识以及严谨认真的科学态度等方面。针对课程各章节的知识点，我们设计了相应的思政内容，有机融入了思政元素（表 23-2）。

4. 应用案例库建设

GIS 空间分析是一门技术性很强的课程，在理论教学过程中，应以问题为导向，引入其在解决地学问题时的典型应用案例（表 23-3），通过应用案例与理论知识的有机结合，不仅可以让学生加深对 GIS 空间分析原理的理解，也可以让学生了解其在实际问题中的具体应用，更可以让学生深刻体会到其在实际应用中所发挥的重要作用。

表 23–2　GIS 空间分析课程思政融入点

章节	名称	知识点	思政融入点
第一章	绪论	国内常用 GIS 软件简介	爱国主义、创新精神
第二章	空间分析的概念框架	空间依赖性（地理学第一定律）	正确的价值观
第三章	方法论背景	空间分析与 PPDAC 模型	严谨认真的科学态度
第四章	空间分析的基本模块	GIS 空间分析与项目设计	爱岗敬业、合作精神
第五章	数据探索与空间统计	空间回归	社会责任意识
第六章	表面与场分析	空间插值	严谨认真的科学态度
第七章	网络和位置分析	网络分析	爱国主义
第八章	地理计算方法和建模	地理模拟	严谨认真的科学态度
第九章	大数据与空间分析	大数据的类型与特征	国家安全意识

表 23–3　GIS 空间分析课程中的部分典型案例

章节	知识点	典型案例
第四章	叠置分析、缓冲区分析	区域生态敏感性评价
	格网化与地图代数	学校选址分析
	GIS 空间分析与项目设计	城市污水处理厂选址分析
第五章	GIS 属性数据的一般统计分析	黄河三角洲土地利用/覆被时空变化分析
	探索性空间数据分析	华东地区各省市人口变化趋势分析
	空间回归	黄河口沙嘴变幅与造陆面积相关性分析
第六章	可视性分析	城区天际线分析
	水文分析	沟谷网络的提取
	空间插值	黄河三角洲土壤含盐量的插值计算
第七章	网络分析	山东省高速公路网络的构建
第八章	地理模拟	南四湖流域土地利用变化模拟预测分析
第九章	地理时空大数据分析	基于社交媒体数据的济南市城市功能区识别

5. 实践教学内容建设

本课程的实践教学以 ArcGIS 软件为实践操作平台，紧扣课程教学内容，以表 23-3 中的应用案例为基础，但受课时的限制，重点围绕区域生态敏感性评价、城市污水处理厂选址、学校选址分析、沟谷网络的提取、黄河三角洲土壤含盐量的插值计算、基于社交媒体数据的济南市城市功能区识别等应用案例展开，侧重于多种 GIS 空间分析方法的综合应用。相关实践教学内容有助于加深学生对 GIS 空间分析基本原理的理解，培养并提升学生分析问题、解决问题的实践和创新能力。

（四）教学方法改革

本课程在教学组织实施过程中，严把课程标准，突出重点和难点，合理设计教学环节，并尝试进行了多种方式的教学方法和教学手段改革。在教学方法方面，采用了线上与线下相结合、课堂讲授式与启发式教学相结合、探究式与讨论式教学相结合的方法，以学生为主体，启发学生思维，提高学生学习积极性和主动性，形成了"自主互动式"的教学模式；在教学手段方面，合理运用现代信息技术，采用多媒体教学，重视研究性学习、协作学习等现代教育理论在教学中的应用，通过图、文、声、像并茂的方式，多角度调动学生的积极性、注意力和兴趣，实验教学则以案例教学法为主，通过完整的案例分析提高学生分析问题、解决问题的能力，取得了良好的教学效果。

1. 混合式教学设计

本课程共 54 学时，其中理论教学 36 学时（含 10 学时线上教学），上机实验 18 学时（含 4 学时线上教学）。在混合式教学设计中，将线上与线下相结合，充分利用智慧树平台，建立翻转课堂，为学生提供线上教学资源，学生可根据自身学习实际，先行在线上学习，便于实现差异化、个性化学习。线下教学则基于学生的线上学习结果，开展检测、补充、巩固和提高，解决学生中普遍存在的问题，将教学内容优化与深化，有效提升课程的教学质量和效果。

在翻转课堂建设过程中，本课程已形成一套较为完整的课程标准、授课计划、课程整体设计、实践教学设计、电子教案、实践教学案例库等材料，目前仍在开展教材内容、教学课件、教学视频、在线资源、试题库等方面的更新与建设，所有已建课程资源已经或即将应用到当前的教学过程中，尤其是实践教学案例库的使用在学生中获得了良好反响。

2. 探究式和讨论式教学方法的引入

本课程以问题为导向，以任务为驱动，鼓励学生开展探究式和讨论式学习。在课程教学的后期阶段，围绕 GIS 空间分析中的热点问题，为学生布设任务，引导学生查阅文献，由学生自主选择某一主题开展相关研究，而后在课堂上以小组或个体的方式进行汇报和答辩。这种教学方法的改革，使学生的学习积极性得到明显提高，既增强了学生自主学习的意识，也提升了学生的创新意识和创新能力。例如，2018 级学生张随围绕新冠疫情这一主题开展研究后，先后发表了 3 篇 SCI/SSCI 一区论文。

3. 以赛促学，以研促学

以赛促学、以研促学已被证实是改变传统教学模式、提高学生实践能力和创新能力的重要途径。目前，国内不同组织和单位每年都在举办与 GIS 空间分析相关的各类大赛，如"全国大学生 GIS 应用技能大赛""易智瑞杯大学生 GIS 软件开发竞赛""SuperMap 杯高校 GIS 大赛"等，这些比赛均包含应用 GIS 空间分析方法分析、解决实际地学问题方面的内容。近几年来，通过不断完善学生参赛机制，强化教师指导，山东师范大学地理信息科学专业的学生已在各类大赛中取得了相当不错的成绩。此外，我们还积极鼓励学生参加大学生创新创业项目、本科生科研基金项目的研究。这些均为学生提供了广阔的提升自身综合素质的舞台。

4. 校企共建课程

在产学融合、校企合作的大趋势下，校企共建课程作为产学融合的一部分越来越受到重视。为此，我们将 GIS 空间分析课程列为校企共建课程，企业一线人员的参与为本课程的建设注入了新鲜血液。在课程共建过程中，我们将合作企业的一线员工请进学校，以国土空间规划、生态红线划定、灾害风险评估等方面的企业项目为支撑，以学生的实践技能培养为目标，强化理论知识与实践技能的结合，切实提升了学生的实践动手能力。当然，在实施过程中，如何选择企业、如何深化具体的合作方式、学生反馈等重要环节还需进行更加深入的探索和实践。

（五）学习评价

在对 GIS 空间分析课程进行学习评价时，我们摒弃了一纸试卷定成绩的做法，采用"过程性考核+期末考核"的成绩评价方式，涵盖了各个学习环节，实现了评价的多元化和过程化，极大地提高了学生的学习积极性和能动性。其中，过程性考核主要包括"课堂考核+课下作业+小组汇报+实验报告"四个部分；期末考核则是指期末闭卷考试。各部分考核内容及所占比例如下：过程性考核成绩和期末闭卷考试成绩各占总成绩的 50%，其中，课堂考核占总成绩的 10%，主要包括到课率、课堂听讲情况、课堂提问等；课下作业成绩占总成绩的 10%，主要考查翻转课堂布置作业的完成情况；小组汇报成绩占总成绩的 10%，主要考查小组探究性学习的汇报情况；实验报告成绩占总成绩的 20%，重点考查学生的实验报告完成情况，检验学生对于 GIS 空间分析实验操作的掌握情况。

三、课程特色和创新

本课程的优势和特色主要表现在以下三个方面：一是基于案例分析的课堂教学与实践教学过程，强调了 GIS 空间分析理论知识与学生实践能力的有机融合，培养了学生快速适应工作的能力；二是"工学结合"，通过模拟或引进真实项目，做到教、学、做三者合一；三是与时俱进，强调教学与市场、与企业相结合，保证了知识紧扣时代，提高了学生就业能力。

本课程创新主要包括以下四个方面：一是教学内容创新，结合学科发展前沿及团队教师的相关科研成果，对本课程教学内容不断进行更新，同时强化了学生在实践技能方面的能力提升；二是教学过程创新，构建了以课堂引导案例、GIS 空间分析基础知识、课堂互动案例、课后思考案例等模块为主要环节的教学过程系统，有效调动了学生学习的积极性和主动性，激活了学生的创新思维；三是自主学习创新，建立了以教师指导、学生自主学习为目标的交互式学习系统，坚持以学生为中心的教学理念，由学生能动地利用多条获取知识渠道，自主地、创造性地去主动获取知识；四是教学方法创新，以案例分析为主导进行模拟实践教学，建立了多渠道、开放式的教学方法体系，除讲授、提问、讨论等常用的方法外，探索了生讲生评、案例点评、研讨辩论、项目探究等为基本形式的多种教学方法。

四、建设展望

GIS 空间分析课程建设本着以学生为中心、以产出为导向及持续改进的教育理念，着重开展了课程教学内容、教学方法和手段以及学习评价体系等方面的改革，既调动了学生学习的自主性和能动性，也提升了学生解决实际问题的实践能力和创新能力。但在本课程的教学改革中，同时也存在着不少问题，今后需要在以下五个方面继续进行尝试和探索。

1. 高水平课程标准的修订

依据专业培养方案和课程教学大纲，进一步科学设计课程教学内容，充分吸收学科新进展、新知识和新方法，更多地结合学生要求和社会发展需要，加强课程内部以及课程与专业内其他课程间的整合和优化，修订完成一套既体现"两性一度"要求，又富有专业特色的课程标准。

2. 进一步加强师资队伍建设，以科研促教学，以教学助科研

定期开展集体备课及教师间的交流互动活动，让青年教师赴国内外兄弟院校进修，到外校开展更多的学习和观摩，借鉴兄弟院校的教学经验，更多利用跨学科研究成果丰富教学内容。

3. 加强教材建设

教材一直是本课程建设中的短板，需要下大力气编写出版自编理论教材和配套实验教材，推动课程的整体教学改革，包括更合理地规划专业内部相关课程的设置、衔接与结合，更好更快地提高学生的综合素质，在更高层次上开展主动教学和互动教学，更好地完善教学模块建设。

4. 进一步优化教学内容，加强课程的网上资源建设

一方面，以"厚基础、重创新、强能力"为目标，及时将专业前沿理论与方法融入教学内容；另一方面，对课程的网上资源，主要是教学视频、案例库、习题集、试题库等方面进行进一步补充和完善，并切实加强课程建设后的应用、运行与推广。

5. 进一步细化和改进课程的全过程评价体系、标准及方法

采用更多元化的方式进行考核评价，形成一套更科学、严谨的全过程考核办法。

参 考 文 献

[1] 黎夏、刘凯：《GIS 与空间分析——原理与方法》，科学出版社，2006 年。
[2] 秦昆、张洪岩、程昌秀等："空间数据分析一流课程建设的思考"，《地理空间信息》，2022 年第 7 期。
[3] 汤国安：《地理信息系统教程（第二版）》，高等教育出版社，2018 年。
[4] 王家耀、武芳、郭建忠等："时空大数据面临的挑战与机遇"，《测绘科学》，2017 年第 7 期。
[5] 王劲峰、葛咏、李连发等："地理学时空数据分析方法"，《地理学报》，2014 年第 9 期。
[6] 吴伶、刘美玲："大数据时代下《GIS 空间分析》课程内容建设"，《地理空间信息》，2022 年第 2 期。
[7] 俞艳、刘耀林、袁艳斌等："面向个性化人才培养的空间分析课程模块化重构"，《测绘通报》，2018 年第 7 期。
[8] 周成虎、裴韬等：《地理信息系统空间分析原理》，科学出版社，2011 年。
[9] Smith, M. J., Goodchild, M. F., Longley, P. A. 2018. *Geospatial Analysis*. 6th Edition. http://www.spatialanalysisonline.com/HTML/index.html.

本章作者：常军、张宝雷、刘伟、尹乐、姚磊、乔建民

工作单位：山东师范大学地理与环境学院

第二十四章　全国高校自然地理学野外实习建设和思考

野外实践教学是地理学人才培养核心环节之一，是夯实专业理论知识、历练实践技能、拓展专业思维的关键。新时代面向学科前沿发展、面向国家和社会的新需求，地理学科需要持续开展野外实践教学的优化提升。本章介绍了华东师范大学自然地理学国家级教学团队联合全国多所高校开展的系列野外实习教学改革探索。

一、教学背景

地理学是研究地球表层自然现象和人文现象的空间分布、相互关系及发展变化的学科，具有综合性和区域性等特点，探索人地关系及地域系统兼有自然科学和人文社会科学的性质，在现代科学体系中占有重要地位，对于解决当代人口、资源、环境和发展问题具有重要作用。鉴于地理学"揭示自然奥秘，探究人文精华"的学科特色，地理学不仅具有自然科学的客观性和逻辑性的特点，而且具备社会科学的综合性和文化性的特点，是一门理论、技术与应用并重的学科（教育部高等学校教学指导委员会，2018）。野外工作能力是地理学者的基本素养之一。野外实习是地理学教学的重要环节，是对相关课程内容进行野外实证或验证的必要途径，是提高学生专业技能，培养和锻炼学生实践能力、创新能力及综合素质的重要教学形式（韦志榕、朱翔，

2018)。

野外实习选取具有典型性、综合性、代表性的不同地理特征区域，让学生实地识别和观察自然地理各要素，运用地理学的基本理论、基本知识，分析各地理区域的基本特征、形成与分布规律以及各自然要素的相互关系，做到理论和实践的统一（郑祥民，2012）。地理学野外实习主要包括地质、地貌、水文、土壤、植物地理等自然地理要素实习，同时也涉及城市、文化等人文要素，近年来逐步融入地理信息科学、遥感、测量等信息地理学内容，更强调在培养地理学区域性、综合性认知能力要求下的自然—人文—信息综合实践能力。自然地理实习也越来越注重与人文地理过程和信息技术的融合（郑祥民，2021）。

进入21世纪，地理学研究已进入交叉、综合与创新并举的阶段，强调以定性、定量、定位、定序等现代技术手段，分析和解决地球表层系统科学问题，这对传统以野外单一学科单一站点量测、小区域线路巡弋和定性描述为主的野外实践教学在野外实现时空高效拓展、多学科交叉融合等方面均提出了新挑战。2016年，习近平总书记在全国高校思想政治工作会议上强调，"各类课程都要与思想政治理论课同向同行，形成协同效应"，这也对野外实践教学的提升提出了更高要求。新时代面向立德树人及培养社会主义建设者和接班人的根本任务，在明确"为谁培养人""培养什么人"的基础上，在地理学科中落实"怎样培养人"成为学科人才培养的核心，特别是在新时代如何高效激发学生的内生动力，强化学生的使命驱动，成为自然地理学野外实习课程改革的关键问题。

2009年以来，为了解决学生跨区域地理认知缺陷的"瓶颈"，国内7所地理学国家理科人才培养基地学校联合发起"全国地理学基地联合实习"，先后建设覆盖国内典型地理区域的八条野外实习线路（郑祥民等，2013）。2014年以来，围绕构建实践特色的地理学课程思政体系，对野外实践教学体系开展了从教学理念、教学资源到教学内容的全面优化提升。本章结合多年来全国地理学野外联合实践教学体系建设，总结自然地理学野外实践教学的相关经验，探讨在新时期通过对野外实习课程教学目标、教学内容、野外教学资源体系的持续完善、提升，服务新时期高水平拔尖创新人才培养。

二、人才培养体系中的野外实践教学

地理科学类专业培养目标明确指出，学生应掌握自然地理学、人文地理学以及地理信息科学与技术的基础知识、基本理论、分析方法和应用技能；具备通过野外综合考察、社会调查、实验分析等获取第一手科学资料和地理数据的能力；能够分析、归纳、整理相关数据，掌握一定的数理统计分析和计算机技术，具有定量分析研究地理问题的能力；具有遥感、卫星定位导航、地理信息系统的应用或开发能力；掌握资料调查与收集、文献检索及运用现代技术获得相关信息的基本方法；具备一定的自主设计实验和开展野外调查的能力；具有较强的科学探索精神和接受新知识、新理论、新技术的能力以及良好的合作精神和团队意识（教育部高等学校教学指导委员会，2018）。

"读万卷书，行万里路"，野外实践教学是地理学人才培养极其重要的环节。野外实践教学，通过对不同区域，具有代表性、典型性和综合性野外实践教学基地的教学实习，有助于学生形成三个层次的知识与能力的提升：第一层次，巩固课堂学习知识，以感性认识，巩固、升华课堂教学理论知识，形成专业知识的强化记忆，完善专业基础知识结构；第二层次，提升综合认知能力，通过多目标综合实践、项目探究式教学等，实现多要素综合实践，构建不同知识单元的交叉联系认知，形成不同专业课程间实质性的交叉渗透，实现知识学习的一体化和综合化，强化地理学区域性、综合性核心思维；第三层次，激发创新探索意识，通过问题引导式、前沿探索式等实践教学模式的应用，依托野外实践教学激发学生探索的兴趣，夯筑学生创新的意识。除了上述显性的知识、能力目标达成之外，野外实践教学在学生的情感价值塑造维度还有着室内课堂教学无法比拟的强大功能，也成为地理科学类专业开展课程思政融入最为特色的教学环节，总结、梳理野外实践教学的价值情感功能，可形成家国情怀、科学精神、学科素养、团队合作、国际视野等五个维度的课程思政元素（周立旻等，2021）。

（1）家国情怀维度。实践教学走出书斋，选择我国自然、人文地理典型区域，开展实践教学，这样的设计将专业认知与感性体验相融合，深化、巩固学生对山川河流自然地理要素、风土人情和文化传承等人文地理要素的国情认知，强化学生对与地理学相关的国家重大需求的理解。促进学生深刻认知地理学科的价值，从而引导学生从地理学专业的角度形成正确的价值观、世界观与人生观，极大提升野外实践教学的综合育人成效。

（2）科学精神维度。野外实践教学具有以下三大主要教学目标：训练专业野外工作技能；验证/巩固室内理论教学知识；发现/探究野外地理新知。然而，与室内理论教学或受控实验性实践不同，野外实践教学的环境复杂多变，存在大量影响实践/实验教学过程的不确定性、不受控因素，促使理论知识与实践认知之间存在一定差距，发现/探究地理新知存在一定难度。因此，对野外教学实验设计的科学性、可行性提出了更严格的要求，对野外实践操作环节的精准性、合理性提出了更为严苛的要求，对现象观察、数据获取、机理分析提出了更高的要求，这有助于高效培养学生科学精神和科学思维的养成。

（3）学科素养维度。野外工作是地学的特色，长期以来地学工作者为了服务国家重大需求，穿梭在雪域高原、茫茫沙漠、蓝色海疆、广袤国土，构筑"爱国、求实和奉献"地学精神。地理学特别是自然地理学野外实践教学往往会涉及"三高"（高海拔、高温差、高波动）工作环境，需要学生在野外艰苦环境中，克服环境不利因素，高质量完成实习任务，这也成为学生继承与弘扬吃苦耐劳的地学精神，树立正确价值观的重要组成部分。

（4）团队合作维度。目前的野外实践教学中采用的是团组式学习，以小组分工野外信息数据采集、小组协同学习、小组汇报考核等环节予以支撑，在野外实践中将有效提升学生的团队协同工作能力、团队组织能力，培养团队精神。因此，在野外实践教学中对学生团队协作工作能力形成高支撑。

（5）国际化视野维度。地理学人才培养历来重视国际化能力素养的提升。围绕野外实践教学，各高校积极拓展跨境、跨国野外实践，如华东师范大学开展我国香港（跨境）综合地理野外实习，北京大学开展日本跨国地理实习，南京大学开展贝加尔湖、阿尔卑斯山、加拿大跨国实习等，对于学生的地理学格局思维、国际视野的提升起到了极大的支撑。

三、教学体系构建

（一）地理学野外实践教学模式

实践性强是地理科学的突出特点，建立科学、合理、循序渐进的教学设计，与课堂理论教学形成协同交叉的野外实践教学新体系，是实现地理学本科人才培养质量提升的重要环节。全国各个地理院校，持续探索以野外实践课程教学改革为重要组成，持续推进培养模式的优化提升，确立了自然地理学实验/实习教学面向"三层次、三阶段"的模式（图24-1）：三层次——基础层次、综合层次与创新层次；三阶段——课堂实习阶段、课间实习阶段、野外实习阶段。

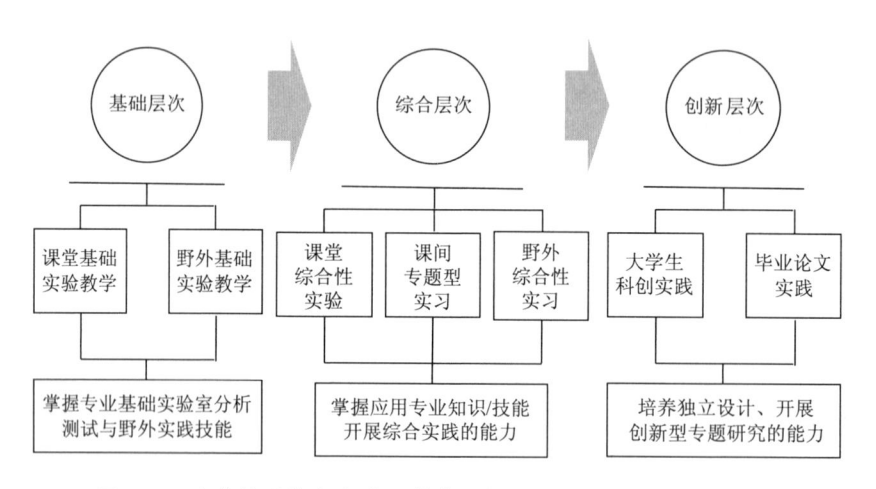

图24-1 自然地理学实验/实习教学面向"三层次、三阶段"的模式

三个层次实践教学有效耦合，渐进式推进创新/拔尖人才培养。基础层次实验教学，是课堂教学的重要组成部分，是理论教学的有效补充，其目的在于强化学生的自然地理学基础实践技能，深化学生对地理学相关理论教学内容的深度理解。特定层次的实验教学以课程学习中的章和节为单位，对单一的教学点进行实践，实验教学效果的评价具有明确客观的衡量标准。以土壤地理学课程教学为例，本层次实验教学中主要开展诸如土壤粒度组成测定实验、土壤有机质含量测定、土壤 pH 测定等基本技能型实验（郑祥民，2021）。

综合层次实践教学，其目标是培养学生的地理学科综合分析与思维能力，实现实践与理论结合背景下地理多要素综合分析，并深化对地理学区域性、综合性的认同。在该层次，学生在前一阶段掌握学科基本实践技能的基础上，采用区域专题实践方法，综合运用理论与实践知识/技能，探究地理学综合性问题。以土壤学课程为例，本层次教学中，将开展诸如城市蔬菜地土壤理化基本特征分析类型的实验、实践教学，其中将涉及将基础层次实验教学中已掌握的土壤剖面描述、基本理化测试方法组合运用（周立旻、郑祥民，2022）。

创新层次实践教学，以学生创新能力的培养为目标，以"复刻"地理学经典研究或融合教师前沿课题研究形式开展。这一阶段的实践教学强调实践内容的前沿性、创新性和个性。野外实践往往围绕前沿性的科学研究课题设计，实习团组人数与前两个阶段相比明显减少，更加强调同学在实习内容设计、方法选择、野外实施、数据处理、分析总结等方面的自主性。本层次的实习也鼓励/引导同学发挥开展地理学科知识/技能和其他学科知识/技术进行深度交叉，提升野外实践教学中的创新元素。

以上三个层次的实践教学循序渐进，有机统一。基础和综合层次实践教学是创新层次实践教学的基础，它们的教学效果将直接影响到创新层次实践教学的成败。创新层次实践教学是基础层次与综合层次实践教学的必要提升，将有效地激发学生的专业兴趣，夯实理论教学成效。

（二）支撑多层次实践教学体系，构建多元化野外实践资源平台

全国各个高校围绕各自区域特色，构建野外实践资源基地。比如，华东师范大学地理学科以上海及周边长江河口大城市群与浙江富春江流域为基础建设服务三层次综合性野外核心实践基地群，包括南京普通地质野外实习基地、上海城市综合地理过程实践基地与富春江综合地理学实践基地群（郑祥民，2012，2021）；北京师范大学建设了华北区域实习基地群（杨胜天等，2012）；南京大学建设了庐山野外实践基地（张兆干、王腊春，2012）；兰州大学建设了三大自然地理过渡带野外实践基地（程弘毅、王乃昂，2011）。实践基地群积累长期野外科研与实践教学经验，实现以下主要功能：①基础野外技能训练功能。浙江实习基地是通过感性认识提高、巩固课堂知识，提高理论联系实际能力，培养各种野外工作基本能力的较佳场所。②综合科研训练、能力提高功能。野外实习基地为结合能力提高科研训练环节提供了重要的平台，承担着所有专业课程的各种类型的野外实践教学。比如，华东师范大学建设富春江综合野外实践基地，依托虚拟仿真系统，将原有的单一学科、单一站位认知实习资源进行有效融合，实现"水、土、气、生、人文、社会"全要素集成，实现野外实习点—线—面（点位—流域—区域）多尺度、多要素的融合。

探索多模式跨区域实践模式，破解跨区域实践认知限制。由于近年来各项实习费用不断上涨，压缩了各个地理专业院校野外实践教学的时间与空间。为了突破野外实践教学的"瓶颈"，2009 年以来，华东师范大学联合北京师范大学、兰州大学、南京大学和福建师范大学等校地理学国家理科人才培养基地单位，发起了全国地理学野外联合实习。依托各个学校多年精心打造的野外实习资源，开展基地联合跨区域联合实习。目前已建立了全国 8 条典型野外实践线路。联合实习以"合作、共享、辐射"为宗旨，在国家自然科学基金委和教育部的支持下，成功打造了国内首个基地院校自发联合的野外实践教学平台。联合实习参与学校从最初的 5 所发展到全国（含港澳台地区）

30多所，实习从基地院校间联合发展到大量非基地院校参与，品牌效应初步形成，得到了广泛的关注（艾东升等，2015）。

（三）以课程思政为牵引重塑地理学野外教学

2014年，全国地理学联合野外实习专家组通过研讨，一致认为，新时代面向生态文明建设等国家重大决策，地理学后备领军人才仍存在"地学相关的国家重大需求认识不足"问题，影响到学生对地理学学科责任的认识和国家重大需求的使命担当，并在野外实践教学中出现以下三个方面问题：

（1）在教学理念上，解决原有实习偏重区域地理特色的表象认知，而缺乏由区域地理特点引起的重大生态环境和社会发展问题的深度认知。传统实习以典型地理景观认知构建教学，但仍缺乏以专业理论转化服务社会发展的模式牵引教学，使学生对学科服务国家重大需求的价值认同不足。

（2）在教学设计上，变革原有实习重地理知识点完整性的单一模式，强调依托区域性重大生态环境治理、重大工程选址等问题牵引教学设计。原有实习以地理认知的完整性为主线组织教学，而缺乏针对国家和区域发展中突出的人地协调、区位选择等问题选择典型案例组织教学，导致学生对学科价值的领悟不足。

（3）在教学组织上，改变原有实习单一高校实习点大而全的组织模式，强化大区域线路的协同共建。由于各校协同教研的不足，在线路设计中仅聚焦于各自特色实习点的建设，对整体线路中各个实践点间的协同与联动仍有不足，影响学生区域地理整体性、综合性理念的形成和学科核心素养的提升。

自2014年以来，在教育部高教司专项经费的支持下，华东师范大学牵头10所高校，并协同全国40所主要地理专业院校，共创全国地理学联合实习平台，通过反复斟酌和系统规划，重组典型野外线路资源，提炼国家重大战略需求的地理学内涵，重构教学方式方法，融入地理学课程思政元素，创建"4C"模式[更芯（Changing）—创新（Creative）—协同（Cooperation）—贯通（Connection）]野外实践教学体系。

1. 面向新时代国家重大需求，探索野外实践教学理念更新

新时代中国特色社会主义理论指导下的高校思政，要求落实立德树人根本任务，构建全员、全过程、全课程育人格局，培养德才兼备的地学人才。通过地理专业课程思政的建设，以专业的视野，强化人类与环境协调发展的生态文明理念，使学生具备家国情怀和世界眼光，形成关注地方、国家和全球的地理问题及可持续发展问题的意识，深入领会构建人类命运共同体的战略思想；构筑严谨、认真、追求卓越的科学素养，不畏艰险勇攀科学前沿的勇气；培养乐于分享、勇于担当、敢于牺牲的团队协作能力。

我国地理学工作者，长期以来紧密结合国家发展需求，将专业研究与国家重大需求结合，成果丰硕，这些成为专业教学最可靠的案例，同时也成为课程思政最生动的载体。在专业教学中融入这些案例不仅有利于专业知识的细致解构，更能高效激发起学生学习的热情与兴趣。课程思政对于地理专业人才培养，不仅仅是完成了思政育人目标，同时能够有效促进专业学习。课程思政与专业能力是伴随专业人才成长的"一对翅膀"，有了课程思政，专业人才能在专业的天空里飞得更高。

2. 以"经世致用"的学科特色为引导，重塑联合实习顶层设计

变革以"名山大川"地理要素认知为主线组织野外实习的模式，以地理学服务"大战略规划、大工程选址、大生态治理"等的问题导向牵引实习。强化地理理论知识转化为社会服务的内涵、方法、途径，强调使命驱动，形成地理学野外实践教学理念与设计新规范。

3. 强化问题导向牵引，变革地理学野外实践教学组织模式

以问题导向牵引专业成果转化为育人资源，重组优质实习资源体系。

（1）线路资源。围绕"一带一路"建设、长江大保护等国家重大问题，挖掘区域实习资源，重组特色化实习线路。向领悟国家"大战略、大工程、大生态"规划、选址、治理中的地理自然/人文区位综合，围绕区域差异性国

情特色，协同重组建设东北线、华北线、华东线、华南线、西北线、西南线、华中线、中原线等八条线路，覆盖我国纬向热量地带性与径向干湿地带性特色，基本涵盖如国家"西北沙漠化治理""西南石漠化治理"等区域重大问题。

（2）教师资源。重组野外实习指导教师队伍，汇聚百余位全国地理学不同专业经验丰富的野外指导专家学者，并邀请参加重大工程、服务重大需求的科研人员组成交叉融合指导团队，邀请"天眼"团队、时代楷模、大师工匠等参与联合指导。

（3）教辅资源。面向联合实习改革目标，以理解国家重大问题为导向，修编国家理科基地野外实习指导丛书，开发和完善虚拟仿真实践教学系统及野外实习网站，建设野外实习在线资源库。

以提升学科的价值认同为目标，重构超越知识点的野外实践教学。

（1）主题式实习。围绕地理学"经世致用"的学科特性，构建"大工程""大生态"等不同主题实习模块，串联不同学校的实习内容，如西南大学和武汉大学等围绕三峡选址、建设与区域灾害整治国家重大问题组织西南线实习教学内容。

（2）案例式教学。追溯破解重大问题的地理贡献，以重大工程（如三峡工程）、重点治理（如西南石漠化治理、黄土高原小流域治理）、重要开发（如长江河口开发）等国家重大需求中地理学服务支撑的案例为核心组织教学，设计超越知识点的教学，强化学生领悟地理学自然/人文区位综合认知对服务国家需求的学科价值。

（3）强化区域特色贯通。围绕区域资源特色和不同时期国家重大需求，确立线路实习主题，实现"一线多链"；紧扣实习主题串联起联合实践教学资源，设计教学内容并明确实践教学思政育人目标。以多元融通（基础与前沿融通，自然与人文融通，传统技能与信息技术融通，专业理论与转化应用融通）配合"六步法"教学（提问—观察—思考—讨论—反思—总结），围绕追溯重大工程的关键突破，设计专业实践，开展超越知识点的教学，实现三层次能力与情感价值的提升，即以"学会"认识地理区域差异，支撑文化认同与民族认同；以"弄懂"专业知识破解国家重大问题方法与途径，支撑价值认同；以面向国家重大问题，"领悟"地理学区域、综合性的本质，支撑理想信念塑造。

4. 共铸一体化协同教研，形成国内覆盖面最广的地理学实践教学教研平台

（1）协同教研体系。构建全国联合实习长效运行机制。成立全国地理学联合实践教学联盟，强化线路建设、经费支撑、协同教学、教程开发等环节的顶层设计、标准建设、协同管理。全国40所核心地理院校的代表性资深专家每年参与联合实习研讨、实践和效果评估，形成线路协同建设模式，形成全国最大规模的地理学野外实践教研体系。

（2）探索思政融入模式。总结联合实习改革成果，确立专业认证模式构架的专业课程思政教学模式，编制《地理学类专业课程思政教学指南》，服务全国地理学拔尖人才培养改革。

5. 探索教学模式的标准化，以专业认证模式形成专业课程思政模式

由于地理学强调区域性、综合性特点，地理学四个二级专业的培养目标、课程体系具有很强的共性。基于一级学科培养目标的顶层设计，以培养方案为抓手与核心指引，指导课程体系、教学大纲、教学设计、教学评估系统设计，实现课程思政"五元协同"整体性设计，以此构建"结构化课程思政教学体系"。在各类课程中实践，通过不同的课程组合，构成二级专业的课程思政教学体系。将专业培养目标、毕业要求、课程体系、课程建设与评估、人才培养质量评估、师资队伍、支撑条件等要素有机整合起来，以培养目标中的思政要素为牵引、系统建构毕业要求中的思政指标，全面指导课程体系建设、课程建设与人才培养质量的评估，并促成各个环节持续改进的闭环。构建以专业培养目标与课程思政核心素养为核心的课程体系。围绕地理学科专业培养目标和课程思政核心素养的要求，构建科学合理、功能互补的课程体系，坚持基础性、多样性、前沿性并重，围绕学生发展需求与立德树人目标协同，力求科学性、实践性、时代性的统一，满足学生现在和未来发展与国家重大需求结合。

以地理核心素养的内涵与表现水平、学业质量标准为依据，通过过程性评价与终结性评价相结合的方式，检测学生的认知水平、价值判断能力、思维能力、实践能力等，反映学生地理课程思政核心素养的发展状况。在实际操作中按照专业认证模式形成了"课程体系评估—教学设计评估—教学成效评估"三阶段评估模式，保障了课程思政教学从源头到实施全流程的质量（周立旻、郑祥民，2022）。

四、教学改革成效

全国高校地理学联合实践教学模式已历时14年，为地理学人才培养开辟了重要途径，提升了学生的专业实践技能，夯实了学生的专业素养和精神面貌，效果显著，受到教育部和国家自然科学基金委员会有关部门、历届教育部高等学校地理学教学指导委员会以及地理学高校等领导和专家的高度重视与肯定，形成了我国地理学野外实践教学和人才培养的重要平台。

全国地理学联合实习创新了野外实践教学新理念。突破跨区域地理认知的"瓶颈"，对接国家实践育人/教学模式革新的总要求和国家重大需求的使命担当，立足地理学学科内涵，面向地理专业学生系统/全面的专业思维塑造。针对我国地域差异国情，以地理学相关的国家区域发展中的重大问题为新主线，重组实习资源，重构教学模式，构建基于我国自然地理区域分异特点与国家重大问题相结合的全国性实习线路，统筹了我国各区域地理学相关的国家重大需求与重大工程，提供丰富的跨区域实践学习资源，提升学生的区域性、综合性思维和创造性思维能力，培养具有国家使命担当的地理学后备领军人才。

全国地理学联合实习创建全国地理实践教学运行新机制。在教育部、国家自然科学基金委和地理学教指委指导下，探索全国联合实习运行新机制。建设全国地理学实践教学高效联盟和全国地理学联合实习虚拟教研室，汇聚全国 40 所主要地理学院校，涵盖所有 5 个地理学基础学科拔尖 2.0 基地和 7 个国家理科人才培养基地，40 个地理学国家一流专业建设点单位。探索资源协同规划、线路协同建设、教学协同设计、成效协同评估的规范化运行体系。构建全国地理学野外实践教学最大规模的教研共同体，形成基本覆盖全国区域特色的野外实践教学教研共享平台，引领我国地理学野外实践教学改革。

新时代的联合野外实践教学，将进一步挖掘与整合全国高校地理学野外实习资源，提炼野外实习课程思政内涵，实现名校名师资源共享，规范教学方式方法，健全野外组织管理和安全保障，促进青年教师野外教学技能培训，编制出版系列野外指导教材和不断完善野外教学模式等，为全国地理学拔尖创新人才培养做出更大的贡献。

参 考 文 献

[1] 艾东升、郑祥民、陈诗吉等："关于野外联合实践教学与地理学创新人才培养的思考"，《高等理科教育》，2015 年第 3 期。
[2] 程弘毅、王乃昂：《西秦岭地质地貌野外实习教程》，科学出版社，2011 年。
[3] 教育部高等学校教学指导委员会编：《普通高等学校本科专业类教学质量国家标准》，高等教育出版社，2018 年。
[4] 韦志榕、朱翔：《普通高中地理课程标准（2017 年版）解读》，高等教育出版社，2018 年。
[5] 杨胜天、黄大全、罗娅：《地理学综合实习》，科学出版社，2012 年。
[6] 张兆干、王腊春：《庐山地区地理学野外实习指南》，科学出版社，2012 年。
[7] 郑祥民：《浙江自然地理学野外实习教程》，科学出版社，2012 年。
[8] 郑祥民：《浙江自然地理学野外实习教程（第二版）》，科学出版社，2021 年。
[9] 郑祥民、周立旻、王辉等："试行高校联合野外实践教学探索地理学人才培养新模式"，《中国大学教学》，2013 年第 5 期。
[10] 周立旻、郑祥民：《地理学类专业课程思政教学指南》，华东师范大学出版社，2022 年。
[11] 周立旻、郑祥民、陈圆圆："探索基于认证模式的高校课程思政设计——以地理学类专业为例"，《中国大学教学》，2021 年第 4 期。

本章作者：郑祥民、周立旻

工作单位：华东师范大学地理科学学院

第二十五章　北京师范大学人文地理学野外实习建设和特色

地理学者一直重视人文地理学田野工作的价值（Whittlesey，1954），但是朗德斯特罗姆（Rundstrom）等学者担忧，许多地理人已经不再依靠田野调查数据从事人文地理学研究了（Rundstrom and Kenzer，1989）。在北京师范大学地理教学历程中，培养人文地理学田野调查能力一直是教学重点，且为培养人品的重要环节。我们赞同国外同行的观点，即在 20 世纪后期人文地理学出现文本转向后，重新思考田野考察能力的培养是必要的（Hyndman，2001）。

北京师范大学人文地理学野外实习课程的建设历史有约 100 年之久。回顾从 1928 年独立建立地理系以来的 90 多年探索过程，我们看到本校所有参加人文地理学野外实习的老师的工作，共同积累下丰富的资料和经验，这个过程如同聚沙成塔。然而，历史长河将检验这个沙塔是否能留下闪光的金子。我们通过梳理课程建设过程，总结出如下教学经验：第一，时代需求和指导教师对田野调查的认识程度，决定着实习指导内容；第二，长期建设野外实习基地对深入了解特定区域十分必要；第三，教材、教参编写和修订是促进教师不断反思的途径；第四，与其他大学同行交流，可有效促进实习课程教学质量的提升。所有教师的努力看似不是金子，但是却通过代际薪火相传，留下了北京师范大学人文地理学的精神传统——扎根田野，心系大众。这个理念或许就是一粒沙金。本章从野外实习教师队伍建设、野外实习线路和基地建设、野外实习教材建设以及野外实习课程建设四方面作如下历史回顾。

一、教师队伍建设

（一）阶段1：1912~1949年

关于这一时期人文地理学野外实习指导教师的资料很难查找。原因之一是学校多轮并校，查阅档案不易。1918 年京师大学堂史地部王桐龄、黄人望、刘玉峰、章嵚思维教授，曾带领学生赴孔庙、国子监、历史博物馆、雍和宫、柏林寺参观，博物部师生曾赴三家店考察地质（赵济、朱良，2014）。1925 年北京师范大学史地系的地理课程有 7 门，其中无人文地理课程（杨胜天等，2010），因此推断，地理实习中应没有很多的人文地理实习内容。1928 年政府迁都南京，学校易名为北平师范大学，年底地理系独立成系。此后，地理系的教员中人文地理学教员增加，代表者如黄国璋先生（芝加哥大学地理系硕士）、王成祖先生（芝加哥大学地理系硕士）、王益崖先生（法国巴黎大学地理学博士）等（Whittlesey，1954）。1937 年抗战全面爆发，北平师范大学西迁；1945 年抗战结束后迁回北平。在此期间教学秩序受到严重的影响（周尚意等，2022）。目前有两篇文章成为我们了解当时人文地理学实习的重要史料。一篇是万方祥先生在大学三年级发表的"门头沟地理考察报告"（万方祥，1933）；另一篇是郑励俭先生①的"西山之乡土地理学的调查"（郑励俭，1934）。《师大月刊》发表的人文地理学考察文章，展现出郑励俭等先生在教学过程

---

① 郑资约（1901~1981），字励俭，著名教育家郑际唐之子。1930 年北平师范大学史地系毕业后，赴日本东京师范学校（1949 年改为东京教育大学，1973 年并入新建立的筑波大学）史地部深造。归国后，先后在北平师范大学和迁到北平的东北大学执教。此文是他在北平师范大学执教时发表的。抗战时，他随东北大学迁到四川三台县，他带领学生实地考察，后写就"三台县附近之地理调查"，1942 年开始写《四川地理志》。他曾任中国地理学会理事长、西北大学地理系主任等职务。抗战胜利后，他被借调到国民政府内政部方域司，被任命为南海诸岛接收专员，会同傅角今司长办理了南海诸岛接收事宜。（参考中国第二档案馆文字并修正补充，http://www.shac.net.cn/mgcq/mgmr/201807/t20180723_3914.html。）

中对人文地理学野外考察能力培养的重视程度。再如韩道之先生发表的"平浦道上及新都旅行之心影录"（韩道之，1933）。虽然万方祥先生当时还是地理系的本科学生，但是他在进入北平师范大学之前就已经有了中学教学经验，因此在人文地理学考察中也成为"半个"指导老师。

1938年5月，毛泽东发表"论持久战"。同年12月，地理系学生在系主任黄国璋先生的指导下，开展了陕南地区土壤改良和紫阳县茶叶产地调查（Whittlesey，1954），为坚持长期抗战的后方农业发展做学术积累。1949年中华人民共和国成立前夕，北京师范大学地理系教员20人（李春芬等，1980），其中可以指导人文地理学实习的教员不到一半。

（二）阶段2：1950～1978年

20世纪50年代，周廷儒先生曾带队到青岛、烟台进行以自然地理为主的野外实习，其间参观烟台郊区果园以及古老的钟表业、酿酒业、编织业等传统工业，并对港口建设作一定的了解。此后，由经济组三位老师（任金城、张静宜、顾传源）带队（Whittlesey，1954）。1963年，由邬翊光、冯嘉苹带队，到天津塘沽进行了为期两周的人文地理学集中实习。1955～1961年，师生多次到工厂和农村参加生产活动（Whittlesey，1954）。1966～1978年，人文地理学实习中断。

（三）阶段3：1979年至今

1977年恢复高考，1978年初北京师范大学1977级入校。1979年末举行中国地理学会第四届全国大会，李旭旦提出复兴人文地理学。1981年，召开第一次全国人文地理学学术讨论会。当时北京师范大学1977级和1978级尚未讲授多门人文地理学课程，只讲授了经济地理学课程。尽管如此，1981年地理系就开始计划综合人文地理学实习。1982年夏，1979级开始了综合人文地理学实习，实习地点为苏州吴县东山镇、苏州市和上海市。在这个实习点开展实习指导的教授队伍：1982～1995年，主要是邬翊光、冯嘉苹、程连生、周尚意等老师；2002～2005年，周尚意、吴殿廷、宋金平、张文新；2006～2022年，周尚意、朱华晟、朱青、黄大全、张文新、张华、潘峰华、戴特奇、马静等，此外还有其他专业的邱维理、刘素红、张立强等老师协助指导。

2000年实习指导教师队伍扩展到外校老师。先后有几十名中外大学的地理老师参加了实习基地的指导，他们是华东师范大学黄锡霖、孔翔、胡德、于川江、司桂霞老师；北京大学唐晓峰老师；南京大学姚亦峰老师[1]；复旦大学张伟然老师；江西师范大学马定国、钟业喜老师；武汉大学钟赛香、李全老师；天津师范大学孟广文老师；陕西师范大学白凯老师；华南师范大学刘俊老师；枣庄师范学院吴元芳老师；新疆师范大学胡江玲老师；西南大学王立老师；南京农业大学郭文老师；百色师范学院文鸿老师；内江师范学院李宏芸老师；承德民族师范专科张月丛老师；北京四中特级教师李京燕老师；美国马里兰大学梁顺林、米拉·兹拉蒂克（Mila Zlatic），雷切尔·伯恩德松（Richel Berndtson）老师；俄罗斯科学院的伊利亚·丘巴洛夫（Ilya Chubarov）老师等（周尚意、张华，2022）。华东师范大学是与北京师范大学合作最为密切的单位，两校从2011年开始开展东山联合实习，合作至今。2018年北京师范大学人文地理学教研室在太湖流域的浙江湖州建立创新实践基地。自此，北京师范大学人文地理学南方野外基地形成以东山为基础，拓展到苏州市区—昆山经济技术开发区—上海—湖州一线。

二、线路和基地建设

（一）实习历史钩沉——平绥沿线（1912～1949年）

由于当事人都已过世，这段历史只能依据历史资料来"钩沉"。从20世

---

[1] 现为南京师范大学地理学院教授。下同。

纪30年代《师大月刊》的信息中可以看到，民国时期地理系记录最多的人文地理学野外考察线路是在平绥线沿线。前面提到的万方祥、郑励俭记录的考察地点以及黄国璋先生确定的野外实习点都在这条线上。从他们的记录可以看到，这个时期的人文地理学实习奠定了两个基调：扎根田野，心系大众。这也成为北京师范大学人文地理学实习的精神内核。

第一，"扎根田野"具体体现在考察者站在城乡一体的角度，开展郊区人文地理调查。过去人们总认为郊区考察的主要目的是调查城里人不熟悉的乡村地区，然而"门头沟地理考察报告""西山之乡土地理学的调查"展示了另外的观察视角，即观察城市和乡村的关系。第一份报告记录了1933年春天的那次考察。教师和同学18人，从学校（当时位于和平门外）乘汽车到西直门火车站，而后乘京门线的列车到达门头沟。一路经过黄村、八大处、石景山、三家店各站。列车每停靠一站，师生们就用高度仪测海拔并观察城市郊区的农业类型。师生们在门头沟站下车，步行到琉璃局村（今更名为琉璃渠村）。该村南靠九龙山，北望永定河，原来是为明清皇家建筑提供琉璃构件的窑厂。①1911年帝制被推翻，这里的生计随之衰败。而后师生向南进入山区，考察了当时北平郊区最大的煤矿公司——中英门头沟煤矿公司②，该公司所产煤炭主要销售给北平电厂。此外，师生们还考察了若干寺庙，看到妙峰山香路上结伴而行的香客。③第二份报告记录了北京西山一带村庄的结构，一类是旗村，另一类为别庄。前者是清代西郊驻军的营地，民国后因没有了军饷来源，所以居民要另谋生计；后者虽然是村庄，但是拥有城里人在郊区的产业，例如北平城中著名的天意酱园的老板，在厢白旗之南置产，建立酱厂。这些例证，都体现了城乡之间密切的关系。

---

① "明代琉璃窑遗址照片"，《师大月刊》，1934年第10期，第1页。（刊物标注是地理系供稿，但不知道是万方祥先生记录的1933年春季考察时所拍，还是在1934年考察时所拍。）

② 门头沟一带自清末就有了外国资本投资开采的煤矿，如陆续兴建的中美、中比、中德、中英和中日煤矿。1934年这个煤矿的产量占全北平煤炭产量的39%（郑励俭，1934）。

③ 这里是北平城里的香客从阜石路到妙峰山进香的重要香路之一。清末至民国时期，妙峰山香会是华北地区最盛大的庙会之一，每年四月上旬就会有无数香客到妙峰山进香。这次实习的时间是在春假，时间段可能与进香时段差不多。

第二,"心系大众"体现在考察记录了底层民众的疾苦,反思社会制度的问题。1927 年大革命失败,中国共产党依然坚持开展工作。1930 年 5 月,中国共产党顺直省委从唐山派人与北平市委一起,在门头沟矿区建立了党组织,发展赤色工会;在矿工中组织"读书班""读报班"和俱乐部,宣传革命主张,领导工人开展增加工资、改善劳动条件、反对资本家克扣工资等罢工斗争。1932 年 2~8 月,李大钊长子李葆华到门头沟矿区短期担任矿区支部书记,这年著名抗日将领李兆麟(又名李烈生)也曾来此开展党组织活动。1933 年 11 月,中国共产党门头沟特委成立(刘晓慧,2022)。万方祥先生记录的门头沟考察,当处在国民党政府组织对苏区开展大规模"围剿"的时期(第四次和第五次"围剿"之间),而万方祥先生在考察报告中反复提及矿区资本家对工人的剥削,可见他受到马克思理论的影响。而在白色恐怖时期,能与共产党人一样,鲜明地站在工人阶级立场之上的大学教员并不多见。本系学生还参加了北平师范大学组织的暑期社会调查,地点是在西山大觉寺周边农村,他们向村民宣传小学教育的重要性,并发掘村落发展中的问题(Whittlesey,1954)。

1935~1936 学年王益崖任地理系主任,之后黄国璋先生受聘为地理系教授兼主任。1936 年《师大月刊》刊登了数张地理系师生沿平绥线开展的地理考察照片,图 25-1 中的京张线为平绥线(今称京包线)的一部分。刊出的实习照片包括云冈石佛、包头附近之黄河、大青山坝口子、乌蒙乌拉特前旗扎萨克贝子石拉布多尔济等(地理系,1936)。虽然本系在此前也沿着这条线的局部开展了人文地理学野外考察,但是这次考察的路程更远(图 25-2)。这也是北平师范大学西迁之前的最后一次实习。王益崖先生在次年写就《包头都市地理之研究》一书(王益崖和盛福尧,1937)。1937 年北平师范大学先迁到西安,又迁到城固、兰州,1945 年迁回北平,目前还没有查阅到这个时期的人文地理学实习内容。

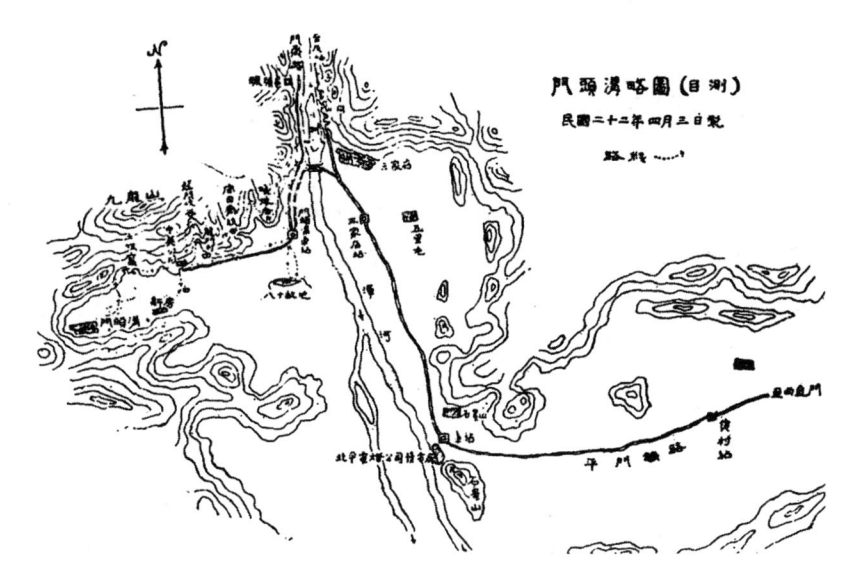

图 25-1　门头沟略图

资料来源：万方祥绘制。

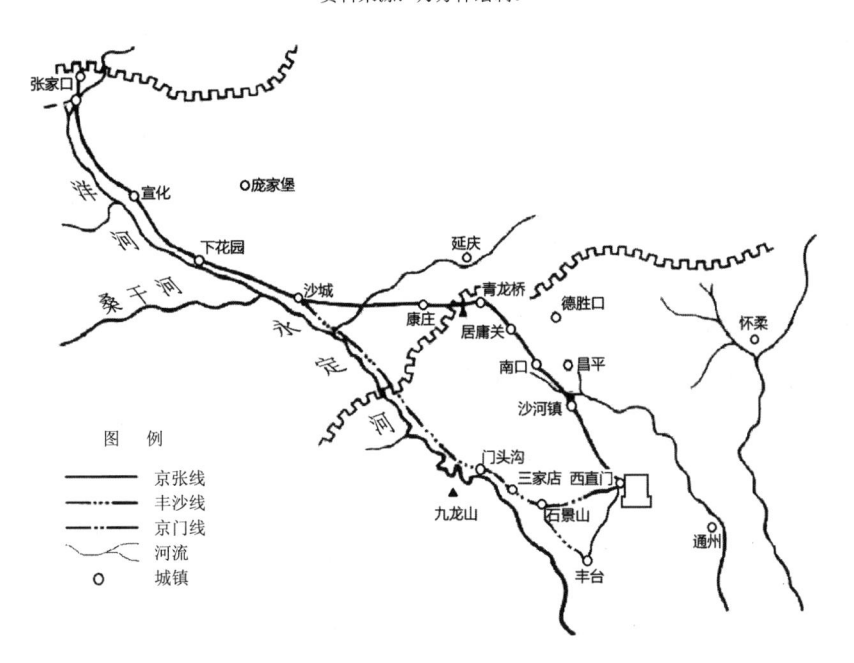

图 25-2　民国时期北平师范大学人文地理学野外实习路线草图

资料来源：周尚意绘制。

（二）实习辅助印证——京津两市（1950～2022 年）

此时期，中华人民共和国成立后百废待兴，经济建设成为国家主要任务。因此这个时期的人文地理学实习以经济地理为主，也体现了"心系大众"的基调。20 世纪 50 年代，周廷儒先生曾带队到青岛、烟台进行以自然地理为主的野外实习，其间参观了烟台郊区果园、传统钟表业、酿酒业、编织业、纺织业等，并对港口建设作一定的了解。后人文地理学实习地点扩展到济南，整个实习为期 10 天。

京津两地印证性实习开始于 20 世纪 50 年代。由李之保老师带领的本科三年级的人文地理学实习在通州和顺义两地，内容是探讨人民公社时期的农场发展和城镇远景规划（北京师范大学地理系三年级经济地理实习队居民点组，1958），当时有学生认为没有去烟台、青岛实习很可惜，但是出于当时实习要与生产结合的目的，确定在京实习（李之保等，1958）。1963 年，邬翊光、冯嘉苹两位老师带领学生到天津塘沽进行了为期两周的人文地理学集中实习，参观了天津市区街道分布格局、和平区商业街的繁华程度、老字号劝业场商业设施和区位。此外，在三条石工业博物馆了解天津民族工业发展历史；在长芦盐场和塘沽永利碱厂，参观天津塘沽新港，了解港口的规模状况及吞吐能力、作业场景。1966～1978 年，人文地理学实习课程在"十年动乱"期间中断。1995 年，周尚意、张文新、田辉三位老师在北京、天津指导 1993 级学生开展了 10 天人文地理学实习（周尚意等，2010a）。同年刘清泗、吴殿廷、葛岳静三位老师指导了东北人文地理学实习。

2010 年后，许多人文地理学分支课程和城市规划课程都设计了短途实习，既辅助了课堂教学，同时还将课程与城市建设密切联系起来。教师们利用北京特殊的国际大都市环境、先进的科研条件和设施，开辟了以北京为中心的实习探索，积累了多条成熟的北京野外实习线路（表 25-1），形成了北京师范大学人文地理学野外实习的模式（周尚意、张瑞红，2010）。同时，还成为国际合作的依托，先后有美国加州大学洛杉矶分校（范芝芬教授等带队）、德国慕尼黑大学[布里吉特·沃莎（Brigitee Wotha）教授等带队]、荷兰乌特勒支大学[约翰·G.博尔切特（Johan G. Borchert）教授等带队]、美国南伊利诺伊大学[温迪·肖（Wendy Shaw）教授等带队]、美国马里兰大学（梁顺林教授和米拉·兹拉蒂克老师带队），以及美国特拉华大学、荷兰特文特大学、瑞典哥德堡大学、美国中央康涅狄格州立大学的师生来到北京的实习基地，邀请周尚意指导参观北京文创园区、历史文化保护区。

表 25–1　在北京开展的人文地理学野外短途实习

课程名称 （任课教师）	实习地点	实习内容
经济地理学 （宋金平）	北京市昌平区仙人洞村	沿途观察农业景观从城市中心到外围的变化及可能存在的规律； 农村经济发展与经济结构特征及其发展变化的区位条件与地理环境基础； 农村典型产业的空间结构与空间组织调查：观光农业与乡村旅游业
产业地理 与规划 （朱华晟）	太库科技孵化器； 大兴生物医药产业基地； 固安产业新城	大都市区创新产业空间形态的地域差异； 中心—外围关联与大都市区创新产业空间结构动态变化； 创新产业空间对大都市区产业更替的影响
国土空间规划 （黄大全）	北京—顺义—密云	探究生态、生产、生态空间景观差异性和管控政策的空间差异性
城市规划原理 （朱青）	北京市城市规划展览馆、百万庄小区、方庄居住区、13号线、龙泽苑小区	认识城市景观地域分布的差异性； 认识不同时期、不同规模住区的规划设计特点； 掌握城市勘察记录的技能
服务业 与金融地理 （潘峰华）	北京CBD、北京市金融街； 北京蓝色港湾、北京SKP	中央商务区发展与空间结构； 商圈发展与空间结构
乡村地理学 （黄大全）	怀柔莲花池村	探究大城市郊区旅游型乡村景观和功能演化过程及其影响因素

（三）面向综合训练——东山实习基地和苏州—上海线路（1982～2022 年）

苏州东山人文地理学野外实习基地从改革开放初期开始建设。1980 年，经济地理学教研室开始设计经济地理学野外实习，当时系主任周廷儒教授提出："我们的学生主要来自北方，需要到南方做一些实地考察"（周尚意等，2010b）。1982 年 6 月底，地理系 1979 级本科生正式开始在东山进行经济地理学野外实习。选择东山作为综合实习基地有四个原因：一是这里曾经是南京师范大学和华东师范大学的实习基地，食宿安排和基础资料获取都比较方便（周尚意等，2010b）；二是东山镇地理要素典型且面积不大，能在有限的实习期间对当地有全面的了解，以便顺利完成既定工作；三是这里农业土地利用形式多样，包括种植业、养殖业、栽培业、捕捞业等；四是可将太湖与上海的发展有机联系，东山区域空间适合学生短期观察，同时可以在苏州和上海进行辅助实习，实习的尺度可以从自然村、中心村、镇扩展到大城市、超大城市。2007 年，东山镇野外实习基地正式挂牌，从而加强了镇政府、镇名人馆与北京师范大学的共建机制。基地建设目标是：加强学生对区域地理现象的实地认知，培养学生发现问题和分析、解决问题的能力，增强学生综合分析区域问题的能力，促进学生自觉关注学科前沿和国内区域发展中遇到的重大问题，增强学生的学习主动性（图 25-3）。

东山人文地理学实习基地的建设经验有三条：第一，跨越地理区域开展实习有助于学生通过区域比较，培养区域认识的能力，这既是许多大学地理系野外实习的形式，也是区域地理学派所强调的；第二，长期坚持在一个地点实习有助于教师指导团队积累区域数据，对实习地区特点和变化有深入的了解；第三，多年积累的本科研究案例，有助于学生在学长研究的基础上发现新问题，开展符合高年级认知水平的探究性实习。

前排左起：朱青（本校教师）、周尚意（本校教师）、董明清（当时的镇长）、葛岳静（本校教师）、马定国（江西师范大学教师）、刘素红（本校教师）；

后排左起：薛利华（东山镇名人馆负责人）、唐晓峰（北京大学教师）、朱华晟（本校教师）、钟业喜（江西师范大学教师）、吾永康（当时的镇办公室主任）

图 25-3　2007 年北京师范大学教务处给本校若干野外实习基地正式挂牌

（四）面向生产实习——湖州生产实习基地（2018～2022 年）

培养人文地理与城乡规划本科专业学生的实践能力至关重要，但是在很长一段时间内北京师范大学缺乏稳定的实习基地用于开展城乡规划生产实习。人文地理方向教师潘峰华利用参与中国城市规划设计研究院主持的"湖州城市总体规划"项目的契机，提出了在湖州建设北京师范大学人文地理与城乡规划本科生产实习基地的动议，得到了湖州市规划局以及湖州市城市规划设计研究院（以下简称"湖州规划院"）领导的积极响应。同时，该项建议也得到了地理科学学部和人文地理学教研室的大力支持。2017 年 7 月 12 日，地理科学学部宋长青执行部长携人文地理方向周尚意、朱华晟（时任副部长）、朱青和潘峰华四位老师访问湖州规划院，双方签署了战略合作协议，决定共建"北京师范大学人文地理与城乡规划湖州创新实践基地"。湖州规划院院长陈烨风、党总支书记陶琨、副院长姚致祥、副院长董涛等院领导出席了仪式。

湖州规划院在城乡规划领域具有较强的实力，拥有员工 200 余人，现有规划设计资质甲级、建筑设计资质甲级、市政设计资质乙级、园林设计资质乙级等各类专业资质，是湖州市地方政府重要的智库机构，承担和参与了包括湖州市总体规划等在内的各类规划设计项目。

湖州实习基地的建立为人文地理与城乡规划专业师生的学习和实践开辟了新的空间。合作协议签署之后，从 2018 年开始，北京师范大学人文地理与城乡规划专业本科生持续依托该实习基地开展生产实习。经过五年的探索（表 25–2），逐步积累了一些经验。

表 25–2　湖州城乡规划生产实习基本情况（2018～2022 年）

实习时间	实习选题	指导老师
2018 年 7 月 2～11 日	童装产业转型升级下织里镇生产与生活空间研究；溇港地区村落参与对溇港系统保护利用的优化模式探究	北京师范大学：朱青、黄大全；湖州规划院：孙启邦
2019 年 6 月 24 日～7 月 3 日	德清地理信息小镇产业集聚与升级经验研究；织里镇外来人口居留意愿专题调查报告	北京师范大学：潘峰华、朱青；湖州规划院：胡佳、杨冬雪
2020 年 8 月 10～20 日（线上）	妙西镇总体规划（纲要）	北京师范大学：潘峰华、黄大全、朱青；湖州规划院：李宏伟、文达其
2021 年 6 月 28 日～7 月 7 日	郊野单元划分和郊野单元规划	北京师范大学：潘峰华、朱青、黄大全、陶遂；湖州规划院：李宏伟、文达其、陆离、唐杰彬
2022 年 8 月 17～27 日（线上）	湖州主城区环渚片区有机更新暨城市设计	北京师范大学：潘峰华、黄大全、陶遂、蒋华雄；湖州规划院：李宏伟、褚慧励、伿颖

湖州城乡规划生产实习坚持求真、求实和求效的原则，努力为实习的学生创造最接近规划实践的场景和条件，实习过程中紧密依托实习基地，通过"假题真做"的模式，切实提高学生的规划实践能力。首先，每年北京师范大学地理科学学部和湖州规划院的导师协商确定实习选题，选题坚持做到"三结合"，即地方需求和人才培养结合、理论前沿和规划实践结合以及文本分析和制图设计结合；其次，湖州生产实习期间，湖州规划院协助安排行程，提供规划编制基础材料，协助实习学生联系政府、企业和其他机构等开展调研；再次，在实习过程中，双方导师全程联合指导学生，理论和实践有效结合，提升了实习质量；最后，学生完成实习成果之后，将组织规划设计成果的评审会，由北京师范大学和湖州规划院联合邀请专家对成果进行点评。依托湖州规划院开展的城乡规划生产实习极大完善了北京师范大学人文地理与城乡规划本科专业的人才培养体系，未来北京师范大学地理科学学部还将继续深化与湖州规划院的合作。

（五）拓展国际视野——北京师范大学—加拿大女王大学地理学联合实习课程（2018~2019年）

地理科学学部自2016年成立后，加大了在本科人才培养方面的国际化进程，进一步拓展学生的国际视野。北京师范大学与加拿大女王大学已有校级合作框架，地理科学学部和加拿大女王大学地理与规划系也有学术交流及合作基础。2017年11月，在该校马克·罗森伯格（Mark Rosenberg）教授、中国代表处主任张志尧教授一行来访之际，双方在学生国际实习、短期访学、"2+2"人才培养项目以及联合研讨会等方面达成共识。2018年3月，加拿大女王大学文理学部副部长理查德·阿科斯（Richard Ascough）教授、文理学部国际合作办公室主任珍妮·科利特（Jenny Corlett）女士一行来访，与地理科学学部共同落实了北京师范大学—加拿大女王大学地理学联合实习项目的实施细节。

2018年8月,联合实习项目正式启动。实习区域集中在加拿大的安大略省,由地理科学学部朱华晟(时任副部长)和葛岳静两位老师带领15名地理学本科生一同前往,周尚意、朱青、白凯(陕西师范大学教授)三位老师参加了欢迎仪式活动以及第一天考察。加拿大女王大学地理与规划系马克·罗森伯格教授先期设计了实习线路和行程,组织实习教学团队并安排现场教学活动。在十余天的实习中,师生们先后访问了女王大学和瑞尔森大学的地理系,听取了关于区域发展与产业转型、城市规划与城市住房、国际移民与城乡发展等多场专题学术讲座,参与了现场互动交流,并沿着数条精心设计的实习线路,考察了渥太华、多伦多、金斯敦、伯灵顿等不同等级与功能的典型城市及爱德华王子县的乡村地区(图25–4)。

前排左起:马克·罗森伯格(女王大学教授)、D. 戈登(D. Gordon,女王大学教授)、朱华晟(本校教师)、葛岳静(本校教师)

图25–4 指导教师与实习学生合影

在两校老师的共同指导下,学生们通过学术研讨、沿途记录和现场考察等活动,初步掌握了如何快速进入并认识异国区域的基本能力,进一步理解了加拿大城乡发展的历史文化与自然地理基础以及在全球化中面临的重要挑战等问题,同时也对这个多元包容的国家产生了浓厚的学术兴趣。参加首批联合实习的学生中已有 5 名学生出国留学,1 名学生完成中外合作办学硕士项目。

该联合实习项目至今一共开展了两次,后因新冠疫情而暂停。尽管如此,它开启了人文地理学实习项目向海外拓展的第一步,为未来国际合作实习探索并积累了一定的教学经验。

三、教材建设

(一)《人文地理学野外实习》讲义特点

在 2010 年之前,北京师范大学人文地理学实习均使用野外实习讲义(油印本),20 世纪 90 年代的讲义只有 20 余页。进入 21 世纪后,人文地理学野外实习讲义发展为 80 余页的复印本。这些讲义的共同特点是,呼应教育学的建构主义理念(周尚意,2012)。这时期实习讲义编写基于皮亚杰(Piaget,1961)的建构主义(Constructivism),在分析学生学习区域人文地理的认知特征的基础上,设计野外实习的步骤。建构主义理论既是一种学习理论(learning theories),也可帮助教师设计讲授方法(teaching methods)。例如,程连生老师负责的实习讲义部分,包括了重要的数学公式和统计算法,从而便于学生在实习中随时查阅。讲义的内容从 20 世纪 90 年代及以前的介绍实习地点的基本信息,拓展为介绍野外实习的方法。因为我们发现培养野外能力比了解区域知识更为重要(周尚意,2003)。2016 年,我们将多年整理的实习讲义编辑为专著《地方特性发掘方法——对苏州东山的地理调查》(周尚意等,2016),该书从不同的区域尺度审视了东山的地理特征。

（二）《人文地理学野外方法》结构特色

北京师范大学人文地理学课程的结构特点是"113445"（周尚意，2018）。"11"是地理学研究的一横一纵；"3"是区域的三个本性；前一个"4"是区域的四层（自然层、生计层、制度层、意识形态层）一体，后一个"4"是对空间特点和空间过程的四维评价（福祉增加、社会公平、环境友好、文化活力）；"5"是五种基本的认识论（经验主义、实证主义、结构主义、人文主义、后现代主义）。因此，配合本科人文地理学课程，我们编写了《人文地理学野外方法》（周尚意，2010），该教材被列为教育部"十一五"规划教材。该教材具有三方面的结构特色：

一是将人文地理学的主要认识论作为野外调查方案的设计起点，然后按照野外调查前期准备、野外信息收集方法、野外信息记录方法、野外信息初处理方法的顺序，搭建教材的框架，从而有利于使用者在野外调查的每一步都能查阅教材相关内容。这与目前已经出版的中外地理野外实习教材有明显的区别。

二是整合北京师范大学和其他学校老师一起撰写。参加此教材撰写的有台北大学都市计划研究所林桢家老师[①]及其硕士研究生杨恩捷先生（撰写第二章第二节的案例部分），台湾和春技术学院通识教育中心莫皓帆老师（撰写第二章第四节的案例之一），北京师范大学张华老师（撰写第六章），中山大学刘云刚老师（撰写第三章的第一、二、三节以及第五章第四节的一半），首都师范大学田至美老师（撰写第七章第一节），华东师范大学孔翔老师（撰写第七章第四节），浙江师范大学梁勤欧老师（撰写第七章第八节大部），南京大学姚亦锋老师（提供第五章第三节的若干素描图），此外董玉祥、邱维理等老师为本书提供了珍贵的摄影、绘画作品。他们的加盟，让这本教材的内容更加丰厚。

---

① 现为台湾大学地理环境资源学系教授。

三是突出案例教学。案例是一种减轻学生学习负担的教学形式。约翰·罗伯特·安德森（John Robert Anderson）的 ACT-R 认知结构（adaptive control of thought-rational framework）也认为，学习伊始，案例进入最佳。案例可以给学生循序渐进的指引，这种指引也被称为"指引渐衰效果"（guidance fading effect）（Renkl et al.，2002）。我们在 2009 年全国地学教学论坛上分享了采用案例教学的经验（周尚意，2009）。

学生通过使用教材，在专项野外能力上有了明显的提高。例如将后现代主义地理学的方法论，应用在野外调查方法的设计中（Li and Zhou，2018）；在东山土地垂直利用调查前，学会用三个步骤来不断修正野外调查线路（周尚意等，2008）；在城市地理实习中，发挥小组合作学习优势，高效准确地收集信息（周尚意、苑伟超，2011）；在野外调查中利用无人机获取常规方法无法获取的信息（王立等，2019）。每次野外实习，师生们都会结合实习的研究内容，发表出对社会实践有指导意义的学术文章。

四、课程建设

（一）室内课堂和室外课堂结合

首先，让室内课堂培训的能力成为室外课堂实施的先期基础。我们主要的工作是慕课平台建设。2017 年受到北京师范大学教务处慕课项目的资助，周尚意带领的慕课团队开始设计建设"人文地理学野外实习"慕课（周尚意、高慧慧，2018）。该慕课的特点有四个：一是基于以前积累的野外实习的录像素材编辑、配音、配乐而成；二是团队不但有北京师范大学周尚意、朱华晟、朱青、黄大全、邱维理老师以及博士生高慧慧、白灵瑶、王彬，还有首都师范大学刘爱利老师、北京联合大学陈媛媛老师、天津师范大学孟广文老师、延边师范大学金石柱老师、太原师范学院马文娟老师、新疆师范大学黄佛君老师以及西南大学王立老师、刘苏老师，因此野外实习的案例地也遍布中国的东北、西北、西南、华南、华东、华北各个区域。合作开展人文地理学野外实习是一种趋势，这种形式可以给多方提供更为广阔的视角（Gray et al., 2020）；三是慕课与《人文地理学野外方法》的结构一致，成为教材的有机组成部分；四是慕课采用了中文版和英文版，为本课程的国际化，尤其是国内各个高校的汉语言文学专业的外国留学生提供了一个选课的机会。目前这个慕课已经在中国大学慕课平台开展了六轮的使用，在新冠疫情的三年间，有力地支撑了人文地理学野外实习课程的开展。

其次，利用教学软件改善野外教学效果。我们使用了中国台湾某公司开发的 Zuvio 课件。由于人文地理学野外实习的室外教学环境有许多干扰因素，不利于学生集中精力，因此我们尝试采用 Zuvio 云端即时教学反馈系统，帮助提高野外教学效率。我们借助 2016 年北京师范大学暑期苏州东山野外实习的机会，采用实证主义的分析方法，开展了使用和不使用 Zuvio 的对照组实验分析。研究结论如下：①Zuvio 辅助教学工具在一定程度上促进了学生的知识获取能力与互动参与能力，且未抑制学生的创新能力；②Zuvio 技术功能尚有待健全，这往往会给野外课程带来一定程度的复杂性。本探索的启示是，现代教学技术的确可以帮助提高教学效率，且不阻碍学生的自主学习和创新。将这类技术与良好的教学设计结合，有效使用技术，才能达到提高教学效率的目的（周尚意、李鑫，2016）。

（二）真实课堂和虚拟课堂结合

无论是室外课堂，还是室内课堂，我们都将之称为真实课堂。而借助虚拟现实（Virtual Reality，VR）技术生成的野外环境，我们定义为野外实习虚拟课堂。2019 年，北京师范大学地理科学学部开始规划建设地理学 VR 实验室，人文地理学 VR 项目是这个实验室的重要组成部分。我们获得了学校资助的 20 万元 VR 项目开发经费，在北京联合大学 VR 实验室和易智时代公司的支持下，我们开发设计了三个 VR 教学项目：银锭观山景观廊道保护环境的 VR 呈现、圆明园福海水域范围变化与仙境意象的 VR 实现、颐和园天际线保护的 VR 呈现。这三个项目可以支持人文地理学、城市规划、社会文化地理学、国土空间规划课程的实习。我们进行了课堂效果的分析，发现如下因素影响着 VR 的输出结果：3D 可视化、模拟真实场景、用户友好性、交互性、启发性、参与者的热情是否激发创造性思维（Jiang et al., 2022）。这些因素启发我们，虚拟课堂依然可以留给学习主体的创新空间。我们还邀请了北京大学、首都师范大学、北京联合大学和北京规划院的专家，对 VR 项目进行了验收，他们为后续实验室建设提出了很好的建议。

野外实习网站的资料积累，将多年的野外实习工作沉淀下来，为后来人梳理野外实习教学改革进程提供了很好的资料。北京师范大学地理科学学部内部实习网由实践教学理论、方法与技能、教学过程、成果及资源库五大模块组成，集成资源量近 50G，其中图像近 2 000 幅，动画、视频近百个，还包括众多的讲义文档等。目前已经形成人文地理学数字实验室—虚拟实习场域—国内外实习基地等实践平台。参加实习网站建设的人员除了前面提及的第三代、第四代教师外，朱良老师也付出了心血。2014 年"地理学野外实习网站"获得了教育部教育管理信息中心组织的第十四届全国多媒体课件大赛一等奖（获奖人：朱良、周尚意、杨胜天、谭利华、邱维理、张科利、邱扬、刘慧平）。人文地理学实习内容是网站的重要组成部分。

参 考 文 献

[1] 北京师范大学地理系三年级经济地理实习队居民点组："农村人民公社居民点的规模及其配置"，《北京师范大学学报（自然科学版）》，1958 年第 2 期。

[2] 地理系："平绥路沿线地理考察照片系列"，《师大月刊》，1936 年第 27 期。

[3] 韩道之："平浦道上及新都旅行之心影录"，《师大月刊》，1933 年第 5 期。

[4] 李春芬、王恩涌、张同铸等："我国地理教育三十年"，《地理学报》，1980 年第 2 期。

[5] 李之保、卢云亭、蔡允武等："今年野外地理实习的初步总结"，《北京师范大学学报（自然科学版）》，1958 年第 2 期。

[6] 刘晓慧："红色矿山：门头沟矿区的红色历史"，《中国矿业报》，2022 年。

[7] 万方祥："门头沟地理考察报告（附图表）"，《师大月刊》，1933 年第 7 期。

[8] 王立、周尚意、邱川曦："无人机影像在人文地理探究式教学中的应用——以北碚正码头景观为例"，《中学地理教学参考》，2019 年第 2 期。

[9] 王益崖、盛福尧：《包头都市地理之研究》，北平师范大学地理系丛书，1937 年。
[10] 杨胜天、张晶香、朱良等："北京师范大学地理学课程体系的百年嬗变研究"，《高等理科教育》，2010 年第 5 期。
[11] 赵济、朱良：《北京师范大学地理与遥感学院院史（1902～2012）》，北京师范大学出版社，2014 年。
[12] 郑励俭："西山之乡土地理学的调查"，《师大月刊》，1934 年第 15 期。
[13] 周尚意："人文地理学者的任务：认识空间乎？解释空间乎？"，《地域开发与研究》，2003 年。
[14] 周尚意："建构主义理论与人文地理学实习教材探研"，载大学地球科学课程报告论坛组委会编：《大学地球科学课程报告论坛论文集》，高等教育出版社，2009 年。
[15] 周尚意：《人文地理学野外方法》，高等教育出版社，2010 年。
[16] 周尚意："《区域人文地理野外方法》对建构主义理论的呼应"，《高等理科教育》，2012 年第 1 期。
[17] 周尚意："《人文地理学》教材的'113445'框架探讨"，《中国大学教学》，2018 年第 8 期。
[18] 周尚意、程连生、冯嘉苹等："北京人文地理实习基地建设历程及特色"，《区域地理论丛》，北京师范大学出版社，2010a 年。
[19] 周尚意、程连生、冯嘉苹等："苏州—上海人文地理学实习基地建设历程及教学特色"，《区域地理论丛（2010 专辑）》，北京师范大学出版社，2010b 年。
[20] 周尚意、戴特奇、张华："民国时期北京师范大学人文地理学教材建设回顾"，《地理教学》，2022 年第 11 期。
[21] 周尚意、高慧慧："'人文地理学野外实习方法'慕课建设的创新思路"，《大学地球科学课程报告论坛论文集》，高等教育出版社，2018 年。
[22] 周尚意、李鑫："Zuvio 在人文地理学野外教学应用的效果分析"，载全国高校地球科学课程教学系列报告会组委会编：《全国高校地球科学课程教学系列报告会论文集》，高等教育出版社，2016 年。
[23] 周尚意、孔翔、朱华晟等：《地方特性发掘方法——对苏州东山的地理调查》，科学出版社，2016 年。
[24] 周尚意、伍国凤、杨荔阳："人文地理学野外调查路线设计原则及方法探究"，载大学地球科学课程报告论坛组委会编：《大学地球科学课程报告论坛论文集》，高等教育出版社，2008 年。
[25] 周尚意、苑伟超："人文地理学短途实习与区域人文地理特征提取的探索"，载《区域地理论丛（本科生科研训练和创新人才培养专辑）》，北京师范大学出版社，2011 年。
[26] 周尚意、张华："人文地理专业教材建设"，载北京师范大学地理科学学部主编：《北京师范大学地理教育思想传承与实践》，商务印书馆，2022 年。
[27] 周尚意、张瑞红："北京人文地理学野外实习基地实习模式及特色"，载大学地球

科学课程报告论坛组委会编：《大学地球科学课程报告论坛论文集》，高等教育出版社，2010年。

[28] Gray, N. J., Corson, C., Campbell, L. M., et al. 2020. Doing strong collaborative fieldwork in human geography. *Geographical Review*, Vol. 110, No. 1/2.

[29] Hyndman, J. 2001. The field as here and now, not there and then. *Geographical Review*, Vol. 91, No. 1-2.

[30] Jiang, H., Geertman, S., Zhang, H., et al. 2022. Factors influencing the performance of virtual reality (VR) in urban planning: evidence from a view corridor VR project, Beijing. *Environment and Planning B: Urban Analytics and City Science*, Vol. 3.

[31] Li, X., Zhou, S. 2018. The trialectics of spatiality: the labeling of a historical area in Beijing. *Sustainability*, Vol. 10, No. 5.

[32] Piaget, J. 1961. *La psychologie de l'intelligence*. Armand Colin.

[33] Renkl, A., Atkinson, R., Maier, U., et al. 2002. From example study to problem solving: smooth transitions help learning. *Journal of Experimental Education*, Vol. 70, No. 4.

[34] Rundstrom, R. A., Kenzer, M. S. 1989. The decline of fieldwork in human geography. *The Professional Geographer*, Vol. 41, No. 3.

[35] Whittlesey, D. 1954. The regional concept and the regional method. In P. E. James and C. F. Jones (eds). *American Geography Inventory and Prospect*, Syracuse University Press.

本章作者：周尚意、朱华晟、潘峰华

工作单位：北京师范大学地理科学学部

第二十六章　湖北省多校地理联合实习实践和探索

2016～2022年，中国地质大学（武汉）、湖北大学、华中师范大学、华中农业大学和武汉大学等发起"湖北省地理联合实习"。该实习以"地理科学与国家需求"为主题，挖掘江汉平原及西缘山地优质地理实习资源，开展地理科学综合实习，有效衔接三峡工程和南水北调等国家重大工程，长江大保护、长江经济带、生态文明建设和精准扶贫等国家战略。联合实习探索出以下有益经验：①聚集各高校学科优势和优质教学资源，实现优质资源共享；②利用国家级野外实践基地，发挥知名专家传帮带，提升青年教师执教水平；③多举措激发学生学习热情，培养家国情怀；④多途径实现"三全育人"和"课程思政"。联合实习已成为推进地理学拔尖人才培养的重要教学平台。

一、课程概况

为了加强湖北高校地理学的优质资源共享，提升地理学学生培养质量，2016年5月由中国地质大学（武汉）李长安教授牵头向湖北各地理院校发起了"湖北省地理联合实习"倡议，立即得到华中师范大学、湖北大学、华中农业大学、武汉大学等高校的积极响应。同年6月在中国地质大学（武汉）召开了"湖北省地理院校联合实习研讨会"，2017年7月组织了由各校名师参与的野外集体踏勘，2017年暑期如期举办了以"地理科学与国家需求"为主题的联合实习，2018年和2019年继续进行。由于该联合实习效果好、影响大，中国地质大学（武汉）应教育部高等学校地理科学类专业教学指导委员会邀请，分别在2018年（贵阳）和2019年（烟台）"全国地理学实践教学会议"上做经验报告，并且2019年的会议决定由中国地质大学（武汉）承担"2020年全国地理学理科基地班联合实习"，后因疫情延期至2022年举行。

实习内容强调教学内容的完整性与典型性、国家需求的重大与急需两方面结合。主要实习路线、点（区）与内容包括：①武汉—襄阳：平原地貌、旅游地理、农业地理；②丹江口—郧阳区：汉江河流地貌、地层与古生物（恐龙蛋地质公园）、城市规划（丹江口市）、新农村建设、区域水资源配置与水资源保护（丹江口水库）等；③神农架区：山地地貌、地层与构造、土壤类型与分带、植被分带、科技扶贫、神农架国家公园与生态保护等；④三峡地区：地层、河流地貌与灾害地貌、水土流失治理、长江大保护、重大水利工程等。2019年，为了加强学生对中华文明的认识，增加了"石家河国家考古遗址"点；为了增强对国家扶贫攻坚的认识，增加了三峡库区兴山县点和巴东县点。

实习路线横跨江汉平原、鄂西山地、长江和汉江，南水北调水源地、三峡工程等国家重大工程汇聚于此，地理学野外实习教学内容丰富，特色鲜明。湖北各地理院校均在此有深厚的研究基础，例如，中国地质大学（武汉）在地质、地貌方面有长期深入研究，建有秭归实习基地、大九湖野外监测站，曾负责"神农架世界地质公园"规划；华中农业大学对汉江—神农架一带的土壤类型与分带研究深入；湖北大学是"神农架国家公园"规划单位，对该区的植被与生态有长期深入研究；华中师范大学曾负责湖北省主体功能区规划、十堰市城乡建设规划；武汉大学曾开展该区的土地资源规划，参与南水北调中线工程论证等。各校在该地区的长期的科研工作和实习教学，积累了丰富的教学资源和监测数据，为实习教学的顺利开展提供了坚实的基础。

依托联合实习，由各高校教学名师、学科带头人组成的教学团队，形成了湖北省内地理野外实习指导的最强阵容。联合实习邀请重大工程的专家、地方政府领导、生产一线技术人员的参与，实现了专业教学与育人教育的有机结合。特色鲜明的实习内容和"高起点、高强度、高综合"的实习组织模式，以传统实践教学为基础，重视拓展、提升学生的知识系统化和综合能力。以"地理科学与国家需求"为主题的野外实践教学，充分利用野外实习这一特殊教学形式，把培养地理科学的实践技能、认识国家发展和重大工程对地理科学的需求、社会实践等相互结合融于一体，有效推进地理学拔尖人才培养。2022年，来自安徽师范大学、北京大学、北京联合大学、北京师范大学、滁州学院、东北师范大学、福建师范大学、贵州师范大学、哈尔滨师范大学、海南师范大学、湖北大学、湖北科技学院、湖北文理学院、湖南师范大学、华东师范大学、华南师范大学、华中农业大学、华中师范大学、江西师范大学、兰州大学、辽宁师范大学、鲁东大学、南京大学、南京师范大学、南通大学、内蒙古师范大学、青海师范大学、泉州师范学院、陕西师范大学、上海师范大学、武汉大学、西北大学、西南大学、信阳师范学院、浙江师范大学、中国地质大学（武汉）等全国36所兄弟院校的200余名师生共同参与了路线实习，得到师生的高度认可。

二、课程建设

（一）教学团队建设

教学团队老师来自湖北省开设地理学专业的主要大学，包括中国地质大学（武汉）、华中师范大学、湖北大学、武汉大学和华中农业大学，明确各位老师在联合实习中承担的工作，大家分工合作，共同完成联合实习（表26–1）。

表 26-1　湖北省地理联合实习教学团队师资及分工

姓名	专业技术职称/职务	所在单位	在联合实习中承担的工作
李长安	教授	中国地质大学（武汉）	路线设计，地貌第四纪教学与实践
王伦澈	教授、副院长	中国地质大学（武汉）	教师团队研讨，实习组织宣传，遥感实践教学
汪正祥	教授、院长	湖北大学	生物地理学教学与实践
罗静	教授、院长	华中师范大学	人文经济地理教学与实践
许德华	院党委书记	中国地质大学（武汉）	路线与课程思政设计
黄咸雨	教授	中国地质大学（武汉）	自然地理学教学与实践
侯林春	副教授	中国地质大学（武汉）	教学研讨，教材撰写
陈旭	教授、系主任	中国地质大学（武汉）	实习内容总结
李辉	副教授	中国地质大学（武汉）	环境遥感路线教学与实践
季军良	副教授	中国地质大学（武汉）	地质学路线教学与实践
宋小青	教授、副院长	中国地质大学（武汉）	路线勘察与课程思政建设
彭俊芳	工程师	中国地质大学（武汉）	联络机制建设
钟赛香	讲师	武汉大学	课程思政内容设计与实践
李亭亭	副教授	湖北大学	学生研讨活动组织者
胡红青	教授	华中农业大学	土壤地理学路线负责人

（二）教学内容革新

结合湖北省优质教学资源和各校长期科研工作与实习教学基础，教学团队开发了 9 条野外实习教学路线，并对每条教学路线的教学点和教学内容进行精心设计。目前 9 条教学路线，行程先后经过武汉—天门—襄阳—十堰—神农架—恩施—宜昌—武汉，跨越江汉平原与鄂西山地，具体路线见表 26-2。

表 26-2　湖北省地理联合实习路线及教学内容设计

教学路线	教学内容	教学目标
路线 1： 武汉东湖 地貌与演化	（1）介绍东湖及长江洪泛平原湖泊的形成演化； （2）介绍东湖绿道规划； （3）介绍武汉市湖泊水环境现状和保护对策	（1）认识长江中游洪泛平原湖泊地貌成因； （2）了解湖泊水环境保护的重要意义
路线 2： 石家河遗址— 古隆中—襄阳	（1）介绍石家河文化的历史和自然地理环境背景； （2）观察描述石家河遗址的文化层特征； （3）介绍襄阳历史文化及城市规划与旅游发展	（1）认识长江中游新石器文化的演化历史； （2）掌握文化层观察描述的基本原理与方法； （3）了解文化名城的城市规划
路线 3： 南水北调纪念园—丹江口大坝—太极峡—郧阳	（1）了解丹江口市自然地理环境及城市规划方案； （2）了解南水北调中线工程及其水利工程设施； （3）考察丹江口大坝； （4）观察描述峡谷地貌和河流相沉积物特征	（1）探讨大坝功能及其潜在的生态环境影响； （2）了解水利工程建设的地理环境背景； （3）掌握河流砾石野外观察统计的基本方法
路线 4： 汉江黄土— 恐龙蛋化石群—郧阳	（1）观察描述汉江黄土沉积特征； （2）观察并素描汉江河流阶地； （3）观察描述鄂西土壤类型； （4）考察郧阳恐龙蛋化石群； （5）观察和描述青龙山地区的典型地层特征	（1）认识鄂西土壤形成的地理条件； （2）了解鄂西北地带性土壤及其农业利用； （3）了解鄂西地区白垩纪古地理环境特征
路线 5： 小龙潭—神农谷—神农顶—板壁岩	（1）观察描述神农架植被和土壤垂直带谱； （2）观察神农顶地质地貌景观； （3）观察描述神农谷白云岩峰林； （4）观察金丝猴和大鲵生活习性特征	（1）认识亚热带山地土壤植被垂直带谱特征； （2）认识神农架地区主要岩石类型和形成地理环境； （3）认识神农架地区生物多样性及保护现状
路线 6： 坪阡古镇— 大九湖—巴东	（1）观察描述大九湖湿地主要植被和土壤特征； （2）考察大九湖湿地观测站； （3）观察描述大九湖湿地沉积岩芯的岩性变化特征	（1）认识大九湖湿地生物多样性； （2）学习湿地生物地球化学过程的基本观测方法； （3）认识湿地生态环境演化历史

续表

教学路线	教学内容	教学目标
路线 7： 巴东—滑坡野外观测站—秭归	(1) 考察巴东滑坡野外观测站； (2) 学习滑坡地质灾害野外观测的基本方法	(1) 认识滑坡形成条件和滑坡体要素； (2) 了解滑坡地质灾害对库区经济社会发展的影响
路线 8： 张家冲—三峡竹海—茅坪河阶地	(1) 观察不同坡度和不同耕作方式的土地水土保持监测； (2) 利用地形图和影像图进行小流域土地利用调查； (3) 考察泗溪峡谷地貌	(1) 了解水土流失的影响因素； (2) 掌握小流域土地利用调查基本方法； (3) 了解泗溪峡谷地貌资源的开发
路线 9： 链子崖—三峡大坝—三峡水库	(1) 考察库区链子崖崩塌地貌； (2) 考察新滩滑坡遗址； (3) 考察三峡大坝； (4) 观察三峡库区消落带	(1) 了解崩塌的成因和潜在风险； (2) 了解三峡库区地质灾害风险； (3) 认识三峡大坝选址地理环境基础

（三）教材建设

教学团队围绕实习路线建设，以湖北省秭归地区作为重点，先后出版教材两部（侯林春、彭红霞，2016；侯林春等，2019）。2016 年出版《秭归产学研基地野外实践教学教程（自然地理与资源环境分册，人文地理与城乡规划分册）》，该书共分 9 章，从秭归实习基地概况与实习内容和要求、实习区社会经济与资源禀赋、黄陵岩基岩体、沉积岩地层、矿产资源开发与环境保护、旅游资源开发、水资源开发、土地资源开发、社会与经济资源实习等方面对秭归及周边地区的实习路线和资源进行了初步总结归纳。经过几年的联合实习实践与摸索，教学团队对实习路线进一步优化完善，新版教材《秭归产学研基地野外实践教学教程（地理学分册）》涉及地质基础、土地资源、水资源、生物资源、矿产资源、旅游资源、社会经济资源等方面。

新教材分 9 个章节对实习内容、路线进行总结（表 26–3）。

表 26–3　实习教材章节安排与主要教学内容

章节	名称	主要教学内容
第一章	实习基地概况	湖北秭归野外实习基地概况，野外实习路线和内容体系，实践教学实习要求
第二章	实习区经济社会概况与资源禀赋	社会经济概况，地质地貌特征和自然资源禀赋
第三章	实习工具和黄陵岩基	实习工具应用和实习区踏勘，黄陵岩基岩性特征
第四章	沉积岩地层	南华纪和震旦纪地层，寒武纪地层，奥陶纪、志留纪地层和新构造运动，第四纪地层
第五章	矿产资源开发与环境恢复	白云岩与灰岩矿，金矿的开采与环境整治
第六章	旅游资源开发	地质公园，峡谷地貌景观，历史名人与文化旅游资源，三峡大坝
第七章	水资源开发	三峡水库功能与环境，饮用水处理工艺与技术
第八章	土地资源及其开发	岩溶地貌与土地利用现状调查，王家桥小流域土壤与农业用地垂直分带，张家冲小流域水土保持旅游景区规划，物流园与港口规划
第九章	社会与经济资源的开发与规划	秭归城镇体系规划，城市景观规划，库区移民搬迁，柑橘生态农业

（四）特色教学方式及手段

1. 教学实践基地资源共享

一是湖北省最典型地理实践资源共享。"江汉平原及鄂西山地"是最理想的实习地区。这里是最有湖北特色地理环境，地理现象丰富典型，实习路线纵贯平原（江汉）、盆地（南襄盆地）与山地，横跨长江与汉江河谷和华中最高峰神农架。区内分布有一系列国家重大工程——三峡工程、南水北调、神农架国家公园等，也是国家重大战略——长江大保护、长江经济带/生态文明建设、精准扶贫等的相关区域，同时还是湖北经济的最发达地区以及人地关系敏感及突出的地区。二是各校优质实习基地资源共享，该区的三峡、十堰、神农架、丹江口等分别有中国地质大学（武汉）、华中师范大学、华中农业大学、武汉大学等的野外实习、实训基地。

2. 各校优秀师资资源共享

将中国地质大学在地质学和自然地理学、湖北大学在生物地理和生态地理学、华中师范大学在经济地理和人文地理学、华中农业大学在土壤地理和农业地理、武汉大学在水文地理学和土地科学与扶贫等各方面优势聚集在一起，各校派出了知名学者、教学名师担任野外教学的带队老师。

3. 社会优质资源共享

邀请生产一线技术人员参与教学，例如，石家河国家遗址公园的湖北省考古所的专家讲石家河古城与新石器文化，郧县恐龙蛋国家地质公园的专家讲恐龙演化，丹江口水库的总工讲解南水北调工程，移民新村郧阳县卧龙村党支部书记讲新农村建设与扶贫，兴山县水利局副局长讲三峡库区水资源保护与地质灾害防治等。

（五）学习评价

野外工作、考核和阶段性汇报均以小组为单位，每个小组 5~6 名同学。为促进不同高校间同学们之间的交流协作，实习小组由来自不同高校的学生混搭组成，并选派 1~2 名指导教师。实习主要从以下三个方面开展考核评价：

（1）实习表现。考查学生在实习期间出勤情况，实习态度是否认真，主动性、积极性发挥如何，遵守实习纪律的好坏，以及是否发生事故等。

（2）实习野簿和实习报告质量。每天晚上由带队老师抽查小组 2~3 名同学的野簿，并对野簿中存在的问题进行梳理，提出建议，并给出成员成绩。以实习小组为单位，每 4 天组织一次实习汇报，以小组为单位交流实习收获、实习过程中发现的一些新问题及其对问题的探讨。

（3）实习报告答辩。为总结、评价学生实习效果，开展实习成果答辩汇报会，由实习指导老师担任评委，以实习小组为单位参加实习成果的答辩。

报告答辩主要从：汇报选题新颖性、PPT 制作、团队协作能力、数据采集与统计分析、逻辑思路推导、仪表仪态等角度对实习成果进行整体评估。

实习指导教师按教学和汇报阶段的表现、野簿和实习报告的编写质量等进行综合评定，分为优秀（90 分以上）、良好（80～89 分）、中等（70～79 分）、及格（60～69 分）和不及格（60 分以下）五级。其中优秀实习生控制在学生总人数的 20%左右。

（六）课程思政

以"大工程、大情怀"为抓手，构建以野外实践教学为特色的专业思政模式。

1. 培养吃苦耐劳精神

一是师德引领，实习正值炎热盛夏，实习主讲教师多是五六十岁的老教授，他们不计报酬、不畏酷暑，亲自动手挖剖面、打标本、爬陡壁，对青年学生形成示范引领；二是请一线老专家、老工人讲人生经历与国家重大工程的建筑史，例如请老专家介绍 20 世纪 50 年代丹江口大坝修建时筚路蓝缕的创业历程。

2. 培养国土认知/家国情怀/国家认同

除了在野外实习路线、教学内容中有明显体现外，还在实习中穿插了对城市、农村、重大工程、生态环境等四项社会调查任务。安排了新石器石家河遗址的调查，让学生深刻了解长江中游的古文明演化历史及其对世界的贡献；将南水北调丹江口水利枢纽和三峡水利工程作为实习内容，让学生学习和亲身感受地理科学在这些重大工程建设、运行与管理中的作用；调研长江、汉江典型河段（襄阳和宜昌城市段、库区段、峡谷段、平原段等）地理特征、水资源、生态环境等，让学生切身认识到长江大保护的重要性以及地理科学在长江大保护中的作用；考察神农架国家公园、大九湖高山湿地生态、库区兴山县小流域生态环境治理，并在兴山县组织了实习队与县中层干部的"县域生态文明建设"座谈会，还邀请了中国科学院地理科学与资源研究所研究员、中国地质大学地理与信息工程学院院长王绍强教授到场作"中国生态文明建设百年蓝图的实践与探讨"的报告，让学生认识到地理科学与生态文明建设的关系；先后在丹江口、郧阳卧龙村、神农架大九湖镇等安排了"新农村建设""精准扶贫"等考察和社会实践调研，让学生感受地理科学在扶贫和乡村振兴中的作用。

三、教学特色

（一）开发优质资源共享新模式

充分发挥湖北省地理院校各自优势学科、优秀师资和优质教学资源，通过交叉融合、有效组织，开展联合野外实习。同时，吸纳社会优质资源参与，突破了单一院校野外实习教学存在的"瓶颈"，成功实现了地理科学实习教学的改革与创新，开国内地理科学实习教学之先河。

（二）探索"三全育人"和"课程思政"结合的新途径

联合实习结合国家发展战略，调研考察国家重大工程。通过师德引领、高强度野外磨炼、严格的实习要求，通过重大工程的创业历程、一线专家成长经历、贫困乡村的脱贫过程以及社会调查等，培养学生吃苦耐劳精神、团队协作、国土认知/家国情怀/国家认同。以"大工程、大情怀"为抓手，构建以野外实习教学为特色的专业思政新模式。

(三) 实施青年教师和学生野外实践能力快速提升新举措

青年教师与大学生的野外实践能力较低已成为地理教学的一个普遍问题。湖北省联合野外实习的实践表明，开展省级联合野外实习教学是青年教师实习教学和学生动手能力快速提升的有效举措，教育部高等学校地理学科教学指导委员会已向全国推广。

四、建设展望

湖北省地理联合实习是对地理学拔尖人才培养途径的一种有效探索。连续五年的实践探索表明，未来联合实习需要在以下方面进一步优化与完善：①师资团队建设。野外实习教学需要指导教师具备扎实的野外基本功，近几年实习过程中，仍然以老中年教师为主体，如何快速提升新入职青年教师野外教学能力，建设一支老—中—青教员搭配的教学团队是有效开展地理联合实习的根基。②教学内容的优化与完善。目前的联合实习路线中地质学、地貌学、土壤、植物和水文水资源方面的教学内容偏多，相比而言，人文地理学相关的教学路线较少，开发人文地理学教学路线是下一步教学内容优化的重要环节。③教学模式的优化。近年来联合实习规模不断扩大，师生人数增加，在野外教学中由于教学点观察范围和时间有限，如何保障每位师生对地理现象进行充分观察与描述成为当前一大棘手问题，下一步可以考虑将实习大队分组，从路线不同方向出发，交叉考察实习点，减少人员聚集影响野外考察效果的问题。④与当地政府的交流协作。一方面，高校地理联合实习可以借助媒体力量，宣传当地经济社会发展状况，而且地理学专家可以从地理学视角为当地政府经济社会建设建言献策；另一方面，属地政府可以在考察门票减免、交通安全等方面提供便利。

参 考 文 献

[1] 侯林春、彭红霞：《秭归产学研基地野外实践教学教程（自然地理与资源环境分册，人文地理与城乡规划分册）》，中国地质大学出版社，2016年。
[2] 侯林春、王伦澈等：《秭归产学研基地野外实践教学教程（地理学分册）》，中国地质大学出版社，2019年。

本章作者：王伦澈、李长安、许德华、黄咸雨、侯林春、季军良、李辉、陈旭、宋小青

工作单位：中国地质大学（武汉）地理与信息工程学院

第二十七章　中山大学地理学国际实习体系探索和实践

"读万卷书，行万里路"是中国古代学者所崇尚的治学途径，我国古代地理的研究在许多方面位于国际领先水平（吴传钧、张家桢，1999）。15世纪郑和航海和17世纪徐霞客游历考察及其对所经地理环境的记录，均对国际海洋地理、自然地理等做出了卓越贡献（邹振环，2020）。大航海和世界地理大发现促进了欧洲地理新思想的产生，18世纪后期以来德国学者亚历山大·冯·洪堡和卡尔·李特尔开创了世界近代地理学，地理学基本理论、基本方法和基本技能主要由欧美学者所主导。其中，野外考察是近现代地理教育中最为重要的环节之一（陆大道，2009），是地理学人才培养和科学研究的基本方法。

中山大学地理学正式创办于1929年，是我国最早在高校理科建立的地理学之一。德国学者威廉·克雷德纳和沃尔夫冈·潘泽分别担任第一、第二任系主任。两位德国教授带来了德国地理学的传统和风格，野外考察、实验分析、综合研究和国际交流成为中山大学地理学的四个特色。从1930年云南实习开始，与理论知识紧密结合的野外考察成为中山大学地理学人才培养和科学研究中不可或缺的重要内容（司徒尚纪、许桂灵，2009；薛德升、黄旭等，2021；薛德升、刘晨等，2021；薛德升、刘晔等，2021）。随着20世纪60年代以来新国际劳动分工的拓展，世界上许多空间要素和过程的认识与解释需要从全球到地方的多尺度分析。改革开放后，我国参与国际分工的程度日益加深，许多国内地理现象受到全球的作用。21世纪以来，中国对世界经济、政治、社会、文化的影响日益增强，世界其他地方越来越多的空间现象受到中国的作用。全球化时代的变化迫切要求我们培养具有全球视野的地理学人才，国际实习则是其中一种重要的方法。

一、国际实习是发达国家高校高水平地理教育的重要内容

20世纪90年代后，在美国、英国、澳大利亚、新西兰、新加坡等国家的部分高校，国际野外考察已经成为地理学课程的必修内容（Fuller et al.，2006；Goh and Wong，2000；Mullens et al.，2012；Lloyd et al.，2015；Das and Chatterjea，2018）。与此同时，关于国际实习课程方式和作用的讨论日益增加。

（1）以学术为目标。地理野外考察是以地理学视角对研究对象进行整体性理解的过程，不是简单地以野外实习的名义进行旅游、观光或远足，而是越来越具有学术性的必要课程（Kent et al.，1997；McGuinness and Simm，2005；Das and Chatterjea，2018）。

（2）学生参与式的教学方式。野外考察是教师的一种独特教学手段，也是学生探索性的学习过程和螺旋式的学习方式（spiral of learning），这种独特的实践经验对传授地理专业知识至关重要（McGuinness and Simm，2005；Das and Chatterjea，2018）。在实习过程中，学生的学习方式逐步实现了从观察到参与、从依赖到自主的转变（Fuller et al.，2006；Hope，2009）。

（3）跨地理尺度的知识学习和能力培养。在微观层面，野外实习为学生创造了将理论与现实相联系的机会，有助于提高学生对学习任务的能动性，提高学生对知识、技能和学科的理解广度与深度（Healey and Jenkins，2000；Hope，2009）；在宏观层面，有助于培养学生的专业能力，建立与地理学相关的更加广阔的知识体系（Mullens et al.，2012；Munge et al.，2018）。

（4）全球视野和批判性思维的培养。全球化时代的高等教育必须为学科

和毕业生应对全球化做准备（Lloyd et al.，2015），地理学野外考察的国际化是经济和社会"全球性转变"的必然结果（Dicken，2003；McGuinness and Simm，2005）。国际野外考察有助于激发学生对全球化进程中具有差异性、争议性和矛盾性的问题进行批判性反思（McGuinness and Simm，2005；Glass，2015）。

二、课程建设和发展

中山大学地理学学生国际实习起始于2005年的德国野外实习，此后先后组织了德国、加拿大、日本、荷兰—比利时、瑞士—上莱茵河谷地区等共13次国际野外综合实习，20余名本学科教师、330余名学生参加了实习（表27-1）。

表27-1 中山大学地理学国际实习统计

年份	实习国家	中国学生人数（名）	外国学生人数（名）
2005	德国	28	11（德国）
2007	德国	29	6（德国）
2009	德国	26	9（德国）
2010	加拿大	26	0
2011	加拿大	28	0
2015	日本	28	17（日本）
2017	德国	23	15（德国）
2017	日本	26	19（日本），3（印度）
2017	荷兰	28	21（荷兰）
2018	日本	24	16（日本）
2018	德国	24	0
2018	荷兰	28	21（荷兰）
2018	瑞士	16	4（瑞士）
合计		334	142

经过近 20 年的探索,中山大学地理科学与规划学院已经形成了较为完整的课堂教学和野外考察紧密结合的国际实习课程体系。

(一) 教学目标

国际实习的教学目标主要包括教师训练和学生培养的五个方面:①培养教师和学生的全球视野;②通过实地考察,使教师与学生深刻理解西方地理学相关理论起源与发展的现实背景;③在比较中发现西方理论与中国现实的差异,培养批判性思维,启发创新性探索,提升教师与学生的家国情怀;④整合国内外优秀教学资源,构建理论与实践并重的野外实习教学体系;⑤形成地理学国际实习的教材,为我国高校推广地理学国际实习奠定坚实的基础。

(二) 课程组织

中山大学地理学国际实习课程包括室内理论课程、地理综合实习和实习总结三个紧密联系的组成部分。

理论课程部分包括:①由中方教授与实习国家教授商定实习主题;②按照实习主题,外方教授准备理论课程内容提纲和地理综合实习详细线路,与中方教授讨论每个实习主题的理论内容和与之相对应的实习站点,之后进一步准备课程 PPT 与相关课程材料;③外方教授在中山大学为参加地理综合实习的师生讲授 1~2 周的课程,讲解相关理论知识和区域背景,介绍实习计划与组织,布置地理综合实习作业,等等。

地理综合实习部分包括:①中外双方教授全程带领学生经历完整的实习线路;②中外双方教授以及邀请的当地专家在每个实习站点讲解,并与学生讨论围绕实习主题的理论知识和实地现象;③结合实习线路和站点,检查学生作业完成情况。

实习总结部分包括:①地理综合实习期间每天的总结,考查学生对当天实习内容的掌握情况;②实习完成一段时间后,学生提交实习报告,实习团队进行总结，考查学生对实习内容的整体掌握情况；③在学院举办展览，向学院师生介绍和汇报实习成果。

（三）发展过程

中山大学地理学的德国实习准备工作起始于2002年。当年春天，德国科隆大学地理系苏迪德（Dietrich Soyez）教授访问中山大学地球与环境科学学院，希望带领科隆大学的学生来珠江三角洲开展野外实习，见证"进行中的工业化"和快速的城市化。

2004年5~7月，中山大学地理科学与规划学院薛德升教授赴科隆大学地理系讲授野外实习理论课"珠江三角洲的工业化与城市化"，期间重点考察了德国莱茵—鲁尔地区和部分城市与乡村，形成了"世界工业化早期发展—全球化对城市的影响—乡村发展与规划—资源开发与生态环境恢复和保护等"中国学生赴德国学术实习的主题。同时，与德方商定双方举办联合国际实习的计划，即双年科隆大学师生赴中国，单年中山大学师生赴德国，双方委派教师与学生提供讲解、翻译和后勤等方面的帮助。2004年和2006年，科隆大学地理系师生开展了中国珠江三角洲野外实习。2005~2018年，中山大学先后开展了5次德国野外实习（表27-1）。

瑞士实习准备工作起始于2008年。当年夏天，瑞士巴塞尔大学地理系瑞塔·施耐德-斯利华（Rita Schneider-Sliwa）教授访问中山大学地理科学与规划学院，商讨巴塞尔大学师生在珠江三角洲开展野外实习事宜。2008年10~11月，薛德升教授赴巴塞尔大学地理系讲授野外实习理论课"珠江三角洲的区域发展与区域规划"；双方商定举办由巴塞尔大学和中山大学师生共同参加的联合野外实习。2009~2018年举办了6次珠江三角洲野外实习。期间，薛德升教授利用每年11~12月赴瑞士讲授实习理论课的机会，实地考察了瑞士、法国和德国的部分城市与区域，初步形成了"政治中心型世界城市—生态城市—旅游城市—莱茵河流域区域发展等"中国学生赴瑞士学术实习的主题。2018年10月，中山大学学生赴瑞士—法国东南部—德国西南部开展了地理综合实习。

荷兰—比利时实习准备工作起始于2013~2016年。2013年10月，薛德升教授访问比利时根特大学地理系，与本·德鲁德（Ben Derudder）教授初步商讨中国学生赴比利时实习事宜，期间考察了比利时城市布鲁塞尔（欧盟三大首都城市之一）和根特，初步形成了"政治型世界城市—历史时期世界城市等"中国学生赴比利时学术实习的主题。2016年11月，薛德升教授访问荷兰乌特勒支大学地理系，与杨·范·维斯普（Jan van Weesep）教授商讨中国学生赴荷兰实习事宜。随后考察了乌特勒支、阿姆斯特丹、鹿特丹、海牙、代尔夫特等荷兰城市，形成了"多中心城市区域—宗教城市—低地区域水文地理与农业发展等"中国学生赴荷兰学术实习的主题。2017年和2018年中山大学开展了2次荷兰—比利时地理综合实习。

加拿大实习准备工作起始于2008年。薛德升教授基于其在加拿大不列颠哥伦比亚大学和蒙特利尔大学从事博士后研究的经历，苏迪德教授基于其在加拿大做访问教授和开展科学研究的经历，开始商讨带领中国学生赴加拿大实习事宜，初步形成了"门户型世界城市—冰川地貌景观—国家公园旅游管理—三角洲区域可持续发展等"中国学生赴加拿大西部区域学术实习的主题。2010年和2011年中山大学组织了2次加拿大地理综合实习。

日本实习准备工作起始于2013年前后。在日本千叶大学获得博士学位的陈建耀教授、东京大学获得博士学位的刘云刚教授和王劲博士等教师基于其学习和科研经历，商讨带领中国学生赴日本实习事宜，初步形成了"全球化背景下的日本世界城市—城市更新改造与建筑景观—水文地理与水资源管理—城市与区域可持续发展等"中国学生赴日本学术实习的主题。2015年、2017年和2018年中山大学开展了3次日本地理综合实习。

（四）建设成效

中山大学地理学国际实习课程主要取得了六个方面的成效：

（1）培养了学生的全球视野和综合能力，开创了野外理论知识学习的程序和规范。国际实习的内容在时间上跨越了从工业化初期以来三个世纪（甚至更加久远）的历史，在空间上跨越了全球—跨国区域—国家—国内区域—城市（乡村）—地方的多个尺度，为更加全面清晰地认识、分析和理解地理学理论与现实提供了帮助，并且也培养了学生开展多要素综合分析地理现象的能力。

（2）培养了学生的对比研究能力。在实地考察的过程中引导学生进行国内外相关经验的对比，批判性地吸收西方的发展经验，为更好地建设中国特色的地理学科提供了基础。

（3）形成课程思政的规范，提升了学生的家国情怀。从 2017 年开始，在德国实习线路中专门安排了参观和考察特里尔（Trier）马克思故居和恩格斯故乡伍珀塔尔（Wuppertal），要求学生思考早期马克思和恩格斯成长的地理环境及政治、经济与社会文化背景，从而更加深刻地理解马克思主义经典理论；引导学生开展跨时空的对比分析，从而客观全面地理解国际共产主义运动史、中国近代发展史以及中国共产党领导中国人民"站起来、富起来、强起来"的艰苦奋斗历史，提升学生的家国情怀。

（4）加强了国际学术交流，构建了地理学国际实习的全球高校网络。中山大学与德国科隆大学、柏林洪堡大学、柏林自由大学，瑞士巴塞尔大学、洛桑大学，法国巴黎第一大学，荷兰乌特勒支大学、阿姆斯特丹大学，比利时根特大学，日本金泽大学、京都大学、东京大学等地理学高水平的高校建立和开展了学术交流，迈出了国际开放性人才培养的坚实步伐。

（5）建立了组织野外实习能力的培育体系，促进了师生的学术成长。通过克服国外语言、文化、陌生环境等带来的各个方面的困难，提升了教师组织和带领国际野外实习的能力，几位当年带队的青年教师如今已经成长为本单位甚至国内某一分支学科的中坚力量；同时，加深了学生对地理学科和专业的认同感，部分参加 2005 年、2007 年和 2009 年德国实习的学生如今已经成长为高校优秀的青年教师，并已经开始带领学生开展地理学国际实习。

（6）形成了地理学国际实习教材。设计和组织地理学国际实习课程的中外教师共同合作，将过去近 20 年的教学经验、课堂教学内容、实地考察路线以及在各个国家开展国际实习与地理学经典理论的联系整合为"地理学国际实习教程丛书",成为国内高校开展国际综合实习的重要参考资料。

国际实习的课程建设努力探索了四个方面的创新(图27-1):①教学地点:让课堂走向世界,显著提升了地理学课程教育的国际化水平。②教学方式:采用"参与式教学",充分发挥学生的主观能动性,培养学生的团队协作能力、责任心和自主学习能力,提升学生的综合素质。③教学内容:在中外对比中深化学生对中国与西方国家差异的认识,批判性地吸收西方的发展经验,为更好地建设中国特色的地理学理论方法奠定了基础。④培养模式:构建了"国际合作教学+海外交流实践"的国际化人才培养模式,开拓学生的全球视野,加强了国际交流。

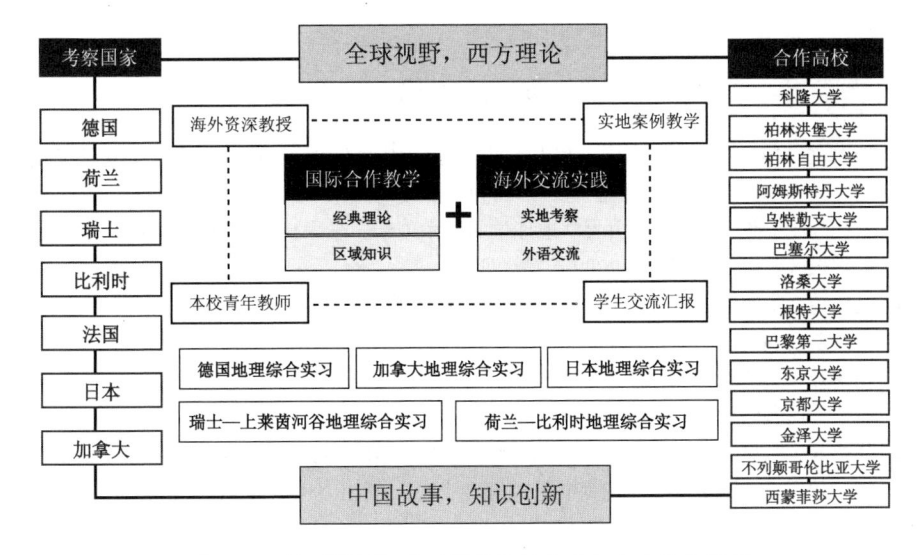

图 27-1 地理学国际实习课程培训体系与人才培养机制

三、未来计划

中山大学地理学国际实习未来努力的方向包括:①国际实习范围拓展到

全球七大洲，在现有国际网络基础上，目前已与美国、澳大利亚、墨西哥和南非的高校建立了初步的联系，努力建立遍布全球的地理学国际实习网络；②把国际实习与现有的课程体系更加紧密地相融合，更加充分有效地在国际实习中理解、深化和运用地理学各门课程所学习的知识与方法；③为国家地理学人才培养贡献力量，通过多种方式向国内同行介绍地理学国际实习，拓展受益学生范围，为全球化时代我国高校地理学人才培养做出更大的贡献；④向全世界的地理学界宣传和推广"中国故事"。我国的发展已经取得了令世人瞩目的成就，习近平总书记在中国共产党第二十次全国代表大会的报告中更提出了"中国式现代化"，在未来的国际实习中，通过与各国师生的交流，向世界宣传"中国式现代化"的思想和实践，提升中国的国际影响力和引领力。

参 考 文 献

[1] 陆大道："向 100 年来为国家和人类做出贡献的地理学家致敬——纪念'中国地理学会'成立 100 周年"，《地理学报》，2009 年第 10 期。

[2] 司徒尚纪、许桂灵："中山大学地理学的学术创新、学术风格和社会贡献"，《中山大学学报（社会科学版）》，2009 年第 3 期。

[3] 吴传钧、张家桢："我国 20 世纪地理学发展回顾及新世纪前景展望——祝贺中国地理学会创立 90 周年"，《地理学报》，1999 年第 5 期。

[4] 薛德升、黄旭、〔荷〕杨·范·维斯普（Jan van Weesep）：《地理学国际实习教程——荷兰—比利时地理综合实习》，中山大学出版社，2021 年。

[5] 薛德升、刘晨、〔瑞士〕瑞塔·施耐德-斯利华（Rita Schneider-Sliwa）：《地理学国际实习教程——瑞士—上莱茵河谷地理综合实习》，中山大学出版社，2021 年。

[6] 薛德升、刘晔、〔德〕苏迪德（Dietrich Soyez）等：《地理学国际实习教程——德国地理综合实习》，中山大学出版社，2021 年。

[7] 邹振环："际天极地云帆竞：作为'大航海时代'前奏的郑和下西洋"，《江海学刊》，2020 年第 2 期。

[8] Das, D., Chatterjea, K. 2018. *Learning in the Field—A Conceptual Approach to Field-Based Learning in Geography*. Springer.

[9] Dicken, P. 2003. *Global Shift: Reshaping the Global Economic Map in the 21st Century*. Sage.

[10] Fuller, I. A. N., Edmondson, S., France, D. et al. 2006. International perspectives on the

effectiveness of geography fieldwork for learning. *Journal of Geography in Higher Education*, Vol. 30, No. 1.

[11] Glass, M. R. 2015. Teaching critical reflexivity in short-term international field courses: practices and problems. *Journal of Geography in Higher Education*, Vol. 39, No. 4.

[12] Goh, K. C., Wong, P. P. 2000. *Status of Fieldwork in the Geography Curriculum in Southeast Asia*. Springer.

[13] Healey, M., Jenkins, A. 2000. Kolb's experiential learning theory and its application in geography in higher education. *Journal of Geography*, Vol. 99, No. 5.

[14] Hope, M. 2009. The importance of direct experience: a philosophical defense of fieldwork in human geography. *Journal of Geography in Higher Education*, Vol. 33, No. 2.

[15] Kent, M., Gilbertson, D. D., Hunt, C. O. 1997. Fieldwork in geography teaching: a critical review of the literature and approaches. *Journal of Geography in Higher Education*, Vol.21, No. 3.

[16] Lloyd, K., Howitt, R., Bilous, R., et al. 2015. Geographic contributions to institutional curriculum reform in Australia: the challenge of embedding field-based learning. *Journal of Geography in Higher Education*, Vol. 39, No. 4.

[17] McGuinness, M., Simm, D. 2005. Going global? Long-haul fieldwork in undergraduate geography. *Journal of Geography in Higher Education*, Vol. 29, No. 2.

[18] Mullens, J. B., Bristow, R. S., Cuper, P. 2012. Examining trends in international study: a survey of faculty-led field courses within American departments of geography. *Journal of Geography in Higher Education*, Vol. 36, No. 2.

[19] Munge, B., Thomas, G., Heck, D. 2018. Outdoor fieldwork in higher education: learning from multidisciplinary experience. *Journal of Experiential Education*, Vol. 41, No. 1.

本章作者：薛德升、李子枫

工作单位：中山大学地理科学与规划学院